Gertraud Koch

# Zur Kulturalität der Technikgenese

# Wissen - Kultur - Kommunikation

**Band 1**

In der Publikationsreihe **Wissen - Kultur - Kommunikation** wird die Kommunikation von Wissen in unterschiedlichen Bereichen der Gesellschaft und in verschiedenen Kulturen fokussiert. Zielgruppe ist neben der Scientific Community auch das Fachpublikum aus Kultur und Wirtschaft.
Die Reihe ist transdisziplinär orientiert, um über Fachgrenzen hinweg in einen wissenschaftlichen Dialog mit all jenen Disziplinen einzutreten, die sich mit der Kommunikation von Wissen beschäftigen.

**Die Reihe wird herausgegeben von Prof. Dr. Gertraud Koch,
Lehrstuhl Kommunikationswissenschaft und Wissensanthropologie
der Zeppelin University Friedrichshafen**

Gertraud Koch

# Zur Kulturalität der Technikgenese

## Praxen, Policies und Wissenskulturen der künstlichen Intelligenz

RÖHRIG UNIVERSITÄTSVERLAG
ST. INGBERT 2005

**Bibliografische Information der Deutschen Bibliothek**
Die Deutsche Bibliothek verzeichnet diese Publikation in der Deutschen Nationalbibliografie; detaillierte bibliografische Daten sind im Internet über <http://dnb.ddb.de> abrufbar.


Postfach 1806, D-66368 St. Ingbert
www.roehrig-verlag.de



Umschlag: Jürgen Kreher
Druck: Strauss GmbH, Mörlenbach
Printed in Germany 2005
ISBN 3-86110-381-8

# INHALT

# 1 Einleitung

Wenn von Künstlicher Intelligenz (KI) die Rede ist, werden Assoziationen zu Bildern von künstlichen Menschen aus Science-Fiction Filmen wach, die mehr oder minder authentisch in ihrer Gestalt sind, doch in ihrem Handlungs- und Denkvermögen ihr natürliches Vorbild weit überragen. Diese Figur der durch Menschenhand erschaffenen menschengleichen Wesen ist weitaus älter als diese Maschinen-Menschen im Science-Fiction Genre. Sie ist nicht erst im visionären Milieu der modernen technologischen Entwicklung entstanden, sondern reicht viel weiter in die Literatur- und Geistesgeschichte zurück. Frankensteins künstliches Monster kann ebenso wie die Figur des Golems aus der jüdischen Mythologie in diese Tradition eingereiht werden. Die künstlichen, menschenartigen Wesen, die mit ihren außerordentlichen Fähigkeiten und ihren ‚kleinen' Defiziten Glück oder Unglück über ein Kollektiv bringen, werden in dieser Arbeit eine geringe Rolle spielen. Auch wenn das Wissen um geistesgeschichtliche Traditionen eine wichtige Basis für das Verständnis von gegenwärtigen Gesellschaftsphänomenen ist und deswegen auch einen wichtigen Hintergrund jeder kulturanalytischen Forschung darstellt, bleibt die Frage, ob die Kenntnisse dieser Bezüge für die Kenntnis von gegenwärtigen Problemen hilfreich ist.

Aus einer gegenwartsbezogenen Perspektive zeigt sich die *Künstliche Intelligenz*, die im Zuge ihrer wissenschaftlichen Forschung menschliche Intelligenzleistungen auf Computersystemen zu reproduzieren versucht, als paradigmatisches Exempel für einen Problembereich, der in allen spätmodernen Gesellschaften virulent ist. Hier ist Technik essentieller Bestandteil der Lebenswelt und prägt zunehmend Entwicklungen in allen gesellschaftlichen Bereichen, ohne dass Wissenschaftler, Politiker, politisch engagierte Gruppen oder auch einfache Bürger noch in der Lage wären, technologische Innovationen und ihre sozialen oder ökologischen Konsequenzen substanziell zu beurteilen oder gar zu steuern. Zunehmend wird auch die prägende Wirkung von Technik auf die Kultur in industriellen Gesellschaften deutlich. Gleichzeitig wächst die Einsicht, dass diese Technologien nicht naturwüchsig entstehen, sondern von diesen Gesellschaften selbst hervorgebracht werden, also kulturspezifisch Produkte sind.

Insbesondere die Soziologie beginnt sich verstärkt dem Zusammenhang von Technik und Gesellschaft zu widmen. Während die Anfangsjahre der techniksoziologischen Forschung davon geprägt waren, nachzuweisen, dass Technik sozial produziert und damit auch kulturell geprägt ist (z.B. Weingart 1982), rückte in Laufe der Zeit mehr und mehr das Forschungsziel in den Vordergrund, die Folgen von einer neu entstehenden Technologie bereits im Prozess ihrer Entstehung abzuschätzen oder sogar prospektiv gesellschaftlichen Einfluss auf die Technikgestaltung zu nehmen. (Huisinga 1985; Nowotny 1987; Dierkes 1988; Meier 1988; Knie 1989; Burns / Dietz 1992; Dierkes 1992; Dierkes / Hoffmann / Marz 1992; Schlese 1995) Auch die Frage, wie technologische Innovation überhaupt entsteht, war ein wesentliches Motiv in der sozialwissenschaftlichen Technikforschung. (Bratman 1987; Knie 1989a; Knie 1990; Asdonk / Bredeweg / Kowol 1991; Knie 1991; Kowol / Krohn 1996) Die vielfältigen Relationen zwischen Technik und Gesellschaft, die im Zuge dieser Forschungen sichtbar wurden, führten auch zu gesellschaftstheoretischen Problematisierungen von Technik. (Hörning 1988; Joerges 1988a; Rammert 1988; Ropohl 1988; Joerges 1996) Im Zuge dieser sozialwissenschaftlichen Perspektivierung ist zunehmend auch ein Bewusstsein für die zentrale Bedeutung entstanden, die kulturelle Prozesse für die Entstehung und Nutzung von Technik haben. Praxen der Technikentwicklung und -nutzung (Knie 1989; Rammert 1990), die Traditionen von Wissenskulturen (Mai 1990; Helmers 1991; Strübing 1992) und die diskursive Aushandlung von Technikdeutungen (Marz 1993a; Marz 1993b) werden in verschiedenen Forschungsansätzen thematisiert. Trotzdem hat die Soziologie keine systematische Kulturanalyse von Technik vorgelegt. Weitaus stärker als von kulturtheoretischen Überlegungen war die Mehrzahl dieser techniksoziologischen Studien von dem Gedanken geprägt, dass umfangreiches Wissen über die Technikgenese weit reichende Möglichkeiten der Technikgestaltung versprechen könnte. Solche Vorstellungen von einer raschen, prospektiven Technikgestaltung sind kaum kompatibel mit kulturtheoretischen

Perspektiven auf die Technikentstehung, da die Konzeptualisierung der Technikgenese als kultureller Prozess impliziert, dass die Genese von neuen Technologien - wie andere kulturelle Prozesse auch - nicht ohne weiteres manipulierbar und allenfalls in einer langfristigen Perspektive verändert werden kann.

Eine umfassende Analyse von Wissenschaft und Technik mit den Methoden und Theorien der Anthropologie wurde von Bruno Latour in seinem programmatischen *Versuch einer symmetrischen Anthropologie* vorgeschlagen. (Latour 1995 [1991]) Rückblickend auf die Entstehung der Wissenschaften argumentiert er dafür, die Anthropologie nachhause in die modernen Gesellschaften zu holen, damit sie ähnlich wie in ihrer ethnografischen Erforschung nichtwestlicher/traditioneller Kulturen auch die Kosmologie der modernen Lebenswelten in ihrer vielfältigen Verwobenheit von Natur, Kultur und Mythologie ergründen und sichtbar machen könne. Denn die scheinbar objektiven Natur- und Technikwissenschaften seien eben nicht universal gültige sondern kulturspezifische Erklärungsversuche der Welt, die ohne die dazu gehörigen Messinstrumente so vermutlich gar nicht existent seien. Latour formuliert in diesem Essay das Paradigma der kulturwissenschaftlichen Wissenschafts- und Technikforschung, die sich im englischsprachigen Raum bereits in den 1980er Jahre durch eine Reihe an kulturanalytischen Studien über Technik entwickelt hatte. (z.B. Callon 1983; Latour / Woolgar Steve 1986; Latour 1987; Pinch / Bijker 1987, Martin 1987, Traweek 1988) Inzwischen beginnen sich solche kulturwissenschaftlichen Forschungen auch im deutschsprachigen Raum zu entwickeln, was sich nicht zuletzt in der Einrichtung von Forschungskollegs und Lehrstühlen zum Thema Wissenschafts- und Technikforschung ausdrückt. Es wird sich in dem Maße entfalten können, wie empirische Einzelfallstudien entstehen und als Grundlage von Theoriebildung heran gezogen werden können. In diesen Kontext ordnet sich auch die vorliegende Studie ein, mit der die Ergebnisse einer ethnografischen Forschung zur Kulturalität der Technikgenese der Künstlichen Intelligenz präsentiert werden, die im Rahmen meiner Promotion in den Jahren 1995 bis 1999 erarbeitet und publiziert wurden. Die erneute Veröffentlichung dieser Forschungsergebnisse in Buchform, scheint dadurch gerechtfertigt, dass die Ergebnisse einem breiteren wissenschaftlichen Publikum zugänglich werden.[1] Es wurde bei der Buchveröffentlichung aber bewusst darauf verzichtet, den state of the art ex post einzuarbeiten.

Ziel dieser Arbeit ist, wie oben bereits angedeutet, exemplarisch am Beispiel der *Künstlichen Intelligenz* eine Kulturanalyse eines Technikgeneseprozesses durchzuführen, um Fragen nach dem Konnex von Kultur und Technik in den Blick zu nehmen. Denn bislang ist unklar, wie sich dieser Konnex zwischen Kultur und Technik in modernen Gesellschaften konkret vorstellen lässt und worin sich die Kulturalität einer spezifischen Technologie manifestiert bzw. wie technische Artefakte wiederum Kultur verändern. Auf der Grundlage dieser Studie soll nachvollziehbar werden, wie die Kulturalität der Technik beschrieben werden kann - oder salopp formuliert, ‚wie Kultur in die Technik kommt' und vice versa wie ‚Technik Kultur hervorbringt'. Die im Untertitel genannten Begriffe *Praxen*, *Policies* und *Wissenskulturen* geben hier bereits einen ersten Hinweis auf die Prozesse und Gegenstandsbereiche, in denen die Kulturalität der Technik hergestellt wird. Ihre analytische Erschließung wird anhand von anthropologischen Konzepten zur symbolischen Kultur (*community*), zur materiellen Kultur (*Technik*) sowie zur Rekonstruktion von Machtverhältnissen (*Diskurs*) theoretisiert. Diese theoretische Perspektive, auch wenn sie den wissenschaftlichen Konventionen entsprechend dem empirischen Abschnitt vorangestellt sind, stand tatsächlich nur partiell am Anfang der Studie. Der bedeutendere Teil ist in einem induktiven Prozess aus den Felderfahrungen ‚gewachsen'. Diese enge Verzahnung von Theorie und Praxis ist mit dem Dilemma behaftet, dass sie keiner der beiden Ebenen wirklich gerecht wird. Diese Unvollständigkeit wurde bewusst in Kauf genommen, um einen Anfangspunkt für die weitere Ausarbeitung einer kulturanthropologische Konzeptualisierung und Beschreibung von Prozessen der Technikentstehung zu

[1] Die Dissertationsschrift erschien 1999 unter dem Titel „Technikgenese und -gestaltung als kultureller Prozess. Das Beispiel Künstliche Intelligenz" als Microfiche im Verlag Hartung und Gorre, Konstanz.

setzen. Die Umsetzung der kulturtheoretischen Überlegungen in *einen kulturanthropologischen Forschungsansatz* ist exemplarisch an der Entstehung der *Künstlichen Intelligenz* Technologie in Deutschland durchgeführt worden. Die mündlichen und schriftlichen *Diskurse*, die die Entstehung von neuen Technologien begleiten, bieten dazu vielfältige Zugangsmöglichkeiten, die mit qualitativen Methoden der ethnografischen Feldforschung gut ausgeschöpft werden können.

Die Ergebnisse aus der empirischen Forschung werden im zweiten Teil der Arbeit vorgestellt. Dort beschreibe ich die Technikentstehung der Künstlichen Intelligenz zunächst als *Technological Drama* (Pfaffenberger), in dem unterschiedliche KI-Protagonisten versuchen, ihre Deutung der Technik zu etablieren, um damit ihre gesellschaftliche Position (Einfluss, Macht, Reichtum, Selbstverwirklichung etc.) zu bestärken oder zu verbessern. Die einzelnen Akteure sind dabei mit unterschiedlichen Interessen und Machtpotentialen ausgestattet. Durch diese Perspektivierung der Technikgenese als *Technological Drama* soll gezeigt werden, wie kulturanthropologische Analysen berücksichtigen, indem sie Individuen als Produzenten von Kultur in den Mittelpunkt der Forschung stellen, können sie vor allem auch einen Beitrag zu dem Problem der Vermittlung zwischen Mikro- und Makroebene leisten.

Obwohl es scheinbar keine geschlechtsspezifischen Momente im Technological Drama der KI gibt, hat sich ein *Exkurs zur Geschlechtsspezifik der Wissens- und Identitätsproduktion in der KI* doch als lohnenswert herausgestellt. In ihm wird gezeigt, dass Frauen nach wie vor eine besondere Arbeitssituation in einem stark männerdominierten Wissenschafts- und Technikbereich wie der KI vorfinden und dass sie vielfältige Strategien entfalten (müssen), um sich dort zu etablieren. Dabei kommen ihnen anscheinend auch gerade spezifisch ‚weibliche' Fähigkeiten zugute, die in der KI Wissensproduktion Erfolg versprechen. Trotzdem bleibt es fraglich, ob man von geschlechtsspezifischen Formen der Wissensproduktion sprechen kann.

Dieses Technological Drama der KI hätte nicht seinen Lauf nehmen können, wäre nicht eine Scientific Community entstanden, die die Bühne für ihre Deutungsproduktion die KI-Akteure geschaffen hat. Die *Konstruktion einer wissenschaftlichen Identität* wird somit als wesentlicher Bestandteil der Technikentstehung aufgefasst. Die ‚kognitiven Inventare', also die Theorien, die Forschungswerkzeuge, die Gegenstände und die wissenschaftlichen Präsentationsformen sind dabei nur ein Teil der wissenschaftlichen Identität der KI, die als transdisziplinäres Forschungsfeld zwischen Informatik und Kognitionswissenschaften eher von Heterogenität als von Gemeinsamkeiten gekennzeichnet ist. Für den Zusammenhalt der Scientific Community ist das eher kontraproduktiv. Dass sie dennoch alle Krisen überdauert, lässt sich eher verstehen, wenn man auch ihre soziale und historische Identitätsarbeit berücksichtigt. Insbesondere die raschen und vielfältigen Institutionalisierungsprozesse, die die KI-Community einleiten konnte, haben zu ihrer Stabilität beigetragen.

Im letzten Abschnitt des empirischen Teils wird das Forschungsgebiet der Künstlichen Intelligenz als gesellschaftlicher Bereich dargestellt, der einerseits von kulturellen Deutungen durchdrungen ist, andererseits aber auch selbst (neue) Deutungen hervorbringt. Diese Analyse der *„public meaningful forms“* (Hannerz) der KI war von der Frage geleitet, ob und inwieweit die Sinnsysteme der KI-Protagonisten, ihre Modi der Deutungsproduktion und die Durchsetzungsfähigkeit von bestimmten Deutungsmustern Wirkmächtigkeit auch in der Gesellschaft erhalten. Die KI könnte dann als exemplarisch für kulturelle Entwicklungen gelten, die die Gesellschaft prägen. Auch wenn eine abschließende Antwort auf diese Frage nicht zu erwarten ist, weil das empirische Feld für umfassende Aussagen deutlich zu eng ist, so lässt sich dennoch eine Tendenz absehen. Titel und Ergebnisse dieses Abschnittes verweisen insofern auf die Notwendigkeit die kulturanalytische Forschung über Wissenschaft und Technik weiter auszubauen. Die Kulturalität der Technikgenese der künstlichen Intelligenz wird abschließend in einem Ausblick zusammengefasst, in dem auch noch einmal deutlich wird, welchen Beitrag die Kulturwissenschaften in gesellschaftlichen Entscheidungsprozessen im Bereich der Technikentwicklung leisten können

> The point of departure of this inquiry is the belief that any technology represents a cultural inventory, in the sense that it brings forth a world; it emerges out of particular cultural conditions and in turn helps to create new ones.[2]

# 2 Theoriekontexte

Technologie hat auf den ersten Blick nichts mit Kultur zu tun, sie scheint über kulturellen Bestimmungen zu stehen. Kulturalität von Technik wird erst sichtbar, wenn man beginnt, nach ihr zu forschen. Solche Forschung schließt eine Erkundung der kulturellen Bestände ein, die in eine Technologie einfließen und ihr damit inhärent werden. Sie umfasst auch die Kulturveränderungen, die durch die Verbreitung einer neuen Technologie angestoßen werden. Ausgangspunkte einer solchen Erkundung der Kulturalität von Technik sind somit zum einen die symbolischen Dimensionen und die Deutungen, die mit einer Technik verbunden werden. Zum zweiten sind es auch die konkreten Artefakte, die mit ihrer spezifischen Materialität Handlungsoptionen bereitstellen und spezifische Praxen und Handlungsmuster evozieren. Die kulturelle Produktion von Technik findet somit in den Laboren ebenso wie in den Köpfen und den Diskursen von Wissenschaftlern statt, bringt technische Artefakte und Deutungen, Symbole und Gebrauchsanweisungen, aber auch Visionen und Widerstände hervor. Für die kulturelle wie die technische Produktion sind somit Akteure notwendig, die sich für den Fortgang der Technikentwicklung zusammen schließen, die technischen Optionen diskutieren, ausprobieren und nicht zuletzt in konkrete Artefakte umsetzen, die dann zur Nutzung durch andere Akteure bereit stehen.

In der Kulturanthropologie widmen sich verschiedene Studien dem Thema Wissenschafts- und Technikforschung.[3] Dabei werden drei idealtypische Fokussierungen für die Kulturanalyse von Technik

---

2 Escobar (1995).

3 Einen Überblick über die anthropologische Wissenschaftsforschung gibt Sarah Franklin (1995).

eingenommen: (a) die Wirkung von Technik auf Kultur, (b) die Wirkung von Kultur auf Technik und (c) die Wissenskulturen, die eine Technologie hervorbringen. Ausgangspunkt dieser Studien wie auch der hier vorliegenden Analyse der Künstlichen Intelligenz sind die Annahmen:

(a) Technik ist nicht Einflussparameter auf Kultur, sondern Technik ist Teil von Kultur. Deswegen sind Prozesse der Technikgenese immer auch Prozesse der kulturellen Konstruktion, die durch kulturelle Bedeutungen gesteuert werden und sie gleichzeitig auch hervorbringen.

(b) Die Kultur der Technik bzw. das Kulturelle der Technik wird da greifbar, wo Kultur kommunikativ hergestellt wird. Die Diskursivierung von Technik macht ihren kulturellen Charakter der Kulturanalyse zugänglich.

(c) Auch in technologischen Praxen wird Kultur produziert und reproduziert. Sie sind somit ein wesentlicher Gegenstand in der kulturanalytischen Technikforschung.

Will man die Kulturalität einer neu entstehenden Technologie erkunden, so sind dabei Technikwissenschaftler und -entwickler und ihre Communities, die fachlichen und gesellschaftlichen Diskurse und auch die technischen Artefakte selbst wesentliche Gegenstandsbereiche für die kulturanalytische Forschung.

## 2.1 Community - Wissenskulturen in der Technikgenese

Für die kulturanalytische Perspektivierung der Technikentwicklung geht es also zunächst darum, die Wissenskulturen zu erforschen, die an der Entwicklung einer Technologie beteiligt sind. Kultur ist dabei im Plural zu denken, da angesichts der Komplexität von modernen Lebenswelten kaum noch davon ausgegangen werden kann, dass es einzelne Individuen oder auch singuläre Disziplinen sind, die Bahn brechende technologische Novationen hervorbringen. Auch wenn somit als Maßgabe bereits die Vielfalt von beteiligten Kulturen formuliert ist, so sind damit noch nicht die relevanten Gruppen identifiziert und abgegrenzt, die mit ihrer Kultur die neue Technologie der künstlichen Intelligenz geprägt haben. Wie häufig in der kulturwissenschaftlichen Forschungen stellt sich auch in der technikbezogenen Forschung die zentrale Frage, was die richtige „Maßeinheit“, die relevante Population oder auch die richtige Gruppe ist, auf die sich eine solche Kulturanalyse beziehen muss. Ist Community, Kultur oder Gesellschaft die erkenntnisgenerierende Kategorie und in welchem Zusammenhang stehen diese Perspektiven?

Der Begriff der Community war und ist ein wesentlicher Ausgangspunkt für kulturanalytische Forschungen, da Community als eine Art Basiseinheit gilt, in der Kultur produziert, gelebt und erfahren wird. Community wird als Ort identifiziert „*where one learns and continues to practice how to be ‚social'. At the risk of substituting one indefinable category for another, we could say it is where one acquires ‚culture'.*" (Cohen 2000:15) Mit dieser Aussage fasst Cohen in knappen Worten ein Paradigma zusammen, das in der Kulturanthropologie und benachbarten Disziplinen vielfältige Studien geleitet hat und bis heute genutzt wird. Analytische Stärken und Schwächen des Konzeptes sind dadurch relativ gut umrissen, so dass sich daraus Einschätzungen ableiten lassen, was eine Übertragung des Community-Konzepts auf die Kulturforschung in technischen Feldern erbringen kann.

Die frühen Community-Studien waren zunächst insbesondere von der Frage nach dem Wesen und der Struktur von Communities inspiriert. (Benedict 1934) Die verschiedenen empirischen Ansätze, die seit den 1930er Jahren gewählt wurden, haben schließlich zu der Erkenntnis geführt, dass die vorgefundenen Wirklichkeiten so vielfältig sind, dass sich nur relativ allgemeine Aussagen zu strukturellen Merkmalen von Communities finden lassen.[4] Der Begriff der Community stellte sich im Laufe der Forschungen als empirisch hochgradig flexibles Konzept heraus, das für vielfältige unterschiedliche Deutungen offen

---

4 Der Allgemeinheitsgrad der wissenschaftlichen Aussagen war so hoch, dass für analytische Zwecke wenig damit anzufangen war. Beispielsweise wurde eine räumliche Positionierung von Communities konstatiert, ohne dass man jedoch identifizieren konnte, ob und welche Beziehung zwischen räumlicher Verortung und Community besteht. Auch den verschiedenen Versuchen, Typologien für Communities zu finden, war kein wissenschaftlicher Erfolg im Hinblick auf die eigentlichen Forschungsziele beschert. Einen Überblick über die ethnografische Community-Forschung gibt Brunt (2002).

ist. Diese Erkenntnis hat dazu geführt, dass sich das Forschungsinteresse nicht mehr auf die Frage zentriert, welche Strukturen Communities aus der Sicht des Forschers haben, sondern auf Communities als Konstrukte, die von ihren Mitgliedern aktiv hergestellt werden, um durch die Abgrenzung gegenüber anderen eine eigene Identität zu entwickeln.

Einen wesentlichen Beitrag zum Verständnis der symbolischen Konstruktion von Communities hat auch der Sozialanthropologe Anthony P. Cohen geleistet, der die Auffassung vertritt, dass man ganzen Gruppen zwar spezifische Eigenschaften zuschreiben kann, dass diese aber immer schematisch bleiben und eher Karikaturen gleichen als der Realität. Interne Variabilität und Komplexität können so nicht berücksichtigt werden. „*'Community' can no longer be adequately described in terms of institutions and components, for now we recognize it as symbol to which is various adherents impute their own meanings.*" (Cohen 2000:74) Wesentlich für die Zugehörigkeit zu einer Community ist somit die Selbstverortung der Mitglieder innerhalb der Community ebenso wie das Interesse, sich gegenüber anderen Gemeinschaften abzugrenzen. Diese Abgrenzung gegenüber anderen Gruppen wird symbolisch hergestellt. Dabei sind es nicht unbedingt die tatsächlich vorhandenen sozialen Merkmale und Verhaltensweisen, die dafür sorgen, dass Menschen sich einer Gemeinschaft zugehörig fühlen. Selbst wenn objektiv gesehen die meisten Merkmale übereinstimmen, existiert häufig nur einziges Merkmal, das zur Unterscheidung heran gezogen wird, um sich als Community in Abgrenzung zu einer anderen Gruppe zu konstituieren - wobei solche Konstruktionen von Grenzen durch Zeichen mit symbolischem Gehalt vermittelt werden. Allerdings ist der Begriff der Grenze ein Konzept, das innerhalb der erforschten Communities selbst nur bedingt Relevanz hat. Fredrik Barth relativiert deswegen den Begriff der Grenze – den er selbst wesentlich geprägt hat (Barth 1969) – dahin gehend, dass er es als eine empirische Frage ansieht, welche Konzepte und Praxen in der jeweiligen Community genutzt werden, um sich von anderen zu unterscheiden.[5] (Barth 2000)

Communities müssen insofern nicht notwendigerweise ethnisch oder national definiert sein. (Barth 1969) Auch kann das Konzept nicht in Korelation zu geografischen oder soziografischen Entitäten gebracht werden. Nicht die sozialen Merkmale der Teilnahme sondern die Bedeutungen, die Individuen einer Gemeinschaft geben und die über Symbole vermittelt werden, sind es, die die Realität einer Community ausmachen. Die Community selbst und alles innerhalb von ihr, abstrakte Konzepte ebenso wie Materielles und Rituale oder auch soziale Rollen, werden mit einer symbolischen Dimension versehen. Diese symbolische ‚Aufladung' kann als konstitutiv für die Community-Bildung angesehen werden und ist in hohem Maße wirksam für den Zusammenhalt von Communities. „*Symbolism owes is versatility to the fact that it does not carry meaning inherently. A corollary at this is that is can be highly responsive to change. As we have seen, symbolic form has only a loose relation to its content. Therefore, the form can persist while the content undergoes significant transformation.*" (Cohen 2000:91)

Die Vieldeutigkeit von Symbolen bietet die notwendige Offenheit, damit verschiedene Mitglieder einer Community sich mit ihr identifizieren können und unterschiedliche, persönlich relevante Inhalte mit ihnen verknüpfen können. Großen Dogmen und Glaubensätzen können so durch personale Deutungsarbeit in individuelle Sinnsysteme eingebaut werden. Auch in historischer Perspektive ist diese Variabilität der Deutbarkeit von Symbolen eine Voraussetzung für ihre Persistenz und ihr integrative Wirkung. Die Konstruktion und die Aktualisierung von Traditionen sind wesentliche Ressource für die Bildung von Communities. „*Rather, the past is being used here as a resource, in a number of ways. The manner in which the past is invoked is*

[5] Diese Frage nach den Formen der Unterscheidung sieht Barth als wesentlichen Teil von jeder Kulturanalyse an. Um Forschung in diesem Sinne zu betreiben, hält er eine anthropologische Theorie der Kognition für notwendig. Er sieht diese bei Levi-Strauss angelegt, der bzgl. seiner strukturalistischen Gedanken zitiert werde, ohne dass seine Bezüge zu einer anthropologischen Theorie der Kognition berücksichtigt würden.

*strongly indicative of the kinds of circumstance which makes such a ‚past-reference' salient. It is a selective construction of the past which resonates with contemporary influences.*" (Cohen 2000:99)

Legt man dieses symbolisch orientierte Community-Konzept für die Perspektivierung von Wissenskulturen zugrunde, die an der Entwicklung der künstlichen Intelligenz beteiligt sind, so stellt sich zunächst die Frage, wie sich die KI-Community in Unterscheidungen zu anderen Forschungsgebieten konstituiert. Wie werden Unterschiede zu anderen Scientific Communities markiert? Wie werden auf individueller Ebene Bindungen an die Community hergestellt? Nach Wolf Lepenies haben Konstrukte einer gemeinsamen Vergangenheit eine identitätsstiftende Funktion. Solche Konstrukte einer gemeinsamen Vergangenheit bezeichnet der Soziologe im Kontext von Wissenschaft und Forschung als „historische Identität" einer Disziplin, auf die sich im Prinzip alle Mitglieder der Wissenschaftlergemeinde berufen können. (Lepenies 1981) Diese Bindung von Individuen an die Community ist insofern relevant, als eine Community überhaupt nur durch Individuen entstehen und existieren kann. Aus kulturanalytischer Sicht ist somit auf der Ebene der untersuchten Akteure der Ungewissheit nachzugehen, wie sich diese selbst innerhalb der KI-Community verorten und wie sie in individueller Deutungsarbeit die Anschlussfähigkeit an die großen Dogmen der KI herstellen und mit ihrer persönlichen Identität verknüpfen. In diesen individuellen Prozessen der Deutungsarbeit werden auf kollektive Symbole Bezug genommen. Durch die Rekonstruktion dieser individuellen Deutungsarbeit werden nun die Modi sichtbar, in denen Individuen die neu entstehende Technik in bereits bestehende Sinnsysteme einbinden, mit bekannten Deutungsmustern verknüpfen oder neue entwickeln. Diese werden wiederum in die gesellschaftlichen Diskurse eingespeist werden, die die Technikgenese begleiten.

Communities allgemein ebenso wie die Scientific Community der Künstlichen Intelligenz, auf die hier Bezug genommen wird, sind Teile eines größeren Ganzen, so dass sich bei der Analyse der kulturellen Verfasstheit von Prozessen der Technikgenese auch die Frage stellt, in welcher Relation die beteiligten Communities zu diesem größeren Ganzen stehen. Wie sind Communities in Relation zu anderen

Scientific Communities und auch in Relation zu der Gesellschaft zu denken, in der sie agieren? Die vorangegangene Konzeptualisierung von Community als symbolisches Konstrukt legt nahe, für die nun folgenden Überlegungen einen Kulturbegriff zu wählen, der ebenfalls in der symbolischen Anthropologie beheimatet ist, um die Kohärenz der Argumentation zu wahren.

Ein bedeutender Vertreter der symbolischen Anthropologie ist Ulf Hannerz, in dessen Verständnis Kultur als *„set of public meaningful forms*“ zu verstehen ist, die mit unterschiedlichen Sinnen wahrgenommen werden können, weil das menschliche Bewusstsein alle Werkzeuge besitzt, die für die Interpretation dieser Symbole notwendig seien. Kulturelle Prozesse sind damit durch die Externalisierung von Bedeutung charakterisiert und dadurch, wie Individuen diese Externalisierungen interpretieren.[6] (Hannerz 1992:3f.) Für das Verständnis von gegenwärtigen Kulturen ist es nach dieser Auffassung notwendig, drei Dimensionen in ihren Wechselwirkungen zu berücksichtigen: „ideas and modes of thought as entities and processes of the mind”, „forms of characteristic externalization”, *„social distribution.*“ (Hannerz 1992:7)

Dieser letzte Punkt, die Distribution von Werten und Konstrukten wird in Hannerz` Konzept zu einer wichtigen Größe für die Analyse von gegenwärtigen Kulturen, die nicht mehr so sehr durch Homogenität geprägt sind wie „small scale societies“. Vielmehr müsse man davon ausgehen, dass komplexe Gesellschaften immer weniger gemeinsame Glaubenssätze teilten. Deswegen kritisiert Hannerz all die-

---

[6] Dieser Kulturbegriff von Hannerz ist vergleichsweise offen formuliert, weil er zunächst nichts zur Funktion oder Herkunft von Kultur aussagt, so wie das beispielsweise bei Lindner geschieht, der Kultur *„als ein Ensemble von tradierten Werten, normativen Orientierungen und sozial konstruierten Deutungs- und Handlungsmustern, als ein Ensemble von Dispositionen, Kompetenzen und Praktiken [versteht], mit dessen Hilfe soziale Gruppen (Schichten, Klassen) mit den je gegebenen natürlichen und gesellschaftlichen Existenzbedingungen in einer Weise zurechtkommen, die eine Eigendefinition gegenüber diesen Bedingungen (das ist die Transformation des schicksalhaften Verortetseins in eine sinnstiftende Selbstverortung) und eine distinkte Position gegenüber anderen sozialen Gruppen (Schichten, Klassen) (das ist die Herausbildung einer Unterschiede setzenden sozialen Identität) ermöglicht.*“ [Klammersetzung im Original, gk] (Linder 1987: 8f.)

jenigen, die kollektive Phänomene, als homolog mit individuellen Bedeutungssystemen ansehen. Kultur in komplexen Gesellschaften sei vielmehr charakterisiert durch Diversität, so dass diese in ihrer Gesamtheit über ein größeres kulturelles Inventar verfügen und damit Individuem - anders als in weniger komplexen Gesellschaften - immer nur ein Ausschnitt dieses gesamten kulturellen Inventars beherrschen. Das hat zur Folge, dass man mit Bedeutungskonstrukten von anderen Individuen und Gruppen konfrontiert ist, die diese besser einsetzen können als man selbst, die man aber u.U. dennoch erfassen und sich zu ihnen verhalten muss. Untersuchungen über Kultur sollten nach Ansicht von Hannerz deswegen auch eine Soziologie des Wissens einschließen, in der Bedeutungen und Sinnzuschreibungen als verteilt und kontrolliert dargestellt werden, denn die Verteilung von Bedeutungskonstrukten und ihren Externalisierungen ist in der Gesellschaft uneinheitlich. Verschiedene Gruppen und Individuen haben unterschiedliche Definitionsmacht; wobei es gerade diejenigen sind, die am aktivsten und systematischsten an kulturellen Veränderungen („*cultural growth*“) beteiligt seien, die dann die privilegierten Positionen einnehmen, sobald Ungleichheiten auftauchen: „*experts, professionals, intelligentia (sic!) ...*“ (Hannerz 1992:33)

In komplexen Gesellschaften kann Kultur nach Hannerz nicht mehr als einziges verbindendes Element fungieren, wie es vielfach in Technikgeneseforschungen angenommen wird. „*At the same time, to what extent and in what ways the culture as a whole actually coheres becomes a matter of social organization - how do meanings differentially distributed among people relate to one another.*” (Hannerz 1992:9) Der Zusammenhalt von Kulturen, der nicht mehr über die kulturellen Gemeinsamkeiten gewährleistet ist, muss Hannerz zufolge mittels ihrer sozialen Organisation geleistet werden. Damit unterstreicht er die Bedeutung der sozialen Organisation in einer Gesellschaft für die Kulturanalyse. „*Yet in fact, it is in part a consequence of the cultural flow through a population that a social system is created and recreated. As people make their contributions to that flow, they are themselves becoming constructed as individuals and social beings.*” (Hannerz 1992:14) *Kultur* und *Gesellschaft* sind als zusammenhängende Konzepte mit ununterbrochener Interdependenz zu sehen.

Diese Interdependenz ist nur empirisch zu bestimmen. So lässt sich beispielsweise die Sozialstruktur nicht eindeutig als gesellschaftliche Größe bestimmen, sondern ist teilweise auch kulturell hervorgebracht, etwa durch Distinktionen, und ist somit im Grenzbereich zwischen kulturell und nicht kulturell anzusiedeln. Umgekehrt gilt aber auch, dass es nicht gänzlich ein symbolisches Konstrukt ist, wenn Menschen Distinktionen durch Bedeutungsgebungen vornehmen, weil dabei auch materielle Ressourcen, die Verteilung von Macht oder auch Hautfarbe usw. eine Rolle spielen. Kulturelle Konstruktion kann strukturelle Bedingungen nicht beliebig manipulieren und überschreiben. So ist Macht zwar sicherlich kulturell definiert und weist vielfache symbolische Referenzen auf, letztendlich zählte jedoch die Fähigkeit, Macht auszuüben, um eigene Definitionen durchzusetzen. Auch wenn Identitäten kulturell konstruiert sind, so sind Menschen dennoch Wesen aus Fleisch und Blut. (Hannerz 1992:17f.) Kulturanalytische Studien der Technikgenese, die diesen Kulturbegriff von Hannerz zugrunde legen, schließen somit auch eine Perspektivierung von sozialstrukturellen Merkmalen, sozialen Identitäten und nicht zuletzt von Macht ein.

Setzt man die Grundannahme der Diversität in modernen Gesellschaften um auf den hier verfolgten Gegenstand der Wissenskultur, so treten ihre kulturell geteilten und vielleicht auch verbindenden Orientierungen in den Hintergrund zugunsten einer Perspektivierung von verschiedenen Wissenskulturen, die an der Genese der Künstlichen Intelligenz in Deutschland beteiligt sind. In den Fokus von wissenschaftlichen Analysen der Kulturalität von Technik rücken damit nicht nur die Wissenskulturen selbst, sondern auch die Interaktionen und Aushandlungsprozesse zwischen den beteiligten Wissenskulturen, in denen diese zum einen ihre Spezifik gegenüber den anderen Protagonisten entfalten und zum zweiten auch kulturellen Wandel produzieren, in dem sie sich und die anderen durch die Übernahme, Vermischung und Ablehnung von Elementen verändern. Hannerz bezeichnet solche Prozesse des Wandels als "*cultural flows*". Konzepte wie kognitive, historische, lokale und kulturelle Identität, die bislang zur Beschreibung von Kulturen verwendet werden, werden in einem solchen Kulturkonzept der Diversität fragwürdig. Kollektive Formen von Identität können nur noch relational im Verhältnis zu anderen Gruppen analysiert werden, die sich von eben diesem Kollektiv unterscheiden. Gemeinsamkeiten, die oftmals geradezu augenfällig zu sein scheinen, können somit nicht mehr fraglos als kulturell produziert wahrgenommen werden; es muss vielmehr auch ihre soziale Bedingtheit in Erwägung gezogen werden. Begriffe, die gerade die homologen Anteile der Kultur bezeichnen, die in komplexen Gesellschaften schwer auszumachen sein dürften, sind damit nicht grundsätzlich wertlos. Sie werden zu empirischen Programmen, in denen gefragt wird, ob Identitäten tatsächlich *kulturell* produziert oder ob sie eher sozial hergestellt sind, etwa aufgrund von Institutionalisierungsprozessen oder politischen Rahmenbedingungen.[7] Gerade im Falle von Scientific Communities wie der KI scheint diese Frage berechtigt, weil sich dort ein stabiles institutionelles Netz von Forschungsinstitutionen, Tagungen etc. etabliert, jedoch ein sehr heterogenes Bild entsteht, wenn man die vertretenen Orientierungen, Problemstellungen, Forschungswerkzeuge und die historischen Referenzpunkte betrachtet.

Für die Untersuchung von Scientific Communities liefert Wolf Lepenies in seinen Überlegungen zur Wissenschaftsforschung am Beispiel der Soziologie ein Modell, in dem er drei Dimensionen von Identitäten unterscheidet: die kognitive, die soziale und die historische Identität, die alle von Kontinuitäten ebenso wie von Brüchen geprägt sind und durch deren Zusammenwirken nach seiner Auffassung eine wissenschaftliche Disziplin charakterisiert werden kann. Mit der kognitiven Identität sind die fachspezifischen Orientierungen, Paradigmen, Problemstellungen und Forschungswerkzeuge bezeichnet, die eine Disziplin kohärent und einzigartig machen. Die soziale Identität

7 Hannerz Kulturbegriff bietet eine gute Grundlage, um die Technikgenese als kulturellen Prozess zu thematisieren. Er lässt jedoch auch einige Fragen offen, die hier aber nicht vertieft werden können: Wenn man (Teil-)Kulturen in ihrer Diversität beschreibt, kann man dann überhaupt noch von Kulturen sprechen, wenn man die Eingrenzung aufgrund der sozialstrukturellen Merkmale vorgenommen hat? Wann ist die Diversität so groß, dass ich im Grunde nicht mehr von Kulturen sprechen kann? Muss man den Gedanken des Gemeinsamen, des Geteilten in Kulturen für komplexe Gesellschaften ganz und gar aufgeben? Oder kann ich das Gemeinsame immer nur in Relation zu bestimmten Gruppen, d.h. in (Selbst-)Abgrenzung zu anderen Gruppen / Kulturen bestimmen?

umfasst die Institutionalisierungsprozesse, in denen sich ein Fach organisatorisch zu stabilisieren versucht, und ist aus der hier eingenommenen kulturwissenschaftlichen Perspektive dem gesellschaftlichen Anteil der Kultur am nächsten. Die historische Identität umfasst die beiden vorhergehenden insofern, als es hier um die Rekonstruktion einer disziplinären Vergangenheit geht, auf die sich im Prinzip alle Mitglieder der Wissenschaftlergemeinde berufen können. (Lepenies 1981)

Folgt man Hannerz Verständnis von Kultur als „*organized diversity*“, entsteht neben der Frage nach dem Umgang mit den kulturellen Gemeinsamkeiten auch die Frage nach der Vermittlung zwischen den verschiedenen Ebenen, zwischen Mikro- und Makrostruktur. Hannerz schlägt vor, sich den Randbereichen von Mikro-Communities zuzuwenden, in denen sie im Zusammenhang mit anderen Einheiten ihre Diversität entwickeln und eine Art größeres Ganzes bilden. „*Downscale, then, culture is likely to be characterized by the concreteness, the situational rootedness of its meanings. Upscale, it takes in increasing diversity. If a sense of a whole grows out of this, it is probably that of a moving interconnectedness, nothing less, not necessarily anything more.*” (Hannerz 1992:22) Die Vermittlung zwischen Mikro- und Makroebene kann durch den Blick auf die Bereiche geleistet werden, in denen kulturelle Entwicklungen stattfinden, bei denen die unterschiedlichen kulturellen Strömungen zusammentreffen und sich vermischen. Eine ähnlichen Ort der Fokussierung schlagen Wolfgang Krohn und Günter Küppers für die Analyse von Wandel im Wissenschaftssystem vor, die hier in sofern anschlussfähig erscheint, als die KI hauptsächlich als eine wissenschaftliche Disziplin existiert. In diesen „*Randzonen*“ von Wissenschaft und Umwelt würden die Divergenzen zwischen Selbst- und Fremdbild verhandelt und als „Randbedingungen“ formuliert. Jeder Forscher agiert in diesen „Randzonen“ ständig mit seinem Umfeld und entscheidet, was er von den Interaktionen dort in sein Forschungshandeln aufnimmt. (Krohn / Küppers 1989) Austauschprozesse zwischen Teilkultur und anderen gesellschaftlichen Systemen und Individuen sind also nicht nur für die Herausbildung von Diversität wesentlich, sondern sind ebenso zentral für die Vermittlung der Mikro- und Makroebene. Besondere Bedeutung hat dabei das Individuum, denn Kultur existiert nicht einfach, sondern wird immer wieder von Menschen neu produziert. „*As actors and as networkers of actors, they are constantly inventing culture or maintaining it, reflecting on it, experimenting with it, remembering it or forgetting it, arguing about it, and passing it on. There are not only static distributions of factual knowledge but also different ways of doing things with meanings, likewise unevenly spread out among people and situations.*" (Hannerz 1992:17) Individuen kommt somit als Produzenten von Kultur eine Schlüsselrolle in der Kulturanalyse zu.

Erst eine im Forschungsdesign angelegte akteurzentrierte Perspektive, die auch die Praxen der Technikentwicklung einschließt, ist geeignet die kulturelle Produktion von Technik und kulturellen Wandel in Aktion in den wissenschaftlichen Blick zu bekommen.[8] Aus der Perspektive der symbolischen Anthropologie wird Praxis als eine von mehreren Möglichkeiten angesehen, die Individuen für die Externalisierung von Bedeutungen zur Verfügung stehen. Menschliches Handeln wird hier analog zu Sprache als Ausdruckform verstanden, über die ein Individuum in einen kommunikativen Austausch mit anderen tritt. Aus einer solchen handlungstheoretischen Perspektive greifen solche symbolischen Definitionen von Praxis allerdings zu kurz, weil damit „*die situative Improvisationsfähigkeit von Handelnden, die Geschwindigkeit ihrer Entscheidungen oder den zentralen Stellenwert des körpergebundenen Handlungs- und Ablaufwissens*" kaum zu erklären ist. (Beck 1997:327) Die Existenz von nicht-sprachlichen

[8] Die spezifische Rolle von Individuen als Produzenten von Kultur wird in der historischen und soziologischen Technikgeneseforschung zwar thematisiert, jedoch ohne dass diese Position in entsprechende subjektbezogene Forschungskonzepte umgesetzt wird. Diese Auffassung findet sich u.a. in der Untersuchung von Technik- und Konstruktionsstilen, stellvertretend ist hier Dienel genannt, der schreibt: „The concept of style is committed to the category of individuality." Auch Strübing argumentiert in diesem Sinne: „*Vom oft genug achtlos beiseite geschobenen ‚subjektiven' Faktor der polit-ökonomischen Diskussion oder von der Restkategorie ‚lebendiger Arbeit' aus den Rationalisierungsdebatten emanzipieren die Arbeitenden sich so in der soziologischen Diskussion peu à peu zu einer gestalterischen Kraft im Arbeitsprozess, deren Rationalitätskriterien und Relevanzstrukturen es zu erhellen gilt.*" (Strübing 1992)

Wissensformen, wie etwa visuellem und haptischem Wissen, die eine wesentliche Rolle im menschlichen Handeln spielen und die untrennbare Verbindung von Kognitionen mit körpergebundenen Erfahrungen, die in strukturierten, materiellen Umgebung erworben werden, sind von den Kognitionswissenschaften bereits seit längerem erkannt worden. Auch wenn in westlichen Traditionen noch immer Wissen in körperungebundene Speichermedien wie Büchern, Datenbanken etc. als externalisierbare Wissensformen privilegiert wird, so haben körpergebundene Formen des Wissens, die sich in Praxis manifestieren und auch dort weitergegeben werden (wie in der Lehrlingsausbildung) in traditionellen Kulturen ebenso wie in Industriegesellschaften wesentliche Anteile am kulturellen Inventar.[9] (Lave / Wenger 2002) Die Praxis von Individuen in einer Wissenskultur, wie etwa der Scientific-Community der KI, ist damit nicht nur unter der Prämisse zu betrachten, welche Bedeutungen in ihr externalisiert werden, sondern muss auch daraufhin betrachtet werden, ob und welches stillschweigende und körpergebundene Wissen darin enthalten ist, das in der kognitionswissenschaftlichen und techniksoziologischen Literatur im Begriff *tacit knowledge* eingeschlossen ist. Das Kulturkonzept von Hannerz ist damit in der Konzeptualisierung von Praxis zu erweitern, indem Praxis zusätzlich zu ihren symbolischen Qualitäten auch als Medium zur Speicherung, Vermittlung und Erweiterung von kulturell kodiertem Wissen wahrgenommen wird, um so die Körperlichkeit des Menschen als essentiellen Bestandteil seines Selbst angemessen zu berücksichtigen. Habituelle Praxisformen und das dabei realisierte kulturell kodierte Wissen sind insofern in einer Kulturanalyse der Technikgenese essentiell.

Dennoch wird es bei dem hier untersuchten Gegenstandsbereich vor allem um die Praxen des Denkens und des Diskursivierens, also die verbalisierbaren Anteile der Praxis, gehen. Auch wenn die körper-

9 Diese Auffassung, dass Erkenntnisoperationen im Prinzip an die Praxis der Lebewesen anknüpfen und nicht allein an die Sprache, wurde insbesondere von Humberto Maturana in erkenntnistheorische Debatten eingebracht. Seine Theorie der Autopoiesis, die er gemeinsam mit Francesco Varela entwickelt hat, diffundiert inzwischen mehr und mehr in verschiedenen Wissenschaften. (Maturana / Varela 1987).

gebundenen Praxen der KI-Community, wie z.B. das Schreiben von links nach rechts oder spezifische Arbeits-Settings, sicher ein wesentliches Forschungsfeld wären, in dem die Kulturalität der Technikentwicklung deutlich würde, so ist eine Beschränkung an dieser Stelle notwendig. Die KI-Community hat wie andere Wissenschaften in modernen Gesellschaften auch die Körperlichkeit der Forschenden weitgehend auf sprachliche und kognitive Prozesse reduziert, so dass ihre kulturelle Produktion insbesondere im Generieren von Symbolen und Deutungen besteht, die sprachlich und kognitiv vermittelt werden. Für eine kulturwissenschaftliche Konzeptualisierung und Beschreibung der Technikentstehung ist diese symbolische Produktion der KI ein aussagekräftiger Anfangspunkt, der die Bedeutung von körperlichen Wissensformen jedoch nicht schmälern soll.[10]

## 2.2 Technik – Zwischen Deutung und Funktion

Versucht man den Begriff *Technik* zu präzisieren, so lässt sich zunächst ganz vordergründig feststellen, dass „*Technik ein Grundfaktor menschlicher Gesellschaften*“ ist. (Heintz 1993:235) Allerdings ist mit dieser Aussage der kleinste gemeinsame Nenner in einer Reihe differierender Technikbegriffe innerhalb der Gesellschaftswissenschaften gefunden, der jedoch für eine begriffliche Bestimmung und Eingrenzung eines Forschungsgebiets kaum ausreichend sein dürfte.[11] Bettina Heintz hat für die Soziologie versucht dieses Dilemma zu überwinden,

---

[10] Es wäre an dieser Stelle auch möglich, einen Kulturbegriff zu präzisieren, in dem der Praxisbegriff allein auf das Denken und Reden bezogen wird, so wie das beispielsweise in der Literaturwissenschaft üblich ist, z.B. bei Michael Titzmann (1989). Aus kulturanthropologischer Sicht sind die habituellen Praxisformen jedoch so signifikant, dass sie an diesem Punkt erwähnt und in ihrer Bedeutung herausgestellt werden sollen.

[11] Bei Hannerz ist Technik zwar ein wichtiger Teil der Kultur, sein Interesse ist es jedoch nicht, den Technikbegriff zu präzisieren. Er betrachtet Technik insbesondere im Hinblick auf ihren medialen Charakter bei der Externalisierung von Bedeutungen. In dieser Dimension wird seiner Ansicht nach die kulturelle Komplexität durch Technik deutlich erhöht. Dies gelte insbesondere für die Medientechnologien vom Schreiben bis zum Fernsehen, die er als „machineries of meaning“ bezeichnet. “*The defining feature of the media is the use of technology to achieve an externalization of meaning in such a way that people can communicate with one another without being in one anothers immediate presence.*” (S.27)

indem sie in Anlehnung an Alan Turing den Gegenstand der Techniksoziologie nicht mehr als „*technische Artefakte konkreter Art wie etwa Werkzeuge, Geräte, Maschinen, Apparate oder automatische Anlagen*“, sondern als „*algorithmische Prozesse*“ definiert. „*Alles was sich in Termini eines algorithmischen Prozesses beschreiben lässt, fällt unter diesen Technikbegriff.*“ (Heintz 1993:258f.) Damit wechselt sie die bis dahin vorherrschende Beschreibungsebene, die sich vor allem auf die Materialität von Technik bezogen hatte, zugunsten einer Perspektive, die die funktionale Organisation in den Vordergrund stellt. Diese Definition von Technik hat zwar breite Zustimmung gefunden[12], jedoch nicht zu einer Vereinheitlichung des soziologischen Technikbegriffs geführt und auch das Dilemma nicht gelöst, das Spezifische der Technik gegenüber dem Sozialen zu bestimmen. (Halfmann 1996)

Aus kulturwissenschaftlicher Sicht stellt sich dieses definitorische Problem als empirisches Programm, in dem untersucht wird, wie diverse Kontexte Technik verstehen und diese vom Sozialen oder von Kultur abgrenzen.[13] Allerdings ist nicht zu erwarten, dass damit definitorische Vorschläge für die Soziologie entwickelt werden können. Angesichts der situativen Vieldeutigkeit von Technik ist auch bei intensivster Forschungstätigkeit keine allgemein gültige und verbindliche Definition dieses Gegenstandsbereichs zu erwarten.[14] Aus kulturwissenschaftlicher Sicht geht es darum, ein relationales Verständnis von Technik und Kultur zu entwickeln und zu fragen, wie Technik für die kulturwissenschaftliche Analyse des Technikgeneseprozesse konzeptualisiert werden kann. „*Technik hat nicht nur eine kulturelle Seite, sondern Kultur hat auch eine materielle Seite.*“

---

12 Werner Rammert beispielsweise argumentiert mit diesem Technikbegriff. Er hat auf der Basis dieses funktionalen Technikbegriffs ein *concept of techno-structuration* vorgeschlagen. (Rammert 1997).

13 Wie facettenreich Technikkonzepte auf empirischer Ebene sein können, wird beispielsweise in der Studie von Ulrike Erb beschrieben, in der die Distanz bzw. Nähe von Informatikerinnen zur Technik Gegenstand der Untersuchung ist. Ambivalente, widersprüchliche Deutungsmuster von Technik werden darin als Strategie der Informatikerinnen kenntlich gemacht, mit der sie das Spannungsfeld zwischen ihrem (sozial vermittelten) Selbstbild als Frau und ihrer beruflichen Identität in einer (gesellschaftlich definierten) Männerdomäne lebbar machen (Erb 1995).

14 Vgl. hierzu die Argumentation von Stefan Beck (Beck 1997:168ff.).

(Hörning 1989:100) Mit der „*kulturellen Seite*“ gilt es also auch die Materialität der technischen Artefakte in ein kulturwissenschaftliches Konzept zu integrieren und als wichtige *kulturelle* Kategorie kenntlich zu machen. Materialität scheint zwar in der Informationsgesellschaft zugunsten von Zeichen und Symbolen an Bedeutung zu verlieren, doch dieser Verlust ist relativ: „*It is made to seem as if in the information age, humankind could enter some kind of ethereality, freed of dependence on material circumstances and material production, never again destroying or polluting its environment. But you cannot eat information, and it does not keep you warm.*” (Hannerz 1992:31) Auch wenn kulturanalytische Technikstudien aus gutem Grund einen Kontrapunkt zu materialistischen und positivistischen Epistemologien setzen wollen, wie sie häufig in den Technikwissenschaften vorherrschen, wäre es falsch, durch eine ausschließliche Fokussierung von technikgenetischen Studien auf Deutungen, Symbole und andere kulturelle Faktoren den Eindruck zu erwecken, die Konstruktion von Technik sei ausschließlich kulturell bestimmt.[15]

Der amerikanische Sozialanthropologe Bryan Pfaffenberger weist technischen Artefakten eine Schlüsselrolle im Prozess der gesellschaftlichen Identitätsarbeit zu. Denn bei der Entwicklung einer neuen Technologie werden nicht nur Technik und Artefakte modifiziert, sondern auch der soziale, ökonomische, rechtliche, wissenschaftliche und politische Kontext. (Pfaffenberger 1992a:507) Damit interpretiert er Technik ähnlich wie T.P. Hughes als *soziotechnische Systeme*, in denen Artefakte komplexe Verbindung zu Wissen, Ritual, Technik und Aktivität eingehen. Der Technikbegriff bei Pfaffenberger umfasst damit die Materialität ebenso wie das gesamte kulturelle und soziale Setting der Technikentstehung und des Technikgebrauchs. In seiner sozialanthropologischen Perspektivierung des Zusammenhangs von Technik und Kultur hat er insbesondere die allgemein akzeptierte Position kritisiert, dass jedes technische Artefakt zwei Dimensionen aufweise, eine instrumentelle (entsprechend der Funktion) und eine

[15] Selbst die informationstechnische intendierte Immaterialisierung von Information bedarf einer materialen Grundlage, denn ohne Informationstechnologien, ohne internationale Datennetze wäre kein rasanter Informationszuwachs denkbar.

semiotische (entsprechend seiner sozialen Bedeutung und seiner semiotischen Qualität) Entgegen dieser weit verbreiteten Auffassung sei gerade die Funktion eines technischen Artefakts nicht klar definiert, sondern in hohem Maße kulturellen Definitionen unterworfen. *„Ascribing any specific or strictly delimited function to an object is in many, if not all cases, an extremely dubious exercise. A chair may be to sit on, it nominally fulfils this function, but chairs can also be used for standing on, or for knocking people over the head with, as pendulums, rulers or almost anything else. This is not to deny the banal point that objects have uses and may normally be used in just one way, but it is to suggest that such a position represents, at best, a starting point rather than an end point for archaeological analysis.*" (Pfaffenberger 1992a:503) Häufig sind dem Nutzer die vielfältigen Funktionen und Nutzungsmöglichkeiten eines technischen Artefaktes deswegen nicht bewusst, weil die Art und Weise des Gebrauchs eine kulturelle Selbstverständlichkeit ist.[16]

Gerade die Funktion von technischen Artefakten ist also in hohem Maße kulturellen Definitionen unterworfen. Dieser Zusammenhang von kultureller Deutung und Materialität des technischen Artefaktes wird im Deutschen mit dem Begriff *Objektpotentiale* beschrieben, der die unterschiedlich wahrgenommenen Eigenschaften von Artefakten bezeichnet, die inhärent multipel sind und daher zu unterschiedlichen Benutzungen führen können, wie an dem obenstehenden Beispiel des Stuhls oder der Waschmaschine bereits deutlich geworden ist[17]. Dabei

---

[16] So ist beispielsweise die erweiterte Nutzungsmöglichkeit der Waschmaschine als Spender für Lauge zum Putzen von Böden heute völlig in Vergessenheit geraten, wohl auch deshalb weil Abflussschläuche heute nicht mehr in die Badewanne gehängt, sondern mittels eines Anschlussstückes direkt mit den Abwasserrohren verbunden werden. (Silberzahn-Jandt 1991).

[17] Ein weiteres Beispiel in der Literatur, das zudem die kulturrelativistische Dimension von Objektpotentialen hervorhebt, sind die Cargo-Kulte. Als Cargo-Kulte werden religiös-charismatische Bewegungen bezeichnet, die Strand- und Treibgut westlicher Industriegesellschaften oder Kriegsschrott des Zweiten Weltkriegs für kultische und magische Handlungen nutzen. Nach hiesigen Konventionen erscheint dieser Umgang mit den technischen Artefakten völlig inadäquat, niemand in modernen Gesellschaften würde die Objektpotentiale der Technik in dieser Form realisieren.

ist zu berücksichtigen, dass Objektpotentiale in kulturrelativistischer Perspektive nie als vollständig beschreibbar angesehen werden können - das gilt zum einen aus empirischen Gründen, weil die Erprobung von technischen Artefakten nicht in jedweder existierenden Kultur möglich ist, und zum zweiten aus historischen Gründen, weil nie absehbar ist, wie zukünftige Kulturen die Objektpotentiale von technischen Artefakten realisieren würden. Die Materialität von technischen Artefakten ist somit durch vielfältige Nutzungsmöglichkeiten gekennzeichnet. Allerdings können diese nicht als beliebig angesehen werden. Die interpretative Flexibilität von technischen Artefakten findet ihre Grenze einerseits in der Materialität und wird andererseits durch das kulturelle und soziale Umfeld der Technik eingeschränkt, das vor dem Hintergrund von kulturellem Wissen die legitim verfolgbaren Zwecke und Nutzungsweisen definiert. Beck fasst diesen Sachverhalt von nicht-intendierten, aber dennoch realisierbaren Gebrauchsmöglichkeiten von Technik in den treffenden Begriff der *„latenten Objektpotentiale*", während er die intendierten Nutzungsweisen, die sich etwa in Gebrauchsanweisungen nachlesen lassen, als *„manifeste Objektpotentiale*" bezeichnet. (Beck 1997:246)

Nicht anschlussfähig für die hier verfolgte Fragestellung ist jedoch Becks Eingrenzung des Technikbegriffs, die er auf der Grundlage dieses Begriffs der *Objektpotentiale* vornimmt. Er bezeichnet die Objektpotentiale von Technik und technologischen Strukturen als *„harte*"[18] Handlungsumgebungen, *„mit denen Handlungsoptionen,*

[18] Beck gebraucht die Begriffe *hart* und *weich* in Anführungszeichen, um damit die metaphorische Verwendung zu signalisieren, die m.E. nicht besonders glücklich ist, weil sie an die alten Vorurteile von *harter, determinierender Technik* und *weicher,(von Technik) geformter Kultur* anknüpft. Seine Differenzierung zwischen den Objektpotentialen (*Kon-Texte*) einer Technik und den kulturellen Orientierungen der Handlungsumgebung, in denen eine Technik genutzt wird, (*Ko-Texte*) ist für den hier verfolgten Zweck ausgesprochen hilfreich. Allerdings werde ich nicht der von Beck vorgeschlagenen Terminologie folgen. Denn der Becksche *Kon-Text* bezeichnet die *Objektpotentiale* und gerade nicht den Sachverhalt des *Kontexts*, wie er allgemein und auch in der Diskurstheorie verstanden wird, also als *kulturelles Umfeld* einer Person oder eines beschriebenen Vorgangs. Das wird bei Beck mit dem Begriff des *Ko-Textes* beschrieben. Um eine klare Unterscheidung zu ermöglichen, werde ich *Kontext* im Folgenden entsprechend dem diskurstheoretischen Verständ-

*Handlungszumutungen und Handlungsbeschränkungen materiell und institutionell ausgeformt*“ würden. Diesen Objektpotentialen stünden vergleichsweise „*weiche* (i.e. kulturelle, Anm. gk) *Orientierungen, Dispositive und Habitualisierungen gegenüber, mit denen das Feld sozial legitimer Nutzungsweisen einer Technik diskursiv abgesteckt*“ werde. (Beck 1997:169) Bei ihm wird jedoch Technik nicht schon durch die Anfertigung von Artefakten mit Objektpotentialen oder durch die Schaffung von kulturellen Kontexten zum sozialen und kulturellen Phänomen, „*sondern erst im Zeitpunkt ihrer Nutzung, indem die Ko- und Kon-Texte situativ und pragmatisch von Nutzern realisiert werden.*“ (Beck 1997:169) Diese Eingrenzung des kulturwissenschaftlichen Technikbegriffs erscheint im Hinblick auf den Technikgeneseprozess zu kurz gegriffen. Zum einen bleiben die Konstruktions- und Entstehungsprozesse von Technik in dieser Perspektive grundsätzlich ausgeschlossen, obwohl auch dabei kulturelle Prozesse der Sinngebung und Anwendung von kulturellem Wissen, sei es in sprachlicher oder praktischer Form stattfinden. Zum anderen weist auch der empirische Verlauf des hier betrachteten Technikgeneseprozesses der KI in eine andere Richtung, weil die KI allein auf der symbolischen Ebene stark an Wirkung gewonnen hat, etwa im Gebrauch des Begriffs der *Intelligenz* und dessen kulturelle Deutungen, bevor ein einziges dieser Systeme in die Nutzung gegangen ist oder in die Nähe der Anwendungsreife gelangt ist. Allein das Reden über diese Technik, der fachwissenschaftliche und der populäre Diskurs haben die KI zu einem realen sozialen und kulturellen Phänomen gemacht. Die Entfaltung einer Reihe von hypothetischen Nutzungsmöglichkeiten und die diskursive Anbindung an gesellschaftliche Entwicklungstendenzen hat der KI große Aufmerksamkeit bei politischen Entscheidungsinstanzen[19] und in gesellschaftlichen Diskursen[20] verliehen und sich dabei nicht zuletzt tief ins Bewusstsein der Menschen

nis gebrauchen und die *Kon-Texte* der Technik mit dem Begriff der *Objektpotentiale* bezeichnen.

[19] Beispielsweise im BMFT.

[20] Vgl. etwa den unter Leitung des VDI durchgeführten Diskurs über das Menschenbild in der KI. (VDI / VDE 1994).

eingeschrieben. Dass eine so starke Wahrnehmung der KI möglich ist, bevor sie nutzbare Artefakte vorzuweisen hat, widerspricht der These von Beck, dass Technik erst dann ein kulturelles und soziales Phänomen wird, wenn sie im Prozess ihrer Nutzung pragmatisch und situativ von den Nutzern realisiert wird. Prozesse der Sinngebung und die situative (weniger die pragmatische) Aneignung von technischen Artefakten hat die KI bereits im Vorfeld der Nutzung zu einem kulturellen Phänomen gemacht.

Pfaffenberger (1992b) skizziert diesen Prozess, in dem Funktion und Bedeutung von Technik kulturell definiert werden, als *Technological Drama*, d.h. als gesellschaftlichen Aushandlungsprozess darüber, wie Technik sozial und kulturell in ein soziotechnisches System eingebunden werden soll. Ausgangspunkt für diese Verhandlungen von Technikentwürfen sind unterschiedliche Wahrnehmungen von Technik, die diskursiv strukturiert sind. Sie sind sozial und kulturell in ein soziotechnisches System eingebunden, das man sich als einen komplexen Zusammenhang konkurrierender, mit unterschiedlicher Macht ausgestatteter Definitionsversuche von Technik vorstellen kann. Solche Definitionsversuche, die sich erfolgreich durchsetzen konnten, haben dann prägende Wirkung auf die gesellschaftliche und kulturelle Wirklichkeit. Gerade die kulturelle Symbolik von Technik kann ungeheure Macht entfalten. „*Denn wenn symbolische Formen Instrumente darstellen, mit denen Realität sozial definiert und konstruiert werden wird, dann besteht die Macht der Technik-Symbolik auch darin, Codes zu tabuisieren, die Aufmerksamkeit von anderen Sachverhalten abzuziehen und vor allem eigensinnige Nutzungen zu hintertreiben.*“ (Hörning 1988:90)

Dass die Dimension der Macht in der kulturanalytischen Perspektivierung von Technik nicht notwendig verloren geht, sondern gerade dann wenn sie als integraler Bestandteil in diesen Analysen mitgedacht wird, deren besondere Qualität ausmacht, wird in Pfaffenbergers Konzept des *Technological Drama* deutlich. Er konzipiert das Technological Drama als dreistufigen Prozess, der zeitlich aufeinander folgende Phasen umfasst:

(1.) Technological Regularization: Hier wird von einer Gruppe, die mit Macht ausgestattet ist, ein technologischer Innovationsprozess eingeleitet, um die Zuweisungen von Macht, Prestige oder Wohlstand einer sozialen Formation zu verändern. Neben den technischen Artefakten bedarf es auch eines ‚heterogeneous engineering' (Thomas P. Hughes), mit dem gleichzeitig soziale Kontexte und symbolische Ordnungen geschaffen werden. Als Regulationsstrategien können etwa Exklusionsordnungen, Standardisierungen oder auch Delegation, also technische Sicherungen eingesetzt werden, mit denen die Nutzer zu einem bestimmten Verhalten genötigt werden sollen.

(2.) Technological Adjustment: In dieser Phase versuchen Gruppen, die von der technologischen Regulierung negativ betroffen sind, etwa durch Zumutungen, Ausschlussmechanismen, Verschlechterung ihres Status etc., die Artefakte eigensinnig zu nutzen, indem z.B. Lücken in den Regularien ausgenutzt werden. Pfaffenberger differenziert hier zwischen Gegenstrategien der Umdeutung von technischen Artefakten, der ‚illegitimen' Aneignung oder der Umgehung von systemkonformen Sicherungen und Sperren.[21]

(3.) Technological Reconstitution: In seltenen Fällen kommt es zu dieser dritten Stufe, in der entweder eine erfolgreiche Umdeutung der technischen Artefakte durch die Nutzer stattfindet, d.h. die Anpassung der Technologien an spezifische Bedürfnisse der Nutzer oder / und die Reintegration dieser Strategien in die technologischen Regulationsstrategien etabliert werden kann.[22]

Von besonderem Interesse für den Prozess der Technikentstehung ist dabei die erste Phase des Technological Dramas, die „*Technolo-*

21 Um ein Beispiel für diesen Prozess zu geben, können hier einmal mehr die in der Technikgeneseforschung so beliebten Brücken über der Autobahn von New York nach Long Island angeführt werden, die von dem Stararchitekten Robert Moses so niedrig gebaut wurden, dass Autobusse - das vorherrschende Fortbewegungsmittel der schwarzen New Yorker Bevölkerung - diese Brücken nicht passieren konnten. Diese technologische Regulierung der Strandbesucher von Long Island konnte nur solange aufrechterhalten werden, bis die einsetzende Massen-Automobilisierung diese rassistischen Sperren umgehbar bzw. durchfahrbar machten.

22 Ein Beispiel für eine solche *Technological Reconstitution* ist der Personal Computer. Mit dem PC wollten seine geistigen Urheber aus der Hacker-Szene für jedes Individuum ähnliche technologische Möglichkeiten verschaffen, wie sie bis dahin nur Wirtschaft und Staat mit Großrechnern vorbehalten waren. Dass diese technische Rekonstitution dann wiederum einen enormen Markterfolg für die Industrie ausgelöst hat, zeigt die intensive Verbundenheit von Technikentwicklung und -nutzung.

*gical Regularization*“, wobei auch die beiden nachfolgenden Phasen insofern wichtig sind, als sie auf den Prozess der Technikgenese einwirken können und zu Modifikationen von Technikkonzepten beitragen. Denn die Entwicklung von komplexen Technologien ist ein mehrstufiger Prozess, in dem verschiedene Rekursionsschleifen zwischen Nutzung und Weiterentwicklung angelegt sind. Solche Rekursionen werden teilweise systematisch in die Technikentwicklung eingebaut, etwa in der Softwareentwicklung, in der so genannte Alpha-Versionen ausgewählten Nutzern zur Verfügung gestellt, die diese testen. Die Ergebnisse dieser Tests werden dann für die Optimierung genutzt, die damit noch nicht abgeschlossen ist, sondern im gesamten Nutzungsprozess weiter verfolgt und dann in neuen Softwareversionen umgesetzt wird. (z.B. Rammert et al. 1998) Auch in der Hardware-Entwicklung ebenso wie in anderen Branchen als der Computerindustrie sind solche Optimierungsprozesse angelegt. Technische Artefakte werden damit als Ergebnis eines Prozesses verstanden, in dem Technikproduzenten mit spezifischen Bildern vom potentiellen Nutzer und intendierten Nutzungsmöglichkeiten auf die Erwartungen der Nutzer an die Gebrauchsmöglichkeiten treffen. In wechselseitiger Bezugnahme und Modifikation von Nutzer- und Herstellerinteressen bilden sich so technische Optionen heraus. Die Deutungen, die Entwickler und Nutzer mit technischen Artefakten verbinden, müssen Pfaffenberger zufolge als dynamischer Zusammenhang interpretiert und auf kulturelle Basismuster und soziale Axiome der betreffenden Gesellschaft bezogen werden. Pfaffenberger sieht die Nutzungsmöglichkeiten, die die Technikentwickler intendieren, und auch die Nutzung selbst als wesentlichen Teil des Technikgeneseprozesses.[23] Die Verbreitung von technischen Artefakten ist in modernen Gesellschaften in der Regel damit verbunden, dass sie sich am Markt durchsetzen können. Diese Erwartung als Ware zu funktionieren, scheint früher oder später, mit mehr oder weniger Erfolg an jedes technische Artefakt gerichtet zu werden; in den meisten Fälle werden sie schon nach dieser Maßgabe entwickelt. Für die Konzeptualisierung

---

[23] Pfaffenberger stimmt an diesem Punkt mit der soziologischen Technikgeneseforschung überein (z.B. Rammert et al. 1998).

eines kulturwissenschaftlichen Modells der Technikentstehung ist es deswegen notwendig, auch die sozialen und kulturellen Prozesse zu berücksichtigen, in denen technische Artefakte dem Verwertungsprozess zugeführt werden (sollen).

Damit ist im Grundriss ein relationaler Technikbegriff skizziert, der die Materialität von technischen Artefakten berücksichtigt und als *manifeste* und *latente Objektpotentiale* konzeptualisiert. Die Kulturalität von Technik wird bereits auf der materialen Ebene insofern berücksichtigt, als die Realisierung der Objektpotentiale geleitet ist von kulturellem Wissen und Deutungsmustern. Eine wesentliche Rolle spielt dabei der kulturelle und soziale Verhandlungscharakter von Technik. Die diskursiv und pragmatisch hergestellten Bedeutungen, die Technik in kulturellen und sozialen Kontexten gewinnt, wird mit dem Pfaffenbergerschen Konzept des *Technological Drama* integriert. Die Bedeutung von Diversität und Wandel, die Hannerz in seinem Kulturbegriff betont hatte, wird von Pfaffenberger auch für kulturwissenschaftliche Perspektiven auf Technik hervorgehoben.

## 2.3 Diskurs – Zum Zugang zu Praxen und Policies

Die kulturelle Konstruktion von Technik, in der Technik mit spezifischen Bedeutungen versehen und in konkrete Sinnzusammenhänge eingebettet wird, ist ein kommunikativer Prozess. In dieser kommunikativen Vermittlung von Technik wird das Kulturelle der Technik greifbar. Kommunikationsanalytische Verfahren sind insofern geeignet, um die Kulturalität von Technik sichtbar zu machen. Neben konversationsanalytischen Ansätzen, die eher Momentaufnahmen von direkter Kommunikation ermöglichen, kann mittels diskursanalytischer Verfahren Technikgenese auch in diachroner Perspektive analysiert werden.

Während in der englischsprachigen Ethnologie Diskurse bereits seit Mitte der 80er Jahre thematisiert wurden (Clifford / Marcus 1986; Sherzer 1987; Clifford 1988), hat die Diskursanalyse in den deutschsprachigen Kulturwissenschaften, der Volkskunde und der Ethnologie, eine noch kurze Tradition. (Dracklé 1991) Einen ersten Überblick über theoretische und methodische Möglichkeiten diskursanalytischen Vorgehens auch in Bezug auf alltagsrelevante Diskurse hat für die deutschsprachige Volkskunde Andreas Hartmann gegeben, der Diskurse in Anknüpfung an Titzmann als *Denk- und Argumentationssysteme* definiert, die sich durch den einer Textklasse gemeinsamen Redegegenstand, die Regularien der Rede über diesen Gegenstand und ihre Relation zu anderen Diskursen konstituieren. (Hartmann 1991) Diese Ausführungen von Hartmann sind von Michi Knecht präzisiert worden, die am Beispiel des öffentlichen Umgangs mit ungeborenem Leben aufgezeigt hat, wo die kulturwissenschaftlichen Erkenntnispotentiale der Diskursanalyse liegen. Knecht bezieht sich dabei insbesondere auf die neueren diskursanalytischen Zugänge[24], die das reflexive und wechselseitige Verhältnis von Sprache, Kultur und den sozialen Kontexten des Diskurses problematisieren. Diskurs wird als Repräsentant und Nexus, als aktueller und konkreter Ausdruck der Beziehungen zwischen Kultur, Sprache und Gesellschaft gedacht. (Knecht 1993) Diese neueren diskursanalytischen Zugänge stehen in der Tradition der Diskurstheorie von Michel Foucault, der mit seiner *Archäologie des Wissens* (Foucault 1995) die Grundlagen für eine Theorie der Formation und Transformation des Diskurses vorgelegt hat.[25] Basis dieser Foucaultschen Theorie ist die These: *„Es gibt keinen Gegensatz zwischen dem, was getan, und dem, was gesagt wird.“* (Foucault 1976:118) Diskurs ist nach Foucault lediglich als die sprachliche Seite einer diskursiven Praxis zu verstehen, wobei mit der diskursiven Praxis das gesamte Ensemble einer speziellen Wissensproduktion, einschließlich der Institutionen, der Verfahren der Wissensgewinnung und -speicherung, der autoritativen Sprecher usw. bezeichnet ist. Für eine angemessene Perspektive auf die Diskurse sei es deswegen notwendig, die *„Realität der Diskurse“* zu berücksichtigen, d.h. den Diskurs als Ereignis und in seiner Materialität wahrzunehmen, und nicht der Annahme anzuhängen, dass der Diskurs vielfach lediglich als *„Kontaktglied zwischen dem Denken und dem Sprechen erscheine; daß (sic!) er nichts sei als ein Denken, das mit seinen Zeichen bekleidet und von den Wörtern sichtbar gemacht wird.“*

---

[24] Knecht bezieht sich hier insbesondere auf Jürgen Link (1984), Michael Titzmann (1989) und Peter Schöttler (1989).

[25] Vgl. zu dieser Einschätzung (Plumpe / Kammler 1980).

(Foucault 1977 [1981]:32) Foucault verknüpft in seiner Diskurstheorie den Blick auf soziale Kontexte der einzelnen diskursiven Ereignisse mit der Frage nach Form und Beschaffenheit der Diskursbeiträge (Sprechakte, Zeitschriftenartikel, Buchpublikationen, Tagungen etc.), die im Hinblick auf die diskursive Anschlussfähigkeit, das Verbreitungspotential, die Öffentlichkeit, die Teilnahmemöglichkeiten und Ausschlussmechanismen u.a.m. potentiell sehr unterschiedlich sein können. Diskurse sind nach dieser Konzeption als Ensemble von verschiedenen diskursiven Ereignissen zu verstehen, die prinzipiell diskontinuierlich sind, d.h. sich überschneiden und berühren, einander aber auch ignorieren oder ausschließen. Die Widersprüchlichkeit, die Foucault in diesem Ineinander und Gegeneinander der einzelnen diskursiven Ereignisse herausstellt, ist charakteristisch für seinen Diskursbegriff insgesamt. Macht und Widerstände, Begrenzung und Offenheit sind die gegensätzlichen Bewegungen und Zustände, die gleichzeitig mit unterschiedlichen Intensitäten in diskursiven Formationen wirksam sind und die die Konstituierung der Diskurse kennzeichnen.

Analytisch lassen sich Diskurse somit in synchroner und diachroner Perspektive denken, wobei natürlich keine Ebene ohne die andere verstanden werden kann und ihre Wechselwirksamkeit zu berücksichtigen ist. Die synchrone Ebene beschreibt die Systemebene des Diskurses, beschäftigt sich also mit der Frage nach den Regularien (Sprecherlaubnisse, Ausschlussmechanismen etc.) und Verflechtungen bzw. Bezügen des Diskurses zu anderen Diskursen, während in der diachronen Perspektive der Prozesscharakter des Diskurses, d.h. die historisch-empirische Diskursformation bzw. die Diskursgenealogie betrachtet wird. Mittels diskursiver Praxis fasst der Mensch die Welt in Begriffe, interpretiert sie und gibt den Dingen ihre Bedeutung. „*Es gibt keine prädiskursive Vorsehung, welche uns die Welt geneigt macht. Man muß (sic!) den Diskurs als eine Gewalt begreifen, die wir den Dingen antun; jedenfalls als eine Praxis, die wir ihnen aufzwingen. In dieser Praxis finden die Ereignisse des Diskurses das Prinzip der Regelhaftigkeit.*“ (Foucault 1977:36f.) Diese Beziehung zwischen der inneren Diskursformation und dem sozialen und kulturellen Kontext, in dem der Diskurs sich formiert, ist ein zentraler Punkt der Foucaultschen Diskurstheorie, der von ihm selbst jedoch nur unbefriedigend konkretisiert worden ist. Diese Vagheit im Verhältnis zwischen den internen diskursiven Formationsregeln einerseits, die insbesondere die sprachliche Ebene der Metaphern, Symbole, Schlüsselbegriffe, Rhetorik usw. bezeichnet, und den externen Institutionen, also Dispositionen und Regulierungen andererseits, haben Jürgen Link zur Entwicklung seines Modells des Interdiskurses und der synchronen Kollektivsymbolik veranlasst. Mit diesem Modell versucht er, das Ineinandergreifen von interner und externer Ebene zu präzisieren. Nach Link entspricht einer soziohistorisch abgrenzbaren Kultur oder Teilkultur ein Kollektivsymbolsystem mit eigenen Dominanten und einer eigenen Konstellation möglicher diskursiver Positionen, d.h. bei Kollektivsymbolsystemen handele es sich *„um kulturtypologisch spezifische Objektbereiche.*“ (Link 1984:65) Systeme von Kollektivsymbolen beeinflussen jedoch nicht nur einzelne, spezifische Diskurse, sondern wirken auf die Gesamtheit der Diskurse einer Kultur, die bei Link mit dem Begriff *Interdiskurs* bezeichnet werden und sich in vielfältiger Weise überlappen, beeinflussen oder auch ignorieren. Siegfried Jäger, der in Rückgriff auf Foucault und Link eine Methode zur Diskursanalyse entwickelt hat, bringt diesen Sachverhalt auf den Punkt: *„Der Diskurs wird zwar von der Gesamtheit aller Individuen gemacht, bei unterschiedlicher Beteiligung der Individuen an jeweiligen Mengen von diskursiven Strängen und unterschiedlicher Nutzung der Spielräume, die die gesellschaftlich vorgegebenen Diskurse erlauben. Aber keines der Individuen determiniert den Diskurs. Diese ist sozusagen Resultante all der vielen Bemühungen der Menschen, in einer Gesellschaft tätig zu sein. Was dabei herauskommt, ist etwas, das so keiner gewollt hat, an dem aber alle in den verschiedensten Formen und Lebensbereichen (mit unterschiedlichem Gewicht) mitgestrickt haben.*“ (Jäger 1993:170) Der Interdiskurs wird nach Link von einem *„synchronen System kollektiver Systeme*“ zusammengehalten, deren wichtigstes Verkettungsmittel Bildbrüche (Katachresen) seien. Ein aktuelles Beispiel für eine solche Katachrese, die zudem eng mit dem hier bearbeiteten Forschungsgebiet der Künstlichen Intelligenz zusammenhängt, ist der Gebrauch des Begriffes Intelligenz, der inzwischen soweit ausgedehnt worden ist, dass er problemlos im

Zusammenhang von diversen technischen und organisatorischen Systemen (z.B. Bremssysteme, Verkehrsleitsysteme, Krankenkassen etc.) verwendet kann. Als Effekt dieser Verkettung von Kollektivsymbolen im Interdiskurs entstehe der Eindruck von kultureller Einheit, etwa auf der Ebene von politischem und kulturellem Stil. Das System der Kollektivsymbole sei prinzipiell wandelbar und in ständiger, wenn auch langsamer und partieller, Veränderung begriffen. Link vermutet, dass die Erweiterung des Systems durch neue Symbole in der Regel durch Innovationen im sozialen Umfeld induziert wird, aus systemimmanenten Mechanismen sind sie nach Link jedenfalls nicht zu erklären. (Link 1984:84f.)

Die Verwendungsweise der Symbole variiere je nach Diskursart. Link unterscheidet deswegen zwischen Diskursen mit Spezialwissen und integrativen Diskursen des Alltags, wie beispielsweise den Presse-Diskursen. Letztere legen durch „*vielfältige Katachresen die Synchronie des Systems ständig offen*“, d.h. sie verweisen durch den Gebrauch von bestimmten Symbolen in neuen thematischen Zusammenhängen auf die wechselseitigen Bezüge verschiedener Diskurssysteme. Die Wissenschaftsdiskurse dagegen bemühten sich um möglichst widerspruchsfreie, explikative Symbole „*mit Tendenz zu Analogiemodellen*“, wobei sie „*dennoch stets ihre kulturtypologische Funktion weiter mit sich tragen.*“ (Link 1984:65) Wissenschaftsspezifische Texte sind insofern zu befragen auf die Symbolsysteme, die sie hervorbringen, verbreiten und reproduzieren. Ihre Ergebnisse müssen damit als deutbare und deutungsnotwendige Bilder analysiert werden, mit denen sie einerseits das (begrenzte und zugleich offene) System der kollektiven Symbole speisen, auf das sie sich andererseits auch wieder selbst mit ihrer kulturellen Typologie der Benennung beziehen.

Mit dem Ansatz von Foucault und seiner Weiterführung durch Jürgen Link liegt ein diskurstheoretisches Konzept vor, das auf die Diskontinuität der gebrauchten Begriffe und Symbole zielt, die Kontinuitäten und Identitäten hinterfragbar und dekonstruierbar machen. Mit seinem Bewusstsein für den kulturellen Wandel und dem Versuch, den kulturellen Entwicklungen auch theoretisch auf die Spur zu kommen, korrespondiert dieses Diskurskonzept mit dem Hannerzschen Konzept von Kultur, dem zufolge Untersuchungen über Kulturen auch eine Soziologie des Wissens einschließen sollten, *„showing meanings as distributed and controlled.*“ (Hannerz 1992:16) In diesem Kulturbegriff nimmt – wie oben bereits dargestellt wurde – die Diversität von modernen komplexen Gesellschaften eine Schlüsselstellung ein, während Konzepte von Identität und Kollektivität nicht mehr als verbindendes Element in Kulturen fungieren können und neu überdacht werden müssen. Gemeinsamkeiten weist der Foucaultsche Diskursbegriff mit dem Hannerzschen Kulturbegriff bereits in der grundlegenden Position auf, dass Kultur nie ohne den Zusammenhang zur Gesellschaft gedacht werden kann und Kulturanalysen stets die gesellschaftlichen Bezüge berücksichtigen müssen. Hannerz hat dieses Ineinandergreifen von Kultur und Gesellschaft am Beispiel der Sozialstruktur deutlich gemacht, welche eine soziale und materielle Grundlage hat, aber auch symbolisch produziert und reproduziert wird. Foucault sieht diese Beziehung in seinen diskurstheoretischen Überlegungen ganz ähnlich, indem er die innere Struktur des Diskurses mit ihren Symbolen und Bedeutungen als Ausdruck einer diskursiven Praxis bestimmt, die das gesamte soziale Setting (Formen der Wissensproduktion, Institutionen etc.) und die Materialität (Sprechakte, Texte, Reden etc.) der Diskurse einschließt. Seine Diskurstheorie zeichnet sich darüber hinaus insbesondere durch die Integration von Gegensätzlichem wie Macht und Widerstand, wie Offenheit und Ausschlussmechanismen des Diskurses u.a.m. aus und wird damit ausgezeichnet auch der Diversität (bis hin zur Widersprüchlichkeit) gerecht, die Hannerz als kulturelles Merkmal moderner Gesellschaften skizziert hat. Dieses charakteristische Spannungsfeld von kultureller Diversität einerseits und Kollektivität andererseits wird von Hannerz mit dem prägnanten Ausdruck der „moving interconnectedness“ charakterisiert. Auch die Begriffe *Kollektivsymbol* und *Interdiskurs*, die in der Diskurstheorie von Link als analytische Konstrukte konzipiert wurden, integrieren diese Widersprüchlichkeiten. Sie ermöglichen teilweise ein Entwirren der netzwerkartigen Verflechtung der einzelnen Diskurse möglich und helfen dadurch diejenigen Bereiche zu bestimmen und zu analysieren, die Hannerz als zentral für den kulturellen Wandel und die Vermittlung zwischen Mikro- und Makroebene ansieht: *„the interfaces, the affinities, the confrontations, the* *interpenetrations and the flow through, between clusters of meaning and ways of managing meaning.*“ (Hannerz 1992:22) Im (*Inter-*)*Diskurs* sind Diversität und Kollektivität als „*fluktuierendes Gewimmel*“[26], als Markt von Symbolen und Bedeutungen, als Materialität mit vielfältigen Bezügen, Überschneidungen und Ausschlüssen gleichzeitig präsent. Sie lassen sich mittels des analytischen Konstrukts der *Kollektivsymbole* zumindest partiell entwirren. Zudem kommt die Diversität und Identität von Kulturen mit Hilfe dieses Begriffes gleichermaßen zum Ausdruck. Zum einen bezeichnen Kollektivsymbole die von vielen geteilten kulturellen Symbole, die sich auch im *Interdiskurs* identifizieren lassen und die für den Eindruck von kultureller Identität sorgen; zum anderen schließt eine Analyse der *Kollektivsymbole* die Frage nach den Diskontinuitäten ein. Sie macht es möglich, den Diskontinuitäten dieser Begriffe auf die Spur zu kommen, indem sie die Katachresen der Kollektivsymbole thematisiert, etwa indem Unterschiede in den an die Symbole geknüpften Wertungen, die damit verbundenen Sinnbilder, die konnotativen Analogieverhältnisse oder auch Verknüpfungen mit bestimmten symbolischen Topoi in den Blick genommen werden.[27] „*Zwar bestehen diese Diskurse aus Zeichen; aber sie benutzen diese Zeichen für mehr als nur zur Beschreibung der Sachen. Dieses mehr macht sie irreduzibel auf das Sprechen und die Sprache. Dieses mehr muß (sic!) man ans Licht bringen.*“ (Foucault 1995 [1981]:74 Hervorhebungen im Original)

---

26 Mit diesem Sinnbild versucht Jäger die Linksche Konzeption vom Interdiskurs anschaulich zu machen (Jäger 1993).

27 Zu diesen strukturellen Dimensionen seines Systems der Kollektivsymbolik (Link 1984: 67ff.)

> Technologien und wissenschaftliche Diskurse können einerseits als Formalisierungen verstanden werden, d.h. als geronnene Momente unablässiger, sozialer Interaktion, die diese konstituieren. Sie sollten andererseits aber auch als mächtige Instrumente zur Durchsetzung von Bedeutungen betrachtet werden. Die Grenzlinie, die zwischen Werkzeug und Mythos, Instrument und Konzept, historischen Systemen gesellschaftlicher Verhältnisse und historischen Anatomien möglicher Körper, die Wissensobjekte eingeschlossen, verläuft ist durchlässig. Mythos und Werkzeug konstituieren sich wechselseitig.[29]

# 3 Forschungsansatz

## 3.1 Das Forschungsfeld *Künstliche Intelligenz*

Im empirischen Teil dieser Studie geht es um die Entstehung der viel und kontrovers diskutierten Künstlichen Intelligenz. Mit dem Begriff *Künstliche Intelligenz* ist ein interdisziplinärer Forschungsansatz benannt, der sich zum Ziel gesetzt hat, menschliche Intelligenzleistungen maschinell nachzubilden. Ausgangsthese ist dabei, dass kognitive Leistungen das Ergebnis von Prozessen der Informationsverarbeitung und somit auch außerhalb des menschlichen Körpers möglich sind, etwa indem sie auf dem Computer simuliert werden. Dieses Informationsverarbeitungsparadigma gilt als die „*zentrale, wissenschaftskonstituierende Idee der KI-Forschung.*“ (Ahrweiler 1995:15)

### 3.1.1 Paradigmen

Die Nachbildung von menschlichen Kognitionsleistungen wird auf zwei unterschiedlichen Wegen versucht. Im symbolverarbeitenden Ansatz, der auf die *physical symbol system hypothesis* von Allen

---

[29] Haraway (1995b:51).

Newell und Herbert Simon, zwei US-amerikanischen Vätern der AI, zurückgeht, werden kognitive Prozesse als die Manipulation von Symbolstrukturen verstanden. Man versucht die kognitiven Leistungen des Menschen in einzelne regelhafte Schritte zu zergliedern und diese dann auf dem Computer zu implementieren und zu manipulieren. In den USA wird dieser Ansatz sehr anschaulich auch als Top-down-Ansatz bezeichnet, weil Ausgangspunkt das Gehirn des Menschen ist, dessen komplexe Wirkungsweise man zu simulieren sucht. Kritik hat sich dieser Ansatz insbesondere deswegen zugezogen, weil darin eine dualistische Vorstellung der Trennung von Körper und Geist vorgenommen wird.[30] Neben diesem dominierenden symbolverarbeitenden Ansatz gibt es den *subsymbolischen* bzw. *konnektionistischen* Ansatz, der sozusagen unterhalb der symbolischen Ebene ansetzt und Bottom-up, also von Grund auf, arbeitet. Das menschliche Nervensystem und Gehirn, die als organische Substanzen der menschlichen Intelligenz gelten, werden als Vorbild für die computertechnologische Entwicklung genommen und man versucht, die beim Menschen gefundenen neuronalen Strukturen in entsprechende Rechnerarchitekturen umzusetzen. Ergebnis dieser Forschungsrichtung sind die nach ihrem Vorbild benannten (künstlichen) *Neuronalen Netze*. Trotz aller Abgrenzungen gegenüber dem symbolischen KI-Ansatz ist der Konnektionismus natürlich auch auf die in der elektronischen Datenverarbeitung üblichen Operationen mit Symbolen - Nullen und Einsen – angewiesen. Ahrweiler interpretiert diesen Zwist zwischen ‚Symbolverarbeitern‘ und ‚Konnektionisten‘ innerhalb der KI-Community als *„Streit um die wissenschaftspolitischen Chancen und Perspektiven dieser unterschiedlichen Bearbeitungsstrategien bzw. der Karrierechancen ihrer Vertreter.“* (Ahrweiler 1995:31)

---

[30] Vgl. hierzu unter vielen anderen die Kritik aus der KI-Fachwelt selbst bzw. der Informatik (Weizenbaum 1977, Winograd / Flores 1989, Stach 1991).

### 3.1.2 Symbolischer Exkurs

Dem aufmerksamen Leser ist nicht entgangen, dass der Begriff *symbolisch* in dieser Ethnografie bereits zum zweiten Mal verwendet wird, um eine spezifische Fachrichtung innerhalb eines wissenschaftlichen Faches zu charakterisieren. Einerseits wurde damit der Kulturbegriff charakterisiert, der in den vorausgegangenen kulturtheoretischen Überlegungen in der Tradition der *symbolischen Anthropologie* ausgearbeitet wurde. Andererseits wird *symbolisch* verwendet, um eine Forschungsrichtung innerhalb der Künstlichen Intelligenz zu kennzeichnen. Die Nähe zwischen KI und Anthropologie, die der Begriff *symbolisch* dabei suggeriert, ist allerdings nur eine scheinbare. Denn die Symbole der KI, Null und Eins, sind als Computercodes eindeutig definiert und variieren nicht in ihrem Sinngehalt, egal wo und von wem sie verwendet werden. Anders die kulturellen Symbole, die Gegenstand der Anthropologie sind. Sie sind gerade nicht wissenschaftlich-technisch definiert, sondern sind mehrdeutig und polyvalent, situativ und historisch variabel und können mit unterschiedlichen Wertungen und Konnotationen ‚aufgeladen' werden. Das *Symbolische* in der Anthropologie und das *Symbolische* in der *KI* bezeichnen damit völlig unterschiedliche wissenschaftliche Konzepte.

### 3.1.3 Forschungsgebiete

Unabhängig davon, welches dieser beiden Paradigmen favorisiert wird, lassen sich in der KI verschiedene Forschungsgebiete nach kognitionswissenschaftlichen und ingenieurwissenschaftlichen Ansätzen unterscheiden. (Schefe 1986, Görz 1993) Die *kognitionswissenschaftliche* KI bildet ihre wissenschaftlichen Modelle von der menschlichen Kognition auf dem Computer nach, um sie auf diese Weise zu verifizieren. Erkenntnisgegenstand sind die mentalen Prozesse des Menschen. In den *ingenieurwissenschaftlich* orientierten Ansätzen spielt es dagegen überhaupt keine Rolle, ob die entwickelten technischen Systeme irgendeine Ähnlichkeit mit den kognitiven Vorgängen des Menschen aufweisen. In ihnen steht die Nachbildung von Phänomenen im Vordergrund, für die der Mensch in der Regel Intelligenz benötigt, wie z.B. die Übersetzung von Texten in eine Fremdsprache. „*Dabei stehen auf Grund der Anwendungsorientiertheit der Forschung diese KI-Anteile nicht im Zentrum des Interesses, sondern werden als Mittel zum Zweck verstanden. Eine Quantifizierung der KI-Anteile ist ebenso wenig möglich wie die Definition des Forschungsergebnisses als KI-System.*“ (Ahrweiler 1995:36)

Damit wird eine zentrale Problematik der KI angesprochen: die Definierbarkeit des Forschungsgebiets, die bisher nicht eindeutig vorgenommen werden konnte. Die Künstliche Intelligenz ist bis heute genauso wenig eindeutig zu bestimmen wie ihr natürliches Vorbild. Obwohl also keine wissenschaftliche Definition der KI aufgestellt werden konnte, wurden Forschungseinrichtungen, Universitäts-Institute oder auch Lehrstühle diesem Forschungsfeld *Künstliche Intelligenz* gewidmet. Dass sich naturwissenschaftlich-technische Disziplinen einen Gegenstandsbereich zu ihrem wissenschaftlichen Programm machen, der nicht definiert werden kann, erscheint ungewöhnlich. Wenn man dann noch in Betracht zieht, dass es andererseits eine Reihe an Wissenschaftlern gibt, die aufgrund ihres wissenschaftlichen Arbeitsschwerpunkts scheinbar eindeutig zur Scientific Community der KI gehören, sich selbst und ihre Arbeit jedoch strikt davon abgrenzen (Erb 1995, Ahrweiler 1995), so ist man bereits mitten in dem Geschehen von symbolischen Unterscheidungen und Zuordnungen.

Warum wurde angesichts dieser kaum möglichen empirischen Eingrenzung des Gegenstandsbereichs KI und dem unpräzisen Gebrauch des KI-Begriffs sowohl in den wissenschaftlichen Diskursen als auch in der anwendungsorientierten Systementwicklungen dennoch gerade die KI als Fallbeispiel gewählt? Es gab verschiedene Gründe, die dafür sprechen. Zum ersten ist die KI eine Technologie, die als Schlüsseltechnologie bzw. Zukunftstechnologie angesehen wird und an die große Erwartungen hinsichtlich ihres Beitrags zur gesellschaftlichen Entwicklung geknüpft werden. Am Beispiel von solchen erwartungsbesetzten Technologien lassen sich Aushandlungsprozesse über die gesellschaftliche Bedeutung dieser Technologie besonders gut nachvollziehen. Zum zweiten ist die Entwicklung der KI-Technologie ähnlich wie die Gentechnologie auf ein ungewöhnliches, reges Interesse in der Öffentlichkeit gestoßen. Dieses große öffentliche Interesse ist dadurch entstanden, dass der KI-Technologie nachgesagt wird, sie zwinge wie gegenwärtig wohl kaum eine andere Technologie den Menschen zur Re-Definition seines Selbstbildes. Schon die Metapher der *Künstlichen Intelligenz* stelle das menschliche Selbstverständnis in Frage, wonach Sprache und Intelligenz die Sonderstellung des Menschen in der Welt begründeten. (Baumgartner 1988, D´Avis 1988, Ropohl 1991, D´Avis 1994) Dieser wissenschaftliche Versuch, Fähigkeiten technisch zu reproduzieren, die bis dahin als originär menschlich angesehen wurden, wird von vielen Menschen als Bedrohung empfunden, so dass sich im Zuge der KI-Entwicklung in Deutschland ein außergewöhnlich umfangreicher gesellschaftlicher Diskurs entwickelt, an dem sich ein breites Spektrum an Diskursteilnehmern aus verschiedenen gesellschaftlichen Gruppen beteiligt, der die Technikgenese der KI begleitet und hier als Technological Drama perspektiviert werden soll.

### 3.1.4 Das empirische Material

Ausgehend von den vorne dargestellten Konzepten des *Technological Drama* und des *Diskurs* können als Forschungsfeld im weiten Sinne alle gesellschaftlichen Bereiche und Teilkulturen angesehen werden, die in irgendeiner Form an der Entstehung der KI beteiligt sind und dadurch mehr oder weniger intensiv an der kulturellen Konstruktion dieser neuen Technologie mitwirken. Neben den unmittelbar in die Entwicklung der KI involvierten Wissenschaftlern, Ingenieuren und Technikern sind somit auch gesellschaftliche Institutionen und Akteure aus Politik, Wirtschaft, Wissenschaft und anderen gesellschaftlichen Gruppen an der Entstehung der KI beteiligt. Welche Akteure konkret sich an diesem Diskurs über die KI beteiligen und damit an der kulturellen Konstruktion der KI-Technologie mitwirken, ist eine empirische Frage, die auf die Erkenntnis des kulturellen Setting der Technikgenese der KI zielt.

Eine zentrale Erkenntnisquelle für die Kulturanalyse dieses Setting der KI-Genese ist der Diskurs, den an der KI-Entwicklung beteiligte Wissenschaftler und Techniker über technische Lösungsmöglichkeiten, wissenschaftliche Konzepte, theoretische Grundlagen und Nutzungsmöglichkeiten führen. Dort werden Praxen der Technologie-Entwicklung diskursiviert und damit für die sozialwissenschaftliche

Analyse zugänglich. Die gründliche Einarbeitung in die fachspezifische Sprache ist für eine Kulturanthropologin zwar ambitioniert, jedoch unerlässlich. Erst die Kenntnis von technologischen Begrifflichkeiten und Konzepten der KI ermöglicht ein Verständnis jener technologischen Praxen, mit denen neue Technologie hervorgebracht werden und die dort erkennbar sind, wo Nutzungsszenarien der KI-Technologie oder verschiedene Optionen der Technikgestaltung kontrovers verhandelt werden. Erst indem die fachspezifischen Argumentationen der KI-Experten nachvollzogen werden können, ist ein Verständnis der diskursiven Interaktion möglich, die zwischen den KI-Entwicklern und den fachexternen Teilnehmern aus staatlichen Institutionen, berufsbezogenen Verbänden, Gewerkschaften und Wirtschaftsunternehmen stattfindet.

Rekonstruiert und analysiert wurde der wissenschaftliche KI-Diskurs insbesondere anhand des *KI-Rundbriefs*, der am 26. Mai 1975 erstmals von Prof. H.H. Nagel aus Hamburg herausgegeben wurde und der *„zur Vorbereitung einer GI-Fachgruppe“* (GI = Gesellschaft für Informatik, gk) zunächst als Mitteilungsblatt entstanden ist, *„um den berechtigten Anliegen nach einer intensiveren Kommunikation“* unter den in Deutschland am Arbeitsgebiet *Künstliche Intelligenz* interessierten Wissenschaftlern zu entsprechen. (Nagel 1976) In öffentlichen Bibliotheken ist dieser Rundbrief wegen der zunächst informellen Verbreitungswege erst ab der Nummer 15/1978 vorhanden.[31] Des weiteren wurde die Nachfolgerin des KI-Rundbriefs, die Zeitschrift *KI. Künstliche Intelligenz - Forschung, Entwicklung, Erfahrung* in die Auswertung einbezogen. Als Organ des Fachbereichs 1 *Künstliche Intelligenz* der Gesellschaft für Informatik e.V. (GI) ist diese Zeitschrift repräsentativ für die zentralen Topoi, den Verlauf des Diskurses, seine sozialen Kontexte und die diskursive Praxis der KI-Community. Einer gründlichen Inhaltsanalyse wurden die Jahrgänge 1-7 im Zeitraum von 1987/88 -1993 unterzogen, während die folgen-

[31] Während die Nummer 15 des KI-Rundbriefs nur in einer einzigen öffentlichen Bibliothek erhältlich ist, wächst bei den nachfolgenden Ausgaben der Verbreitungsgrad stetig. Die zunehmende Aufnahme des KI-Rundbriefs in den Bestand der (Universitäts-)Bibliotheken drückt das wachsende Interesse an diesem Themengebiet in der Wissenschaft aus.

den Jahrgänge bis 1997 nur noch kursorisch und ergänzend berücksichtigt wurden.[32] Diese Eingrenzung ist einerseits forschungspragmatisch motiviert, um die Fülle des empirischen Materials handhabbar zu machen, andererseits ergibt sie sich auch aus der Chronologie der KI-Geschichte. Zu diesem Zeitpunkt ist ein mehr oder minder deutlicher Einschnitt feststellbar, der sich schon über einen gewissen Zeitraum angebahnt hatte. Offensichtlich wird er zudem an der Ablösung des *German Workshop of Artificial Intelligence* (*GWAI*) von den KI-Jahrestagungen, wodurch getrennte Foren für Anwender einerseits und für Wissenschaftler andererseits geschaffen werden. Nach der förderungsintensiven Phase des wissenschaftlichen Anfangs und Durchbruchs der KI geht die KI nun zum finanziell deutlich geringer ausgestatteten, wissenschaftlichen Normalbetrieb über.[33] Inhaltlich wird dieser Abschnitt dadurch markiert, dass sich die KI-Community verstärkt um die Anwendbarkeit von KI-Technologien bemühen muss und die Nutzungspotentiale, die die KI potentiellen Anwendern in Aussicht stellt, deutlich bescheidener formuliert werden.

Ergänzend zu dem KI-Rundbrief und der Zeitschrift KI, also den Organen der KI-Community, die vom Fachverband herausgegeben werden, wurden auch populärwissenschaftliche Buchpublikationen, Vorlesungen, Aufsätze und internationale Zeitschriften berücksichtigt. Ziel dieser Erweiterung war es zu überprüfen, ob es Stimmen gibt, die aus dem offiziellen Diskurs des Fachverbands der KI herausgefiltert werden, sich deswegen an anderer Stelle eine Öffentlichkeit suchen und dort einen Gegendiskurs formieren. Solche Ausgrenzungen konnten jedoch nicht festgestellt werden.

---

[32] In der Forschungspraxis ließ sich diese Eingrenzung allerdings nicht ganz durchhalten. Insbesondere dort, wo es um die Deutungsproduktion der KI geht, waren gerade die Jahrgänge 1994-1997 eine wesentliche Quelle, weil sich dort Tendenzen, die in den früheren Jahrgängen nur vage angelegt sind, deutlicher abzeichnen.

[33] Diese Einschätzung teilt auch die KI-Community selbst. Vgl. hierzu das Editorial von Klaus Rollinger zu der oben angesprochenen Jahrestagung. (Rollinger 1993) In der Sozialgeschichte der KI von Petra Ahrweiler findet sich diese Phase ihrer historischen Entwicklung im Abschnitt zur „Konsolidierung der Einbruchsphase“ wieder, die nach Ahrweiler vom Druck auf die KI-Forschung gekennzeichnet ist, verwertbare Produkte zu liefern. (Ahrweiler 1995:104-148).

Die Auswahl der Quellen macht deutlich, dass sich die Forschung auf das Technological Drama der KI im deutschen Sprachraum beschränkte, obwohl die KI ihren Anfang in den Vereinigten Staaten genommen hat und die US-amerikanische Forschung auch heute noch Orientierungsfunktion für die KI-Forschung und -Entwicklung in der allen europäischen Nationen ausübt. Die Fokussierung ausschließlich auf den deutschen Sprachraum ist sinnvoll, weil die Entstehung der *Künstlichen Intelligenz* in Deutschland in ihrer Kulturspezifik analysiert werden soll, welcher charakteristische gesellschaftliche Institutionen, sprachliche Strukturen, kollektive Erfahrungen und Traditionen zugrunde liegen. Die Begriffe *Artificial Intelligence* (AI) bzw. *Künstliche Intelligenz* bezeichnen somit zwar vordergründig ein- und denselben wissenschaftlichen und technischen Gegenstandsbereich. Der Frage, inwieweit die kulturelle Spezifik der beiden Länder eigene technologische Konzepte und Deutungen hervorgebracht hat, wird aus Gründen des Umfangs jedoch in dieser Arbeit nicht systematisch nachgegangen. Sie wird lediglich an den Punkten aufgenommen, wo Bezüge und Einflüsse zwischen US-amerikanischen und bundesrepublikanischen KI-Entwicklungen offensichtlich sind. Obwohl eine solche Länder vergleichende Perspektive ein reizvolles Forschungsfeld darstellt, wird sie in dieser Studie zugunsten von den folgenden Vergleichsebenen zurückgestellt, die einen mikroanalytischen Einblick in den kulturspezifischen Prozess der Technikgenese ermöglichen.

### 3.1.5 Vergleichsebenen

Eine kulturwissenschaftliche Diskursanalyse zeichnet sich aus durch seine empirische Offenheit und die Einbeziehung der kulturellen Kontexte des Diskurses. Deswegen wurden zusätzlich zur Auswertung der KI-Diskurse neun qualitative Interviews mit KI-Entwicklern und -Wissenschaftlern und eine teilnehmende Beobachtung in deren Arbeitsumgebung durchgeführt. In diesem zweiten methodischen Zugang zur Technikgenese der KI stehen somit die Individuen im Vordergrund, welche KI-Konzepte entwickeln und in technische Artefakte umsetzen. Individuen als Träger und Produzenten von Kultur haben eine Schlüsselrolle in Prozessen des kulturellen Wandels, den sie selbst mitgestalten und nachvollziehen. Die individuellen Artikulationen dieser Veränderungen sind ebenso wie die Einarbeitung von kollektiven Bedeutungszuschreibungen in individuelle Sinnzusammenhänge oder auch die Entwicklung einer persönlichen professionellen Identität wesentliche Dimensionen dieses kulturellen Prozesses der Technikentstehung. Sie geben Einsicht in den Prozess, in dem die Deutungen, die im Zuge der Technikgenese verhandelt und durchgesetzt werden, für Individuen real und damit zu einem kollektiven, kulturellen Tatbestand werden. Deutlich wird auch die Verstricktheit derer, die die KI-Technologie generieren, in unterschiedliche kulturelle und soziale Systeme, die als Quelle von Diversität und Identität sichtbar werden. Bei der Auswahl der Gesprächspartner wurden drei Vergleichsebenen angelegt.

Die KI als Wissenschaft ist ein stark interdisziplinär besetztes Forschungsfeld, in dem Psychologen und Linguisten ebenso tätig sind wie Informatiker, Mathematiker und Physiker – um nur die größten vertretenen Gruppen zu nennen. Diese unterschiedlichen Ausbildungen haben, wenn man Erkenntnisgegenstand, Theorien, Methoden und Verfahren der Beweisführung, Darstellung von wissenschaftlichen Ergebnissen, Anforderungen an den wissenschaftlichen Nachwuchs usw. betrachtet, jeweils spezifische disziplinäre Fachtraditionen. Diese unterschiedlichen disziplinären Traditionen sind bei den interviewten Personen repräsentiert. Ausgehend von der These der zwei Kulturen (Snow 1967), die in einer Reihe von sozialwissenschaftlichen Analysen aufgenommen und weiterentwickelt wurde (z.B. Huber 1989), wurde zwischen humanwissenschaftlichen und technisch-naturwissenschaftlichen Bildungsbiografien unterschieden. Der Blick auf die unterschiedlichen Fachtraditionen ermöglicht Einsichten, inwieweit Beziehungen zwischen der disziplinären Herkunft und den kulturellen Deutungen der KI-Technologie existieren.

In einer zweiten Vergleichsebene wurde die berufliche Hierarchieebene berücksichtigt, wobei die Annahme ist, dass Personen in gehobenen Positionen mehr Distanz zum konkreten technischen Artefakt haben, da sie in ihrer alltäglichen Arbeit wohl in größerem Maße mit konzeptuellen und organisatorischen Tätigkeiten befasst sind. Auch wenn das Berufsbild des Ingenieurs im KI-Bereich konzeptuelle und organisatorische Tätigkeiten einschließt, dürfte insgesamt die Arbeit an der Konstruktion von technischen Artefakten im Vordergrund stehen. Bei der Berücksichtigung von Hierarchien in der KI-Community ging es also weniger um die Frage, inwieweit bestimmte Berufspositionen mit mehr oder weniger Gestaltungsmacht ausgestattet sind, als vielmehr um die Frage, ob und wie der unmittelbare Umgang mit dem technischen Artefakt - man könnte es auch als größere ‚Nähe' oder ‚Ferne' zur Technik bezeichnen - sich in den Deutungen dieser Technik niederschlägt.

In der technischen Wissenschaft KI arbeiten wie auch in anderen technischen Wissenschaften in überwiegender Zahl Männer. Dies gibt Anlass, die in der feministischen Theorie vielfach diskutierte Frage nach den unterschiedlichen Affinitäten von Männern und Frauen zu *Wissenschaft* und *Technik* aufzugreifen. (Wajcman 1994) Dabei steht zum einen die Frage im Vordergrund, ob sich ein Zusammenhang herstellen lässt zwischen geschlechtsspezifischem Rollenverhalten bzw. -zuschreibungen und kulturellen Konstrukten der KI-Technologie.[34] Zum zweiten geht es dann um die Durchsetzungsfähigkeit der jeweiligen Akteure und ihrer Technologie im gesellschaftlichen Aushandlungsprozess. Die asymmetrischen Geschlechter-Verhältnisse in der KI-Community, die im schriftlichen Diskurs deutlich werden, wurden bei der Auswahl der Gesprächspartner und -partnerinnen für die qualitativen Interviews nicht wiederholt. Vielmehr wurde ein annähernd paritätisches Verhältnis angestrebt, um mögliche geschlechterspezifi-

[34] Da an diesem Punkt von Geschlechterverhältnissen die Rede ist, möchte ich die Gelegenheit nutzen, um den sprachlichen Umgang zu erläutern, der in dieser Ethnografie mit der Geschlechterdifferenzen gewählt wurde. Wie inzwischen vielfach üblich, werden auch hier mit der Verwendung der männlichen Form stets beide Geschlechter gemeint. Sie wurde in dem Bewusstsein gewählt, dass dies eher eine Notlösung ist, die versucht, bestehende Sprachkonventionen geschlechterneutral zu deuten. Im Sinne der Lesbarkeit von umfangreichen Texten ist sie m.E. derzeit die einzige Alternative zu dem permanent wechselnden Gebrauch von männlichen und weiblichen Formen oder auch der Schreibweise mit dem großen ‚I'. In den Textpassagen, in denen sich die Ausführungen nur auf die Frauen in der KI-Community beziehen, wird das durch die Verwendung der weiblichen Form kenntlich gemacht. Dort, wo ausschließlich die männlichen Mitglieder gemeint sind, wird das explizit formuliert.

sche Gemeinsamkeiten in den Deutungen besser identifizieren zu können.

## 3.2 Forschungsmethoden

Unter den verschiedenen methodischen Möglichkeiten der kulturanalytischen Forschung sind für die Bearbeitung des schriftlichen KI-Diskurses die Methoden *Medienanalyse* und *Dokumentenanalyse* geeignet, während für die nicht-schriftlichen Formen des Diskurs direkte Erhebungsmethoden, wie das *qualitative Interview* und die *teilnehmende Beobachtung*, gute Erkenntnismöglichkeiten bieten.

### 3.2.1 Medien- und Dokumentenanalyse

Diskurse vollziehen sich in unterschiedlichen medialen Formen, Fernsehen, Radio, Zeitungen, Zeitschriften, Büchern. In modernen Gesellschaften sind Medien zu dem wohl wichtigsten Ort geworden, an dem die Diskurse geführt und kulturelle Deutungen ausgehandelt, vermittelt und massenhaft verbreitet werden. Die wissenschaftliche Methode der Medienanalyse ermöglicht es, Aussagen zu einem bestimmten Themenbereich zu gewinnen.[35] Ihr liegt ein Modell sozialer Kommunikation zugrunde, in dem Sender, Nachricht und Empfänger ebenso berücksichtigt werden wie das gesellschaftliche Umfeld und das Medium selbst – diese Konzeptualisierung macht sie anschlussfähig an den oben dargestellten kulturwissenschaftlichen Diskursbegriff. Am Anfang einer Medienanalyse wird zunächst eine Inhaltsanalyse stehen, um die zentralen Topoi und die sprachlichen Formationsregeln des

---

[35] Aber nicht nur der Diskurs über KI kann mit dieser Methode analysiert werden. Auch die KI selbst ist ein Medium in dem von Hannerz dargestellten Sinne, weil sie Begriffe und Wissen speichert und vermittelt und beides auch unabhängig von Zeit und Raum zugänglich macht. Man könnte eine Medienanalyse zum Thema KI auch auf diese Systeme ausdehnen und beispielsweise danach fragen, welches kulturelle Wissen gespeichert wird. Mittels einer solchen Analyse könnten die kulturellen Bezugssysteme eines einzelnen, konkreten Prozesses der Technikentstehung en detail nachgezeichnet werden. Obwohl das durchaus erkenntnisreich sein dürfte, kann sie in dem Rahmen dieser Arbeit nicht verfolgt werden. Es wäre dazu nicht nur eine umfassende Einarbeitung in ein spezielles KI-System, z.B. ein Expertensystem, notwendig, sondern würde zusätzlich gute Kenntnisse der darin modellierten Wissensbereiche und ihrer kulturellen Bezugssysteme erfordern.

Diskurses, wie Symbole, Metaphern, Wertungen usw. zu erfassen, aber auch Verschwiegenes und Un-Themen aufzuspüren. Berücksichtigt werden müssen dabei nach Foucault die Materialität der Medien, also die Art der Medien, in denen sich die Diskurse vollziehen, da unterschiedliche Medien spezifische Formen des Ausdrucks und der Rede ermöglichen. Eine Fachzeitschrift, wie das Fachorgan der KI-Community etwa, stellt andere Anforderungen an die Darstellung und die vermittelten Inhalte, als das ein Vortrag, ein Artikel in den Massenmedien oder ein Filmbeitrag im Fernsehen tut. Neben dem Medium selbst liegt das nicht zuletzt auch am Zielpublikum, an das sich ein solcher Diskursbeitrag richtet, so dass die Berücksichtigung des Empfängers im Modell der Medienanalyse eine unverzichtbare Notwendigkeit ist. Dieser Frage nach den Adressaten wird sicherlich ein Übersicht darüber vorausgehen, wer sich überhaupt an diesem Diskurs beteiligt (bzw. beteiligen darf) und ihn mehr oder minder in Gang hält, indem er Beiträge dazu liefert. Gleichzeitig können damit auch Machtverhältnisse in den Blick genommen werden, wenn die unterschiedliche Verteilung von Bedeutungskonstrukten und ihren jeweiligen Externalisierungen nachgezeichnet werden, die je nach Definitionsmacht von unterschiedlichen Individuen und Gruppen mehr oder weniger durchgesetzt werden konnten.[36] Neben dem Blick auf den Diskurs selbst wird deswegen auch das kulturelle und gesellschaftliche Bezugssystem des Diskurses einen wesentlichen Anteil einer solchen Medienanalyse ausmachen. Dazu ist eine Kontextierung notwendig, in der es darum geht, Bezüge zu anderen Diskursen, die Verwendung von Kollektivsymbolen (Link) oder auch Verbindungen, Abgrenzungen und Verleugnungen von kulturellen Bedeutungssystemen oder bestimmten kulturellen Teilsystemen u.a.m. zu ermitteln.

### 3.2.2 Qualitative Interviews

Mit der Medienanalyse wird ein Kommunikationsprozess fokussiert, der bereits existiert und schriftlich geführt wurde. Der Forscher kann

---

[36] Nach Auffassung von Hannerz sind es oftmals gerade diejenigen, die am aktivsten und systematischsten am „*cultural growth*" beteiligt sind, die sich dann in privilegierten Positionen befinden, sobald Ungleichheiten auftauchen (Hannerz 1992:31).

somit zwar einen spezifischen Blick auf diese Quelle werfen, er kann jedoch keinen Einfluss auf den dort geführten Diskusr ausüben. Das hat den Vorteil, dass man durch die forscherische Aktion nicht aktiv in den Kommunikationsprozess eingreift und somit der Verlauf des Diskurses unbeeinflusst vom Interesse des Forschers bleibt. Dieser Vorteil gerät jedoch an dem Punkt zum Nachteil, wo es um die Frage geht, wie solche Symbol- und Deutungssysteme involviert werden.

Die Symbol- und Deutungssysteme der Individuen kann man in der ethnografischen Feldforschung mittels der Methode des qualitativen Interviews herausarbeiten. Bei dieser Form der Datenerhebung wird die Interaktion zwischen Forscher und Erhebungsgruppe und damit auch der mögliche Einfluss des Forschers auf die Untersuchungsergebnisse bewusst eingesetzt, um einen Austausch zwischen Forscher und Befragtem zu ermöglichen. Die Interviews werden anhand eines flexiblen Leitfaden geführt, in dem zur Vergleichbarkeit der Interviews lediglich bestimmte, vorher festgelegte Themenkomplexe behandelt werden. Die Auswahl der Themenkomplexe erfolgt in der Regel nach einer Explorationsphase, in der aufgrund von eingehendem Literaturstudium, Explorativ-Interviews oder auch teilnehmender Beobachtung die für das empirische Feld relevanten Fragestellungen herausgearbeitet und erprobt werden. So hat sich in der Exploration der KI-Community herausgestellt, dass bestimmte Fragestellungen nicht tragfähig waren, weil sie zu sehr in einer sozialwissenschaftlichen Sprache formuliert oder in den Augen der KI-Protagonisten zu alltagsweltlich waren, um ein qualifiziertes Gespräch zu gewährleisten.

Durch eine lockere Strukturierung der qualitativen Interviews können die Perspektive, die spezifische Sprache und die thematischen Bedürfnisse von Gesprächspartnern berücksichtigt werden. Die Offenheit der dialogischen Struktur und die starken Einbeziehung der subjektiven Positionen ermöglicht es, die Schlüsselrolle der Individuen als Vermittler und Produzenten von Kultur entsprechend zu würdigen. Ziel des Forschers ist es dabei, Einsicht in das Denken seines Gegenübers zu erhalten und subjektiv gemeinten Sinn zu verstehen. Allerdings kann mit diesem hohen Potential an empirischer Offenheit, Pluralität und Beweglichkeit, die den ethnografischen Zugang auszeichnet, die Rolle des Forschers nicht mehr auf die des erfahrenden und deutenden Subjekts beschränkt werden. Vielmehr muss Ethnografie nach James Clifford als ein konstruktives Verhandeln verstanden werden, an dem mindestens zwei – und gewöhnlich mehr – bewusste, politische Subjekte beteiligt sind. Das Ereignis des Gesprächs weise dem Ethnografen immer eine spezifische Position in dem Gewebe intersubjektiver Beziehungen zu. Deshalb habe die unmittelbare spezifische Situation des Gesprächs, der Kontext, eine Bedeutung. Sprache liege nach Mikhail Bakhtin, „*an der Grenze zwischen dem selbst und dem anderen. In der Sprache gehört das Wort zur Hälfte jedem anderen.*“ (Bakhtin 1981, zit. nach Clifford 1993:135f.) Der Prozess des Dialogs zwischen dem Forscher und seinen Gesprächspartnern wird damit zu einer Verhandlung „*über die gemeinsame Sicht der Realität.*“ (Clifford 1993:137) Um die Verhandlungsprozesse, die die ethnografische Forschung in der KI-Community begleitet haben, und auch deren Beitrag an der Entstehung der noch zu präsentierenden Ergebnisse transparent zu machen, werden im folgenden Abschnitt die Vorgehensweise in der Forschung und die Erfahrungen im Feld skizziert. Zunächst aber noch einige Worte zu der dritten Erhebungsmethode, die im Rahmen der Forschung eingesetzt wurde.

### 3.2.3 Teilnehmende Beobachtung

Die Methode der teilnehmenden Beobachtung, ist in der ethnografischen Feldforschung ein seit langem erprobtes und reflektiertes Konzept. (Hauser-Schäublin 2003) Die teilnehmende Beobachtung, die von Eberhard Berg und Martin Fuchs als spannungsgeladenes Konzept zwischen Teilnahme und Distanz bezeichnet wird, ist ein Paradigma in der Wissenschaftsforschung, von man sich Aufschluss über die Feinstruktur des Forschungshandelns erhofft, das sich nach Ansicht von Krohn und Küppers nicht über die bis dahin angewendeten Methoden (Analyse von wissenschaftlichen Veröffentlichungen, Interviews und biografische oder institutionelle Selbstdarstellungen) und Begriffe (Denkstil, Scientific Community, Paradigma, Forschungsgruppe u.ä.) ermitteln lässt. Diese sind vor allem mit Selbstdarstellungen der untersuchten Forscher durchdrungen. (Krohn / Küppers 1989:16) Da es in der vorliegenden Forschung zwar auch um Wissenschaftsforschung geht, der Schwerpunkt jedoch auf der Frage liegt, wie im Prozess der Technikentstehung technische Artefakte mit Sinn und Bedeutung versehen werden, stehen für mich eher die diskursiv hergestellten Deutungen im Vordergrund als die sozialen Interaktionen, in denen sich die Feinstruktur des Forschungshandelns herausbildet. Diese diskursiven Deutungen können insbesondere mittels der Medien- und Dokumentenanalyse und mittels qualitativer Interviews erhoben werden. Die teilnehmende Beobachtung hingegen hat eher ergänzende Funktion, um das Arbeitsumfeld der Interviewpartner einzubeziehen und all die Dimensionen zu berücksichtigen, die im oben dargestellten diskurstheoretischen Zugang unter dem weit gefassten Begriff der *kulturellen Kontexte* verstanden werden, wie etwa die soziale Stellung einer KI-Forscherin innerhalb ihrer Arbeitsgruppe, die spezifische Arbeitssituation, ihr Tätigkeitsprofil u.a.m.

Die Arbeit der KI-Wissenschaftler und Entwickler ist vor allem geprägt von Praktiken des Denkens, Sprechens, Schreibens und Konstruierens, die sich auf der Basis des oben dargestellten Diskursbegriffs aus dem geschriebenen und gesprochenen Wort rekonstruieren lassen.[37] Wie häufig in der Wissenschaftsforschung wird auch in der Forschung, die die Grundlage dieser Arbeit bildet, bzgl. der körpergebundenen, habituellen Praxen und Wissensformen ein ‚crossing corners' betrieben.[38]

## 3.3 Zur Praxis und Auswertung der Forschung

Das theoretische Konstrukt dieser Forschungsarbeit, d.h. die Konzeptualisierung von Kultur, Technik und Diskurs hat sich im Verlaufe der empirischen Forschung und ihrer Analyse herausgebildet und war nur von einigen wenigen theoretischen Vorüberlegungen am Anfang geprägt. Die empirischen Forschungen für diese Arbeit zeichnen sich

---

37 Habituelle, körpergebundene Dimensionen von Praxis wie vorne bereits ausführlich begründet in der Analyse nicht berücksichtigt.

38 Wichtige Anknüpfungspunkte für die Bearbeitung dieses Themas liefert neben Karin Knorr Cetina (1988) auch die Studie von Werner Kutschmann, in der er die vielfältigen Versuche der Verdrängung des Körpers aus dem naturwissenschaftlichen Erkenntnisprozess beschreibt (1986).

deswegen durch große Offenheit aus, weil kulturwissenschaftliche Forschungskonzepte für das Feld der Technikgenese noch nicht vorliegen.

In der Analyse des Entstehungsprozesses der KI lag ein starkes Gewicht auf der Inhaltsanalyse des schriftlichen Diskurses. Unter Einbeziehung von sozialwissenschaftlichen, gewerkschaftlichen, politischen, journalistischen und anderen Beiträgen zur KI-Diskussion wurde der Diskurs zunächst im Hinblick auf die dominierenden Topoi ausgewertet, um auf dieser Grundlage den Frageleitfaden für die qualitativen Interviews zu konzipieren. Nach dessen explorativer Erprobung und entsprechenden Modifikationen der Themenbereiche wurde die Erhebung der Interviews in drei universitären Instituten und einem wirtschaftlich orientierten Entwicklungslabor durchgeführt. Begleitend erfolgte eine teilnehmende (dabeistehende) Beobachtung, die in einem Feldtagebuch dokumentiert wurde. Beides, Interviews und teilnehmende Beobachtung, erbrachten Eindrücke von den kulturellen Kontexten der KI-Forschung und Einblicke in die Denk- und Argumentationsweise der KI-Akteure. Im weiteren Verlauf der Forschung wurde teilweise noch der populärwissenschaftliche Experten Diskurs in die Analyse einbezogen, weil dort diejenigen die KI entwickeln, ihre Deutungen und Sinnzuschreibungen auf einem sprachlichen Niveau diskursivieren, das anschlussfähig ist für interessierte Laien, Politiker und andere gesellschaftliche Akteure. Diese können hier auch selbst Argumente in die Debatte um die neue Technologie einbringen und sich damit aktiv an dem Technological Drama der KI beteiligen. Im populärwissenschaftlichen Diskurs, der über die KI geführt wird, lassen sich somit die Argumente des gesellschaftlichen Umfelds ebenso nachvollziehen wie die Reaktionen, die diese in der KI-Community auslösen.

### 3.3.1 Expertendiskurse

Die Analyse des wissenschaftlichen Expertendiskurses wurde insbesondere anhand des offiziellen Organs des Fachbereichs Künstliche Intelligenz in der Gesellschaft für Informatik e.V., der Zeitschrift *KI - Forschung, Entwicklung, Erfahrungen* vorgenommen. Ziel dieser Zeitschrift ist es Stand und aktuelle Probleme der Forschung und Entwicklung sowie Erfahrungen auf dem Gebiet der KI widerzuspiegeln oder auch Fachkenntnisse kompakt zu vermitteln.[39] Diese Zeitschrift stellte sich als eine ausgezeichnete Quelle für die hier verfolgte Fragestellung heraus, da in ihr neben einem breiten Spektrum an Fachbeiträgen auch über das Selbstbild der KI-Community, ihre gesellschaftlichen Bezüge und fachpolitische Fragen diskutiert wird. Diese Bereitschaft zur Selbstreflexion und zur Auseinandersetzung mit Kritik an der KI, die sich in dieser Themenvielfalt ausdrückt, wird unterstrichen durch sporadische Veröffentlichungen von sozialwissenschaftlichen Studien, die sich aus unterschiedlichen Perspektiven mit dem Thema KI befassen. (Rammert 1990a; Manhart 1991; Malsch 1991; Rammert 1993; Ahrweiler 1994; Malsch 1996) So konnte die Zeitschrift *KI* auch genutzt werden, um ergänzend zu den bereits herausgearbeiteten Topoi des KI-Diskurses eine Feinanalyse durchzuführen, in der interne Formationsregeln, wie verwendete Symbole, Metaphern, Wertungen usw., und externe Formationsregeln des Diskurses, wie z.B. fachpolitische Ziele, personelle Besetzung von Gremien etc., perspektiviert wurden. Mittels dieser Feinanalyse wurden zum einen die Deutungsprozesse rekonstruiert, die sich im Laufe der KI-Entwicklung entwickelten, und zum zweiten konnte die Konstituierung der wissenschaftlichen Community nachvollzogen werden.

### 3.3.2 Research-up

Parallel zu dieser Inhaltsanalyse wurden neun qualitative Interviews von ein bis mehrstündiger Dauer mit drei Instituts- bzw. Laborleitern (zwei mit Professoren- und einer mit Doktortitel), einer Professorin und fünf wissenschaftlichen Mitarbeitern bzw. Entwicklern durchgeführt, um einen mikroanalytischen Zugang zum KI-Diskurs zu bekommen. Die Bereitschaft, Interviews zu führen, war bei fast allen angesprochenen KI-Wissenschaftlern und -Entwicklerinnen groß, insbesondere jedoch bei Gesprächspartnern in gehobenen Positionen. Sie räumten verhältnismäßig viel Zeit für das Gespräch ein, was angesichts der bekanntlich vollen Terminkalender von Menschen in Führungspositionen zunächst erstaunte. Rückblickend erklärt sich ihr En-

[39] Vgl. Impressum / Hinweise für die Autoren. In: KI (1) 1994.

gagement jedoch aus eben dieser exponierten Position, weil damit zum einen das Interesse zur Selbstdarstellung und Vermittlung eines bestimmten Bildes von der KI verbundenen ist und weil zum zweiten Führungspositionen in der KI in vielen Fällen durch Gründerväter der ersten KI-Stunde besetzt sind, die sich entsprechend stark mit ihrer Profession identifizieren. Die Gespräche mit den neun KI-Protagonisten waren geprägt durch die asymmetrische Beziehung zwischen Forscher und Beforschten. Allerdings konnte in keiner Weise von der in der ethnografischen Forschung häufig vorhandenen Überlegenheit des Forschers gegenüber den Beforschten die Rede sein. Vielmehr waren die Forschungen in der KI-Szene von einer *Research-up* Situation geprägt. (Warneken / Wittel 1997) Häufig stand ich unter dem Druck nachzuweisen, dass ich zum einen fachlich kompetent genug bin, über die KI zu forschen, und dass meine Studie zum zweiten einen wesentlichen wissenschaftlichen Beitrag erbringen kann. Beides wurde immer wieder offen oder verdeckt in Zweifel gezogen. So war zu Beginn der meisten Gespräche ein wichtiges Anliegen meiner Gesprächspartner sicherzustellen, dass ich ein „richtiges" Bild von der KI habe und nicht den in der Presse verbreiteten „falschen" Vorstellungen anhänge. Regelmäßig nahm die Darstellung meines eigenen Forschungsinteresse und das Bemühen um gegenseitiges Verstehen einige Zeit in Anspruch. Dieser Dialog über meine eigene wissenschaftliche Identität[40] und über meine Motivation für diese als unkonventionell wahrgenommene Forschung[41] hat für meinen Erkenntnisprozess einigen Er-

---

[40] Rolf Lindner sieht diese „Präsentation der eigenen Identität" als Möglichkeit an, um Distanz gegenüber dem erforschten Feld herzustellen. (Lindner 1981:64f.).

[41] Deutlich spürbar stand dabei immer die Vermutung im Raum, dass ich von einer insbesondere in den Sozial- und Geisteswissenschaften vermuteten fortschritts- bzw. technikfeindlichen Gesinnung geleitet wurde. Nach Ansicht von Rolf Peter Sieferle ist es eher zweifelhaft, ob man überhaupt von einem solchen Phänomen der Technikfeindlichkeit sprechen kann. Die Studie von Sieferle gibt Anlass zu der Überlegung, dass die als technikfeindlich wahrgenommenen Diskussionen um Technik auch anders interpretiert werden könnten, etwa als eine spezifische Form der Aneignung von Technik, die der pragmatischen Realisierung und Anwendung von Technik vorausgeht. Jedenfall muss man sich den Zusammenhang zwischen Technik-Diskursen und den Technik-Praxen im Detail ansehen, will man die meistens als Vorwurf gebrauchte Aussage der Technikfeindlichkeit der Deutschen beibehalten. (Sieferle 1984)

trag gebracht. Vielfach habe ich Gesprächsphasen als zäh und mühevoll empfunden, weil einerseits Selbstbehauptung notwendig war, gleichzeitig aber auch eine offene Atmosphäre für das Gespräch hergestellt werden musste. Insgesamt jedoch war die Forschungssituation, die ich in den KI-Instituten und -Laboren angetroffen habe, offen und freundlich. Wirklich unangenehm war nur ein Interview, in dem mein Gesprächspartner immerzu Besserwissen beanspruchte, mich mit Gegenwissen aus seiner eigenen Erfahrungswelt konfrontierte und wenig Verständnis für meine kulturwissenschaftliche Perspektive auf Technik zeigte. Auch wenn diese Interviewsituation in hohem Maße problemgeladen war, war gerade dieses Gespräch für meine Forschung eines der ertragreichsten, weil sich darin die Unterschiedlichkeit von Deutungen und Sinnsysteme zuspitzte. Die dabei erfahrenen Frustrationen, die nach Warneken und Wittel häufig unkontrolliert auf die Ergebnisse einwirken (Warneken / Wittel 1997:10), werden bei der Präsentation meiner Forschungsergebnisse allerdings nicht permanent und umfassend problematisiert. Das ist zum einen begründet in der von Warneken und Wittel selbst problematisierten Unmöglichkeit, das Verhältnis zwischen Felderfahrung und Textprodukt ohne supervisorischen Beistand zu ergründen. Zum zweiten sind es häufig gerade diese als negativ empfundenen Momente der Forschung, etwa die prekären Situationen im Feld, die Rollen-Unsicherheit des Ethnografen oder die Störungen der eigenen Erwartungen, die die ethnografische Forschung produktiv macht, indem sie einen neuen Blick auf die Beforschten und die Relativierung ethnografischer Erkenntnisfähigkeit nach sich zieht. Mit zunehmendem zeitlichen Abstand ist dieses Erkenntnis erbringende Potential in dieser negativ erfahrenen Situation immer gewichtiger geworden, die unangenehmen Gefühle hingegen sind zunehmend verblasst.

### 3.3.3 Die Kategorie Geschlecht

Als weitere Einflussgröße auf die Interviews stellte sich die Geschlechtszugehörigkeit heraus[42]. Das Gespräch mit weiblichen Gesprächspartnerinnen verlief in der Regel lockerer als das mit männlichen Kollegen, so wurde beispielsweise meine wissenschaftliche Zugangsweise nicht explizit angezweifelt oder auch mein Erkenntnisinteresse nicht hinterfragt. Zwar kann die sich darin ausdrückende Akzeptanz meines Forschungskonzepts nicht zwingend auf die Kategorie Geschlecht zurück geführt werden – die weniger kritische Haltung der interviewten Wissenschaftlerinnen und Technikerinnen könnte auch mit ihrer im Vergleich zu den interviewten Männern niedrigeren Position innerhalb der Berufshierarchie[43] zusammenhängen. Es liegt jedoch nahe, dass hier die von Sackstetter beschriebenen „*internalisierten Strukturen weiblicher Verständigungsmöglichkeiten*" wirksam geworden sind, die besonders dann funktionieren, wenn die Möglichkeit zu "*weiblichem Komplizentum*" besteht, wie das beispielsweise in meinen Fragen zu geschlechtsspezifischen Zugängen zur KI der Fall war. (Sackstetter 1984:166) Im Gespräch mit männlichen KI-Protagonisten hatte ich demgegenüber den Eindruck, dass die Thematisierung dieses Themenkomplexes auch eine vorher lockere Gesprächsatmosphäre wieder zum Stocken brachte. Die anfänglichen Bemühungen, ein offenes Gesprächsklima zu schaffen, waren damit wieder zunichte gemacht. Der Redefluss versiegte, das Gespräch bekam wieder Interviewcharakter, meine Fragen zu den geschlechtsspezifischen Dimensionen im Arbeitsfeld KI wurden nur zögernd und suchend beantwortet. Es war offensichtlich, dass ich einen Themenbereich angesprochen hatte, der den meisten Männer im Zusammenhang mit ihrer eigenen beruflichen Tätigkeit völlig fern lag, so dass sie zunächst vor allem stereotype Begründungen anführten und erst nach einigem

---

[42] Welchen Einfluss die Geschlechtszugehörigkeit auf die Forschungssituation und -ergebnisse haben kann, ist u.a. ausführlich und gut von Susanne Sackstetter beschrieben worden. .

[43] Es wurde in den oberen Berufshierarchien, wie oben bereits dargestellt, eine Professorin ohne leitende Funktion und zwei Professoren mit leitender Funktion befragt.

Überlegen eigene Erfahrungen formulierten. Diese Frage nach der Geschlechterdifferenz war hochgradig dazu geeignet, meine wissenschaftliche ‚Andersartigkeit' in der KI-Community und damit auch die Vorsicht wieder zu aktualisieren, die mir viele meiner Gesprächsteilnehmer zu Beginn der Interviews entgegen gebracht hatten.

### 3.3.4 Feinanalyse

Um die geführten Interviews einer Feinanalyse zugänglich zu machen, wurden sie transkribiert. Ein erster Auswertungsschritt erfolgte unter dem Eindruck der Forschungsergebnisse, die aus der Analyse des schriftlichen, populärwissenschaftlichen KI-Diskurses hervorgegangen waren. Dabei stand zum einen die Frage nach der Beziehung zwischen Mikro- und Makroebene im Vordergrund, etwa wie spezifische Deutungen der KI, die im schriftlichen Diskurs präsent sind, in individuelle Sinnsysteme eingebaut werden. Da angesichts der Unterschiedlichkeit der Deutungen und der Vielfalt der Disziplinen, die in der KI aktiv sind, fraglich war, wie die Scientific Community ihren Zusammenhalt sichert, wurde ein besonderes Augenmerk auch auf die individuelle professionelle Identitätsarbeit gerichtet. Dabei waren die individuellen Denkweisen und Argumentationsstrategien der KI-Protagonisten, ihre Art des Denkens, ein zentraler Gegenstand der Feinanalyse der Interviews. Schließlich wurde eine zusammenfassende Kommentierung der Interviews geschrieben, die am Ende jeder Auswertung stand. Dabei wurden – unter Einbeziehung der Daten aus der teilnehmenden Beobachtung – der Argumentationsverlauf und die Interview-Interaktion bewertet und versucht, eine knappe Skizze vom Kulturkonzept des jeweiligen Gesprächspartners zu geben.

Da die lebendigen Sprechweisen meiner Interviewpartnerinnen und -partner in schriftlicher Form schwer lesbar sind, wurden beim Zitieren sprachliche Glättungen vorgenommen. Dabei handelt es sich um Auslassungen von mehrfach gesprochenen Worten oder Satzteilen, die ich durch drei Punkte, „...", ersetzt habe. Dort wo ganze oder mehrere Sätze ausgelassen wurden, wurde das durch Punkte in Klammern (...) gekennzeichnet. In den Fällen, in denen ich ein Wort ergänzt wurde, damit sich die Sätze flüssig lesen lassen, ist das mit eckigen Klammern [ ] markiert worden. Gedankenstriche sind dagegen Teil des gesprochenen Originaltextes. Sie sind Ausdruck von Denkpausen, die die Interviewten gemacht haben.

> Technologien und wissenschaftliche Diskurse können einerseits als Formalisierungen verstanden werden, d.h. als geronnene Momente unablässiger, sozialer Interaktion, die diese konstituieren. Sie sollten andererseits aber auch als mächtige Instrumente zur Durchsetzung von Bedeutungen betrachtet werden. Die Grenzlinie, die zwischen Werkzeug und Mythos, Instrument und Konzept, historischen Systemen gesellschaftlicher Verhältnisse und historischen Anatomien möglicher Körper, die Wissensobjekte eingeschlossen, verläuft ist durchlässig. Mythos und Werkzeug konstituieren sich wechselseitig.[44]

# 4 Künstliche Intelligenz als *Technological Drama*

Wenn man ein Forschungsgebiet wie *die Künstliche Intelligenz* zum Gegenstand einer Studie macht, so ist eine der ersten Fragen, wie sich dieses Forschungsgebiet gegenüber anderen abgrenzt und den eigenen Gegenstand definiert. Wer auf diese Weise versucht, sich dem Forschungsfeld *Künstliche Intelligenz* zu nähern, wird jedoch enttäuscht werden. Denn er stößt zwar auf eine ausgesprochen aktive Forschungstätigkeit, die bereits seit über dreißig Jahren andauert, eine für alle Beteiligten verbindliche Definition oder auch eine einheitliche Programmatik wird er jedoch nicht finden. „*Das Ziel, Intelligenz zu simulieren, wird auch heute noch genannt, ergänzt durch die Aufzählung von Forschungsgebieten, die sich als KI verstehen; natürlichsprachliche Systeme, Expertensysteme, Deduktionssysteme, Robotik, Bildverstehen, Cognitive Science. Unklar bleibt dabei, was das gemeinsame KI-spezifische Moment dieser Forschungen ist, und unter welchen Gesichtspunkten sie sich gegen andere Forschungsgebiete, etwa denen der Informatik abgrenzen. Der vage Hinweis, dass diese*

---

[44] Haraway (1995b:51).

*Gebiete alle etwas mit menschlicher Intelligenz zu tun haben, ist weder als inhaltliche Zielrichtung ausreichend, weil der Intelligenzbegriff nicht erklärt wird, noch als Abgrenzungskriterium, weil es viele Gebiete gibt, die man auf diese unverbindliche Weise der menschlichen Intelligenz zuordnen könnte.*“ (Frederichs 1990:13) Diese fehlende KI-Definition ist nach 30 Jahren Forschungstätigkeit zwar eine ausgesprochen irritierende Feststellung, sie macht die KI jedoch zu einem prädestinierten Feld, in dem man das *Technological Drama* (Pfaffenberger) rekonstruieren kann. Denn solange die KI-Community noch keine gemeinsame Definition ihres Forschungsgebietes hervorgebracht hat, wird auch noch darüber verhandelt, welche Bedeutung die Technologie in der Gesellschaft haben soll. Der Aushandlungsprozess zwischen den unterschiedlichen Deutungen der KI ist noch nicht abgeschlossen und lässt sich somit nicht nur in seinem historischen Verlauf aus dem schriftlichen Diskurs rekonstruieren. Es ist darüber hinaus auch möglich, die verhandelnden Individuen und ihre Deutungs- und Handlungsstrategien sichtbar zu machen, um damit die Beziehung zwischen Mikro- und Makroebene, zwischen individuellen und kollektiven Deutungsversuchen zu problematisieren.

## 4.1 Was ist KI? – Deutungen der Künstlichen Intelligenz

Der Versuch der KI-Forschung, Intelligenz technisch zu reproduzieren und zu vervielfältigen, wurde und wird in der Gesellschaft vielfach als Ungeheuerlichkeit wahrgenommen. Die wissenschaftlichen Problemstellungen der KI werden im gesellschaftlichen Diskurs in Fragekomplexe umformuliert, die das menschliche Sein und den Einfluss der KI auf das alltägliche Leben betreffen: Kann ein Computer schöpferisch sein, auch wenn er nur rechnet? Kann ein KI-System den Menschen auch in sozialen Bereichen ersetzen? Werden Computersysteme dem Menschen irgendwann überlegen sein? Ausgehend von solchen Fragen gewann die Problemstellung der KI, menschliche Intelligenz nachzubilden, in der Öffentlichkeit an enormer Brisanz, nicht zuletzt, weil mit diesem wissenschaftlichen Unterfangen die KI anscheinend gerade auf die Fähigkeiten zielte, die mehr oder minder als ureigene menschliche galten/gelten[45]. Diese öffentlichen Debatten um die Problemstellungen der KI haben den Anstoß zu deren vehementer Verhandlung auch in der Scientific Community gegeben. Diese Verhandlungen sind Teil des *Technological Dramas* der KI, wie die folgende Rekonstruktion des Diskurses der KI-Community über ihre Problemstellungen zeigen wird. In dessen Verlauf haben sich unterschiedliche Definitionen der KI herausgebildet. Sie sind in einem rekursiven Prozess entstanden, an dem nicht nur die ‚KI-Profis' beteiligt waren, sondern auch Beiträge aus dem gesellschaftlichen Umfeld gewichtigen Einfluss genommen haben.

Auch die technologischen Artefakte, die die KI hervorgebracht hat, sind in diesem rekursiven Prozess der Definition der KI von Bedeutung. Sie sind die materielle Grundlage, auf die sich diese Deutungen beziehen müssen. Dass die materielle Grundlage der Artefakte zwar vielfältig, aber nicht beliebig deutbar ist (Beck 1997), wird an der KI so gut sichtbar wie an kaum einer anderen Technologie. An den *Objektpotentialen* der KI-Systeme müssen sich die verschiedenen Deutungen der KI-Protagonisten, die im Folgenden vorgestellt werden, immer wieder messen lassen.

### 4.1.1 Öffentliche Debatten

#### 4.1.1.1 „Menschliche und maschinelle Intelligenz sind gleich"

Dieser Deutung der KI, die wohl am meisten Aufsehen erregt hat, liegt die Auffassung zugrunde, dass alle kognitiven Vorgänge des Menschen restlos mit dem Informationsverarbeitungsparadigma verstanden werden können, welches man für komplex genug hält, um die menschliche Intelligenz in all ihren Dimensionen zu verstehen und auch Emotionen wie Liebe und Wut zu erklären. Dieses Paradigma, das in der KI-Literatur im Allgemeinen als "*harte KI-These*" bezeichnet wird, ist eine wesentliche Deutung der KI, die in Deutschland

[45] Wenn ich hier von *als ureigen menschlich angesehenen Fähigkeiten* spreche, so beziehe ich mich damit auf die dominierenden Vorstellungen in unserer Kultur – wohl wissend, dass es in wissenschaftlichen Diskursen inzwischen starke Positionen gibt, die die traditionellen Grenzziehungen zwischen Mensch und Tier oder zwischen Mensch und Maschine auflösen.

zwar selten so dezidiert vertreten wird, wie das etwa in den USA durch die KI-Forscher Marvin Minsky (Minsky 1988) oder Hans Moravec (Moravec 1988) geschieht, aber sie hat auch hier ihre Anhänger. Einer, der sie nachdrücklich verficht, ist Jörg Siekmann, einer der Gründerväter der KI in Deutschland und heute Professor für Informatik an der Universität des Saarlandes in Saarbrücken und Forschungsleiter am Deutschen Forschungszentrum für Künstliche Intelligenz. Er formuliert diese Position im schriftlichen Diskurs erstmals 1979 im KI-Rundbrief Nr. 17, in dem er ein im Magazin *Der Spiegel* veröffentlichtes Gespräch über die KI kritisiert. Siekmann kleidet seine Gegendarstellung in die Form einer Glosse. Er lässt an dieser Gesprächsrunde des *Spiegels* über *Künstliche Intelligenz* einen fiktiven KI-Mann teilnehmen, der für ein realistisches Bild des Forschungsgebietes sorgen soll. In diesem Beitrag entwirft Siekmann ein sehr weit reichendes Szenario der Rationalisierung, in dem die KI als Schlüsseltechnologie dafür sorgen soll, dass die gesamte Arbeitswelt völlig neu strukturiert werde. Als Ziel der KI gibt Siekmann darin die Entwicklung von technischen Systemen an, die eine dem Menschen vergleichbare Intelligenz hätten. Er nennt das Expertensystem DENDRAL, das bestimmte chemische Analysen durchführt, und das Expertensystem MYCIN, das eine bestimmte Augenkrankheit diagnostizieren kann, als Beispiele dafür, dass solche ‚intelligenten' Systeme heute schon dem Menschen in Teilgebieten überlegen seien. Siekmann stützt seine Auffassung, "*daß es Maschinen und Menschen vergleichbarer Intelligenz gibt bzw. geben wird*" (Siekmann 1979:11) auf das Prinzip von Turing, nach dem Leistungen von Maschinen dann als intelligent bezeichnet werden, wenn sie von den menschlichen Intelligenzleistungen nicht mehr unterscheidbar sind.[46] "*Außerordentlich beeindruckend in diesem Zusammenhang ist jedoch ein Programm von D. Lenat (USA), das im Hinblick auf mathematische Kreativität konzipiert wurde. Dieses Programm beginnt mit einem gewis-*

---

[46] Diesem als *Turing-Test* bekannten Verfahren liegt ein Imitationsspiel zugrunde: Ein Mensch und eine Maschine kommunizieren anonym mit einem Fragesteller, der an beide jeweils die gleichen Fragen richtet. Bewährt sich die Maschine in dem Sinne, dass der Fragesteller sie nicht vom Menschen unterscheiden kann, dann kann die Maschine nach der Auffassung von Turing zweifellos als intelligent gelten.

*sen rudimentären Wissen der Mengenlehre und wird danach auf einen freien ‚Kreativitäts-Trip' geschickt und war in der Lage, Teile der Zahlentheorie beispielsweise wiederzuentdecken. Die von dem Programm entdeckten Zusammenhänge waren absolut nicht trivial (z.B. den Satz der eindeutigen Primzahl-Zerlegung) und nebenbei dem Autor des Programms selber unbekannt. Es dürfte ein für allemal den Existenzbeweis erbracht haben, daß Kreativität durchaus nicht jene nebulöse, nur dem Menschen vorbehaltene Eigenschaft ist, sondern ein rationalisierbarer Vorgang, der auf dem Computer realisiert werden kann.*" (Siekmann 1979:14) Unwichtig ist für Siekmann ebenso wie im Turing-Test, ob die internen Vorgänge in Mensch und Computer, dabei äquivalent sind. Es zählt allein die Wahrnehmung der Ergebnisse. Mit dem Turing-Prinzip als Hintergrund ist es dann möglich, das Finden eines mathematischen Beweises durch ein Computerprogramm als kreativen Vorgang zu deklarieren, unabhängig davon, was die existierenden Programme ausführen, die dies bewerkstelligen. Sogar menschliche Gefühle, freier Wille, Moral oder eine politische Position hält Siekmann dabei prinzipiell für machbar. Zwar sei noch nicht mit Sicherheit zu sagen, ob die künstliche Intelligenz die menschliche eines Tages übertreffen werde, doch in 30 Jahren der KI-Forschung hätten sich trotz intensiver Suche keine Grenzen des Rechners gezeigt. Die Irritationen, die dieser umfassende Anspruch auf die Nachbildung der menschlichen Intelligenz auslöst, hält er für irrational: „*Die These, daß es bezüglich der kognitiven Fähigkeiten keine prinzipiellen Unterschiede zwischen dem Computer und dem Menschen gäbe, weckt Emotionen und erscheint dem Laien ebenso unglaubwürdig wie vielen Computerfachleuten. Das ist verständlich: Mit dieser These ist eine weitere Relativierung der Position des Menschen verbunden vergleichbar der Annahme des heliozentrischen Weltbildes im 17. oder der Darwinschen Evolutionstheorie im vorigen Jahrhundert. Im Gegensatz zu jenen Thesen, deren Auswirkungen bestenfalls für einige Philosophen oder gewisse zur Religiosität neigende Menschen beruhigend war, hat diese jedoch – sofern sie sich als zutreffend erweist – bisher nicht absehbare technologische und damit soziale und politische Konsequenzen.*“ (Siekmann 1994:215)

Allerdings ist das Turing-Prinzip, mit dem Computerprogramme als *intelligent* oder *nicht intelligent* klassifiziert werden sollen, eine nicht ganz unproblematische Argumentationsgrundlage für die gerade entstehende KI. Denn auf der Basis dieses Prinzips lässt sich bereits ein einfacher Taschenrechner als *intelligent* bezeichnen, da auch er menschliche Intelligenzleistungen simuliert, mindestens genauso gute Ergebnisse wie der Mensch erbringt und in der Geschwindigkeit dem rechnenden Menschen überlegen ist. Die Einzigartigkeit der KI ist mit dieser Argumentation also nicht ausreichend begründbar. Dieser Problematik muss sich Siekmann wohl bewusst sein, denn er formuliert trotz seines anfänglich dargebotenen Rationalisierungsszenarios ein Erkenntnisinteresse für die KI, das über diese rein technische Simulation von Intelligenz hinausgeht. Es gehe der KI-Forschung letztlich nicht um so schöne technologische Produkte, wie er sie erwähnt habe. Das eigentliche Forschungsziel sei, zu verstehen, wie Intelligenz funktioniert, welche Verfahren notwendig seien, um Intelligenz zu verwirklichen – egal ob im Menschen oder in der Maschine – und mit welchen Methoden man dies erreichen könne. Im Laufe der letzten 20 Jahre KI-Forschung sei eine ganz ansehnliche „*Batterie*“ an solchen Verfahren und Methoden entwickelt und entdeckt worden. Zwar würden dabei meist konkrete Aufgaben (wie Schachspielen, automatisches Beweisen, Computersehen usw.) bearbeitet, die seien jedoch eher sekundär und hätten Beispielcharakter. (Siekmann 1994:16) Aufgrund dieser neuen technologischen Möglichkeiten müsse der Mensch sein eigenes Selbstverständnis verändern und akzeptieren, dass er nicht mehr als einziges Wesen dieser Welt als intelligent gelte.

Die Deutung, die ausgehend von der „harten“ KI-These entwickelt wird, hat bis heute großes Gewicht in der Forschung. Sie sieht die KI als Technologie der Erkenntnis und als Technologie zur Reproduktion von Intelligenz. Kernpunkt ist dabei, dass Intelligenz bei Mensch und Maschine als gleichartig angesehen wird und es keine prinzipiellen Grenzen für ihre technologische Reproduktion gibt. Weil diese KI-Deutung auf große Kritik gestoßen ist, wird sie heute allerdings nicht mehr so häufig und nicht mehr so offen vertreten. Formulierungen werden häufig so gewählt, dass sie die „harte“ KI-These zumindest nicht ausschließen, wie folgendes Beispiel von Andreas Dengel zeigt, der Professor für Informatik an der Universität Kaiserslautern mit den Hauptarbeitsgebieten Künstliche Intelligenz, Mustererkennung, geometrische Modellierung und Kognitionswissenschaften ist: *„Die dabei angewendeten Methoden stellen das Ergebnis der Erforschung von intelligentem Verhalten beim Menschen dar und dienen als Grundlage für vergleichbare Simulationsmodelle auf dem Computer. Die große Herausforderung für die Wissenschaftler, die auf diesem Gebiet arbeiten, ist dabei, das Wesen der menschlichen Denkprozesse, des Lernens, der Sprache und der Verschlüsselung von Wissen zu verstehen und Methoden zu entwickeln, um diese Vorgänge mit den Möglichkeiten eines Computers zu simulieren.*“ (Dengel 1994:7)

#### 4.1.1.2 „Menschliche und maschinelle Intelligenz sind verschieden“

Solchen weit reichenden Überzeugungen wollen sich jedoch nicht alle Mitglieder der deutschen KI-Forschung anschließen. Peter Schefe, Professor an der Universität Hamburg und Verfasser eines KI-Lehrbuches, widerspricht der Deutung von Jörg Siekmann entschieden. Schefe wendete sich dabei unter anderem gegen die Behauptung, künstliche Ärzte, Richter, Mathematiker usw. seien bereits machbar: *„Ein naiver Betrachter (...) ist von Produkten der Wissenschaft oft fasziniert. In der KI handelt es sich hier speziell um den ELIZA-Effekt*[47]*, dem unser KI-Mann (...) zu erliegen scheint. Sollte er bezüglich dieser Subdisziplin doch noch zu den Naiven gehören? (....) Die Steigerung der Komplexität der verwendeten Datenstrukturen und Algorithmen ändert nichts daran, daß das Ausführen eines Algorithmus nun einmal nichts mit Intelligenz zu tun hat, auch wenn die Ergebnisse vergleichbar sind.*“ (Schefe 1979:16) Die von Schefe vertretene Position wird in der KI-Literatur im allgemeinen als *weiche KI-These* be-

[47] ELIZA ist eines der ersten Aufsehen erregenden KI-Programme. Es wurde von Joseph Weizenbaum entwickelt und imitiert einen Psychotherapeuten. Durch einfache Prinzipien für die Formulierung von Fragen und Antworten wird dem Patienten suggeriert, das Programm würde seine Probleme verstehen. Eine therapeutische Wirkung geht von diesem Programm jedoch nicht aus. Der Patient wird an der Nase herum geführt. Es waren auch diese Erfahrungen mit ELIZA, die Weizenbaum zu einem radikalen Kritiker der KI werden ließen.

zeichnet. Er argumentiert hier für eine Unterscheidung zwischen menschlicher und maschineller Intelligenz. Deswegen stellt er das Turing-Prinzip infrage, auf dem Siekmann seine Argumentation aufgebaut hat, und hält dagegen, dass bei gleichen Ergebnissen doch unterschiedliche interne Prozesse beim Menschen und beim Computer abliefen und damit nicht unterschiedslos von Intelligenz gesprochen werden könne. Wenn der Mensch einen Algorithmus zur Lösung einer Klasse von Problemen gefunden habe, sei er vielleicht kreativ gewesen. Eine kreative Lösung liege aber nicht vor, wenn jemand diesen einmal gefundenen, abgeschlossenen Algorithmus ausführe, wie dies eben ein Prozessor tue. Eine Maschine sei keine Superintelligenz und kein Subjekt, sondern ein Medium[48], in dem menschliche Subjekte ihr Wissen und ihre Modellvorstellungen darstellen könnten. (Schelhowe 1997) Auch Schefe formuliert also ein technisches und ein kognitionswissenschaftliches Erkenntnisinteresse für die KI. Er plädiert jedoch für eine Selbstsicht auf das Erkenntnispotential der KI, die sich deutlich bescheidener gibt, und empfiehlt: „*Wenn KI-Leute also von normalen Informatikern wieder ernst genommen werden wollten, sollten sie die hochtrabenden Reklamesprüche von Intelligenz, Kreativität, Verstehen usw. aufgeben und zu einer seriösen Terminologie und einer praxisorientierten Zielsetzung zurückkehren.*“ (Schefe 1979:16)

Auch in zwei weiteren Beiträgen in den folgenden Jahren 1981 und 1982 argumentiert Schefe[49], übrigens einer der aktivsten Teilnehmer an diesem Disput, noch einmal ausführlich gegen die *harte KI-These* und das Turing-Prinzip. Schefe bekennt sich zwar zum kognitionswissenschaftlichen Erkenntnisinteresse der KI, das seiner Auffas-

---

48 Die Auffassung vom Computer als Medium ist zu dem Zeitpunkt, als der Artikel erscheint, noch nicht allgemein verbreitet, da die Vernetzung der Computertechnologie noch in den Anfängen steckt. Das World Wide Web ist zu diesem Zeitpunkt noch nicht existent. Schefe gibt als Referenz für diese Auffassung vom Computer als Medium insbesondere Carl Adam Petri an, der sich mit seinen Vorstellungen jedoch nicht durchsetzen konnte.

49 Diese beiden Beiträge sind Bestandteil eines Dialogs zwischen Peter Schefe und Armin Schöne im KI-Rundbrief, der einmal mehr ein gutes Beispiel für die Möglichkeiten des Rundbriefes zur dialogischen Auseinandersetzung mit Rede und Gegenrede ist. Anlass für diesen Dialog war ein Artikel von Joseph Weizenbaum in *Die Zeit* vom 5.12.1980.

sung nach jedoch nicht notwendig die Gleichsetzung zwischen Mensch und Computer voraussetze. Eines der Ziele der KI-Forschung sei es, intellektuelle Leistungen zu identifizieren und in ihrem komplexen Zusammenwirken zu studieren. Der Rechner sei dabei lediglich das ideale Hilfsmittel, um solche Leistungen zu modellieren und die Modelle zu testen. Wenn einfache geistige Leistungen auf dem Rechner modelliert werden könnten, seien diese Systeme auch praktisch verwendbar. Beispiele hierfür seien Auskunftssysteme, Expertensysteme, Roboter u. a. m. (Schefe 1981:9) Schefe trennt hier das kognitionswissenschaftliche Erkenntnisinteresse strikt von dem Versuch, den Eindruck von Menschenähnlichkeit zu erwecken, auf dem das Turing-Prinzip basiert. Beim Turing-Prinzip sei eine Grenze für die Modellierung menschlicher Fähigkeiten gegeben, weil das eine gefährliche Selbsttäuschung und nie zu erreichen sei. Denn die Fülle der Momente, die in einem Alltagsdialog zwischen zwei Menschen gegenwärtig seien, könnten von keinem noch so komplexen System erreicht werden. Dafür müsse man die gesamte Erfahrung, die jemand im Laufe seines Lebens mache, zunächst einmal der formalen Analyse zugänglich machen und dann in Programme umsetzen. „*Wer wollte behaupten, daß das praktisch jemals im Laufe eines Menschenlebens möglich wäre? Hier liegt das Reich der Science Fiction.*" (Schefe 1981:10)

Es sei also gar nicht erreichbar, den Menschen dem Computer ähnlich zu machen. Was man im Computer modelliere, sei nicht der Mensch, sondern bestimmte mechanisierbare intellektuelle Fähigkeiten wie Rechnen, logische Schlüsse ziehen, Daten registrieren und anderes durch formale Regeln bestimmtes Verhalten. Es komme deswegen darauf an, deutlich zu machen, dass nur die instrumentellen Aspekte modelliert werden könnten, nicht aber Gefühle und Intentionen. Schefe unterscheidet folglich zwischen natürlicher und künstlicher Intelligenz: „*Zunächst zum Begriff der ‚künstlichen Intelligenz'. (...) Hier handelt es sich m. E. um einen philosophisch-geisteswissenschaftlichen Begriff der ‚intellektuellen Kompetenz'. ‚Künstliche Intelligenz' ist demnach ein abstrakter Begriff, sein Inhalt formalisierbar, also nicht identisch mit dem der natürlichen Intelligenz. Die Benennung ‚künstliche Intelligenz' ist daher einigermaßen passend.*

*‚Formale‘, ‚automatisierte‘ oder ‚maschinelle Intelligenz‘ wären möglicherweise noch treffender.*“ (Schefe 1982:19) Es gehe zwar um geistige Arbeit, aber es sei immer nur „formal-intelligente Arbeit“, die maschinell nachgebildet werden könnte. Damit sei die von Turing prognostizierte Wandlung in der Bedeutung des Wortes *intelligent* eingetreten, das damit eine Variante mit dem Merkmal *formal* erhalte, die im geeigneten Kontext aktualisiert werde.

Dieser Verweis auf Turing wirkt hier allerdings fehl am Platz, denn Turing hatte anderes als Schefe im Sinn. Auch wenn Turing eine Veränderung im Gebrauch des Wortes *Intelligenz* vorhergesagt hat, so hat er dabei in keiner Weise den semantischen Wechsel des Begriffes erwähnt und wohl auch nicht intendiert. Turing hing im Gegenteil der Vision eines göttlichen Geistes der reinen Intelligenz an, die irgendwann soweit gewachsen sei, dass sie die Herrschaft über den Menschen übernehmen würde. (Stach 1992:51) In einer solchen Vision haben die Differenzierungen zwischen menschlicher und künstlicher Intelligenz und wechselnde Intelligenz-Deutungen keinen Platz. Schefe weist hier auf die verschiedenen Dimensionen der Intelligenz hin, die beim Menschen und der Maschine existierten, und argumentiert damit für eine Unterscheidung zwischen *intelligent* und *intelligent* – ein Versuch, der paradox anmutet. Je nachdem, in welchem Zusammenhang *Intelligenz* verwendet wird, soll der Begriff demnach mit unterschiedlicher Semantik verbunden werden. Indem Schefe diesen semantisch wechselnden Gebrauch von *Intelligenz* vornimmt und als allgemeine Empfehlung ausspricht, betont er die Unterschiedlichkeit von Mensch und Maschine, die er trotz der anthropo-morphisierenden Übertragung von Intelligenz auf technische Systeme als wesentlich herausheben möchte. Die *Intelligenz der Maschine* beschreibt die formalisierbaren Dimensionen, die *Intelligenz des Menschen* alle übrigen. Mensch und Maschine bleiben in dieser Argumentation unterscheidbar, auch wenn sie dieselben Probleme lösen. Schefe baut damit eine Gegenposition zu den KI-Protagonisten auf, die mit dem Turing-Prinzip argumentieren und prinzipiell alle intelligenten Leistungen des

Menschen für modellierbar halten und dies auch versuchen[50]. Der semantische wechselnde Gebrauch von *Intelligenz* wird zur Grundlage für eine enge Auslegung der KI-Problemstellung, die Schefes KI-Kollegen Armin Schöne zu der Frage veranlasst, ob bei einer derart engen Auslegung des Fachs überhaupt noch von *künstlicher Intelligenz* gesprochen werden könne. (Schöne 1981)

Schefes Konstruktion des semantisch wechselnden Gebrauchs von *Intelligenz* kehrt, wie wir weiter unten sehen werden, als argumentatives Muster in den Auffassungen vieler KI-Wissenschaftler und -Entwickler wieder. Auch wenn diese in überwältigender Mehrheit dasselbe Deutungsmuster wie Schefe verwenden, so ist damit noch nichts über dessen Durchsetzungsfähigkeit gesagt. Für die interessierte Öffentlichkeit, deren Einwände den KI-Diskurs über ihre Problemstellungen angestoßen hatten und deren Empörung die KI-Community schließlich besänftigen möchte, ist eine solche begriffliche Differenzierung allerdings nur schwer nachzuvollziehen.

#### 4.1.1.3 „KI – Komplexe Informatik“

Auch diese Intelligenz differenzierende Position, wie sie von Peter Schefe exemplarisch entwickelt wurde, geht manch anderem Wissenschaftler noch zu weit. So argumentiert H. Marchand, Wissenschaftler am Batelle Institut, in einem Leserbrief im Rundbrief 19/1979, dass es jenseits der Informatik keine KI-Probleme und damit auch kein Erkenntnisinteresse an der menschlichen Intelligenz gebe. Eine Unterscheidung der KI von der Informatik hält er lediglich auf der Ebene der Methoden für sinnvoll. Auf diese Kompetenz solle sich die KI besinnen und stärker methodenorientiert als problemorientiert publizieren, so wie sie das bisher tue. Nur, indem sie die Besonderheit der KI-Methoden gegenüber den traditionellen Methoden der numerischen Mathematik genügend hervorhebe, könne die KI sich behaupten. (Marchand 1979) Es wird von Marchand nicht explizit darauf hingewiesen, aber er definiert die KI ganz und gar ohne Intelligenz.

---

[50] Vgl. hierzu den Versuch, Intentionen auf dem Computer zu simulieren, der etwas mehr als ein Jahrzehnt später in der deutschen KI unternommen wird. Dieses Projekt wird im Abschnitt *Anthropomorphe Technikdeutungen - zur ‚Humanisierung' von technischen Lebenswelten* noch detailliert vorgestellt.

Die Rede von intelligenten Systemen ist für ihn ebenso wenig notwendig wie der Turing-Test. Auch W. P. Renz vom Philips Forschungslaboratorium in Hamburg greift aus einer industriellen Perspektive in diese ansonsten wissenschaftszentriert geführte Diskussion um die Problemstellungen der KI ein. Seine Sichtweise ist der von Marchand sehr nahe. Er fordert, der Informatiksektor, also die technikwissenschaftliche Forschung, solle im Vergleich zum kognitionswissenschaftlichen Sektor einen Schwerpunkt in der KI bilden. Er verleiht dem Interesse der Industrie Ausdruck, die KI im Lager der Natur- und Ingenieurswissenschaften zu etablieren, d.h. die kognitionswissenschaftliche Grundlagenforschung zugunsten der Optimierung der technischen Leistungsfähigkeit zurückzustellen. (Renz 1981) Die Frage, inwieweit die KI sich mit Intelligenz beschäftigt, spielt insofern für ihn keine Rolle. Die KI wird hier als informatische Methode angesehen. Die Beiträge von Renz und Marchand zeigen, dass die Industrie vor allem an anwendbaren Systemen interessiert ist. Ob die nun als intelligent zu bezeichnen sind oder nicht, wird von industriellen Akteuren als marginal angesehen. Hier steht zunächst die praktische Wirksamkeit im Vordergrund.[51]

Allerdings sind solche Positionen, die die KI-Problemstellung unabhängig von der Intelligenz definieren, im schriftlichen Diskurs kaum präsent. Zwei Gründe liegen hierfür nahe, über deren Relevanz sich jedoch anhand der schriftlichen Quellen nur spekulieren lässt: Zum einen könnte diese Auffassung vom Erkenntnisinteresse der KI-Community überaus selten sein. Und zum anderen ist es möglich, dass sich diejenigen, die die KI nur als eine von mehreren Methoden innerhalb der Informatik auffassen, am Diskurs über die KI-Problemstellungen gar nicht beteiligen, weil sie sich entweder der KI-Community gar nicht zugehörig fühlen, woanders publizieren oder diese Debatte als unwichtig empfinden. Für letztere Vermutung sprechen zwei

[51] Diese pragmatische Haltung gegenüber der KI setzt sich in gewisser Weise fort, wenn es später um das Marketing dieser Systeme geht – dann allerdings mit umgekehrten Vorzeichen. Für die Vermarktung wird ebenfalls nicht lange gefragt, ob die Systeme nun tatsächlich ‚intelligent' seien oder nicht, allerdings wird gegenüber den potentiellen Kunden dann die vermeintliche ‚Intelligenz' der Systeme nachdrücklich herausgestellt.

Dinge: (1.) Der Fachbereich 1: *Künstliche Intelligenz* der Gesellschaft für Informatik (GI) hat über 4000 Mitglieder. Nur etwa 1000 davon sind jedoch tatsächlich auf diesem Gebiet tätig. (Neumann 1994) Das heißt, dass etwa dreiviertel der Mitglieder im FB Künstliche Intelligenz aus der Informatik kommen und weniger an der KI als Fachgebiet, sondern mehr an den aktuellen KI-Entwicklungen, wie neuen Methoden oder technischen Systemen, interessiert sind. Diese Informationen erhalten alle Mitglieder des FB 1 in Form der Zeitschrift *KI* frei Haus. (2.) Auch in den qualitativen Interviews, die später in diesem Kapitel noch vorgestellt werden, kommt diese Haltung, die KI sei ein Teil der Informatik und unterscheide sich deswegen auch nicht in ihren Problemstellungen, immer wieder zum Ausdruck.

#### 4.1.1.4 „KI als Technologie der (Selbst-)Erkenntnis"

Mehrere Jahre nach diesen Definitionsversuchen der deutschen KI-Gründergeneration werden im schriftlichen KI-Diskurs Positionen vertreten, die die enge Verbindung der KI zur Informatik kritisieren und demgegenüber ihr kognitionswissenschaftliches Potential stärken möchten. So sieht Christoph Lischka von der Gesellschaft für Mathematik und Datenverarbeitung (GMD) in St. Augustin die enge Beziehung zwischen Informatik und aktueller KI im Begriff der *Kognition als Informationsverarbeitung* begründet, der allerdings als Basis für eine Erklärung und Beschreibung kognitiver Phänomene immer fragwürdiger werde. Historisch gesehen hätte die Metapher der *Kognition als Informationsverarbeitung* zwar ihren Sinn gehabt und Fortschritte in der Gehirnforschung erbracht. Es sei aber an der Zeit, *„die historische Bedingtheit und Begrenztheit der Computermetapher einzusehen und sich Alternativen mit besserem Erklärungswert zuzuwenden."* (Lischka 1989:39) Auch Barbara Becker, ebenfalls bei der GMD tätig, plädiert für *„eine stärkere Berücksichtigung fachübergreifender Sichtweisen und für eine intensivere interdisziplinäre Zusammenarbeit innerhalb der KI-Forschung."* (Becker 1990 a:33) Die Orientierung an der Informatik sei zu begrenzt, nur durch eine interdisziplinäre Ausrichtung könne die KI ihre Grenzen überwinden. Beide, Becker und Lischka, stellen zwar nicht den ingenieurwissenschaftlichen Zweig der KI-Forschung infrage, plädieren jedoch dafür, die Theorien und methodischen Zugänge an den Erfordernissen der Kognitionsforschung zu orientieren. Sie argumentieren gegen die informatische Ausrichtung der ingenieurwissenschaftlichen KI, die von technizistischer Blindheit und einer vorrangigen Orientierung an der Akquisition von Forschungsgeldern orientiert sei. (Lischka 1989) Beide deuten die KI insbesondere als Teil der Kognitionswissenschaften und wollen dementsprechend die Bezüge zu anderen kognitionswissenschaftlich forschenden Disziplinen stärken. Damit definieren sie als zentralen Gegenstand der KI die Erforschung der Kognition. Den Fortschritt im Bau der technologischen Artefakte sehen sie als Variable des kognitionswissenschaftlichen Erkenntnisgewinns. Ihre Deutung der KI unterscheidet sich somit deutlich von den bisher vorgestellten, die jeweils als wesentlichen Gegenstand der KI die ingenieurwissenschaftliche Reproduktion von Intelligenzleistungen eingeschlossen haben.

#### 4.1.1.5 Die unendliche Debatte: „Intelligenz – ja oder nein?"

Ein Ärgernis, das den wissenschaftlichen Diskurs über die Problemstellungen lebendig hielt, war lange Zeit die Presseberichterstattung über die KI. Sie hat die Mitglieder der KI-Community immer wieder dazu gebracht, ihre eigene Sichtweise darzulegen. So sahen sich zahlreiche KI-Protagonisten veranlasst, das als überzogen zu kritisieren, was man dem Computer an menschlichen Fähigkeiten andichtete. Die sprachliche Darstellung der KI mute vielfach an wie *„unheimliche Signale von einem fremden Stern."* (Schefe 1980:12) Zahlreiche Beiträge (z.B. Hoeppner 1995, Morik / Ziffonun 1980) mahnten deswegen einen vorsichtigen Umgang mit dem Begriff der Intelligenz an. Allen an der Debatte beteiligten KI-Wissenschaftlern ging es darum, das schlechte öffentliche Image der KI aufzubessern. Ein besonders kreativer Vorschlag wurde in diesem Zusammenhang von Wolfgang Bibel gemacht, der empfahl, die *KI* fortan als *Intellektik* zu bezeichnen. In Analogie zu anderen Gebietsbezeichnungen wie Informatik, Physik etc. sollte *Intellekt* als Variante des Wortes Intelligenz zur Grundlage für die Benennung der KI werden. *„Diese Variante des Wortstammes, die im natürlichen Sprachgebrauch das "System" bezeichnet, das intelligentes Verhalten zeigt, nämlich den Intellekt, den Verstand, sie erscheint mir sogar noch adäquater als "Intelligenz",* *weil es ja in der Intellektik, pardon in der KI, in erster Linie um solche Systeme geht. Der Wortstamm könnte also kaum zutreffender sein.*“ (Bibel 1980:50f., Hervorhebung im Original) Dieser Vorschlag zur Umbenennung des Forschungsgebietes zielte darauf ab, das Reizwort *Intelligenz* aus der öffentlichen Diskussion zu nehmen, es aber gleichzeitig als zentralen Gegenstand des technischen und kognitionswissenschaftlichen Erkenntnisinteresses ebenso wie im Titel der Disziplin beizubehalten. Dass die Intelligenzforschung die Substanz der KI bilde und als zentrale Problemstellung allen Forschungen zugrunde liege, wurde dabei von Bibel fraglos vorausgesetzt.

Im Laufe der Zeit verschwand jedoch die Bereitschaft in der Community, solche grundsätzlichen Positionen offen, vehement und kontrovers im schriftlichen Diskurs zu debattieren. Diese für die KI substanziellen Debatten mit Rede und Gegenrede über mehrere Ausgaben hinweg verschwinden schließlich ganz und gar aus dem schriftlichen Fachdiskurs – gemeinsam mit dem *KI-Rundbrief*, der als Mitteilungsblatt der KI eher informellen Charakter hatte und auch die publizierten Beiträge nicht begutachtete. In der Nachfolgepublikation, der Zeitschrift *KI. Künstliche Intelligenz – Forschung, Entwicklung, Erfahrungen*, die zwar die Mitteilungsfunktion für die KI-Community beibehält, aber gleichzeitig als offizielles Organ des Fachbereiches 1: *Künstliche Intelligenz* in der Gesellschaft für Informatik fungiert, ist für solche persönlichen Positionen kein Raum mehr. Kontroverse Positionen finden zwar ihren Platz in der Rubrik *Pro und Kontra*, sie müssen jedoch einen wissenschaftlichen Charakter haben und sich einer entsprechenden Begutachtung unterziehen.

Dass es dabei Raum für einen fiktiven KI-Mann á la Siekmann gibt, erscheint zumindest fraglich, zumal die öffentliche Darstellung von allzu persönlichen Meinungen bereits zu Zeiten des KI-Rundbriefs einigen Mitgliedern der Community Unbehagen bereitet hatte. So unterband ein Teil des Redaktionsteams die öffentlich im Rundbrief geführte Diskussion über ein Interview, das Jörg Siekmann der Zeitschrift *QUICK* gegeben hatte. Die Argumentation dabei war, der KI-Rundbrief als Veröffentlichungsorgan der KI-Wissenschaftlergemeinschaft würde durch die Publikation von jedem beliebigen Elaborat verkommen, und das würde nach Ansicht der Redaktionsmitglieder dem Aufbau der KI als seriöser Disziplin entgegenwirken. (Habel / Reddig-Siekmann / Rollinger 1982) Allerdings zog dieses Vorgehen einige Turbulenzen innerhalb der KI-Organisation nach sich, deren Art und Umfang sich jedoch nicht genau recherchieren ließen. Eine weitere Konsequenz dieser Affäre war, dass Carola Reddig-Siekmann[52], die sich entschieden gegen diese „*Zensur*“ gewandt hatte (Reddig-Siekmann 1984), die Mitarbeit im Herausgeber-Team nicht mehr für tragbar hielt und ausschied. Es mag also nicht nur der gegenüber dem *KI-Rundbrief* veränderte Charakter der Zeitschrift *KI* gewesen sein, der zum weniger persönlichen Stil der Debatten über die Definition der KI in den schriftlichen KI-Medien geführt hat, sondern noch weitere Faktoren wie etwa die von einigen führenden Vertretern der KI-Community zielstrebig verfolgte Etablierung der KI in der deutschen Forschungslandschaft.

Dennoch lebte die Debatte um die Intelligenz in der Zeitschrift *Künstlichen Intelligenz* noch lange immer wieder auf.[53] Nach einem umfangreichen und aussagekräftigen KI-Themenheft „*KI und Gesellschaft*“ im Jahre 1990 erscheint 1992 unter dem Titel *2000 Jahre Künstliche Intelligenz* ein Überblick über die Geschichte des Intelligenzbegriffs aus der Perspektive der interdisziplinär orientierten Informatikerin Heike Stach. (Stach 1992) Im Jahr 1994 dann stellt Rolf Todesco, Soziologe für Ingenieure an der Eidgenössischen Technischen Hochschule in Zürich und freischaffender Informatikberater, die Frage: „*Welche Maschinen sind intelligent?*“ (Todesco 1994) Außerdem erörtert Achim Hoffman, promovierter Informatiker und Philosoph, die Frage, ob es eventuell unüberwindliche, epistemologische

---

[52] Carola Reddig-Siekmann ist, wie schon der Doppelname vermuten lässt, die Ehefrau von Jörg Siekmann.

[53] Auffallend an diesem schriftlichen Diskurs der KI-Community über ihre Problemstellungen ist, dass er mit eher geringer Beteiligung der kognitionswissenschaftlich orientierten KI-Wissenschaftler geführt wird, die in der deutschen KI-Community natürlich auch deutlich in der Minderheit sind. In den späteren Jahren ist dann mit der Zeitschrift *Kognition* ein eigenes Diskursmedium entstanden. Diese Gründung eines eigenen Mediums zeigt den Bedarf, unabhängig von technologischem Verwertungszwang publizieren und mit anderen kognitionswissenschaftlich forschenden Disziplinen diskutieren zu können. Christopher Habel, einer der Herausgeber, ist auch weiterhin in der KI-Community aktiv.

Hürden bei der Suche nach Prinzipien von Intelligenz gebe. (Hoffman 1995) 1996 schließlich begibt sich Thomas Christaller, zu diesem Zeitpunkt Professor für Künstliche Intelligenz in Bielefeld und Institutsleiter des Forschungsbereichs Künstliche Intelligenz der GMD in Sankt Augustin, auf den Weg „*Von Artificial Intelligence zu Artificial Life und wieder zurück.*“ (Christaller 1996) Diese Beiträge problematisieren alle das Thema *Intelligenz* in der KI und formulieren teilweise Kritik am Umgang der KI-Community mit dem Begriff.

### 4.1.2 Individuelle Deutungsarbeit

In der öffentlichen Debatte um die *Künstliche Intelligenz* wird der gesellschaftliche Aushandlungsprozess sichtbar, der durch exponierte Akteure betrieben wird, die jeweils mit unterschiedlicher Macht ihre Positionen im *Technological Drama* der KI stark machen. Damit wird der Prozess transparent, in dem die *Künstliche Intelligenz* als Forschungsfeld und als Technologie soziale Bedeutung erhält. Auf dieser Ebene des öffentlichen Diskurses bleibt allerdings offen, wie sich dieser Prozess bei den Individuen vollzieht.

Welche individuellen Bearbeitungsstrategien und Deutungsmuster haben die KI-Protagonisten, die sich am öffentlichen Diskurs nicht beteiligen? Stimmen sie mit den Definitionen der KI im schriftlichen Diskurs völlig überein, oder müssen sie die öffentlich wirksamen Deutungen der KI mit eigenen Deutungsmustern und Sinnsystemen in Einklang bringen, die ihre Wahrnehmung und ihr Handeln orientieren? In dieser Frage nach dem konstruktiven Ein- und Umbau von KI-Problemstellungen in individuelle Wahrnehmungs- und Deutungsmuster kann hier allerdings nur eine Momentaufnahme eines Prozesses angeboten werden, der an sich rekursiv angelegt ist und in dem kollektive und individuelle Deutungen immer wieder neu in Relation zueinander gesetzt werden bzw. sich wechselseitig beeinflussen. Die individuellen Deutungen der KI-Problemstellung von jedem einzelnen KI-Protagonisten sind dabei ein Beitrag von mehr oder minder großem Gewicht im *Technological Drama* der KI.

#### 4.1.2.1 „KI als Methode“ – der kleinste gemeinsame Nenner

Die Definition der KI als Methode ist eine Auffassung, die in allen meinen Interviews wiederkehrte. Sie kann als kleinster gemeinsamer Nenner angesehen werden, unter dem alle Deutungen der KI existieren können, und seien sie noch so konträr. Kognitionswissenschaftlich Forschende finden sich darin ebenso wieder wie Technikentwickler und Visionäre. Die jeweiligen Auffassungen davon, wie das Forschungsfeld eingegrenzt und welche gesellschaftliche Bedeutung die KI haben soll, sind mit diesem KI-Paradigma allerdings nicht ausreichend zu beschreiben. Wie definieren nun die KI-Wissenschaftler und -Entwickler ihr Forschungsgebiet *Künstliche Intelligenz*?

#### 4.1.2.2 „Knif oder Knaf“ – oder warum die KI nichts mit Intelligenz zu tun hat

Nur ein einziger meiner Gesprächspartner distanzierte sich ganz und gar von Intelligenz als Erkenntnisinteresse der KI. Walter Binder, der heute Inhaber eines Lehrstuhls ist und als einer der Mitbegründer der KI gelten kann, weigert sich grundsätzlich, im Zusammenhang mit seiner Arbeit von *Intelligenz* zu sprechen. Als wesentliches Argument für diese Weigerung führt er an, dass dieser Begriff wissenschaftlich gar nicht definiert sei.

> Aber man kann nicht sagen, also irgendein System ist kreativ oder nicht kreativ, oder es ist innovativ, oder es ist menschlich, oder es hat sonst irgend etwas Menschliches, wenn ich nicht sagen kann, genau das ist es. Solange ich das nicht definieren kann, und sozusagen nur als Rückzugsgebiet nehme, auch das ist ja in der Literatur lange genug verhackstückt worden, so lange ist die KI auch nicht genötigt zu sagen, ob sie irgendwas kann oder nicht kann.(...) Kann ich genau so gut sagen, kann mein System Knif oder Knaf. Kann ich sagen, solange mir niemand sagt, was Knif oder Knaf ist, brauche ich das nicht zu entscheiden. (Interview Binder, S.6)

Die Diskussionen über die KI sieht er in eben dieser vieldeutigen Benennung begründet, die bei ihm eine gewisse Empörung hervorruft und die aus der amerikanischen Literatur herüber geschwappt sei.

> Hier wäre, glaube ich, niemand auf die Idee gekommen. *Künstliche Intelligenz*, naja Gott, liebe Zeit, das ist auch ein Name! (Ebd.)

Auch wenn er aufgrund der Etabliertheit dieser Bezeichnung eine Umbenennung für unsinnig hält, so behauptet er, ihm persönlich liege wenig an diesem Oberbegriff *Künstliche Intelligenz*. Diese Haltung bestätigt sich im weiteren Verlauf des Interviews. Binder will die KI – ebenso wie das Hoeppner und Marchand bereits im schriftlichen Diskurs taten – ausschließlich als eine Methode der Softwareentwicklung innerhalb der Informatik verstanden wissen, nicht aber als eigenständige Disziplin:

> Wenn ich die Methode wirklich meine und sage, ich wende jetzt eine ganz bestimmte, oder ... wenn man will, eine gewisse Software-Technologie an – und das ist es letztlich – dann würde ich schon sagen, das sind KI-Methoden, die ich da anwende. Aber ich würde nie sagen, ich mache KI, sondern ich würde sagen ich mache Bildverarbeitung oder so etwas. Da nimmt man also doch besser den Begriff für das Fachgebiet. Weil das andere ist eine bestimmte Methode. (Interview Binder, S.5)

Diese Definition der KI als Methode vertritt Binder ganz grundsätzlich und tritt damit in Widerspruch zu den Versuchen, die KI als eigenständige Disziplin zu etablieren und gegen die Informatik abzugrenzen. Binder subsumiert die KI voll und ganz unter die Informatik, trennt aber dennoch vehement zwischen den beiden, da er die KI als Möglichkeit darstellt, die Defizite der „Computerei" zu überwinden. Die KI sei bestrebt, den rein maschinellen Charakter der Technik abzubauen.

> Weil die meisten KI-Leute aufgetreten sind und gesagt haben: „Die Rechner, so wie wir sie heute benutzen, und wie sie heute den Menschen vorgesetzt werden, das ist Schrott, das geht so nicht! Sondern, was wir im Kopf haben, wie wir ... manuell umgehen, wie wir sehend auswerten, das ist eben was völlig anderes. Und da machen wir jetzt erst mal auf und untersuchen das„. Und das ist wissensbasiert (also eine KI-Methode, g.k.), und das ist nicht algorithmisch (also eine Methode der Standardinformatik, g.k.). Und damit ist man eigentlich auf einer Schiene, da wo also KI gemacht wurde und nicht über KI geschrieben – also von außen – geschrieben wurde. Da ist man doch eigentlich auf der Schiene, dass man sich sagt: „Wir müssen die Probleme, die die Computer in der ersten und zweiten Generation hatten, die müssen wir uns jetzt mal wirklich ganz genau vornehmen, dass die zum Menschen passen". Und wenn man dann nicht hingeht und sich den Menschen anguckt, wie er das macht, und das versucht zu modellieren, dann hat man seine Aufgabe verfehlt. (Interview Binder, 17)

Durch diese Argumentation stellt Binder die KI in ein positives Licht und weist ihr eine Schlüsselstellung in der Verbesserung der Computertechnologie zu. Der KI kommt damit eine Vorreiterfunktion in der Informatik im Bereich der menschengerechten Technikgestaltung zu. Die Annäherung der KI an den Menschen, die in der Öffentlichkeit so stark kritisiert wird, wird hier positiv gewendet. Gerade das, was in der öffentlichen Meinung als Bedrohung wahrgenommen wird, ist nach Binders Auffassung eigentlich das gesellschaftlich Wünschenswerte. Hier wie auch im Verlauf des Interviews war deutlich spürbar, dass die Intelligenzdebatte und die daran gekoppelte gesellschaftliche Kritik an der KI von Binder als ausgesprochen nervraubend und ungerecht empfunden wurde. Diese Kritik hat seiner Ansicht nach nichts mit den Problemstellungen seiner eigenen Forschungstätigkeit zu tun. Sie stammt nach der Auffassung von Binder von Nicht-Experten, die auf das tatsächliche Forschungsgeschehen keinen Bezug nehmen und dementsprechend als inkompetent eingestuft werden können. Das Urteil über die KI will er den Fachleuten vorbehalten und zwar den ‚echten', d.h. den Machern. Auch wenn man sich am menschlichen Vorbild orientiere, so geschehe das nicht, um künstliche Menschen zu entwickeln, sondern um Software besser an den Menschen anzupassen. In dieser bescheidenen Deutung der KI als informatische Methode wird keine umfassende Nachbildung des Menschen angestrebt; der Mensch bleibt dennoch das unmittelbare Vorbild der technologischen Entwicklung.

> Aber es ist so, dass man auch durch diese Diskussion natürlich, aber vor allem dadurch, dass man sich mit Phänomenen beschäftigt hat, die bisher der Rechneranalyse nicht zugänglich waren, dass man von der Informatik her an Fragestellungen gekommen ist, die für Informatiker wichtig sind oder sein sollten. Nämlich was jenseits der algorithmischen Beschreibung an menschlichen Problemlöseverfahren, was es da gibt. Die vielleicht viel besser sind als die, die wir bisher angewendet haben. Wenn man KI macht, muss man sich Gedanken darüber machen. Und dann sieht man das, dass eben alles noch, noch Lichtjahre entfernt ist, von dem, was man machen kann. Aber ein Stückchen mehr in die Richtung ist schon gut, und man muss ja das Ziel, irgendwie so die, die menschliche Fähigkeiten soweit man sie entdecken kann und durch Hilfe der Psychologen, der Mediziner oder sonst der anderen Wissenschaften beschreiben kann, wenn man die als Informatiker … in der Sicht hat, ist das eine ungewohnte Wendung eigentlich! Und das finde ich interessant dran. Dass man sich mit Fragen beschäftigt aus der Informatik heraus, die bisher typisch geisteswissenschaftlich waren. Und man eben einfach die Mächtigkeit unserer Verfahren im Umgang mit Menschen und Welt sich angucken muss.

> Und dabei dann immer nur sagen muss, also es ist alles, alles mono-molekular, was wir da machen. (Interview Binder, S.28)

Binder hat sich eindeutig gegen solche Versuche ausgesprochen, die KI als Nachbildung von menschlicher Intelligenz deuten, obwohl auch er das Phänomen der menschlichen Intelligenz zum Anlass oder zumindest zur Inspiration für seine wissenschaftlichen Bemühungen in der Entwicklung von technologischen Systemen nimmt. Er definiert die KI als eine Methode der Softwareentwicklung und gesteht ihr damit keinen eigenständigen disziplinären Status zu. Auch sieht er in der KI keine Schlüsseltechnologie, so wie es die Informatik ist. Die Distanzierung von der „*Intelligenz*“ in der Künstlichen Intelligenz, die Binder hier glaubhaft vertritt, erscheint als persönliche und wissenschaftliche Konsequenz, die sachlich begründet ist. Trotz dieser Distanz zur Selbstdarstellung des Forschungsfeldes, in dem Binder tätig ist, sind im Interview eine hohe Identifikation mit den wissenschaftlichen Inhalten des Forschungsgebietes und die Faszination für die Leistungen spürbar, die die menschliche Intelligenz erbringt.

#### 4.1.2.3 „Eigentlich müsste man uns nicht der KI zurechnen!“

Nicht alle technikorientierten KI-Entwickler gingen in ihrer Ablehnung der Intelligenz als Erkenntnisgegenstand so weit, wie das Binder tut, der die Faszination an und die Inspiration durch die menschliche Kognition begeistert schildert, jedoch die Anwendung des Begriffes *intelligent* für technische Systeme und in der Charakterisierung seiner Tätigkeit grundsätzlich ablehnt. Auch wenn sie mit Binder darin übereinstimmen, dass die Besonderheit der KI methodisch begründet und die KI somit als ein Teilbereich der Informatik einzuordnen ist, wollen oder können sich einige KI-Akteure vom Begriff der *Intelligenz* nicht völlig distanzieren. Sie sehen sich veranlasst, sich in irgendeiner Form mit der Bedeutung des Intelligenzbegriffs für ihre eigene Arbeit auseinanderzusetzen. Diese Argumentationen rund um die *Intelligenz* als Problemstellung der KI waren ganz klar von der Absicht bestimmt, die eigene wissenschaftliche Arbeit von der Intelligenzforschung abzugrenzen. Dies geschieht zum einen, indem man sich auf das eigene professionelle Selbstverständnis beruft. Ein wesentlicher Grund, der immer wieder angeführt wird, ist das Wissen um die Komplexität der menschlichen Intelligenz, die sich aus genau diesem Grund bisher allen Versuchen der Nachbildung entzogen habe. Auch wenn die Rede von der Konstruktion von *intelligenter Technik* sei, so wisse man im Prinzip doch, dass man meilenweit davon entfernt sei, menschliche Intelligenz tatsächlich nachbilden zu können.

> Das heißt also, dieser Intelligenzbegriff, der kommt halt irgendwie aus der Historie der KI. Wir sagen auch immer: „Wir bauen intelligente Lösungen." Aber mittlerweile wissen wir alle, dass wir also sozusagen an die Intelligenz des Menschen halt nicht rankommen. (Interview Leonhard, S.1)

> Aber es gibt auch noch viele Dinge die man, die sich ganz schwer formalisieren lassen, und was auch wirklich die schwierigen Probleme, mit denen auch ein Mensch umgeht, ausmachen könnte. Man fasst das häufig auch unter dem Begriff Common-Sense-Reasoning zusammen. Also da sind wir, da sind wir noch sooo weit am Anfang, das ist kaum der Rede wert, was man da bisher kann. Und das ist ja eigentlich auch etwas, was, was menschliches Handeln und Denken eben viel ausmacht und worauf das viel basiert ..., auf gesundem Menschenverstand eben. Und das ist eben Wissen, was man ganz schlecht, ja ganz schlecht formalisieren, in so einen Logikformalismus oder Wissensrepräsentationsformalismus fassen kann. (Interview Holtner, S.8)

Die KI-Entwickler und Wissenschaftler, die sich nicht direkt in den Kontext der Intelligenzforschung stellen wollen, bestreiten nicht, dass in der KI auch an der Erforschung der menschlichen Intelligenz gearbeitet wird. Sie betonen aber, dass sie selbst nichts damit zu tun haben. Das sind ‚Andere' in der Scientific Community: die kognitionswissenschaftlich orientierten KI-Wissenschaftler. Diese kognitionswissenschaftliche Grundlagenforschung sei zwar interessant, für die eigene Arbeit an technischen Systemen spiele sie jedoch keine Rolle, da diese meistens im Hinblick auf einer konkreten Anwendung geschehe. Man stellt die Arbeit an technologischen Problemen als das eigentliche Interesse dar, das man verfolgt.

> Es gibt natürlich einen Bereich, einen Teilbereich der KI, der sich nun speziell mit diesem Aspekt beschäftigt. Aber ich würde nicht sagen, überall, wo KI drüber steht heißt das, wir versuchen jetzt den, das, das Gehirn nachzubilden oder nachzubauen. (Interview Riemer, S.1)

> So wie ich jetzt meine Arbeit betrachte, das ist vielleicht, naja, dass man irgendwie Berechnungsverfahren sucht, die es irgendwie erlauben, Schlussfolgerungen zu ziehen, Wahrnehmung usw. Ähm, es ist ganz schwer zu definieren, was KI ist. Ich meine, … dass man da ... zwei Richtungen verfolgt. Einmal die Kognitionsseite und dann die ingenieurswissenschaftliche Seite. Und

> wir sind mehr auf dem ingenieurswissenschaftlichen Bereich tätig, wo es – ähm – diese ganzen großen Visionen, die es auf der anderen Seite gibt, die wir eigentlich alle gar nicht haben. (Interview Holtner)

Die ingenieurwissenschaftlichen Entwickler betonen, dass es ihnen vor allem um eine effiziente Lösung von Problemen gehe. Sie versuchen damit, die Bedeutung der KI für ihre eigene professionelle Tätigkeit herunterzuspielen. Dass gerade die KI geeignete Methoden zur effizienten Problemlösung bereitstellen kann, bekommt in den Argumentationen fasst schon den Charakter des Zufälligen. Die KI wird als in hohem Maße ideologisiert wahrgenommen. Diesen ideologischen Gehalt möchte man auf die eigene Tätigkeit nicht übertragen. Immer wieder wird hervorgehoben, wie wenig die eigene Arbeit mit Intelligenz zu tun habe.

Die Distanzierungen sind vom Wissen um die gesellschaftliche Kritik an der Künstlichen Intelligenz getragen. Sie lediglich als argumentative Strategie einzustufen, mit der sich die KI-Protagonisten weitere Auseinandersetzungen ersparen wollen, wäre jedoch zu kurz gegriffen. Schaut man sich die Projekte an, die von den Wissenschaftlern und Entwicklern bearbeitet werden, so werden weitere Hintergründe dieser Reaktion deutlich. Auch dem unvorbelasteten Betrachter erschließt sich nicht ohne weiteres, warum die „Fallbasierte Erstellung von Kühlschmierstoffempfehlungen“, der „Entwurf eines Diagnosekerns für schiffstechnische Anlagen“ oder ein „Fahrplan-Informations-System“ mehr mit der menschlichen Intelligenz zu tun haben sollen als die Entwicklung von anderen technischen Systemen. Die alltägliche Praxis der „KI-Entwickler“ wie etwa der Kontakt mit den Auftraggebern bzw. potentiellen Anwendern eines Systems, die Exploration und Spezifikation der Aufgabenstellung, die Erstellung von Programmcodes oder die Installation von Systemen, ist zwar durch vielfältige intellektuelle Herausforderungen für die Entwickler geprägt, weist jedoch keine direkten Bezüge zur Intelligenzforschung bzw. zur technischen Reproduktion derselben auf. Diese Bezüge werden im Bereich der Systementwicklung vor allem metaphorisch hergestellt, etwa in den Bezeichnungen der Verfahren (z.B. „wissensbasiert“) oder auch in den Benennungen der Projekte. Den Entwicklern, die mit diesen Bezeichnungen spezifische Verfahren und Projekte verbinden, also primär an technische Abläufe oder Systeme denken, ist diese Metaphorik und die implizite Politik, die damit betrieben wird, häufig nicht bewusst. Selten haben sie die Benennung von Projekten selbst in der Hand.

Ein weiteres Muster der Distanzierung von der Intelligenzforschung ist die Argumentation, die Fähigkeiten des Menschen hätten nur Beispielcharakter, denn Technik funktioniere in der Regel ohnehin nach anderen Prinzipien als das natürliche Vorbild, das zudem nicht so exakt und so zuverlässig wie die Technik sei.

> Kognitionswissenschaft finde ich interessant wirklich. Und das ist sozusagen immer – auch wenn man jetzt versucht, zu verstehen, wie der Mensch es macht – sag ich jetzt mal – ist das ein interessantes Beispiel. Aber ob man es nun genau so machen muss? Das steht ganz woanders. Also es gibt zum Beispiel gerade so in der anwendungsorientierten Forschung Verfahren, so denkt bestimmt kein Mensch, garantiert nicht! Aber gerade deswegen, weil sie bestimmte, also sie haben gerade bestimmte Vorteile, nämlich sie sind zum Beispiel beweisbar, man kann bestimmte Behauptungen aufstellen, und die gelten halt. Das kann man typischerweise beim Menschen nicht machen. Das heißt, wenn ich mit dem ABMS arbeite, weiß ich, dass ich zum Beispiel alle Lösungen finde, garantiert! (Interview Schubert, S.2)

Angedeutet wird damit, dass es aus technischer Sicht gar nicht interessant sei, den Menschen im Detail nachzubilden, weil technische Systeme dem Menschen in verschiedenen Bereichen deutlich überlegen seien. Diese Andeutungen tauchen immer wieder in den Interviews auf, sie verweisen auf die Technik- und Menschenbilder der KI-Entwickler, auf die an anderer Stelle noch zurückzukommen sein wird. Als einziger Modus, in dem man sich eventuell auf Intelligenz einlassen könnte, wird hin und wieder das Turing-Prinzip genannt. (unklar) Aber letztlich mischt sich auch hier Unsicherheit und Unbehagen in die Argumentation. Es ist in vielfältiger Weise spürbar, dass die technikorientierten Entwickler sich wie auf Glatteis fühlen, wenn vom Thema Intelligenz die Rede ist.

> Die Definition von Intelligenz, da haben wir genauso Schwierigkeiten mit .... Also bei uns wird das eher so im Zusammenhang, mehr mit Interaktion einfach verbunden. Also irgendein System verhält sich intelligent, kann man sagen, wenn ein Problem möglichst gut, möglichst effizient gelöst wird, und wenn es sich dabei um ein Problem handelt, wo ein Mensch normalerweise Intelligenz einsetzt. Dann sprechen wir von intelligenten Systemen. Aber ohne jetzt den Begriff der Intelligenz näher zu charakterisieren. (...) Insofern weiß ich nicht, ob

man überhaupt zu einem, zu einer Definition von Intelligenz kommen kann. Und dann im Zusammenhang mit Rechnern, das ist noch um so schwieriger, denke ich. (Interview Holtner, S.2)

Die Unsicherheit der Entwickler im Gespräch, das Treffen und dann wieder Zurücknehmen von Aussagen, die Suche nach Formulierungen und Modi, in denen man die Intelligenz handhabbar machen kann, ist auch ein Verweis auf eine gewisse Uninformiertheit über die öffentliche Intelligenzdebatte. Als ihre Quintessenz gilt insbesondere bei Entwicklern und Wissenschaftlern der unteren bis mittleren Hierarchieebene der Vorwurf, man wolle Maschinenmenschen bauen. Sie fühlen sich davon betroffen, weil sie sich als Prügelknaben für etwas sehen, was sie gar nicht beabsichtigen. Ihre Argumente stützen sie auf eigene professionelle Erfahrungen, ihre alltägliche Praxis und persönliche Motivation. In welchem größeren wissenschaftlichen und gesellschaftlichen Zusammenhang sie sich dabei bewegen, bleibt weitgehend unreflektiert. Für sich persönlich sehen sie keine Notwendigkeit, sich allzu intensiv damit zu beschäftigen. Die negativen Assoziationen, die der KI seit der gesellschaftlichen Kritik und den übertriebenen Versprechungen der Visionäre anhaften, wollen sie aber vermeiden.

Eine Entwicklerin verwendet deswegen bei potentiellen Kunden den Begriff *Künstliche Intelligenz* überhaupt nicht mehr, sondern bezeichnet diese als *innovative Methoden* oder *wissensbasierte Systeme*. Sie hält diese Strategie für erfolgreich und würde sich eine Integration der technikorientierten KI in die Informatik wünschen.

Würde ich mal einfach denken so für unseren Zweig (der technikorientierten KI – gk) könnte das so sein, jetzt nicht in den nächsten fünf Jahren ..., aber sagen wir mal in den nächsten zehn, zwanzig Jahren. Dann wird das einfach so allgemein zum Standardrepertoire gehören, dass wahrscheinlich niemand mehr KI sagt. Man merkt das auch an vielen anderen Dingen, so Methoden, die es jetzt schon länger gibt in diesem Bereich. Die werden einfach dann irgendwann übernommen, und dann sagt niemand mehr KI dazu. (Interview Holtner, S.6)

Das Eintauchen in der Informatik würde der KI ermöglichen, auf unspektakuläre Weise aus dem Rampenlicht zu verschwinden und damit auch das Negativimage hinter sich zu lassen. Ganz offensichtlich ist das ein großer Wunsch vieler KI-Protagonisten. Sie hoffen auf diese Entwicklung, weil sie wenig Interesse an den gesellschaftlichen Diskursen und insgesamt auch am Austausch mit anderen gesellschaftlichen Gruppen über ihre Arbeit haben. Die Integration der technikorientierten KI in die Informatik scheint in diesem Sinne ein Königsweg zu sein. Zahlreiche KI-Protagonisten argumentieren dafür. Sie stellen die KI damit nicht als eigenständige Disziplin dar, sondern als einen Teilbereich der Informatik.

> Also diese Intelligenz, das ist für mich eigentlich recht unwichtig, muss ich gestehen. Für mich ist das einfach eine bestimmte Art, Techniken zu entwickeln, einfach ein Teilgebiet der Informatik. Und dass wir da in Anführungsstrichen „intelligente Systeme" produzieren, das ist also für mich eigentlich relativ unwichtig. (Interview Leonhard, S.1)

> Also viele Bereiche der Bildverarbeitung haben eigentlich mit, auch selbst mit expliziter Wissensrepräsentation nix mehr zu tun. Und nur, weil es um Bilder geht und ... natürliche Wesen auch Bilder verarbeiten und sehen können und man sich mit dem Problem beschäftigt, wie erkennt man Objekte in Bildern automatisch, nur weil man also etwas tut – versucht nachzubilden, ... was auch der Mensch leistet als intelligenter Geist, deshalb würde ich das noch nicht als KI bezeichnen. (Interview Riemer, S.1)

Diese Argumentationen haben natürlich auch insofern Plausibilität, als technikorientierte KI-Wissenschaftler oder -Entwickler in überwiegendem Maße ihre berufliche Sozialisation innerhalb der Informatik erfahren haben und zumindest die universitären KI-Institute in der Regel zu Informatik-Fakultäten gehören. Wie gemischt das Zugehörigkeitsgefühl aber bei eindeutigen Bekenntnissen zur Informatik doch bleibt, wird immer dann deutlich, wenn man andererseits die Besonderheit der KI gegenüber anderen Methoden der Informatik herausstellen möchte. Denn auf diese Besonderheit legt man dennoch Wert.

Diejenigen, die sich gegen Intelligenz als Erkenntnisziel abgrenzen wollen, folgen noch einem anderen Modus, um das zu tun. Sie stellen heraus, dass es Unterschiede gebe zwischen Mensch und Maschine. Während ein Mensch für das Lösen von Rechenaufgaben sehr wohl Intelligenz einsetzen müsse, sei das beim Rechner nur eine stupide Suche, bei der er aufgrund seiner großen Rechenkapazitäten einfach alle Möglichkeiten durchprobieren könne – beispielsweise funktionieren die meisten Schachcomputer so. Dieses Vorgehen sei also alles andere als intelligent.

> Und innerhalb der KI-Gemeinde haben wir vielleicht vor mancher Art von Intelligenz den Respekt verloren, weil wir es jetzt selber machen können. Also für solche Dinge wie Schachspielen und das, was als Inbegriff der Intelligenz galt ... kluge Menschen, die das können! ... Da wissen wir jetzt, da reicht einfach eine stupide Suche, das ist besser als jedes intelligente Programm. Und da ist der Respekt sicherlich voll verschwunden. Wohingegen man jetzt weiß, dass für so simple Dinge wie Fühlen, Wahrnehmen, Sehen, dass die unendlichen Verarbeitungsaufwand erfordern, was wir vorher für selbstverständlich und gegeben gehalten haben. Und da wissen wir jetzt, dass da Intelligenz dahinter steckt. Und ich glaube, das ist auch für die Hirnforschung und für die Medizin jetzt doch klarer zu sehen, wie viel vom Gehirn für solche Dinge gebraucht wird. (Interview Wieland, S.9)

> Ja – also das wäre für mich alles nicht intelligent, muss ich sagen also. Rechnen für mich, die Intelligenzleistung des Rechnens ist einfach. Dass Kinder eben von sich aus sozusagen lernen, diese Algorithmen durchzuführen, diese Rechenleistung zu erbringen, und das hat natürlich nichts mit einer Maschine zu tun, wo ich einen vordefinierten Instruktionssatz habe, und das da alles reingepackt habe also. Natürlich finde ich persönlich auch, steckt da eine Menge Intelligenz drin beim Menschen im Gegensatz zur Maschine, die halt das nur ausführt. (Interview Leonhard, S.3)

Diese Argumentationen folgen einem Muster, das aus dem schriftlichen KI-Diskurs bekannt ist und dort von Peter Schefe vorgeführt wurde. Es basiert auf dem semantisch wechselnden Gebrauch des Wortes *Intelligenz*, der trotz anthropomorphisierender Übertragung der Intelligenz auf technische Systeme eine Unterscheidung von menschlichen und maschinellen Leistungen ermöglichen soll. Es wird deutlich, dass den meisten KI-Entwicklern trotz aller Redeweisen von *intelligenten Maschinen* daran gelegen ist, den Begriff *Intelligenz* weiterhin für den Menschen und seine intellektuellen Leistungen zu reservieren. Denn bei gleichem oder sogar besserem Endergebnis wird die Leistung des Rechners als „*stupide Suche*“, als „*dummes Ausrechnen*“ oder als „*Ausführen eines vordefinierten Instruktionensatzes*“ sehr gering bewertet, obwohl dabei gerade solche Leistungen des Menschen simuliert werden, die beim Menschen als ausgesprochen intelligent gelten, wie schnelles Rechnen gute Gedächtnisleistungen oder Schach spielen. Diese Dinge werden jedoch – wie oben in den Interviews deutlich zum Ausdruck gegeben wurde – ganz ausgezeichnet von Standardmethoden der Informatik geleistet, die ohne den Anspruch eingesetzt werden, man bilde menschliche Intelligenz nach.

Dagegen versucht die KI gerade die Fähigkeiten zu simulieren, die beim Menschen im Allgemeinen gar nicht als intelligent gelten, wie etwa das Erkennen von Mustern, das Ziehen von Schlussfolgerungen oder auch die Konzentration auf wesentliche Details in einem sozialen Geschehen. Sie gehören im Allgemeinverständnis zu den Basisleistungen, die jeder Mensch leistet und die als nichts Besonderes und auf keinen Fall als Intelligenzleistung bezeichnet werden. Bezogen auf technische Systeme wird jedoch gerade dann von intelligenten Systemen gesprochen, wenn es gelungen ist, solche menschlichen Basisleistungen technisch zu reproduzieren.

Die Argumentation verläuft also nach dem Prinzip, dass das, was beim Menschen intelligent ist, es bei der Maschine noch lange nicht ist – und umgekehrt. Um in dieser Weise argumentieren zu können, müssen die KI-Wissenschaftler und -Entwickler den Begriff *Intelligenz* mit unterschiedlichen Bedeutungsinhalten versehen, d.h. einen Wechsel oder einen Bruch in der Semantik des Begriffs Intelligenz herstellen. Dieser semantische Bruch wird nur von den wenigsten meiner Gesprächspartner[54] wahrgenommen, zumal die Vielschichtigkeit und Undefinierbarkeit des Begriffs Intelligenz (und auch des Begriffs Geist) viel Spielraum für wechselnde Deutungen lässt. Auffallend ist, dass diese semantische Unterscheidung auch dort eingesetzt wird, wo es um die Beurteilung von Methoden der Informatik und der KI geht.

> Zum Beispiel die Schachprogramme, ... die arbeiten völlig anders, also es gibt auch wissensbasierte Schachprogramme (mit Methoden der KI, g.k.), die sind aber denkbar schlecht. Die anderen (aus der Standardinformatik, g.k.), die rechnen einfach dumm aus. (Interview Schubert, S.3)

Der semantisch wechselnde Gebrauch scheint hier nicht Teil einer argumentativen Strategie, sondern vielmehr Ausdruck einer gelebten Ambiguität gegenüber dem Phänomen der Intelligenz, welche schließlich eine hochgeschätzte Eigenschaft von Menschen ist, die nicht zuletzt im Wissenschaftsbetrieb einige Bedeutung hat. Auf der Basis dieses mehrdeutigen Gebrauchs kann die Intelligenz als Quali-

---

54 Auf die Gesprächspartner, die diesen semantischen Wechsel im Gebrauch des Begriffs der Intelligenz wahrnehmen, werde ich weiter unten noch eingehen.

tätsmerkmal für die eigene Arbeit beibehalten werden, auch wenn man sie als Erkenntnisziel ausschließt.

Auf der Grundlage dieses semantischen Bruches können die KI-Protagonisten in ihren Argumentationen die wissenschaftlich noch nicht entschlüsselten Dimensionen als diejenigen herausstellen, die entscheidend für Intelligenz seien – jedenfalls für die menschliche. Die Bewunderung für die menschlichen Geistesleistungen, die vielfach in den Argumentationen durchschimmert, speist sich auch aus dem professionellen Wissen aus der KI- bzw. der Computertechnologie. Das, was durchschaubar ist und sich nach vorgegebenen Regeln im Computer vollzieht, liegt den Wissenschaftlern und Technikern so klar vor Augen, dass es weit weg ist von dem Bild, das sie selbst vom Menschen und seiner Intelligenz haben, welche nach etwas mysteriösen Prinzipien funktioniert und im Gegensatz zur Computertechnologie auch nur mäßig exakt darstellbar ist. Die Achtung, die die KI-Protagonisten bezüglich der menschlichen Intelligenz formulieren, wird letztlich technologisch begründet.

> Also ich meine, wenn der Mensch in der Lage ist, mit so wenig Masse und Volumen solche Leistungen zu vollbringen, und man würde es schaffen, diese Mechanismen abzubilden auf eine Maschine mit ähnlichem – ähnlichem Volumen und Energieverbrauch (wie dem Computer, g.k.), das wäre eine Sache, eine harte Vorstellung, oder? (lacht) Besser nicht vielleicht. (Interview Riemer, S.3)

Das professionelle Wissen der KI-Entwickler um die Verarbeitungskapazitäten und die -geschwindigkeit der Computerhardware ist der Ausgangspunkt für ihre Beurteilung der menschlichen Leistung. Die Erfahrung mit enormen Rechenkapazitäten lassen den Menschen zum Gegenstand der Bewunderung werden, weil er mit seine vergleichsweise bescheidenen Ausstattung fähig ist, erstaunliche intellektuelle Leistungen zu vollbringen. Im Vergleich zur Technik wird der menschliche Intellekt zum Faszinosum.

Allerdings schwebt gemeinsam mit dieser Faszination an der menschlichen Kognition auch ein Stück Ungewissheit und Furcht im Raum, ob die KI nicht vielleicht doch die Prinzipien der menschlichen Intelligenz umsetzen könne: Was wäre wenn?

> Man sieht ja schon, was wir in den Projekten machen und so ... auch zum Teil, was machbar ist und was nicht machbar ist ... Aber also bei mir ist es, denke ich, häufig so ein bisschen eine Schutzreaktion. Ich will einfach verschiedene Dinge nicht haben. Also würde ich sie gar nicht irgendwie forschen, und ich würde sie auch nicht so als Vision entwickeln wollen. (Interview Holtner, S.17)

In diesem Unterton des Zweifelns, der sich in die wissenschaftlich begründeten Distanzierungen vom Erkenntnisgegenstand Intelligenz mischt, drückt sich wohl auch das Empfinden der begrifflichen Inkonsistenz in der eigenen Argumentation aus. Die wechselnden Deutungen von Intelligenz je nach semantischem Zusammenhang sind gemeinsam mit der verdeckten Unsicherheit, ob Intelligenz eines Tages nicht doch in vollem Umfang technologisch reproduzierbar sei, ein Verweis auf das Bedürfnis, menschliche und damit auch eigene Leistungen gegenüber denen des Computers als etwas Besonderes, Unübertreffbares und schließlich auch als etwas Nichtersetzbares zu charakterisieren. Die meilenweiten Unterschiede zwischen der KI-Technologie und der Performanz menschlicher Intelligenz lassen sich durch die semantische Unterscheidung als der Teil darstellen, der sich jedem wissenschaftlichen Zugriff entzieht und damit für die Einzigartigkeit des Menschen steht. Diese Sicht wird vornehmlich aus den eigenen professionellen Erfahrungen heraus begründet und damit in einen Deutungskontext gestellt, der in der Technikentwicklung fundiert ist.

#### 4.1.2.4 „Grenzen in der Nachbildung von Intelligenz sind gegenwärtig nicht erkennbar.“

Einer der Gründerväter der KI, der wesentlich bei ihrer Etablierung und Institutionalisierung in Deutschland mitgewirkt hat, heute ein universitäres KI-Institut leitet und lange ausgesprochen aktiv innerhalb der KI-Institutionen war, greift den oben dargestellten semantisch wechselnden Gebrauch des Wortes *Intelligenz* auf. Er beklagt, dass der Anspruch der technikwissenschaftlichen KI, Intelligenz nachzubilden, nicht einzulösen sei, weil immer dann, wenn ein Intelligenzphänomen technologisch umgesetzt worden sei, infrage gestellt würde, ob das überhaupt menschliche Intelligenz ausmache. Dieser Gründervater der KI ist nicht nur wegen seiner beruflichen Position und seiner aktiven Rolle in der Identitätsarbeit der KI-Community eine Ausnahmeerscheinung unter den von mir interviewten technik-orientiert arbeitenden KI-Protagonisten. Er bekennt sich, anders als alle anderen, ganz klar zur *Intelligenz* als der zentralen Problemstellung der KI und distanziert sich deutlich vom semantisch wechselnden Gebrauch des Begriffs:

> Im Fachgebiet hat es sich gezeigt, dass Intelligenz und auch Künstliche Intelligenz in einem wissenschaftlichen Sinne schwer an spezifischen Methoden oder Verfahren oder Eigenschaften festzumachen ist. Im Gegenteil, man hat immer wieder festgestellt, dass sobald eine Leistung mechanisierbar wird, das ist immer unser Begriff für, also mit einem Rechner zum Beispiel auch implementierbar ist, sobald also so etwas geschieht, dass dann so eine Art Aha- und Desillusionierungseffekt auftritt. „Ja, wenn das dann so ist, dann ist ja eigentlich nichts Intelligentes dabei." Das heißt also, im landläufigen Sinne wird Intelligenz typischerweise an Dinge angehängt, deren Zustandekommen wir nicht so klar durchschauen, und das ist dann praktisch im Widerspruch zu jedem Versuch, nun einen Lösungsvorschlag abzuliefern. Wenn er da ist, dann ist es dann per definitionem plötzlich keiner mehr. (Interview Wegener, S.1)

Nach dieser Auffassung würden mit Intelligenz all die Dimensionen der menschlichen Geistesleistung bezeichnet, die nicht erklärbar und durchschaubar, also irgendwie mystisch seien. Die KI bringe demnach Aufklärung in die dunklen, unerkannten Phänomene der Intelligenz, die dann aber als Effekt dieser Erkenntnis nicht mehr als solche wahrgenommen würde. Dieses Argumentationsmuster, nach dem die KI durch wissenschaftliche Forschung helfe, den Mythos der Intelligenz aufzuklären, hat eine lange Tradition im Intelligenz-Diskurs der KI-Community. Auch wenn es sicher Nuancen und Variationen in den jeweiligen inhaltlichen Positionen gibt, so wird diese Definition der KI *als technologische Reproduktion und kognitionswissenschaftliche Erkenntnis von Intelligenz* im schriftlichen Diskurs schon frühzeitig insbesondere von Jörg Siekmann, ebenfalls Mitbegründer der KI in Deutschland, vertreten.[55] Wegener vermeidet solche weit reichenden Machbarkeitsprognosen, wie sie von Siekmann immer wieder vertreten wurden. Doch auch er sieht menschliche und maschinelle Intelligenz im Wesentlichen als gleichartig an. Er kritisiert den semantisch

[55] Im schriftlichen Diskurs vertritt Siekmann die entsprechende Position. Diese wird ausführlich am Beginn dieses Kapitels beschrieben, wo es um die öffentliche Kontroverse über die Problemstellung der KI geht.

wechselnden Gebrauch des Intelligenzbegriffs und auch, dass dieser bei vielen KI Akteuren (noch) so sehr mit dem Menschen verbunden ist. Mit Hilfe des semantischen Wechsels werde eine Residualkategorie aufgebaut, die sich der menschlichen Erkenntnisfähigkeit entziehen möge, um sie gegen die Nachbildungen und die Ersetzbarkeit durch den Rechner zu verteidigen. Diese Furcht vor der vollständigen Erkenntnis der menschlichen Intelligenz scheint Wegener nicht zu kennen.

> Nach meiner Meinung gibt es im Augenblick keine harten Grenzen, aufgrund derer man jetzt sagen könnte, intelligente Leistungen, wie sie der Mensch vollbringt, sind maschinell nicht möglich. Also ich bin da schon also jemand, der glaubt, dass also im Augenblick keine Grenze zu sehen ist. Andererseits bin ich etwas vorsichtiger als Leute, die dann daraus das positive Statement machen und sagen: „Wir kriegen alles hin." Es kann durchaus sein, dass sich da einiges auftut, einige Einsichten auch da sind. Einfach weil noch sehr viel Neuland da ist, nicht. Aber eh, ich bin da eher, eh, optimistisch, mit dem, was man erreichen kann. (Interview Wegener, S.4)

Dementsprechend ist Wegener auch daran gelegen, diese aus seiner Sicht als Dilemma zu bezeichnende, sprachliche Praxis der semantisch wechselnden Deutung von Intelligenz zu überwinden. Für ihn ist es ein Ärgernis, dass mit solchen Argumentationen den Ergebnissen seiner Arbeit das Etikett *intelligent* verweigert wird. Wegener möchte Intelligenz auch als maschinelles Phänomen verstanden wissen, das als gleichartig mit der menschlichen Intelligenz wahrgenommen wird. Er argumentiert deswegen mit dem Turing-Prinzip, das er dem vorherrschenden Gebrauch des semantisch wechselnden Intelligenz-Begriffs entgegenstellt.

> Also in diesem Dilemma haben sich die meisten KI-Forscher eigentlich auf folgende Definition eingelassen, dass man von KI dann spricht, wenn eine Leistung vollbracht wird, die bei Menschen als intelligente Leistung angesehen würde. Das heißt, man guckt nicht so sehr ins Innere rein, sondern man vergleicht einfach Verhalten – Leistung, und wenn man – landläufige Meinung, der landläufigen Meinung ist, Menschen sind intelligent, wenn sie etwas vollbringen, und man schafft es dann, das mit der Maschine zu machen, dann sagt man: „Gut, das ist KI." (...) Wenn man jetzt, sagen wir, mehr nach innen guckt und nach, doch den Versuch macht, Merkmale festzuhalten oder gibt es eine Reihe von Dingen, die ein intelligentes System auszeichnen. (...) Also dann erstens wird fast immer Lernfähigkeit genannt und eine gewisse Autonomie oder Robustheit gegen Fehler, manchmal auch Durchschaubarkeit oder Kompetenz

> also Wissensversiertheit. Es gibt also viele Merkmale, mindestens ein Dutzend oder so, die man da aufzählen kann. Aber bei den bisher praktischen Anwendungen sind natürlich nicht immer alle vorhanden, das ist keine Bedingung, sondern das sind mehr Charakteristika, die man nennen kann. (Interview Wegener, S.1)

Das Turing-Prinzip ermöglicht Wegener einen stringenten Umgang mit dem Begriff der Intelligenz, weil er ohne semantische Brüche und ohne Definitionen auskommt. Die Etablierung des Turing-Prinzips ist aus technik-wissenschaftlicher Sicht eine konsequente Lösung, mit der der oben beschriebene changierende Gebrauch des Begriffs *Intelligenz* in der KI-Community umgangen werden kann. Denn damit wird eine begriffliche Eindeutigkeit hergestellt und nicht mit unterschiedlichen semantischen Zusammenhängen ein und desselben Begriffes operiert. Konsequent ist die Lösung jedoch nur aus der Perspektive eines Wissenschaftlers, der in hohem Maße daran interessiert ist, den Begriff der *Intelligenz* auf technische Systeme anzuwenden, obwohl es sich dabei um einen wissenschaftlich nicht definierten und semantisch kaum eingrenzbaren Begriff handelt.

Wegener etabliert hier mit dem Turing-Prinzip eine Sicht auf technische Systeme, die in den Natur- und Technikwissenschaften unüblich ist, weil sie von der dort üblichen positivistischen Erkenntnistheorie abweicht und ein konstruktivistisches Wissenschaftsverständnis einführt, das mit dem Positivismus allerdings unvereinbar ist. Die Art und Weise wie Ergebnisse zustande kommen, sind nach diesem Verständnis irrelevant, allein entscheidend ist, dass sie vom Nutzer als intelligente Lösungen wahrgenommen werden. Wegener vermeidet damit zwar einen semantisch wechselnden Gebrauch des Intelligenzbegriffs. Er tut das allerdings um den Preis, unvereinbare erkenntnistheoretische Positionen zu vermischen. Sein Interesse, die Intelligenz im Titel und im Gegenstandsbereich der KI zu ‚bewahren', und damit auch die Abgrenzung gegenüber der Informatik zu erhalten, scheint also nicht unerheblich zu sein. Sonst wäre es auch plausibel gewesen, das eigene Forschungsgebiet ohne Rekursion auf den Begriff der „*Intelligenz*" zu definieren, so wie das der Kollege von Wegener getan hat, der es wegen der mangelnden Definierbarkeit abgelehnt hatte, im

Kontext seines Forschungsgebietes überhaupt von *Intelligenz* zu sprechen.

Bei näherem Betrachten dieser Interviewpassage fällt auf, dass auch Wegener den Begriff der Intelligenz nicht ganz eindeutig gebraucht. Denn obwohl er zuvor Intelligenz nach dem Turing-Prinzip definiert hat, nennt er zur Charakterisierung der KI-Systeme dann die Dimensionen des menschlichen Intellekts, die im gängigen Sprachgebrauch gar nicht als Intelligenz bezeichnet werden (Autonomie, Robustheit gegen Fehler usw.). Implizit widerspricht er damit dem Turing-Prinzip, denn danach könnte man bei Robustheit gegen Fehler oder Autonomie keinesfalls von intelligenten Leistungen sprechen, weil sie vom Menschen nicht als solche wahrgenommen werden. Sie gelten als ‚normales' menschliches Verhalten, das ohne große Intelligenzleistungen erbracht werden kann – jedenfalls im landläufigen Sinne. Wegeners Sicht auf die Intelligenz erweist sich hier als geprägt durch seinen beruflichen Hintergrund. Erst seine Erfahrungen in der Entwicklung von KI-Systemen, in denen die Robustheit gegen Fehler oder auch Autonomie kaum reproduzierbar sind, lassen diese als Charakteristikum der menschlichen Intelligenz erscheinen. Wegener verwendet hier also selbst eine semantisch wechselnde Deutung des Intelligenzbegriffs, wenn auch mit umgekehrtem Vorzeichen. Vor dem Hintergrund seiner wissenschaftlich-technischen Erfahrungen dehnt er die Intelligenz gerade auf die Bereiche (Wahrnehmungsfähigkeit, Autonomie, Robustheit usw.) aus, die im vorherrschenden Sprachgebrauch gar nicht als solche gelten. Für seine semantische Erweiterung des Intelligenzbegriffs gegenüber dem kulturell dominierenden Verständnis kann sich Wegener auf seine wissenschaftliche Autorität stützen, die solche Redefinitionen im Lichte einer objektiven, wissenschaftlichen Erkenntnis erscheinen lässt. Es sind in der KI einmal mehr die so genannten mythischen Dimensionen, also die, die nicht verstanden sind und rätselhaft erscheinen, die als das ‚Eigentliche' des Intelligenzphänomens bezeichnet werden. Auch wenn dieses ‚Mysterium' in eine wissenschaftliche Sichtweise transformiert und unter dem Erkenntnisaspekt betrachtet wird, so hat die KI darin diese ‚rätselhafte' Qualität der Intelligenz perpetuiert, die im allgemeinen Sprachgebrauch an sie gebunden ist. Nur durch die wissenschaftliche

Okkupierung von den Bereichen der menschlichen Kognition, die sich dem rechnerischen Kalkül weitgehend verschließen, kann die KI ihre Besonderheit gegenüber der Informatik begründen, die gemessen am Turing-Test ja ebenfalls intelligentes, menschliches Verhalten simuliert. Die semantisch wechselnde Deutung des Intelligenzbegriffs ist somit immer dann unumgänglich, wenn die besonderen Kompetenzen der KI gegenüber der Informatik hervorgehoben werden sollen.

Auch wenn Wegener für weit reichende Analogien zwischen menschlicher und maschineller Intelligenz eintritt, so möchte er doch keinen Verdacht aufkommen lassen, er hänge irgendwelchen Homunkulus-Visionen nach:

> Also sobald Sie ... sozusagen die spezifischen Menscheigenschaften, die Körperlichkeit, das Gefühlsleben und das Sich-Frei-Bewegen-Können und zwischenmenschliche Beziehungen mit betrachten, dann kommen Sie nämlich darauf hin, dass es erstens keinen Sinn machen würde, die zu duplizieren, wenn eben der Körper eines künstlichen Wesens eben nicht der Körper eines Menschen ist, und dass damit auch bestimmte Werteverteilungen, Ziele, Absichten und auch Wahrnehmungen, Relevanzverteilungen durch eine Maschine anders aussehen würden ...! Also das heißt, es gibt einfach natürliche Einsatzbereiche, wo man sich vorstellen kann, dass maschinelle Intelligenz sinnvoll eingesetzt werden kann. Und dann gibt es wiederum andere, ... da macht es einfach keinen Sinn ... und über die kann man dann auch keine guten Aussagen machen. Also da hinein wird man maschinelle Intelligenz einfach nicht ausdehnen wollen. (Interview Wegener, S.5)

Wegener ist hier bestrebt, keine Missverständnisse bezüglich seiner Problemstellungen entstehen zu lassen. Selbstbewusst formuliert er seine Prognosen über die technische Machbarkeit, die er, wohl wissend, dass eine Sozialwissenschaftlerin vor ihm sitzt, auch in das politisch korrekte Licht rückt. Denn aufgrund seines langjährigen Engagements in der KI-Community kennt Wegener die gesellschaftlich und philosophisch geführte Kritik an der KI. Als Inhaber eines Lehrstuhls ist er daran interessiert, sein eigenes Arbeitsgebiet als sehr leistungsfähig und herausragend darzustellen, ohne jedoch durch Übertreibungen gesellschaftliche Kritik zu provozieren. Insbesondere zu Beginn unseres Gespräches war ein Bemühen um eindeutige, verständliche Formulierungen offenkundig, das mit dem Ausloten meines Erkenntnisinteresses und Wissensstandes über die KI einherging.

#### 4.1.2.5 „Künstliche Intelligenz ist der Versuch, das maschinell zu lösen, was Menschen noch besser können als Maschinen."

Um einen konsequenten Sprachgebrauch des Wortes *Intelligenz* bemühen sich die beiden kognitionswissenschaftlich orientierten KI-Wissenschaftlerinnen, Katharina Müller und Andrea Lehnert. Auch sie sind sich der Problematik bewusst, die der semantisch wechselnde Gebrauch des Wortes *Intelligenz* mit sich bringt. Anders als Prof. Wegener verzichten sie bei ihrer Definition jedoch explizit auf den Begriff:

> Als ich mal selber in der Situation war, eine [Definition, g.k.] zu benötigen, habe ich die von Elaine Rich genommen: „Künstliche Intelligenz ist der Versuch, das, was Menschen noch besser können als Maschinen, maschinell zu lösen„. (...) Also ja, letztendlich eine Definition, die überhaupt nichts mit dem Intelligenzbegriff zu tun hat. Und ich halte das insbesondere insofern für richtig, als viele der Sachen, die im KI-Bereich gemacht werden, tatsächlich gar nicht unter das fallen, was wir normalerweise als Intelligenz bezeichnen. Sondern zu so Basisleistungen gehören. Also wenn man sich so Bildverarbeitung anguckt. Oder: Wir können gucken. Und den Maschinen muss man es erst mal mühsam beibringen, so ungefähr. Aber wir würden nicht sagen, dass es Intelligenz erfordert, zu sehen. Obwohl man natürlich inzwischen auch weiß, wie viel dahinter steckt, oder wie viel Hintergrundwissen ausmacht. Aber das ist nicht, ja, es entspricht nicht unserm eigentlichen Intelligenzbegriff. Und auf der anderen Seite, wenn man sich anguckt, ja, Maschinen können viele Sachen besser als Menschen, die Systematizität und Sorgfalt erfordern. Der Mensch ermüdet doch sehr leicht, und wenn es darum geht, komplexe Funktionen auszurechnen, Statistiken auszuführen oder so was, dann können Maschinen das besser. Und wir würden immer von Menschen, die das können, behaupten, sie sind intelligent. (...) Die Rechenkünstler oder so. Und, ja, das würden wir aber nie als künstliche Intelligenz bezeichnen. Also insofern, ja, ist dieser künstliche Intelligenzbegriff und der natürliche Intelligenzbegriff nicht sehr deckungsgleich. Und deshalb habe ich eben dann auch versucht, eher eine Definition zu finden, die nicht auf der – menschlichen Intelligenz beruht. (Interview Müller, S.1)

Ebenso wie Katharina Müller bezog sich auch Andrea Lehnert, die zweite meiner kognitionswissenschaftlichen Gesprächspartnerinnen, auf diese Definition von Elaine Rich und legte dabei ebenfalls explizit Wert darauf, dass diese Definition ‚intelligenzfrei' sei. Die Ablehnung des Begriffs Intelligenz zur Charakterisierung ihrer Problemstellung wird von beiden Kognitionsforscherinnen mit dessen begrifflichen Unklarheit begründet. Sie grenzen sich damit nicht – wie ihre technikorientierten Kollegen das tun – von dem Interesse ab, die menschliche

Kognition zu erforschen. Denn das ist gerade ihr primäres wissenschaftliches Interesse. Den Versuch, mit Computern das nachzubilden, was Menschen können, hält Müller für ein sehr interessantes Unternehmen, weil gerade durch diesen Versuch Verständnis dafür geweckt werde, wie großartig eigentlich die Leistungen der Menschen seien. Allerdings gehen die Meinungen darüber, wie gut das Modell des Computers die menschlichen Geistesleistungen beschreiben kann, unter den Kognitionswissenschaftlern in der KI auseinander.

> In der KI steht ja im Zentrum des Interesses sozusagen die Abbildung spezifisch menschlicher Fertigkeiten auf, auf Rechnern. (...) Es interessiert halt nie der Rechner an sich und die Möglichkeiten, ja, die Möglichkeiten der Technik, sondern es steht immer im Zentrum des Interesses: menschliche Fertigkeiten, die Möglichkeiten oder auch Unmöglichkeiten, das ... mit Rechnern in irgendeiner Form abzubilden, ja und die Formen der Abbildung. Also erreicht man so was wie eine gleiche Performanz. Also dass beispielsweise man mit dem Rechnerprogramm irgendeine menschliche Fertigkeit simulieren kann, dass sozusagen die gleichen Ergebnisse rauskommen. Oder beansprucht man gar mit einem Rechner die Funktionen der menschlichen Fertigkeit abzubilden. Also nicht nur rein das Ergebnis, sondern auch die Art und Weise, wie der Mensch zu diesen Ergebnissen kommt, und zu versuchen, diese Vorgänge auch noch abzubilden. Oder versucht man gar darüber hinaus noch irgendeine Art von physikalischer Äquivalenz anzustreben, dass man also sagt: „Unsere Rechner sind im Grunde genommen auch von ihrer Bauweise her in irgendeiner Weise äquivalent.“ Das sind eben die ... verschiedenen Stufen, auf denen man versuchen kann, KI zu betreiben. (Interview mit Lehnert, S.3)

Die unterschiedlichen Stufen, die hier genannt werden, sind Variationen zwischen der „weichen“ und der „harten“ KI-These. Differenziert wird dabei zum einen zwischen der eher bescheidenen Überzeugung, nach der man mit dem Computer gleiche Ergebnisse wie mit der menschlichen Kognition hervorbringen kann, ohne dass damit schon eine Aussage über die dabei stattfindenden funktionellen Abläufe getroffen wäre, und zum anderen der weit reichenden Analogiebehauptung, in der die vollständige Simulierbarkeit der menschlichen Kognition postuliert wird – bis hin zur funktionalen Äquivalenz. Die Methoden der Informatik haben für die Kognitionswissenschaftlerinnen dabei nur untergeordnete Bedeutung. Ihr erstes Ziel ist das Verständnis der menschlichen Kognition. Der Einsatz der informatischen Methoden dient lediglich der Modellbildung. Ausgangspunkt sind dabei empirische Daten, die beim Menschen zum Beispiel in seinen sprachlichen Äußerungen beobachtet werden. Diese Daten zieht man zur wissenschaftlichen Hypothesenbildung heran, trifft also bestimmte Rückschlüsse darüber, wie etwa die Prozessabläufe des Sprachverstehens beim Menschen sein könnten. Um diese Hypothesen über das menschliche Sprachverstehen nun empirisch zu evaluieren, wird versucht ein Computerprogramm zu schreiben, welches dasselbe ‚Verhalten' an den Tag legt wie der Mensch in den entsprechenden Situationen. Der Computer fungiert dabei in alt bekannter naturwissenschaftlicher Tradition als Modell, das zur Veranschaulichung und Erklärung von ‚Naturphänomenen' dienen soll, so wie etwa Teilchen- und Wellenmodelle vom Licht oder auch das Atom-Modell.

Wie in der kognitionswissenschaftlichen KI solche Modellbildung konkret aussieht, wird von Lehnert beschrieben:

> Ein anderer Bereich ist ... pathologisches Sprachverhalten, also so genannte Aphasien. Es gibt eben Menschen, die aufgrund irgendwelcher Hirnläsionen bestimmte charakteristische Sprachausfälle haben. Und da gibt es, ja, ganz verblüffende Dinge bezüglich der Fehler, die dann auftreten, also dass beispielsweise bestimmte Wortfelder nicht mehr beherrscht werden. Und dass, dass Personen, die da irgendein Problem haben, beispielsweise keinen Begriff für Obst mehr kennen. Also die kennen wunderbar alle Nomen, alles Mögliche aber können Banane und Apfel nicht unterscheiden. (...) Ja, und das zeigt eben, dass [es] so wohl eine Organisation geben muss oder so was wie semantische Wortfelder gibt, wo eben je nach den Bedeutungseinheiten Dinge in irgendeiner Weise zusammengefasst repräsentiert sein sollten. Und solche, solche Daten kann man sich dann eben für die Modellbildung heranziehen. Dann kann man versuchen, eine Architektur, ein abstraktes Modell zu erstellen, für wie eben die Sprachproduktionsprozesse anzusiedeln sind in einem formalen Modell. Und dann kann man versuchen, das auf einem Rechner zu implementieren. Das wäre so ganz ... grob der Rahmen, in dem ich mich bewege. Und dann kann man eben versuchen, ob man tatsächlich die Ergebnisse reproduzieren kann, und dann eben vor allem auch in seiner Modellbildung auch die gleichen Fehler reproduzieren kann. Also das ist dann eben der interessante Punkt, dass es nicht nur darum geht, sozusagen wohlgeformte Sätze produzieren oder verarbeiten zu können und das verstehen zu können, sondern auch so die charakteristischen Fehler, die beim Menschen auftreten, dass die auch in diesem Modell noch darstellbar sind. Das ... ist sozusagen ... der interessante Punkt dabei, wenn man so eine kognitiv orientierte Modellierung betreibt. (Interview Lehnert, 7)

Auf die Frage, wo Andrea Lehnert die Anwendungsperspektive ihrer Grundlagenforschung sehen würde, relativiert sie die deren Bedeutung zunächst. Lehnert ist deutlich daran gelegen, den Zusammenhang zwischen Grundlagenforschung und technikorientierter Forschung als nicht besonders eng zu beschreiben. Schon vorher hatte sie explizit hervorgehoben, dass nie die technischen Möglichkeiten des Rechners an sich interessierten, sondern dass die Fertigkeiten des Menschen und die Möglichkeit oder Unmöglichkeit von deren Abbildung im Zentrum des Interesses stünden (s. oben). Sie vertritt die Position, dass ihre Forschung für konkrete Anwendungen keine unmittelbare Rolle spiele. Erst in langfristiger Perspektive sei ein Einfluss absehbar.

> Aber die Anwendungsperspektive – wäre langfristig unter Umständen die, sozusagen, wenn man sprachverstehende Systeme tatsächlich oder sprachproduzierende und sprachverstehende Systeme tatsächlich bauen will, die einigermaßen gut in der Lage wären, ... auf die Bedürfnisse des Menschen tatsächlich einzugehen, dann sollten sie ... sehr viel besser angepasst sein an das, was ... die menschliche Verarbeitung ausmacht. Und wie, wie das tatsächlich funktioniert. Und ich denke mir, insofern wird man auf lange Sicht, wenn man tatsächlich versucht, solche Systeme zu bauen, gar nicht umhin kommen, diese Ergebnisse mit zu –, mit in Rechnung zu stellen. Allerdings, also ich würde ... auch kein Urteil darüber abgeben wollen, ob es so was wie Sprach-, –, Sprachverstehen in irgendeiner vollständigen Weise tatsächlich gibt auf dem Rechner. Also ich bin mir ganz sicher, ... dass wir in einigen Jahren oder Jahrzehnten umgeben sein werden von Systemen, wo eben so automatische Fahrplanauskunft machen kann. (...) Aber ich würde keine Äußerung, also ich würde nichts dazu sagen, inwiefern das ein echtes Verstehen oder echtes intelligentes Produzieren ist. (Interview Lehnert, S.7)

Die Ergebnisse ihrer Forschung machen es nach Ansicht von Lehnert möglich, Technik stärker an die kognitiven „Bedürfnisse des Menschen“ anzupassen. Insofern komme die technikorientierte KI nicht umhin, diese Ergebnisse der Grundlagenforschung zu berücksichtigen. In dieser Argumentation stellt Lehnert (sicher nicht zuletzt im eigenen wissenschaftspolitischen Interesse) die Relevanz ihrer Grundlagenforschung für konkrete technische Anwendungen heraus. Dass diese Forschung auch anders als zum Zwecke einer menschengerechteren Technikgestaltung gedeutet (und vielleicht auch umgesetzt) werden kann, ist Lehnert wohl bewusst. Sie ist bestrebt, das Potential der Grundlagenforschung vor allem auf diesen eng begrenzten Bereich der Technikgestaltung zu beschränken. Denn sie weist gleich zweimal in dieser kurzen Passage darauf hin, dass damit noch nichts über die Vollständigkeit und die Äquivalenz des menschlichen Sprachverstehens gesagt sei und führt direkt im Anschluss daran an, dass im Grunde genommen dieser ganzen Forschung viel größere Bedeutung zugemessen werde, als ihr tatsächlich zukomme. Auch sie ist um die Aufbesserung des schlechten KI-Images bemüht. Sie stellt die positive Seite der Technikentwicklung heraus und bleibt bescheiden in ihren Machbarkeitsprognosen.

In der Frage, wie umfassend es dabei möglich ist bzw. sein wird, mit dem Computer menschliche Fähigkeiten nachzubilden, wollen beide Forscherinnen keine Position beziehen. Allerdings grenzen auch sie sich wie viele ihrer Kollegen gegen Versuche ab, den Menschen nachzubauen.

> Für mich gibt es da zwei Bereiche. Also einerseits gibt es den Bereich, der Richtung Kognitionswissenschaft geht, wo ... also letztendlich die These ist, alles was wir Menschen können, das können wir auch mit solchen Maschinen wie dem Computer nachvollziehen. Und auf der anderen Seite eben die Visionäre sozusagen, die sagen: „Es ist wirklich machbar", oder ja, „Das sind vielleicht dann die besseren Wesen" ... oder irgendwie in der Richtung. – Und das sind für mich zwei ganz verschiedene Bereiche. (Interview Müller, S.2)

Diese Visionen werden einmal mehr den „Anderen" zugeschrieben, wobei die „Anderen" in diesem Fall die ingenieurwissenschaftlich arbeitenden KI-Protagonisten sind. Unabhängig vom Forschungsziele distanzieren sich KI-Akteure von solchen Visionen, die die Nachbildung von menschlicher Intelligenz propagieren. Mit Maschinenmenschen möchte man nicht in Verbindung gebracht werden.

### 4.1.3 Tabuisierung

Folgt man den Aussagen derer, die in der KI forschen, lehren und entwickeln, so bleibt im Unklaren, wer die weit reichenden Visionen von der technischen Reproduktion der menschlichen Kognition eigentlich produziert. Im direkten Gespräch grenzt sich jeder davon ab. Trotz unterschiedlicher Erkenntnisinteressen sind sich kognitionswissenschaftliche und technikorientierte KI-Protagonisten in der Ablehnung der visionären KI einig, die Mensch und Maschine weitgehend gleichsetzt und die informationstechnische Nachbildbarkeit jeder menschlichen Fähigkeit bis hin zu den Emotionen postuliert. Folgt man der Beschreibung der Forschungstätigkeit der beiden Kognitionswissenschaftlerinnen, so ist ihr Erkenntnisziel, menschliche Kognitionsleistungen wissenschaftlich zu erfassen. Der Computersimulation wird dabei Modellcharakter zugewiesen in der Art, wie das in anderen Naturwissenschaften auch üblich ist: zur Simulation und Überprüfung von aufgestellten Theorien. Von technischen Realisierungen distanzieren sich beide Gesprächspartnerinnen. Sie tabuisieren damit bestimmte Anteile der technischen Reproduzierbarkeit der menschlichen Kognition, obwohl sie für die Überprüfung ihrer wissenschaftlichen Hypothesen gerade auf diese technischen Realisierungen angewiesen sind. In dieser Argumentation wird ausgeblendet, dass man jedes erfolgreich getestete kognitionswissenschaftliche Computermodell als „Mosaiksteinchen" einer Entwicklung von ‚intelligenten, maschinellen Wesen' nutzen kann, so wie sie in den Anfängen der KI von Jörg Siekmann oder in jüngerer Zeit von Thomas Christaller[56] (Christaller 1996) propagiert wurden. Das Ausmaß der Tabuisierung, die hier von den kognitionswissenschaftlichen Forscherinnen betrieben wird, wird in vollem Umfang offensichtlich, wenn man sich vor Augen führt, dass solche visionären Projekte wie der ‚intelligente Roboter' von Christaller in ausgezeichneter Weise als kognitionswissenschaftliche Modelle angesehen werden könnte, mit dem gleich mehrere Dimensionen menschlicher Kognition (Sprachverstehen, Sprachproduktion, Sehen, usw.) wissenschaftlich überprüft werden könnten.

Die Argumentationsweise der kognitionswissenschaftlich arbeitenden KI-Protagonistinnen entpuppt sich als komplementär zu den Abgrenzungen der ingenieurwissenschaftlichen KI-Entwickler, die sich weit von allen Erkenntnisansprüchen über die menschliche Intelligenz distanzieren, obwohl sie gerade solche Forschungsergebnisse

[56] Schon hier soll ein Zitat von Thomas Christaller erwähnt werden, welches diese Sichtweise ausdrückt und im Verlauf der Argumentation noch Beachtung finden wird: "So mögen sie denn kommen, die intelligenten Roboter. Ihre Konstruktion wird bestimmt inspiriert sein durch unsere Kenntnisse über unser Gehirn und unsere Intelligenz. Doch sie werden immer ein anderes Gehirn haben als wir, da sie immer einen anderen Körper haben werden und andere ‚Bedürfnisse' des sozialen Zusammenlebens. Es erscheint aber sinnvoll, bei der Konstruktion intelligenter Roboter darauf zu achten, dass es eine wie auch immer geartete Kommunikationsmöglichkeit zwischen uns und ihnen gibt, vielleicht wie wir sie mit anderen Lebensformen z.B. Hunden schon kennen". (Christaller 1996:44)

aus der Kognitionswissenschaft als wichtige Informationen und Impulse für die Technikgestaltung bezeichnen. Die Distanzierung von Erkenntnisinteressen im jeweils anderen Teilbereich der KI – ingenieurwissenschaftlich hier bzw. kognitionswissenschaftlich dort – wird somit als Muster erkennbar, mit dem eine eigene Beteiligung und damit Verantwortung an der Konstruktion von intelligenten maschinellen Wesen negiert wird. Zusätzlich zu dieser impliziten Distanzierung formuliert man auch explizit, dass Visionen keinen Platz mehr in der KI hätten und diese der Vergangenheit der KI angehörten. Lediglich einige, spezielle Leute ließen sich heute noch dazu hinreißen, gerade in den USA seien die visionären KI-Auffassungen noch nicht ganz ausgestorben:

> Also ich könnte fundierte KI-Kritik auch an Leuten wie Siekmann, den ich unheimlich mag, also mit dem ich auch zurechtkomme, aber seine Position finde ich ein bisschen abweichend, muss ich sagen. Mit dem unterhalte ich mich noch gerne über dieses Problem, oder mit ein paar Amerikanern, die da sehr eigenartige Vorstellungen darüber haben, aber inzwischen ist das ein bisschen zurückgegangen. Sie haben jetzt zehn oder fünfzehn Jahre Zeit gehabt, nachzuweisen, dass sie das können, was sie wollen, und haben es nicht beweisen können. Und da schlage ich mich dann zu den Leuten, die es auch nie wollten. Und da ist eigentlich für mich das Problem erst mal nicht mehr so sonderlich interessant. Ich meine, wo ist derjenige in der KI, der solche Vorstellungen und die damit zusammenhängenden Befürchtungen verifizieren konnte. Das geht nicht, und damit ist das Thema für mich zunächst mal durch. (Interview Binder, S.13)

> Heute sei das alles „schrecklich normal geworden". Die KI sei zum Alltag übergegangen, und der bestehe aus Technikentwicklung für konkrete Anwendungen. Auch die meisten anderen meiner Gesprächspartner schließen sich dieser Sicht von Binder an und verweisen die Visionen in das Reich der Vergangenheit, sie möchten sie allenfalls als Strategien zur Beschaffung von wissenschaftlichen Fördermitteln oder zur Vermarktung verstanden wissen. Die Ängste, die in der Bevölkerung aufgrund solcher Visionen existieren, werden als unberechtigt empfunden, zudem könnten sie gar nicht spezifisch mit der KI verknüpft werden, sondern seien eher generell auf die Informationstechnologien bezogen, die zunächst ungewohnt und aufgrund ihrer Komplexität auch schwer verständlich seien. (Interview Müller, S.6; Interview Binder, S.26f.)

Lediglich zwei meiner Gesprächspartner haben die Existenz von Visionen als ernstzunehmendes Phänomen in der KI charakterisiert und nicht versucht, sie als bedeutungslos zu charakterisieren. Leonhard weist auf den Schaden hin, den die Visionen in der KI anrichten, und darauf, dass sie auch heute noch fleißig weiter betrieben würden, allerdings nur von einem kleinen Teil der Kollegen. Als Beispiel führt er ein Großprojekt im Bereich der Sprachentwicklung an. Dort werde von einigen Leuten vollmundig erzählt: „Wir haben in einigen Jahren den elektronischen Fachübersetzer, der in verschiedenen Sprachen hin und her übersetzt." In wenigen Jahren müsse man dann diese geweckten Erwartungen nach unten korrigieren. (Interview Leonhard, S.2.) Leonhard spielt damit auf das vom BMBF geförderte KI-Vorzeigeprojekt *Verbmobil* an, in dem unter weltweiter Beteiligung von Firmen und Forschungsinstituten an einem tragbaren Computersystem zur Übersetzung von alltagssprachlichen Dialogen gearbeitet wird, das insbesondere im Business-Bereich eingesetzt werden soll. Bereits vor Ablauf der ersten Phase des Fünf-Jahres-Projekts wird der maschinelle Übersetzer von alltagssprachlichen Dialogen von Wolfgang Wahlster, des Deutschen Forschungszentrum für Künstliche Intelligenz (DFKI) und Projektleiter von *Verbmobil* deutlich bescheidener als *Dolmetscherhilfe im Geschäftsalltag* bezeichnet, die wenn überhaupt erst in langen Jahren der Weiterentwicklung zu einem vollwertigen Übersetzer ausreifen könne. (Verbmobil 1995)

Sabine Holtner dagegen hat für solche Visionen nicht nur Kritik übrig. Sie sieht auch die Funktion von Visionen zum einen in der Beschaffung von Finanzen und auch als Motivation für die Forschung:

> Ich meine, gegen jede Vision wird es Gegenargumente geben, gibt es Gegenargumente. Nur – also ich denke, es gibt, es ist auch okay, dass es Leute gibt, die solche Visionen haben. Wenn es solche Leute nicht gegeben hätte in der Vergangenheit, wären wir sehr viel weniger weit, als wir bisher sind. Weil Visionen sind ja nicht unbedingt immer dazu da, dieses Ziel tatsächlich zu erreichen, sondern auch was auf dem Weg ... . Und es war ja häufig schon so, je größer die Vision, um so mehr ist geleistet worden. Und das darf man auch nicht vernachlässigen. Und ja, die größten Wissenschaftler waren eigentlich immer die mit den größten Visionen, selbst wenn die nicht umgesetzt worden sind. Aber dadurch, dass man sich so ein großes Ziel steckt, erreicht man einfach mehr. (Interview Holtner, S.17)

Allerdings bekennt sie sich zu dieser Sicht auf die visionären KI-Definitionen erst, als ich sie mit den recht weitgehenden Analogieschlüssen ihres Chefs bezüglich der menschlichen und der maschinellen Intelligenz konfrontiere. Hier war der einzige Moment in der gesamten Feldforschung, in dem ein Gesprächspartner offen aussprach, dass Abgrenzungen gegen visionäre KI-Deutungen auch strategischer Art sind. Holtner reagiert persönlich und an ihrem Arbeitsplatz auf diese Visionen, indem sie sie verdrängt.

> Ich will einfach verschiedene Dinge nicht haben. Also würde ich sie gar nicht irgendwie ... forschen, und ich würde sie auch nicht so als Vision entwickeln wollen. (Interview Holtner, S.17)

Die stille Distanzierung von visionären KI-Deutungen ist ein Weg, der vermutlich von einer Reihe an KI-Akteuren gewählt wird. Er ist gleichbedeutend mit einer stillen Akzeptanz. Erst im Austausch mit Personen aus dem gesellschaftlichen Umfeld sieht man sich dazu veranlasst, sich von der Gleichsetzung von Mensch und Maschine abzugrenzen. Diese Doppelstrategie zwischen Akzeptanz und Abgrenzung geht einher mit einer gewissen Unsicherheit über das tatsächliche Potential der KI, die wie im vorhergehenden Zitat immer wieder zwischen den Zeilen anklingt. Diese Unsicherheit ist häufig auch dann bei Gesprächspartnern spürbar, wenn sie das im Interview nicht explizit thematisieren wollen. Bei nüchterner Betrachtung der interdisziplinären Forschungsaktivitäten im transdisziplinären Feld der KI bleiben den meisten Akteuren gewisse Zweifel, ob nicht doch eine weit reichende informationstechnische Nachbildung der menschlichen Intelligenz möglich sein könnte. Dass sie eine solche Entwicklung dann mit verantworten würden, wollen sie dabei nicht bewusst zur Kenntnis nehmen.

## 4.2 Visionen werden Wirklichkeit? - Zur Wirkung von Deutungen

Nutzungskonzepte der Entwickler sind ein wesentlicher Teil der Technikentstehung. Ihre Vorstellungen davon, wofür und wie die KI-Technologie eingesetzt werden soll, fließen in die Konzeptionen der technologischen Systeme ein. Dabei werden bestimmte Objektpotentiale kreiert, die in der Nutzung realisiert werden sollen. Die Nutzungskonzepte der Entwickler - so umfassend sie auch sein mögen - können die Objektpotentiale der technologischen Artefakte zwar durch ihre Technikgestaltung in bestimmte Bahnen lenken aber niemals vollständig determinieren. Potentielle Nutzungsmöglichkeiten sind für Entwickler und Erfinder einer neuen Technologie schon deswegen unerlässlich, weil man Finanzen für Forschung und Entwicklung beschaffen muss. Während die Nutzungserwartungen der KI in ihren Anfängen noch entsprechend allgemein formuliert waren, haben sie sich zu präziseren Konzepten konkretisiert, je mehr die Idee einer maschinellen Intelligenz auch eine materielle Umsetzung in Artefakte erfuhr. Eine wesentliche Bedeutung für die Konkretisierung ihrer Nutzungskonzepte, etwa im Bereich der Expertensysteme, haben die Austauschprozesse der KI-Wissenschaftler und -Entwickler mit den zukünftigen Verwertern ihrer Forschung in der Industrie und den Akteuren in potentiellen Einsatzbereichen etwa in der Medizin oder im Umweltbereich gehabt. (Schmoch 1996) Die Deutungen der KI-Protagonisten sind nicht beliebig, sondern erfahren ihre Beschränkung in den materiellen Entitäten, in den kulturellen Vorannahmen und unhinterfragten Selbstverständlichkeiten. (Beck 1997) Dementsprechend werden Prophezeiungen von KI-Protagonisten im Laufe der Zeit auf den materiellen und kulturellen Boden der *Tat-Sachen* geholt. Der Begriff *Tat-Sachen* drückt aus, dass ‚Sachen', hier die technologischen Artefakte der KI, in einem kreativen Prozess von ihren Nutzern realisiert werden. Der Nutzer der Technologie ist somit Teil der Technikentstehung, denn er nimmt bestimmte Objektpotentiale einer Technologie wahr - auch solche, die in der Entwicklung nicht intendiert wurden - und realisiert diese im Prozess der Nutzung. Im Folgenden werde ich diesen rekursiven Prozess zwischen Wissenschaftlern, Entwicklern, Verwertern und Anwendern und den materiellen und kulturellen Widerständigkeiten beschreiben, in dem sich die Deutungen der KI herausgebildet haben. Damit möchte ich zum einen den Zusammenhang zwischen den Deutungen der KI und ihrer tatsächlichen Nutzung problematisieren, also danach fragen, inwieweit die unterschiedlichen Deutungen der KI orientierende Funktion für die Gestaltung der Artefakte und deren Nutzung gewinnen konnten. Zum anderen soll damit sichtbar gemacht werden, dass es vielfältige Akteure sind, die an diesem Technological Drama (Pfaffenberger) der Sinn- und Bedeutungskonstruktion der KI mitwirken, auch wenn sie nicht direkt in die Technologieentwicklung involviert sind.

### 4.2.1 Nutzungserwartungen

Zu Beginn dieses Kapitels wurden verschiedene Deutungen der Künstlichen Intelligenz vorgestellt. Diese Definitionsversuche der KI gehen einher mit dem Versuch, unterschiedliche Repräsentations- und Sichtweisen, Bewertungen und normative Orientierungen der KI-Technologie zu etablieren und damit ihre Gebrauchsweisen festzulegen. „*Diese diskursiven Verknüpfungen und etablierten Sichtweisen stellen konkurrierende Sinnangebote zur Verfügung*“, auf die sich „*die Akteure in ihrem Umgang mit Technik*“ beziehen können (aber nicht unbedingt müssen). (Beck 1997:352) Welche Nutzungskonzepte der KI in den unterschiedlichen Definitionsversuchen intendiert werden, wird im Folgenden erörtert werden.

#### 4.2.1.1 Erkenntnis

Diejenigen, die ein Schwergewicht auf die kognitionswissenschaftliche KI-Forschung in der KI gelegt hatten (Becker, Lischka), haben zu dem potentiellen Nutzen der KI wenig gesagt. Zu dem Zeitpunkt, als sie ihre Definition der KI in die Diskussion gebracht haben, waren bereits eine Reihe von Nutzungsmöglichkeiten für die KI, wie etwa Expertensysteme, im Gespräch. Zudem geht es denjenigen, die eine kognitionswissenschaftliche Orientierung der KI präferieren, weniger um konkrete Artefakte und einen alltagspraktischen Nutzen als vielmehr um Grundlagenforschung und damit um Erkenntnis. Ihre Gedanken über das Zukunftspotential der KI sind primär durch dieses Erkenntnisinteresse geprägt. Dementsprechend werden Nutzen und Folgen der KI insbesondere im Bereich der Wissensproduktion angesiedelt. Die praktische Nutzung des KI-Wissens in Form von anwendungsreifen Technologien ist dagegen von geringerem Interesse. Konkrete Nutzungen in außerwissenschaftlichen Kontexten werden in dieser Sichtweise häufig nur als ‚lebende Beweise' für die (kognitionswissenschaftliche) Unzulänglichkeiten bestehender Konzepte wahrgenommen. So spricht beispielsweise Barbara Becker von einer „*Veränderung von (Experten-)Wissen durch den Prozeß der Wissensaquisition*“, die aufgrund der restriktiven Annahmen über Expertenwissen in der KI ausgelöst werden könnten. (Becker 1990 b) Als Qualitäten, die in der Wissensakquisition der KI vernachlässigt würden, nennt Becker, die Kontextabhängigkeit menschlichen Wissens, seine Subjektgebundenheit, seine soziale und historische Bedingtheit, den Unterschied zwischen Wissen und Können und die begrenzte Explizierbarkeit von Wissen. Sie sieht „*die Gefahr einer zunehmenden Reduktion nicht direkt explizierbarer und formalisierbarer Kompetenzen, die in bisherigen Wissensdarstellungen (z.B. fallorientierten Lehrbüchern) noch Berücksichtigung fanden.*" (Becker 1990 b:33f.)

Beckers Überlegungen haben ihren Ausgangspunkt in den Konzepten, die die KI für die Wissensakquisition entwickelt hatte. In ihrer (potentiellen) Verlust-Geschichte des Wissens werden von Becker, die zu diesem Zeitpunkt als Soziologin und Philosophin in der GMD-Forschungsgruppe Expertensysteme arbeitete, sowohl technologische Artefakte als auch Nutzungskonzepte lediglich auf der theoretischen Ebene, nicht aber der tatsächliche Umgang damit. Diese theoretisch basierten Folgenabschätzung der Expertensystem-Technologie scheint all zu sehr an den übersteigerten Erwartung einiger KI-Protagonisten orientiert zu sein. Sie vernachlässigt damit genauso die kulturellen Kontexte und den Unterschied zwischen Theorie und Praxis wie diejenigen, die Becker dafür kritisiert hatte.

#### 4.2.1.2 Indifferent

Diejenigen, die die KI ganz und gar ohne Intelligenz als Methode innerhalb der Informatik definiert haben, fühlen sich in der Regel nicht veranlasst, spezielle Nutzungserwartungen an die KI zu formulieren. Klar ist dabei, dass die KI in den Reigen der Ingenieurwissenschaften gehört und hier ihren Schwerpunkt bilden sollte, während kognitionswissenschaftliche Erkenntnisse lediglich als Randerscheinung wahrgenommen werden. Sie sind sozusagen das Abfallprodukt der ingenieurwissenschaftlichen Arbeit. So wie es in dieser Deutung keine spezifischen KI-Probleme gibt, die sich jenseits der Informatik bewegen, gibt es auch keine besonderen Nutzungspotentiale der KI, die über die der Informatik hinausgehen. Diejenigen, die die KI als informatische Methode definiert sehen wollen, geht es in ihren Diskussionsbeiträgen vor allem darum, die KI anwendungsreif zu machen, indem sie die in der ingenieurwissenschaftlichen KI hervorgebrachten Methoden für die industrielle Nutzung erschließen wollen.

#### 4.2.1.3 Welt(bilder)gestaltung

In einer anderen Deutung der KI, wurde diese als Disziplin zur Erforschung von Intelligenz bzw. kognitiven Vorgängen und deren technologischer Reproduktion angesehen. Grundannahme ist dabei, dass es keine prinzipiellen Unterschiede zwischen den kognitiven Fähigkeiten von Mensch und Maschinen gebe. In dieser Deutung versteht sich die Künstlichen Intelligenz deswegen auch als Forschungsgebiet, das einen materiellen Erklärungsversuch für die Funktionsweise von intelligenten Prozessen liefern könne (Siekmann). In dieser kognitionswissenschaftlichen Erkenntnisabsicht sei die KI die Fortsetzung der Philosophie mit experimentellen Mitteln (Bibel, Furbach). Die Widerstände gegen die These menschliche und maschinelle Informationsverarbeitung seien gleichartig, werden zwar als „*verständlich*" bezeichnet, weil sie „*eine weitere Relativierung der Position des Menschen*" bedeute, die mit „*der Annahme des heliozentrischen Weltbildes im 17. Jahrhundert*" oder mit „*der Darwinschen Evolutionstheorie in der zweiten Hälfte des vorigen Jahrhunderts*" vergleichbar sei. Nichtsdestotrotz stellten diese Widerstände einen Anachronismus dar, der nach den Erkenntnissen der modernen Wissenschaft heute nicht mehr gelten könne. (Siekmann 1994:215) Entsprechend des weitgehenden Erkenntnispotentials, das in dieser Deutung der KI für die menschliche Kognition zugeschrieben wird, und entsprechend der ebenso weit reichenden technologischen Reproduzierbarkeit, die man für sie annimmt, sind auch die Nutzungserwartungen für die KI-Technologie grenzenlos vielfältig. „*Unsere Produkte sind in einem immer dramatischeren Wandel begriffen, in dem Mechanisches soweit wie möglich zurückgedrängt wird, und jedes Gerät zunehmend seine eigene Informationsverarbeitung hat, und letztlich auch eine eigene eingeschränkte technische Intelligenz. In die hochkomplexe Werkzeugmaschine wird ein Expertensystem eingebaut sein, das, wenn irgend etwas nicht funktioniert, dieses merkt, zunächst versucht, es selber zu reparieren und dann, wenn das nicht geht, einen Werkmeister ruft und dem genaue Anweisungen gibt, was für Werkzeuge er mitbringen soll, was kaputt gegangen ist, was er reparieren muß und im übrigen möchte er doch bitte daran denken, daß er nicht wieder seinen Schraubenschlüssel darin liegen läßt, wie beim letzen Mal. Mit dieser zunehmenden Automatisierung werden sich auch unsere Fabriken verändern. (...) Kurzum, was wir beobachten, ist eine immer stärkere Automatisierung in der Herstellung unserer Waren, aber auch eine Umgestaltung unserer Produkte, die zunehmend eine gewisse eigene Intelligenz haben werden.*" (Siekmann 1994:219f.) In dieser Vision dringt die KI-Technologie gemeinsam mit der Informationstechnologie in alle Lebensbereich vor und übernimmt dort vielfältige Aufgaben. Der Anfang dazu sei bereits gemacht und zunehmend immer schneller über das Jahr 2000 hinaus, würden sich die Produkte und unsere sozialen Strukturen, die zur Herstellung dieser Produkte notwendig seien, wandeln. Dann würden wir den Computer als völlig selbstverständlichen Bestandteil unseres Lebens akzeptieren - und damit langsam auch zu anderen Menschen werden. Der Nutzen der KI-Technologie wird hier als beachtlich dargestellt. Die Veränderungen, die geschildert werden, haben keinen negativen oder erschreckenden Beigeschmack, wie das Überlegungen zu potentiellen Technikfolgen häufig haben, sondern erscheinen in einem ausgesprochen positiven Licht. „*Zunächst die Frage, ob diese Technologie die Würde des Menschen antastet und er wichtiger Fähigkeiten (in der Arbeit) beraubt würde. Dazu muß man sehen, daß in vielen Bereichen, in denen Menschen jetzt arbeiten und ihre Intelligenzleistung einbringen, sie diese ja nicht menschlich ganzheitlich einbringen, sondern immer nur gewisse Aspekte. So wie wir früher nur spezifische Aspekte unserer Muskelkraft in die Arbeit eingebracht haben, obwohl wir mit unserem Körper viel schönere Sachen machen können, als immer nur die Dinge, die routinemäßig im automatisierten Arbeitsprozeß anfallen, so sind wir im Augenblick gezwungen, routinemäßig Intelligenzleistungen einzubringen, obwohl wir mit unserem Kopf und unserem Menschsein eigentlich viele schöne Sachen machen könnten.*" (Siekmann 1994:218f.) Die Veränderungen, die die KI-Technologie für den Menschen brächte, zögen vielfältigen Handlungsbedarf nach sich um ihre gesellschaftlichen Folgen zu regeln. Auch wird die daraus entstehende Notwendigkeit hervorgehoben, sich in vielfältiger Weise neu zu orientieren. Allerdings seien die Fähigkeiten des Menschen zur produktiven Nutzung neuer Technologien, die Anpassung von gesellschaftlichen Strukturen an diese und die Neuorientierung in veränderten technologischen und gesellschaftlichen Verhältnissen in der Geschichte auch schon vielfach unter Beweis gestellt worden. Er habe schließlich seit der Steinzeit vielfältige Wandlungen durchlaufen und bewältigt. Deswegen werde er auch die KI-Technologie beherrschen und für sich einsetzen und dabei sich selbst und seine Gesellschaftsformen verändern. Die KI-Artefakte werden mehr oder minder zum Modell für die menschliche Intellekt, den man damit unabhängig von dieser ‚biologischen Trägersubstanz' dann auch selbst herstellen kann, und gleichzeitig bestimmen sie als Fortschrittsmotor die weitere Entwicklung der gesamten Welt. Die Bezüge in dieser KI-Definition zu den Aussagen einiger exponierter US-amerikanischer Vertreter der AI (Marvin Minsky und Hans Moravec) sind unübersehbar, auch wenn die deutsche Version der technologischen Allmachtsphantasien doch deutlich moderater ausfällt.

Die weit reichende Deutung der KI im Hinblick auf Erkenntnisfähigkeit und Technologieentwicklung geht einher mit einer ebensolchen expansiven Nutzungserwartungen der KI, die in dieser Vision in alle Lebensbereich vordringt und neue Verhältnisse in Gesellschaft und Produktion herbeiführt. Gesellschaft und Kultur stellen in diese Sichtweise eine Variable der Technologieentwicklung dar. In diesen Bereichen müssen die technologisch hervorgebrachten Veränderungen verarbeitet werden und im Sinne einer produktiven Nutzung angeeignet werden. Technologie wird dabei als eigendynamische Entwicklung gedeutet. Ihre Einbettung in spezifische gesellschaftliche (z.B. Industriegesellschaften) und kulturelle Kontexte wird weitgehend vernachlässigt und auch ihre Interessengebundenheit (z.B. wirtschaftliche Konkurrenzfähigkeit) wird nicht thematisiert. Technologie wird hier als wertneutral dargestellt und nicht als Teil der kapitalistischen Produktionsverhältnisse, in denen sie als Maschinerie zu fixem Kapital, als Medium der Arbeitsorganisation ein Befehls- und Kontrollorgan wird.[57] Im Vordergrund steht in dieser Deutung der KI stets das technologisch Machbare aber nie das gesellschaftliche Wünschenswerte. Hier muss sich der Mensch an der Technologieentwicklung orientieren und sich den Veränderungen beugen, die diese initiiert. Ihm obliegt es, daraus das beste zu machen. Die Faszination an den technologischen Artefakten ist unverkennbar.

#### 4.2.1.4 Humanzentrierte Technikgestaltung

Gegen solche welt(bilder)gestaltende Deutungen der neuen Technologie im deutschen KI-Diskurs wendet sich explizit ein anderer Deutungsversuch der KI, der zwar an dem kognitionswissenschaftlichen Erkenntnisinteresse und dem ingenieurwissenschaftlichen Artefaktebau festhält, jedoch eine Unterscheidung zwischen menschlicher und maschineller Intelligenz vornimmt. Die maschinelle Intelligenz soll dabei die formalisierbaren, d.h. die in Regel zu fassenden und damit auch mechanisierbaren, Dimensionen der Intelligenz bezeichnen. Die menschliche Intelligenz sei demgegenüber geprägt durch Gefühle und Intentionen. Wenn ein Computer Regeln ausführe, die ein Mensch gefunden und in einem Algorithmus umgesetzt habe, so sei das ein stupides Ausführen von regelhaften Anweisungen nicht aber mit der kreativen Leistung vergleichbar, die der Mensch für das Finden dieser Regeln aufbringen musste.

Auch das ungebrochene Selbstverständnis der Technik als Problemlöser für ökonomische Akteure, als Rationalisierungsinstrument und als Wegbereiter für die Demokratisierung materieller und geistiger Güter wird kritisiert. Entsprechend gering wird die Bedeutung der KI für die weitere technologische und gesellschaftliche Entwicklung beurteilt. *„Nüchtern betrachtet, erweitert die KI das Inventar der hergebrachten DV-Techniken um flexiblere, mächtigere generische Methoden zur Programmstrukturierung und Schnittstellengestaltung. ob sie auch dem Software-Erstellungsprozeß neue Impulse zu geben*

[57] Technologie verliert nach Becker-Schmidt ihre Unschuld allerdings nicht erst in kapitalistischen Verwertungszusammenhängen, sondern sei von Anfang für sie bestimmt. *"Es ist ihre immanente Affinität zur Kapitallogik, die es attraktiv machte, sie den ökonomischen Verwertungsprinzipien einzuverleiben."* (Becker-Schmidt 1989 : 28)

*vermag, sei dahingestellt. Technologischer Fortschritt ist eher Abfallprodukt als Ergebnis zielorientierter Qualitätsverbesserung (Effizienz, Zuverlässigkeit, Strukturiertheit, Handhabbarkeit, Neuheit).*" (Schefe 1990:8) Hier wird gegen die vorherrschende kulturelle Praxis argumentiert, für Probleme technische Lösungen zu suchen. (Unseld 1992) Der welt(bild)gestaltenden Deutung KI wird ein Gegendefinition entgegen gestellt, in der die KI Teil eines soziotechnischen Systems (Bijker / Hughes / Pinch 1987) ist und nicht zur Substitution, sondern zur Unterstützung und Ergänzung menschlicher Arbeit eingesetzt werden soll. Die Gestaltung von Technik soll sich ausdrücklich an Wertvorstellungen orientieren und sie explizieren. Als zentrale Forderung wird die Benutzeradäquatheit gestellt, d.h. sie sollen überschaubar und anpassbar sein. Die Bedeutung der KI-Technologie selbst wird gegenüber anderen Größen eines soziotechnischen Systems wie z.B. Organisation, menschliche Arbeit usw. relativiert. Ganzheitliche Vorstellungen vom Menschen, wie sie in der biologischen Theorie über selbstorganisierende Systeme (Varela) und in psychologischen Tätigkeitstheorien existieren, werden für diese KI-Definition zum Leitbild. „*Grundeinsicht ist, daß Menschen sich nur unter Wahrung zahlreicher Freiheitsgrade entwickeln können und daß Weiterentwicklung eines hinreichend anregenden Tätigkeitsfeldes bedarf. Dazu gehört insbesondere die Möglichkeit, sich selbst Ziele zu setzen (nicht aus vordefinierten Alternativen auszuwählen) Verantwortung zu erleben, zu kooperieren und sich vielfältigen (nicht monotonen) körperlich-sinnlichen und geistigen Anforderungen zu stellen. Der ethische Aspekt dieses Menschenbildes ist die Verpflichtung diesen Möglichkeiten in der Technikanwendung Rechnung zu tragen, sie zu erweitern oder zumindest nicht einzuschränken. Die Sozialorientierung enthält die Forderung, die Arbeit in diesem Sinne menschengerecht zu gestalten.*" (Schefe 1991:259) Die KI, die nur Verfügungswissen liefere, habe grundsätzlich ein Orientierungsdefizit und sei aufgrund des Maschinenmodells vom Menschen weitgehend desorientiert. Um eine Nutzung der neuen Technologie im humanzentrierten Sinne zu erreichen, fordert Schefe, einer der glühendsten Verfechter dieser Definition, für die KI eine Handlungs-, Human- und Gestaltungsorientierung und eine stärkere Ausrichtung an Interdisziplinarität. Um traditionellen Mensch-Maschine-Hierarchien zu durchbrechen, in denen dem Benutzer des Systems lediglich eine Rolle als Datensammler und Lösungsfilter zugewiesen werde, werden neue Nutzungsmodi vorgeschlagen. So sollten beispielsweise Expertensysteme so konzipiert werden, dass sie unterschiedliche Nutzungsmodi wie etwa einen Handbuchmodus, einen Experimentier- und Simulationsmodus, einen Notizbuchmodus u.a.m. bieten. (Daniel 1990:23)

#### 4.2.1.5 Affinitäten

Deutungen der KI werden von wenigen exponierten KI-Wissenschaftlern expliziert und öffentlich vertreten. Die breite Masse der Entwickler ist, wie bereits zu sehen war, an dieser Deutungsproduktion nur bedingt beteiligt. Sie haben weniger Zugangsmöglichkeit zu Medien, seien es fachinterne oder Massenmedien und häufig haben sie auch nicht den Willen ihre Deutung der KI zur Diskussion zu stellen und durchzusetzen. Die Potentiale zur Deutungsproduktion sind sehr unterschiedlich. Machtvolle Deutungen werden in der KI von Menschen produziert, die in Führungspositionen arbeiten. Bei jedem Versuch, eine eigene Deutung zu etablieren, geht es zweifellos darum, das KI-Forschungsgebiet so zu gestalten, dass eigene Kompetenzen und die persönliche Interessen darin gut realisiert werden können. (Pfaffenberger 1992b) Damit wurzeln Deutungen und die Nutzungskonzepte der KI in den jeweils unterschiedlichen Interessen ihrer Vertreter und sind dazu angetan, deren persönlichen Interessen und Stärken zur Geltung zu bringen. Die kognitionswissenschaftlich interessierten Forscherinnen können beispielsweise ihre spezifischen Kompetenzen in einer vornehmlich kognitionswissenschaftlich arbeitenden KI besser realisieren und auch eher Prestige gewinnen, als in einer KI-Forschung, in der ihre wissenschaftlichen Ergebnisse nur als Randerscheinung gelten und vor allem, solide, anwendungsreife Systeme im Vordergrund stehen. Dementsprechend haben sie versucht, ihre Deutung der KI als kognitionswissenschaftliches Forschungsgebiet zu etablieren (Becker, Lischka).

Es sind jedoch nicht nur persönliche Interessen, die in den Deutungsversuchen der KI-Technologie zum Tragen kommen. Eine wesentliche Motivation, die unterschiedlichen Deutungen zu verhandeln, sind unterschiedliche Kulturkonzepte, also die wahrnehmungs- und handlungsleitenden Sinnsysteme und Deutungsmuster, die dem Menschen die Orientierung in der Welt und der Gesellschaft ermöglichen, die hier miteinander konkurrieren. Es geht also um nichts geringeres, als um kontroverse Vorstellungen vom Wesen des Menschen, seiner zukünftigen Entwicklung und von der Gestaltung der Welt. Das zeigt ein Blick auf die Kontroverse, die im schriftlichen Diskurs insbesondere während der Gründerjahre der KI ausgefochten wurde. Am heftigsten wird zwischen der welt(bild)gestaltenden KI-Deutung einerseits und einer Definition andererseits gestritten, die die KI als humanzentriertes Forschungsgebiet ansieht. Obwohl beide noch einheitlich den Gegenstand der KI als kognitionswissenschaftliche Erkenntnissuche und als ingenieurwissenschaftlichen Artefaktebau bestimmen, gehen die Meinungen über das Erkenntnis- und Nutzungspotential der neuen Technologie weit auseinander. Die beiden Informatiker Siekmann und Schefe, als herausragende Vertreter der jeweiligen Positionen, tragen ihren Disput mit großer Vehemenz aus, die die grundsätzliche Unvereinbarkeit ihrer Positionen deutlich werden lässt. Technik hat in den Sinnsystemen von Siekmann und von Schefe sehr unterschiedliche Bedeutung für den Menschen. Ihre Deutungen des Verhältnisses von Mensch und Technik haben eine Schlüsselfunktion für ihre Definition der KI.

Siekmann sieht die eigendynamische Technikentwicklung als Motor der kulturellen Entwicklung des Menschen an. Technologischer Fortschritt ist deswegen uneingeschränkt wünschenswert. Die Potentiale des technologisch Machbaren gilt es ausschöpfen, auch wenn dabei die menschliche Sonderstellung in der Welt zu Disposition steht. Dass Wissenschaft und Technik dazu angetan sind, menschliche Selbstbilder durch ihre Wissensproduktion zu gestalten, gilt ihm als selbstverständlich. Zumal sie von Siekmann als objektive Instanz dargestellt wird, die uns in die Lage versetzen soll, die Welt so zu erkennen, wie sie ist, und falsche, häufig im Glauben, der Mystik oder der Tradition verhafteten Vorstellung richtig zu stellen. Wissenschaftliche Erkenntnis gilt ihm als wahr. Dass Wissensproduktion selbst an Werte gebunden ist und die einzelnen Disziplinen spezifischen Modi der

Wirklichkeitskonstruktion und eigenen Glaubenssystemen folgen, ist für Siekmann dagegen kein Thema. Im Unterschied dazu orientiert sich Schefe am Menschen und seiner Subjektivität. Er möchte die Potentiale des Menschen zur vollen Entfaltung bringen und nicht so sehr das technologisch Machbare ausschöpfen. Technologie ist auch für ihn ein Medium der Weltgestaltung, das in diesem Sinne bewusst eingesetzt werden sollte. Technologieentwicklung sollte nach seiner Sicht gerade deswegen nicht eigendynamisch erfolgen, sondern an den Bedürfnissen des Menschen orientiert werden. Menschliche Fähigkeiten sollen erweitert, nicht eingeschränkt oder rationalisiert werden. Wertvorstellungen sollen expliziert und bewusst in die Gestaltung von Technologie eingehen. Hochgesteckt Technologieprojekte sollen zugunsten von kleinen, handhabbaren Systemen aufgegeben werden. Der interdisziplinäre Entwurf von soziotechnischen Systemen ist Schefes Oberziel, bei dem der KI die Rolle zufallen würde, zuverlässig und leistungsfähige Software zu entwickeln und die technische Funktionalität zu perfektionieren. Fortschritt ist für Schefe sozial definiert und nicht technologisch. Deswegen wendet er sich gegen das ungebrochene Selbstverständnis der Ingenieurwissenschaften, auftragnehmender Problemlöser für ökonomische Akteure oder Rationalisierer von menschlicher Arbeit zu sein. Solche handlungsleitenden Vorstellungen in der Technikentwicklung hält er angesichts der gesellschaftlichen und wirtschaftlichen Entwicklung für unangemessen.

Beide Deutungsversuche markieren extreme Positionen innerhalb der KI-Community, die in dieser Eindeutigkeit wohl von wenigen anderen Protagonisten vertreten werden. Die beiden unterschiedlichen Kulturkonzepte, die dieser Orientierung am *technologisch Machbaren* einerseits und am *sozial Wünschenswerten* andererseits zugrunde liegen, sind jedoch als Konfliktpositionen in der KI-Community in vielfältiger Weise präsent, häufig sogar in den Individuen selbst, die an der technologische Dynamik partizipieren und im Sinne ihres professionellen Erfolgs auch partizipieren müssen anderseits aber auch versuchen, sich an humanzentrierten Werten in ihrer Gestaltung der Technologie zu orientieren, beispielsweise indem sie jegliche militärische Forschung ablehnen. Die welt(bild)gestaltende von Siekmann und die humanzentrierte KI-Deutung von Schefe sind individuelle

Variationen von kollektiven Deutungen, die sich allgemein auf Technik beziehen und in der gesellschaftlichen Diskussion über Technikfolgen und deren Abschätzung präsent sind. Auch hier konkurrieren Vorstellungen einer sozialverträglichen Technikgestaltung mit solchen, die von einer technologischen Eigendynamik ausgehen. (z.B. Meier 1988; Paetau 1990; Daele 1993)

Unter welchen Bedingungen, solche konfligierenden Kulturkonzepte entstehen, ob es einen Zusammenhang zu persönlichen und professionellen Biografien gibt, kann hier nicht geklärt werden, wäre aber sicherlich ein vielversprechender Gegenstand weiterer Forschung. Disziplinäre Traditionen kommen jedenfalls als Quelle der unterschiedlichen Kulturkonzepte nur bedingt infrage, sonst müsste der disziplinäre Werdegang immer mit einem bestimmten Kulturkonzept verbunden sein. Empirisch konnte eine solche Korrelation nicht festgestellt werden. Human- bzw. geisteswissenschaftliche ausgebildete KI-Protagonisten orientierten sich nicht automatisch an humanzentrierten Sinnsystemen und entsprechenden KI-Deutung. So hatte beispielsweise ein KI-Wissenschaftler mit einem linguistischen Studium (Binder), die KI ganz technik-orientiert als Methode innerhalb der Informatik gedeutet und sie auch in diesem Sinne betreiben. Zwar strebte er mit seiner wissenschaftlichen Arbeit, eine ergonomische Anpassung der Informationstechnologie an den menschliche Wahrnehmungsweisen an, eine humanzentrierte Technologieentwicklung als gesellschaftliche Vision verfolgte er jedoch nicht. Im Gegenteil sah er die Anpassungsleistungen des Menschen als gerechtfertigt an, die notwendig werden, wenn neue Technologien die Produktionsverhältnisse (Globalisierung) und die gesellschaftlichen Verhältnisse (Arbeitslosigkeit) umwälzen. Ein anderer Wissenschaftler (Schefe) dagegen, der eine informatische Ausbildung durchlaufen hatte, setzte sich glühend für eine humanzentrierte Technikgestaltung ein und argumentiert in entgegengesetzter Weise für eine Orientierung der Technologieentwicklung an menschlichen Bedürfnissen. Diese Ergebnisse deuten darauf hin, dass die Bilder von einer „*experimental science in the search of laws*“ einerseits und einer „*interpretative one in search of meaning*“ andererseits, die Studien über wissenschaftliche Kulturen in der Nachfolge von C.P. Snow (Snow 1967) benutzt hatten, um die zentralen Unterschied zwischen Naturwissenschaften and Gesellschaftswissenschaften zu beschreiben (Geertz 1973), zumindest auf der Mikroebene fraglich sind. Sie mögen für die dominierenden Wissenschaftspraxen zutreffen, für die einzelnen Individuen, die in der Wissenschaft arbeiten und die die Produzenten dieser wissenschaftlichen Kultur sind, sind sie wohl nicht ohne weiteres gültig. Die vorliegende Studie hat keinen repräsentativen Charakter, sie legt jedoch nahe, die These von den zwei Kulturen zu präzisieren und im Hinblick auf konkrete Berufsfelder zu differenzieren. Denn die Tätigkeit in einem technologisch geprägten Arbeitskontext, wie der der KI einer ist, geht auch an den Protagonistinnen geistes- und sozialwissenschaftlicher Herkunft nicht spurlos vorüber. Und andererseits hat die Sozialisation und die Arbeit in einer Technikwissenschaft offensichtlich nicht für alle dort tätigen Individuen so determinierende Wirkung gehabt, dass automatisch die Fähigkeit zur Selbstreflexivität verloren geht, so wie das in einer Wissenschaft die mit ,Naturgesetzen' operiert wohl üblich ist. Individuelle Sinnsysteme scheinen hier gegenüber wissenschaftlichen Logiken und Praxen eine gewisse Widerstandskraft zu haben.

Die Dichotomie zwischen Mensch und Technik, die in der sozialwissenschaftlichen Theorie längst als überholt gilt, existiert als Deutungsmuster in den Kulturkonzepten der KI-Protagonisten und als kulturelles Phänomen auch weiterhin. Technikzentrierung einerseits und Humanzentrierung andererseits bilden zwei dichotome Pole in der Technologiegestaltung der KI-Community. Beide Pole streben jedoch auf ihre Weise einer Bearbeitung bzw. Auflösung dieser Dichotomie an - durch die Maschinisierung des Menschen in einer maschinellen Intelligenz einerseits und die Humanisierung der Technik andererseits. Die Deutung der KI und die damit verbundenen Nutzungsanweisungen durch Wissenschaftler und Entwickler werden in hohem Maße von individuellen und kollektiven Kulturkonzepten mit spezifischen Sinnsystemen geleitet. Darüber hinaus sind aber auch vielfältige rekursive Austauschprozesse mit gesellschaftlichen und kulturellen Kontexten eine Quelle für die weitere Elaborierung und Konkretisierung der KI-Definitionen. So werden die Deutungen zwar von den KI-Protagonisten expliziert, an der Entstehung dieser Deutungen jedoch auch vielfältige andere Akteure beteiligt, wie im folgenden Abschnitt zu sehen sein wird. Und auch die materiellen Qualitäten von Artefakten spielen eine wesentliche Rolle dafür, welche Deutungen entwickelt und durchgesetzt werden, weil sie die Grundlage bilden, an der sich die Realisierbarkeit der Deutungen messen lassen muss.

### 4.2.2 Widerständigkeiten

#### 4.2.2.1 Die Artefakte

Auch wenn der Deutungsspielraum für technologische Artefakte groß ist, wie das Beispiel Künstliche Intelligenz bereits gezeigt hat, so sind sie keinesfalls beliebig. Die Deutbarkeit der KI-Systeme findet ihre Grenzen sowohl in den Objektpotentialen, also in den kulturellen Selbstverständlichkeiten und Grundannahmen, die die Grenzen für die Plausibilität und die Akzeptanz von Deutungen eines technologischen Artefaktes in spezifischen kulturellen Kontexten markieren. Dabei lässt sich feststellen, dass die Deutung von Technik als *intelligent*, nicht ohne weiteres akzeptiert wird. Zwar wird zunehmend von *intelligenten* Technologien gesprochen, doch wird semantisch zwischen menschlicher und maschineller Intelligenz unterschieden. Für die meisten KI-Entwickler scheint klar, dass das nicht dasselbe sein kann. Die Attribuierung der KI-Systeme als intelligent, wird als Sinnbild für die besondere Leistungs- oder Anpassungsfähigkeit einer Technologie gebraucht, aber nicht so verstanden, als ob KI-Technologie im selben Sinne wie der Mensch intelligent sei.

> Die Intelligenzleistung des Rechnens ist einfach, dass Kinder eben von sich aus sozusagen lernen, diese Algorithmen durchzuführen, diese Rechenleistung zu erbringen. Und das hat natürlich nichts mit einer Maschine zu tun, wo ich einen vordefinierten Instruktionssatz habe, und das da alles reingepackt habe also. Natürlich finde ich persönlich auch, steckt da eine Menge Intelligenz drin beim Menschen im Gegensatz zur Maschine, die halt das nur ausführt. Also - und genauso, wenn jetzt bei Bremsen meinetwegen, wenn da so Fuzzy-Technik verwendet wird, dass das dann heißt, das sind intelligente Systeme, ehm, ja dann, dann habe ich immer den Eindruck, das ... sind einfach Werbeleute, die das verwenden, die ... sagen: „Wir sind besser, wir haben intelligente Systeme." Aber das ... sind einfach bestimmte Methoden aus der KI, und wo man ... so unscharfes Wissen beschreiben kann, und das hat man halt eingebaut ... mit vielen Tests. (Interview Harslev, S.2f.)

Die kulturell noch relativ fest verwurzelte Vorstellung, dass es einen Unterschied zwischen Artefakten und zwischen lebendigen Wesen gibt, setzt der Deutung der KI-Technologie Grenzen. Diese Grenzen sind im dominieren kulturellen Verständnis noch nicht aufgelöst, auch wenn es in einigen Deutungen der KI und teilweise auch in der sozialwissenschaftlichen Techniktheorie bereits der Fall ist. Die Grenze zwischen menschlicher Intelligenzleistung und technologischer Informationsverarbeitung ist aber auch in den kulturellen Konzepten, die eine explizite Unterscheidung der beiden vornehmen, zumindest ‚angelöst'. Denn immerhin ist die Rede von intelligenter Technik ebenso wie vielfältige andere metaphorische Übertragungen zwischen Kopf und Computer, die bis zur massenhaften Verbreitung des Computers noch undenkbar waren, heute hoffähig und absolut üblich geworden. Auch die Ängste, die in diesem Zusammenhang artikuliert werden, zeigen, dass man sich der Grenze zwischen Mensch und Maschine nicht mehr ganz gewiss ist.

Gelingen kann die gleichsetzende, semantisch einheitliche Deutung von Mensch und Computer als intelligent, nur auf der konstruktivistischen Basis des Turing-Prinzips, das oben bereits vorgestellt wurde. Es müsste sich also kulturell eine Wahrnehmung durchsetzen, die Geistesleistungen und die Leistungen des Computers als gleichartig ansieht. Um diese Wahrnehmung von technologischen Artefakten zu etablieren, besteht nach Ansicht von Günther Frederichs, der in der Abteilung für Angewandte Systemanalyse (AFAS) des Kernforschungs-zentrums Karlsruhe zum Thema: Expertensysteme in der praktischen Anwendung arbeitet, erheblicher Spielraum. „*Nun sind reale Anwendungssituationen aber zu komplex, als daß sich nicht Möglichkeiten bieten würden, die Implementation künstlicher Systeme in die Praxis so vorzunehmen, daß dabei ‚verkaufsfähige' Resultate erzielt werden. Zweitens legt die politische Semantik der ‚intelligenten' und ‚wissensbasierten Systeme' die technische Ausführung nicht fest. Der Forschung und Entwicklung steht ein eigener Definitionsspielraum zur Verfügung, um den politischen Metaphern entgegenzukommen.*" (Frederichs 1990:16) Dass irgendwann Intelligenz als Modus der Unterscheidung zwischen Computer und dem Menschen oder gar die Unterscheidung zwischen Mensch und Technik insgesamt ganz hinfällig wird, ist angesichts der Deutungsmacht der Wissenschaft in modernen Kulturen zumindest nicht unwahrscheinlich. Allerdings müssen diejenigen in der KI, die den Anspruch, intelligente Maschinen zu entwickeln, formuliert haben, beständig gegen die kulturelle Grundannahme argumentieren, dass Maschinen nicht wie Menschen sein können.

#### 4.2.2.2 Industrielle Verwertung

Dass die Deutbarkeit von (technologischen) Artefakten zwar ausgesprochen vielfältig aber nicht beliebig ist, daran werden die KI-Protagonisten immer wieder von Industrie und Wirtschaft erinnert, die die KI-Systeme kommerziell vermarkten sollten und wollten. Entsprechend den hochgesteckten Zielen, menschliche Intelligenz technologisch nachzubilden, die in der Gründerphase der KI in Deutschland insbesondere in ihrer welt(bild)gestaltende Deutung nachdrücklich formuliert worden waren, waren auch die Erwartungen der Industrie groß. Das wird nicht zuletzt am starken Engagement von zahlreichen Wirtschaftsunternehmen in den landes- und bundesweiten KI-Instituten deutlich, in denen die Vermittlung von Grundlagenwissen in die industrielle Praxis vollzogen werden sollte. Da offensichtlich zahlreiche Entwicklungen in der Tradition der welt(bild)gestaltenden Deutung von Siekmann konzipiert und angepriesen worden waren - u.a. stand die technologische Reproduktion von Wissen in Expertensystemen auf dem Programm - rechnete die Industrie mit vielfältigen Vorteilen der KI-Technologie. „*Verminderung der Abhängigkeit von einzelnen Personen; Multiplikation der begrenzten personellen Ressourcen; Zusammenführung fragmentierten Wissens; Performanz auch unter Streß, Automatisierung intellektueller Routineaufgaben; Etablierung allgemeiner Qualitätsstandards des Wissens, Ausgleich für Kompetenzlücken.*“ Frederichs 1990:15) sind nach Angabe von Frederichs die Praxisanforderungen, die hier im selben visionären Stil zurück kämen, mit dem die KI selbst immer wider ihre eigenen programmatischen Vorstellungen veröffentlicht habe. Auch die ingenieurwissenschaftlich arbeitenden Entwickler haben in ihren Kontakten mit den Verwertungsinstanzen der KI-Technologie die ‚Sprüche von der Intelligenz’ als ausgesprochen schädlich erfahren:

> Also wenn ich heute irgendwie in ein Unternehmen gehen würde, und würde jetzt irgendwelche Sachen, die ich mache, da an den Mann oder an die Frau bringen wollen, dann würde ich nicht sagen: „Das ist KI, was ich mache." Würde ich mich hüten, das zu sagen. Weil dann würden sie mir die Tür vor der Nase zumachen. Dann sage ich: „Das sind wissensbasierte Systeme, innovative Methoden." Ja dann sind die Türen offen. (...) Das Problem war, dass man zu Beginn viel zu viel versprochen hat, was man nicht halten konnte. Also wie gesagt so im Expertensystembereich war das ja ganz extrem. Und dann kam dann irgendwann mal die Flaute, wo man gemerkt hat, so einfach ist das doch nicht alles. (Interview Holtner, S.7)

Diese Flaute der KI-Nutzung wird auch im schriftlichen Diskurs an zahlreichen Stellen festgestellt und die Ursachen problematisiert. (z.B. Bonsiepen 1990; Bonsiepen / Coy 1990; Schefe 1990) Eine Umfrage bei den potentiellen Anwendern ergab denn auch, „*daß aufgrund zu hoch geschraubter Erwartungen die Enttäuschung über den Einsatz von WBS (Wissensbasierte Systeme, g.k.) noch immer sehr groß sei, und daß dringend ein ‚Versachlichung' dieser Software-Technologie einsetzten müsse.*" (Umfrage Anonym 1990) Die geringe Anwendungsrelevanz und der fehlende Markterfolg der KI veranlasst die Community zu gemäßigteren Aussagen über den potentiellen Nutzen ihrer Systeme. Bevor diese Einsicht jedoch umgesetzt wurde, hatten Wissenschaftler, die in Forschungseinrichtungen der Industrie beschäftigt waren, lange Jahre Meinungsbildung in dieser Hinsicht betrieben. Bereits 1981 formulierte W.P. Renz vom Philips-Forschungslabor in Hamburg *einige Maßstäbe der Industrie für die Forschung in der Künstlichen Intelligenz.* (Renz 1981) Die Anforderungen, die er hier vorträgt unterscheiden sich nicht wesentlich von denen, die Thomas Wittig (Wittig 1984) 1984 und Hans-Hellmut Nagel (Nagel 1988) der KI-Community mit den Worten eines US-amerikanischen Kollegen ins Bewusstsein ruft: „*In the future, however, the field will have to offer to its applied, engineering component those intellectual foundations required by all engineering disciplines: sound, precise understandings of at least the fundamental ideas and techniques, ways of judging reliability, stability, powers and limits of design; and communicable, replicable and verifiable specifications of designs and realizations.*" Nagel 1988:31)

Erst Im Laufe der Neunziger Jahre orientiert sich die KI-Community - nicht zuletzt vor dem Hintergrund einer massiven wirtschaftlichen Krisenerfahrung - mehr und mehr an diesen industriellen Anforderungen. In ihrer technologischen Praxis hat sie damit eine Trendwende vollzogen, die der vergleichsweise bescheidenen Deutung der *KI als Methode* gleichkommt, und diese damit als Teil der Informatik ansieht. Die KI-Entwickler selbst erklären diese Neudefinition damit, dass inzwischen alles sehr viel weniger euphorisch, sehr viel realistischer betrachtet werde. Das täte dem Ganzen auch gut und inzwischen (1995) merke man auch, dass die Flaute in der ingenieurwissenschaftlichen KI allmählich überwunden werde. (z.B. Interview Holtner, S.7) Auch wenn die Mehrheit der KI-Community sich schließlich geneigt sieht, zumindest im Hinblick auf die industriellen Nutzungserwartungen expansive Deutungen á la Siekmann aufzugeben, so ist diese Deutung der KI damit keineswegs aus dem öffentlichen Diskurs verschwunden. Es ist nicht nur Siekmann selbst, der weiterhin daran festhält.[58] Auch wenn er in der KI-Community als *Exot* bezeichnet wird, hat er dennoch einen festen Platz in ihr und genießt fachliches und menschliches Ansehen.

### 4.2.2.3 Nutzungskontexte

Wie die Verwertungskontexte beugen sich auch die Nutzungskontexte den wissenschaftlichen Deutungen der KI nicht ohne weiteres. Sie sind in doppelter Hinsicht widerständig. Zum einen sind sie im konkreten Umgang mit dieser Technologie widerständig, indem sie sie nicht in ihre alltäglichen Arbeitsroutinen einbeziehen, also schlicht nicht benutzen. Dieser passive Widerstand der Nutzer gegen die Zumutungen der KI-Technologie wird sehr gut deutlich an dem Missverhältnis zwischen den vielen KI-Pilotprojekten im Expertensystembereich und den im Gegensatz dazu stehenden wenigen tatsächlich

[58] In einer Ringvorlesung an der FU Berlin, die von Sybille Krämer organisiert wurde, entwirft Siekmann (Siekmann 1994) ein Szenario von dem zukünftigen Nutzen der KI, das abgesehen von den zeitlichen Prognosen nahezu identisch mit dem ist, das er 1979, also 15 Jahre zuvor, im KI-Rundbrief präsentiert hatte. (Siekmann 1979)

eingesetzten Systemen.[59] (Umfrage 1990:37) Zum zweiten entziehen sich die Nutzungskontexte dem ingenieurwissenschaftlichen Versuch, genutzt zu werden und zwar als Domäne bzw. Wissensgebiet, das strukturiert, segmentiert und in einem KI-System modelliert und vermarktet wird.

Diese Widerständigkeiten wurden von verschiedener Seite eindrücklich dargestellt. KI-Akteure, die in Firmen tätig sind und Systeme für konkrete Nutzungskontexte entwickeln, berichten von vielfältigen Schwierigkeiten, auf die sie dabei stoßen. So bereitet es wohl erhebliche Mühe, Experten zu verstehen und ihr Wissen zu erfassen. Der Prozess der Wissenserhebung für Expertensysteme durch einen so genannten *Knowledge Engineer* bzw. *Wissensingenieur*, der das Wissens aus einem Wissensgebiet erhebt und in ein Programm umsetzt, wird von Richard Staab, der selbst in diesem Bereich unternehmerisch tätig ist, als äußerst komplexe Angelegenheit beschrieben, die vielfältige Fertigkeiten erfordere. Sie sei von so interdisziplinärem Charakter, dass es sich am besten durch die Auflistung der verschiedenen Berufe „*Journalist, Psychologe, Systemanalytiker, Systemarchitekt, Designer, Programmierer und Domänenexperte*“ beschreiben lasse. Die Vorstellung, dass Wissenserhebung direkt durch den Experten nur mit Hilfe von Software-Tools, also Software Programmen, die diesen Vorgang strukturieren und unterstützen sollen, erfolgen könne, habe sich dabei als illusorische erwiesen: „*Wir sind bei Kunden immer wieder auf entsprechende Entwicklungsversuche gestoßen. Die meisten nahmen einen traurigen Ausgang, auch für die daraus folgende Einschätzung der Technologie schlechthin.*“ (Staab 1990:60) Man könne lediglich hoffen, dass zukünftig Entwicklungswerkzeuge zur Unterstützung des Knowledge Engineers diese anspruchsvolle Tätigkeit etwas erleichtere.

Auch Brigitte Bartsch-Spörl, die mit einem KI-Thema promoviert hat und seitdem ein Software- und Beratungsunternehmen führt, berichtet, dass es häufig zu Schwierigkeiten kommt, weil Experten sehr

[59] Als Ursache dafür dass dieser Widerstand passiv bleibt und nicht als lautstarke Kritik artikuliert wird, wird angenommen, dass die jeweiligen Nutzer wie beispielsweise. Banken nicht wollen, dass der Misserfolg in die Öffentlichkeit gerät.

unterschiedliche interne Modelle von ihrem Wissensgebiet hätten. Bilde man dieses nun in einem Expertensystem ab, so wären die Ergebnisse des Systems für andere Experten häufig nicht oder nur sehr eingeschränkt nachvollziehbar. Und weniger erfahrene Benutzer könnten solche Systeme häufig gar nicht einsetzen, weil Expertensysteme, die die Arbeitsweise des Experten kopierten, oftmals eine unüberwindlich hohe Verständnishürde für Nicht-Experten aufbauten. Die Vorstellungen, die ein Experte von seinem Gebiet habe, spiegele zudem häufig ein „*gewachsenes Chaos wider*", in dem er und seine Kollegen oftmals arbeiteten. Gieße man diesen Zustand nun in Software, so habe man auch dort dieses Chaos reproduziert. Nach Ansicht von Bartsch-Spörl sei es also keinesfalls damit getan, „*vorhandene Expertise möglichst unverfälscht auf dem Rechner zum Laufen zu bringen*", also das Wissen eines Experten möglichst identisch auf dem Rechner zu implementieren. (Bartsch-Spörl 1990:35) Die Nutzungskontexte, die in Expertensystemen abgebildet werden sollen, entpuppen sich somit als vielschichtiger als es die KI-Wissenschaftler angenommen hatten, die gemäß der welt(bilder)gestaltenden Deutung der KI ein technologisches ‚Nachbilden' von Experten für möglich gehalten und als wirtschaftlich sinnvolle Varianten für Unternehmen angesehen hatten. In der technologischen und betrieblichen Praxis haben sich diese System-Konzepte als unpraktikabel erwiesen. Bartsch-Spörl stellt solchen Vorstellung, man müsse menschliches Expertenwissen bloß technologisch reproduzieren und als System in einem Unternehmen einführen, einen Organisations-Entwicklungsansatz entgegen. Dabei versteht sie die Expertensystem-Entwicklung weniger als „*Knowledge-engineering*" sondern eher als „*Process-engineering*", das auf der Ebene der beteiligten Personen (Experten, Benutzer, Entwickler, Management), der beteiligten Organisationen (wie verändert sich beispielsweise Aufgabe und Umfeld für die Beteiligten) und schließlich auf der Ebene von Software stattfände, die gebraucht werde, um verbleibende Routineaufgaben angemessen zu unterstützen. Am Ende einer solchen Systementwicklung hätten sich alle Ebenen weiterentwickelt - „*auch die Experten in bezug auf ein gewachsenes Verständnis ihrer Arbeitsweise, ihrer Kommunikations- und Kooperations-Notwendigkeiten, ihrer Rolle(n), ihrer Aufgabe(n) und ihrer Verantwortung.*" (Bartsch-Spörl 1990:36) Die substantielle Weiterentwicklung aller Beteiligter erkläre auch, warum so manches Expertensystem erfolgreich aber mit einer Papierversion enden würde und hinterher viele Leute erstaunt seien, welch einfache Lösungen für vermeintlich komplexe Probleme gefunden wurden.

Das Bild von der Expertensystem-Entwicklung, das Bartsch-Spörl hier zeichnet, ist letztlich eine Entwicklung von Technik als soziotechnischem System, in das neben dem technologischen Artefakte auch die zukünftigen Nutzer, das zu bearbeitende Themengebiet usw. einbezogen wird. Sie realisiert damit in ihrer technologischen Praxis Forderungen, die vielfach in humanzentrierten Deutungen der KI (und auch der Informatik) formuliert worden sind, nämlich „*Software-Entwicklung als sozialen Prozeß zu begreifen und die späteren Nutzer an der Entwicklung in einem kommunikativen Prozeß zu beteiligen.*" (Bonsiepen / Coy 1990:9) Die humanzentrierte Deutung der KI hat somit in der technologischen Praxis eine gewisse Relevanz, die jedoch nicht entsprechenden Kulturkonzepten der jeweiligen Entwickler entspringt, sondern aufgrund der Widerständigkeit der Nutzungskontexte unumgänglich erscheint. Auch damit ist allerdings in der Frage, welche KI-Deutung sich letztendlich durchsetzen wird, noch nicht das letzte Wort gesprochen. Denn deutlich geworden ist in diesem Zusammenhang einmal mehr, dass Wirtschaftlichkeit nach wie vor ein handlungsleitendes Motiv für die Technikentwicklung und –gestaltung ist. Humanzentrierte Technikentwicklung ist unter dieser Maßgabe der Effizienz auch für die Industrie interessant.

## 4.3 Gestaltungsspielräume

Die unterschiedlichen Deutungen und Nutzungserwartungen der KI-Technologie haben unterschiedliche Ansprüche für die Technikgestaltung zur Folge. Entsprechend der *welt(bild)gestaltenden* und der *humanzentrierten* Deutung der KI lassen sich hier zwei idealtypische Pole aus dem KI-Diskurs herausfiltern, zwischen denen sich die verschiedenen Gestaltungsansätze von KI-Systemen bewegen. Insofern kann man an der Technikentstehung der KI verfolgen, wie Technologieentwicklung und -gestaltung von individuellen und kollektiven Sinnsystemen geleitet wird.

Die Gestaltungsansätze, die der welt(bild)gestaltenden KI-Deutung folgen, wollen die Welt mit Hilfe von Technologie weitgehend gestalten. Dazu versucht man sehr komplexe Systeme zu konzipieren, die mächtig genug sind, die Komplexität der menschlichen Lebenswelt abzubilden. Solche Systeme hält man potentiell für fähig, sehr auch in sozialen Zusammenhängen zu operieren. Im Idealfall soll es gelingen, die KI-Technologie soweit zu entwickeln, dass sie als automatische Richter und Mathematiker, medizinische Diagnoseprogramme, Computerpsychiater (Siekmann) oder auch Expertensysteme zur Vergabe von Sozialhilfe (Interview Wegener) eingesetzt werden kann. Die Annahme, dass menschliche Lebenswelten weiter strukturiert und mechanisiert werden können, liegt diesem Ansatz zugrunde. Die Technologie, die man schaffen möchte soll so wirkmächtig sein, dass damit auch Verstehensprozesse automatisiert werden kann. *Maschinelles Lernen, automatische Wissensakquisition*[60] und *automatische Programmierung* sind solche Ansätze in der KI, mit denen die vielfältigen sozialen Prozesse die dabei notwendig sind, im Sinne einer effizienteren Systementwicklung und zur Beschleunigung des wissenschaftlichen Fortschritts in der KI automatisieren will. Solche mächtigen KI-System-Entwicklungen zielen immer darauf den Menschen als Fehlerquelle oder als Kostenfaktor zu ersetzen und Verantwortung auf maschinelle Instanzen zu übertragen.

Dass es für eine humanzentrierte Technikgestaltung der KI vielfältige Ansatzpunkte gibt, haben unterschiedliche Autoren im KI-Diskurs deutlich gemacht. Ausgangspunkt all dieser Beiträge ist es, die KI weniger im Sinne von tayloristischen und technikzentrierten Rationalisierungskonzepten einzusetzen und sich bezüglich der herrschenden Gestaltungsziele, -objekte, -subjekte und auch des dominierenden Technikbildes umzuorientieren. Etablieren möchte man eine KI-Entwicklung als „*Social-Engineering*", also als sozialen Prozess, in dem man nicht die technologischen Möglichkeiten unter allen Umständen realisieren möchte, sondern „*einen umfassenden Prozess der Organisationsentwicklung von betrieblichen Wissensystemen*" anstößt.

---

60 Der Versuch auch das *Knowledge-Enineering* zu automatisieren, wird in vielen Beiträgen dargestellt (z.B. Stender 1988).

(Daniel 1990:20) Im Vordergrund steht die Entwicklung von „*kleinen Systemen*“ (Siefkes 1992), die an menschlichen Bedürfnissen und Fähigkeiten orientiert sind.[61] Dabei wird nach einer Arbeitsteilung zwischen Mensch und Technik gesucht, die es dem Menschen ermöglicht auch im Umgang mit der Technologie seine spezifischen Stärken zu realisieren. Spielräume für eine solche humanzentrierte Technikgestaltung sind anscheinend vielfältige vorhanden: „*Eine bisher kaum genutzte Möglichkeit ist, Erkenntnisse, die bei der Systemanwendung entstehen nicht ausschließlich zum Wissensbank-Tuning zu sammeln, sondern sie in einem gesprächsorientierten Gruppenkommunikationsprozeß einfließen zu lassen. Die ‚Wissenspflege' wird also im Team für Mensch und Maschine organisiert. So wird individuelles Wissen zunächst in die Gemeinschaft eingebracht, um dann als kollektiv autorisierte Wissensbasis zur Unterstützung des einzelnen - zusammen mit dessen Erkenntnissen aus dem Gruppenprozeß - an die Arbeitsplätze zurückzukehren. Zumindest aus heutiger Sicht scheint ein solches Konzept, das zuerst auf lernende Menschen statt auf lernende Computer setzt für alle Seiten im Unternehmen praktischer als ein technikzentrierter Weg.*“ (Daniel 1990 : 22) In dieser KI-Deutung und technologischen Praxis wird explizit gegen ein wirkmächtige Technik argumentiert, die den Menschen als Mangelwesen erscheinen lassen oder sogar ganz ersetzen.

Relevanz können solche humanzentrierten Gestaltungsansätze aber erst gewinnen, als die Genese der KI-Technologie schon relativ weit

---

[61] Der Begriff *kleine Systeme* wurde von Dirk Siefkes geprägt, der ihn in Hinblick auf das Lernen, Leben und Arbeiten in formalen Umgebungen geprägt hat. Siefkes argumentiert dabei aus der Sicht von Arbeitsgruppen, die nur produktiv sein können, wenn sie nicht zu groß (überentwickelt), nicht zu klein (unterentwickelt) sind. Der Begriff *klein* bezeichnet keine absolute Größe, sondern einen Zustand der "*angemessenen*" Arbeitsatmosphäre, in der die Mittel einfach, die Regeln locker, die Worte vertraut, Begriffe offen, Werte sorgsam und der Wille frei sein kann. Auch wenn man sicher über die sozialwissenschaftliche Bedeutung dieses Konzept der *kleinen Systeme* diskutieren kann, so hat es in der Informatik doch einige Aufmerksamkeit gefunden. Auch die Vorschläge zur humanzentrierten Technikgestaltung der KI weisen inhaltliche Analogien auf, die sich allerdings nicht auf die Arbeitsumgebung der Informatiker selbst beziehen, sondern das Verhältnis zwischen Mensch und Technik beschreiben. *Kleine Systeme* werden dabei zur Leitlinie für die Technikgestaltung.

fortgeschritten ist, so wie die massive Diskussion um eine sozialorientierte KI-Gestaltung zu Beginn der Neunziger Jahre gezeigt hat. Bis dahin waren immerhin bereits mehr als zehn Jahre KI-Entwicklung ins Land gezogen und die Forschungsziele der KI bereits formuliert. Humanzentrierung hat als Initialzündung für eine Technologie offensichtlich wenig zu bieten. Bezeichnend ist zudem, dass sich gerade humanzentrierten Technikkonzepte explizit mit Argumenten der Wirtschaftlichkeit zu legitimieren versuchen. Sie stünde den technikzentrierten Wegen in dieser Hinsicht keinesfalls nach, weil der größere Anfangsaufwand durch einzusparende Schulungskosten und einen besseren Anwendungserfolg wettgemacht würde. Gerade an menschlichen Bedürfnissen orientierte Technikkonzepte stehen immer unter dem Dünkel der Unwirtschaftlichkeit. Aber nicht nur deswegen bleibt ihre Bedeutung in der KI eher marginal. Auch für KI-Protagonisten selbst ist es offensichtlich nicht leicht, „*die Befangenheit im eigenen technikzentrierten Denken zu überwinden und Situationen zu erkennen, wo alternative technische Lösungen oder sogar ein Verzicht auf Technik gefordert wäre.*“ (Daniel 1990:25)

> Wissenschaftlerinnen produzieren keine schöneren und schon gar keine natürlicheren Geschichten als Wissenschaftler. Auch sie produzieren ihre Geschichten im Rahmen der regelgeleiteten öffentlich anerkannten sozialen Praktik der Wissenschaft. Sie sind daran beteiligt, die Regeln festzulegen. Dies ist eine profane Angelegenheit, die von Frauen lediglich im konkreten Leben erworbene Kenntnisse und Fähigkeiten erfordert.[52]

# 5 Exkurs: Zur Geschlechtsspezifik der Künstlichen Intelligenz

Bisher ist schon einiges über die kognitive, die soziale und die historische Identität der KI-Community gesagt worden. Die Kategorie Geschlecht wurde dabei nur am Rande erwähnt. Sie hat sich nicht in spezifischen Deutungen der KI abgebildet. Zwar gibt es, wie wir oben gesehen haben, unterschiedliche, miteinander konkurrierende Deutungsversuche, doch diese sind nicht geschlechtsspezifisch begründet. Die Annahme, dass es spezifisch weibliche Theorien und Methoden in der Wissenschaft geben könne, ist in der feministischen Forschung umstritten. Den Versuch, Unterschiede zwischen den Geschlechtern (gender) theoretisch zu begründen, hat man zurecht als kontraproduktiv für die Gleichstellung der Frau erkannt und wegen seines inhärenten Biologismus kritisiert, weil der den Blick auf die kulturelle Konstruiertheit bereits des biologischen Geschlechts (sex) verstelle. (Visweswaran 1997) Auch ließen sich die vielfältigen weiblichen Lebenssituationen und kulturellen Unterschiede nicht unter ein gemeinsames, spezifisch weibliches Sein subsummieren. Zu trennen seien die Erfahrungen, die aufgrund von spezifischen Schichtzugehörigkeiten oder Hautfarben gemacht würden. (Hagemann-White 1988) Die enge symbolische Verbindung von Mann und Technik in unserer Kultur, die von der feministischen Technikkritik als wesentlicher Bestandteil

---

[52] Haraway (1995c:157).

der männlichen Dominanz in unserer Kultur angesehen wird (Wajcman 1994), ließ dennoch die Überlegung angemessen erscheinen, ob es einen spezifisch weiblichen Zugang zur KI gebe oder sich vielleicht sogar Tendenzen eines weiblichen Wissenschafts- oder Technikverständnisses entwickelt haben könnten. Dies galt umso mehr, als innerhalb der Informatik, eine aktive frauenbewegte Szene existiert. (Schinzel 1991; Schinzel 1992) Am Ende dieser Studie hat sich kein spezifisch weiblicher Gegenstandsbezug zur KI nachweisen lassen. Auch in der KI lässt sich das Verhältnis zum Gegenstand Technik nicht einseitig vom weiblichen Subjekt aus bestimmen. (Knapp 1989; Stacey 1991)

Allerdings wäre auch der Eindruck falsch, die Kategorie Geschlecht sei in der KI ohne Bedeutung. Geschlechtsspezifik lässt sich zwar nicht in den Deutungen der KI-Technologie wiederfinden, sie ist dennoch in vielfältiger Weise in der KI-Community präsent, wird von den dort arbeitenden Individuen wahrgenommen und erlebt, d.h. Geschlechterunterschiede sind Teil der wissenschaftlichen Identität der Community. Dass diese hier isoliert in einem Exkurs thematisiert werden, geschieht mit einigem Unbehagen, da die Form des Exkurses die Sonderstellung reproduziert, die Frauen in Bezug auf Technik zugeschrieben wird. Die Form des Exkurses ist dennoch unvermeidlich, weil die weiblichen Dimensionen der KI-Kultur quer zu den hier behandelten Themen liegen.

## 5.1 Zum sozialen Hintergrund weiblicher Karriereplanung

Den Weg in die KI haben die meisten dort tätigen Wissenschaftlerinnen und Entwicklerinnen über ein Studium der Informatik und in einigen Fällen auch über ein Studium der Linguistik oder Psychologie gefunden. Das Studium einer Technikwissenschaft wie der Informatik ist für viele junge Frauen jedoch äußerst unattraktiv. *„Es zeigt sich, dass nicht die intellektuelle Leistungsfähigkeit, mangelndes Interesse und mangelnde Bildung der Frauen, sondern spezifisch männlich geprägte Lebens- und Arbeitsmilieus Zugangsbarrieren für Frauen in mathematisch-technischen Berufen schaffen.“* (Schinzel 1991:1) So ist die Informatik seit längerem mit deutlich rückläufigen Anteilen von weiblichen Studierenden konfrontiert. (Rügge 1993) Als Ursache dafür wird u.a. angeführt, dass Frauen aus der Informatik verdrängt werden, je mehr diese an Bedeutung gewinnt und Karrieremöglichkeiten verspricht. (Schmitt 1992) Zum anderen macht man den zunehmenden Informatik-Unterricht in der Schule dafür verantwortlich. Denn dort erfolgten bereits frühzeitig Erfahrungen mit geschlechtsspezifischen Kompetenzzuweisungen, die es Mädchen schwer machten, ihre Kompetenzen als technische Kompetenzen wahrzunehmen und sich dementsprechend beruflich zu orientieren. (Kreienbaum / Metz-Göckel 1992) Darüber hinaus ist nach den Ergebnissen einer norwegischen Studie das öffentliche Bild von der Informatik offensichtlich stark von Computerfreaks und Hackertum geprägt. Frauen würden durch dieses Image, das von einer dominanten Minderheit generiert werde, von einer beruflichen Zukunft in der Informatik abgeschreckt. (Hapnes / Rasmussen 1991)

Die Frauen, die sich dennoch für ein Informatikstudium entschieden haben, finden sich somit von Anfang an als Ausnahmeerscheinung unter vielen männlichen Kollegen wieder und sind mit dem Stigma des *Anderen* behaftet. Sie sind nicht nur *anders* als ihre männlichen Kollegen, sie unterscheiden sich auch von ihren gleichaltrigen Geschlechtsgenossinnen, die mehrheitlich in gesellschafts- und sozialbezogene Studienfächer und Berufsausbildungen gegangen sind. Kulturelle Bilder von blaustrümpfigen Naturwissenschaftsstudentinnen, also solchen, die als hässlich und unweiblich gelten, werden zur Metapher für die Habitus-Inkonsistenzen, die die jungen Studentinnen der Informatik überwinden müssen. Entwickeln Mädchen naturwissenschaftlich-mathematisches Interesse, dann müssen sie *„eine Inkonsistenz zwischen Geschlechtsstereotypen, Selbstkonzept und Lebensplanung herstellen und aushalten, um langfristig diese Interessen zu stabilisieren.“* (Metz-Göckel 1992:20) Die KI-Wissenschaftlerinnen und -Entwicklerinnen, denen ich während der Feldforschung begegnet bin, hatten diesen Schritt offensichtlich bereits erfolgreich bewältigt. Ihr Dasein in einer Männerdomäne haben sie in überwiegendem Maße als ‚normal‘ charakterisiert.

> Das habe ich von Anfang an als normal empfunden, weil ich auch in der Schulzeit ganz wenige Frauen in der Klasse hatte. Also ... ich war bei den Mathematik- und Physik-Vertiefungskursen. Also teilweise war ich in Arbeitsgemein-

> schaften, wo ich das einzige Mädchen unter 30 Jungens war. Und von daher war ich eher ganz erstaunt und verblüfft, als ich an die Uni kam, wie viele Frauen ich in der Informatik gefunden hatte. Also wir hatten damals im Studiengang sehr viele Frauen, die es als Nebenfach studiert hatten. Und ich war ganz angenehm davon überrascht, wie viel Frauen es gab. Das war dann nur in den Nebenfach Vertiefungsvorlesungen Astronomie und so, wo ich dann wieder die einzige Frau unter lauter Männern war, und die waren da nicht dran gewöhnt, Frauen um sich zu haben. Also für die war es eher neu! Aber im Studium habe ich es nicht vermisst. (Interview Wieland, S.3)

Die hier zitierte KI-Professorin stellt ihre Situation, nur eine von wenigen Frauen oder gar die einzige Frau unter Männern zu sein, als Erfahrung dar, die sie früh und immer wieder gemacht habe und die sie dabei nicht nur unhinterfragt gelassen, sondern auch als Normalität erfahren habe. Sie interpretiert ihren permanenten professionellen Sonderstatus als Gegebenheit, der gegenüber ihrem Interesse an naturwissenschaftlichen Zusammenhängen marginal erscheint. Alles halb so schlimm, so ihre Botschaft. Sie wird durch ihre Pointe unterstrichen, dass sie sich von dieser Übermacht nicht habe beeindrucken lassen, sondern ganz im Gegenteil eher die Männer in einer Astronomie-Vorlesung durch ihre weibliche Identität irritiert worden seien. Die Strategie des Ignorierens männlicher Übermacht und Dominanz war für die KI-Professorin wohl allerdings nur bis ans Ende ihrer Studienzeiten ein Modus, mit dem sie ihre Situation erfolgreich bewältigen konnte. Später erst wurden ihr dann nach eigenen Aussagen kleine, subtile Diskriminierungen bewusst, die sie damals lediglich als unbehagliches Gefühl wahrgenommen habe, ohne zu wissen warum. (Interview Wieland, S.3) Rückblickend hat sich nichtsdestotrotz das bewusste oder unbewusste Ignorieren ihres Sonderstatus und ihrer geschlechtsspezifisch bedingten Benachteiligung als erfolgreiche Haltung erwiesen, um das Studium als erste Hürde zu meistern.

Das Repertoire der Durchsetzungsstrategien von KI-Protagonistinnen in einer männlich dominierten Arbeitsumgebung ist vielfältig und individuell unterschiedlich. Für die anwendungsorientierte KI-Entwicklerin Sabine Holtner ist ihre Sonderstellung in einer Männerdomäne ebenso alltäglich, wie es bereits aus der Sicht der Professorin Wieland dargestellt wurde. Auch sie habe diese Situation bereits während des Studiums erlebt und stellte sie im Interview als Normalität dar. Anders als Wieland hat sie ihre Sonderstellung als Frau an einer ‚Männer-Uni' allerdings sehr wohl wahrgenommen. Krisen, wie sie viele andere Studentinnen in dieser Situation erlebt hätten, habe sie dennoch nicht gekannt:

> Bei mir nun weniger, weil ich auch Frauen außerhalb des Studiums immer kannte, also so meine Freundinnen hatte. Dadurch dass ich früher eben nebenher jobben musste ... kannte ich eben auch noch ganz viele andere Leute. Und vielleicht hätte es mir gefehlt, wenn ich jetzt nur im universitären Bereich geblieben wäre. Ich habe in Kaiserslautern studiert, und das ist eine Männer-Uni. Da gibt es vorwiegend ... Naturwissenschaften also Elektrotechnik, Maschinenbau, Informatik, Mathematik. Gut es gibt noch Biologie und Chemie, wo ein paar mehr Frauen sind, aber die waren eindeutig, eindeutig in der Minderzahl. Und vielleicht wär mir das damals schwer gefallen. Aber da ich genügend Leute woanders woher kannte, war das kein Problem für mich. (Interview Holtner, S.6)

Holtner stellt die Bewältigung ihrer Situation als unproblematisch dar. Sie habe genug soziale Kontakte über die männlich besetzte Welt der Universität hinaus gehabt. Sie konnte sich wohl durch die Kolleginnen, die sie beim Jobben kennen gelernt hatte, verschiedene Lebenswelten erschließen, in denen sie ihre unterschiedlichen Ziele und Bedürfnisse realisieren konnte. Habitusinkonsistenzen, die sie während ihrer Berufsausbildung der Informatik hat sie im Rückblick nicht gehabt. Ihr ‚geteiltes' Leben konnte Holtner offensichtlich ohne allzu große Anstrengungen bewältigen, denn nach eigenen Aussagen habe sie als Frau nie Nachteile empfunden.

> Also ich hatte immer das Glück, dass ich sehr sehr nette Kollegen hatte, und ich dadurch ... bei der Arbeit nie Nachteile hatte. Wenn dann eher Vorteile. (...) Vorteile dadurch, dass - na wie soll ich sagen? - Das ist einfach so, dass sich häufig das Betriebsklima ändert, wenn Frauen in ... einer Männerdomäne dazukommen ..., dass es lockerer wird, dass einfach der Umgangston ein ganz anderer wird. Und ... Vorteile vielleicht dadurch, dass ich, wenn ich jemand um einen Gefallen bitte, das sofort gemacht bekomme, wo man vielleicht einem Kollegen ... das nicht - also da nicht sofort darauf reagieren würde. (Interview Holtner, S.3)

Es ist ihr anscheinend gelungen, ihre schwierige Sonderstellung in einem männerzentrierten Bereich zum Positiven zu wenden. Sie selbst stellt das zwar als Glück und nicht als ihren eigenen Verdienst dar, dennoch waren es wohl auch ihre individuellen kommunikativen Fähigkeiten und ihre Ausstrahlung (die vielleicht beide durch eine geschlechtsspezifische Sozialisation bedingt sein mögen), die den Umgangston angenehmer werden ließen. Es ist ein typisch weibliches Beschreibungsmuster - wie auch im folgenden noch zu sehen sein wird - dass Frauen ihren Erfolg als Zufall oder Glück, also als ein ohne ihre aktive Beteiligung einfach passiertes Schicksal darstellen, die Fehlschläge jedoch als individuelles Versagen empfinden.

Katharina Müller, die ebenso wie die beiden anderen KI-Protagonistinnen über die Informatik zur KI kam und in einem kognitionswissenschaftlich forschenden Arbeitsbereich tätig ist, hat rückblickend die männliche Übermacht auch erst nach dem Studium wahrgenommen, als sie selbst in die Rolle der Lehrenden gerutscht war.

> Also - ich habe das Gefühl mehr und mehr, seitdem ich Lehre mache. Also wenn ich plötzlich wieder in einer Vorlesung, in einem Seminar, in einer Übungsgruppe stehe, wo außer mir nur Männer sind. Ich bin froh über jede Frau, die irgendwo auftaucht. Aber das ist, das ist wirklich so deutlich erst seitdem. Ich meine ... alle streiten sich über die Zahlen, aber ich bin der Meinung, als ich angefangen habe, waren es an die 20 Prozent Frauen. Der Anteil ist zurückgegangen inzwischen. Und sicherlich waren es weniger Frauen als Männer. Aber es ... waren auch immer irgendwelche Frauen dabei oder da. (Interview Müller, S.7)

Die Dominanz der Männer hat sich ihrer Einschätzung nach erst in der letzten Zeit dramatisch entwickelt. In ihrer eigenen Studienzeit dagegen habe sie sich nie als Sonderfall erlebt. Denn mit einem Fünftel waren die Studentinnen wohl in der Minderheit, aber immerhin waren doch überall einige Geschlechtsgenossinnen präsent. Da auch der Arbeitsbereich, in dem Müller arbeitet, einen hohen Frauenanteil aufweist, habe diese Problematik für sie keine Relevanz in ihrer unmittelbaren Arbeitsumgebung. Ihre Position sieht sie insofern als vergleichbar an mit der, die Frauen ganz allgemein in der Wissenschaft haben, da diese insgesamt männerzentriert sei.

Die Interviews mit KI-Protagonistinnen zeigen, dass die KI ein positiv erlebtes Tätigkeitsgebiet für sie bietet. Haben die Frauen erst einmal die universitäre Ausbildung hinter sich gebracht und sich einen gewissen beruflichen Status erarbeitet, scheint ihr Dasein in einer Männerdomäne als alltäglich wahrgenommen zu werden. Die Orientierung in einer männlich dominierten Arbeitswelt ist für sie dabei zur Selbstverständlichkeit geworden. Das liegt zum einen sicher daran, dass die eigene Identität deutlich gefestigter ist als zu Beginn des Studiums mit knapp zwanzig Jahren. Zum anderen haben die Wissenschaftlerinnen und Entwicklerinnen Strategien entwickelt, sich in der Männerdomäne nicht nur einzurichten, sondern sich auch wohl zu fühlen. Sie bedauern es deswegen, dass nur wenige Frauen den Schritt in ihren Forschungsbereich im Speziellen und ganz allgemein in technische Arbeitsgebiete überhaupt tun. Dass sie durch ihre Arbeit in diesem androzentrischen Feld auch selbst Spuren hinterlassen, hat sich in den Interviews bereits angedeutet und wird später noch thematisiert werden. Die Etablierung in der KI-Forschung hat jedoch auch ihren Preis, der den Frauen sehr wohl bewusst ist, der sich wiederum kaum von dem unterscheidet, was Frauen im Allgemeinen für eine berufliche Karriere aufgeben müssen.

### 5.1.1 Partnerschaft und Kinder

Alle meine Gesprächspartnerinnen hielten eine Familiengründung für tendenziell unvereinbar mit ihrer beruflichen Entwicklung. Mobilitätsanforderungen und Zeitengagement, die beide in der Wissenschaft in hohem Maße gefragt sind, veranlassten viele dazu, ihre familiären Ambitionen zu beschränken:

> Kommt darauf an, was man unter Familie versteht. Wenn man auch Familien akzeptiert, in denen keine Kinder sind, unbedingt. Ich könnte mir nicht vorstellen, wie ich es hätte machen wollen, wenn ich Kinder hätte haben wollen. Vielleicht mit einem anderen Ehemann, aber nicht mit meinem (lacht). (Interview Wieland, S.7)

Nicht nur der Verzicht auf Kinder war geboten, schon eine Partnerschaft wurde aus der Sicht einer Professorin mit den entsprechenden beruflichen Anforderungen als Herausforderung begriffen, die man annehmen müsse, wenn eine Beziehung funktionieren solle. Eine wohlüberlegte Planung wurde angeraten.

> Für mich klappt das Ganze hervorragend, weil mein Mann auch Informatiker ist. Also der weiß, dass man sich von einem Rechner nicht unbedingt nur deshalb losreißen möchte, weil zu Hause jemand auf einen wartet. Und er hat dafür volles Verständnis. - Er macht es genauso (lacht). Und ... von daher klappt das ganz prima. Also ich würde nicht für diesen Beruf auf eine Partnerschaft verzichten wollen. Aber man muss den Partner schon sehr gut auswählen. (Interview Wieland, S.7)

Während eine Ehe oder eine Partnerschaft - je nach Position auf der Karriereleiter - als mehr oder minder gut vereinbar mit den beruflichen Ambitionen gilt, wird eine Mutterschaft bei allen meinen Gesprächspartnerinnen als Ende oder zumindest als enorme Bedrohung für die eigene professionelle Entwicklung wahrgenommen. Etwaige Kinderwünsche wurden deswegen zurückgestellt. Die Argumente waren dabei bei allen Frauen im Wesentlichen dieselben:

> Also früher war es schon so, dass ich mal Kinder haben wollte. Jetzt ist dieser Wunsch nicht mehr soo akut. Ich kann es mir zwar noch vorstellen, aber ich kann es mir auch vorstellen ohne. Aber wenn man denn mal so sich ein Szenario überlegt, wie würde das denn jetzt laufen. Ja, dann gestaltet sich das ziemlich schwierig. Wahrscheinlich hätte man Kinder früher kriegen müssen. Also ich glaube, es funktioniert noch ganz gut, solange man an der Uni ist. Weil hier ja von der Arbeitszeit das alles relativ flexibel ist, wir können ja hier kommen und gehen, wann wir wollen. Hauptsache zur Projektarbeit unsere Termine werden eingehalten, und die Projektarbeit wird erledigt. Jetzt in meiner Situation, wenn ich mir überlege, ich würde jetzt nach der Promotion in die Industrie gehen, müsste ich das erst mal tun, bevor ich ein Kind kriege. Weil wenn ich jetzt eins kriege, dann habe ich keine Chance mehr. Dann bin ich irgendwie zwei Jahre oder ein Jahr weg vom Fenster, und dann kriege ich keinen Job. So, das würde dann so aussehen, dass ich jetzt einen Job annehmen müsste und dann, na ja gut, nach einem Jahr oder so vielleicht mich entscheiden ein Kind zu kriegen. Aber ich meine, schwierig ist das schon mit dem - . (...) Und ich muss auch gestehen, ich wüsste nicht, wie ich damit zurechtkommen würde. Weil wenn ich mir jetzt überlege, wenn ich so abends nach Hause komme, dann bin ich eigentlich schon ziemlich geschafft. Und wenn ich dann irgendwie noch Kinder dann hätte, also ich glaube, ... das wäre nicht so mein Ding. Weil ich meine, es ist ja doch relativ anstrengend unser Job ..., also das fordert ja schon so seinen Tribut. Und wenn man dann abends noch mal voll da sein muss, um sich um Kinder ... zu kümmern, finde ich das schon ... eine beachtliche Leistung von Leuten, die das so machen. Ich könnte es mir im Moment jetzt nicht so vorstellen. (...) Obwohl es sicherlich irgendwie Leute gibt, die das zusammenbringen können. Aber wie gesagt, wenn man jetzt gerade in unserem Job irgendwie drin bleiben will ... , dann kannst du dir keine längeren Pausen leisten. Und dann musst du eben gucken, wie du mit beidem zusammen noch klar kommst. Und so flexibel, dass man irgend so Teilzeitarbeit, das gibt es also für Informatiker auch noch nicht so richtig. Also das könnte ich mir sehr gut vorstellen, also Halbtagsjob und dann Kinder, das wär völlig okay. Aber wenn du einen bisschen ... interessanten Posten haben willst, ... dann klappt das glaube ich nicht. Dann musst du irgendwie so Routinetätigkeiten oder so was machen, und das ist auch nicht so mein Ding. (Interview Holtner, S.14)

Die Argumente gegen Kinder sind vielfältig und facettenreich. Sie sind hinlänglich bekannt und drehen sich um die Schwierigkeiten, die insbesondere Frauen mit hochqualifizierten Ausbildungen zu bewältigen haben, wenn sie Beruf und Familie miteinander verbinden wollen:

(a) Es ist immer der falsche Zeitpunkt, eine Pause in der eigenen beruflichen Entwicklung einzulegen.

(b) Außerdem schrecken sie vor der Doppelbelastung zurück, die sich zwangsläufig für die Frauen aus gleichzeitiger Mutterschaft und Berufstätigkeit ergibt.

(c) Allenfalls erscheint noch eine Halbtagstätigkeit vereinbar mit der Rolle als Mutter, doch solche Stellen gibt es in hoch professionalisierten Bereichen wie der Informatik zum einen so gut wie gar nicht, zum anderen handelt es sich dabei vor allem um uninteressante Routinearbeiten, die die berufliche Stagnation bedeuten.

(d) Die rasante Verkürzung von Wissenszyklen, die in der Informatik besonders gravierend ist und die permanente Aktualisierung der erworbenen Kenntnisse erfordert, erschweren KI-Wissenschaftlerinnen selbst nach knapp gehaltenen Phasen des Mutterschaftsurlaubs den beruflichen Wiedereinstieg.

(e) Des weiteren wird die schlechte Betreuungssituation gerade für kleine Kinder vor dem Kindergartenalter angeführt.

(f) Auch befristeten Arbeitsverhältnisse und Altersgrenzen sind Zugangsbedingungen für bestimmte Stelle, die eine Erziehungspause für die KI-Protagonistinnen zum Ausschlussfaktor für eine wissenschaftliche Laufbahn machen könnten. Eine berufliche Weiterentwicklung war für alle meine Gesprächspartnerinnen aber von so entscheidender Bedeutung, dass sie bereit waren, eventuelle Kinderwünsche zurückzustellen.

### 5.1.2 Die ‚Zufälligkeit' weiblicher Karrierewege

Obwohl die KI-Frauen sich mit ihrer Entscheidung gegen Kinder ganz klar für eine berufliche Karriere entschieden haben, stellten sie andererseits ihren Weg dahin als zufällig dar. Sie unterscheiden sich darin deutlich von den männlichen Kollegen, die ihre Entwicklung als eindeutige Entscheidung präsentierten, die mit unterschiedlichen Motivationslagen begründet wurde. Die Faszination am Forschungsgebiet der

KI, die Computertechnologie besser an die menschliche Kognition anzupassen oder auch die Freude an der Entwicklungsarbeit von technologischen Artefakten wurden von den männlichen KI-Wissenschaftlern und -Entwicklern als die Gründe angegeben, warum sie sich für die KI entschieden haben. Diese personenbezogene Begründung des eigenen beruflichen Werdegangs betont die individuelle Leistung und die aktive Gestaltung des eigenen Erfolges. Von den KI-Protagonistinnen dagegen werden ihre beruflichen Entwicklungsstationen als zufällige Ereignisse geschildert, die von wenig eigener Initiative getragen waren. Nach ihrer Darstellung war ihre Qualifikation für die Positionen, die sie heute ausüben, eher durch die Reaktion auf vorgefundene Gegebenheiten als durch eigenes zielstrebiges Engagement und Entscheidungsfreude getragen. Mitunter waren viele Zufälle ‚notwendig', um sie in die berufliche Position zu bringen, die sie heute ausfüllen:

> Oh, wie bin ich dazu gekommen? Eher zufällig. Also ich bin im Studium auf die KI gestoßen, als ich vor der Wahl stand, mich einfach zu entscheiden, wie ich mich vertiefe. Ich habe das Grundstudium der Informatik gemacht, und war schon auf Informatik eher zufällig gestoßen, weil mich interessierte vor allem Mathematik und Physik. Bei Physik hatte ich mir keine guten Berufsaussichten versprochen, jedenfalls nicht in den Teilen, die mich besonders interessiert hätten, die Astronomie oder Astrophysik. Mathematik fand ich etwas anwendungsfern, von der Methode her interessant, aber es war mir zu trocken ohne Anwendung im Blickfeld. Und dann wurde Informatik zum ersten Mal überhaupt an deutschen Hochschulen angeboten, ich habe festgestellt, oh ja, man könnte da anwendungsnahe Mathematik machen mit, hab dann mit Informatik angefangen. Ich wusste gar nicht genau was es ist! Aber ich habe dann festgestellt, die Wahl war nicht schlecht. Und als ich dann im Informatikstudium war, tauchte die Frage auf, wie ich mich spezialisiere. Und ich bin nun so veranlagt, dass wenn Sachen gut vorgetragen werden, Lernstoff gut vermittelt wird, dass mich einfach alles faszinieren kann. Während des Grundstudiums hatte ich eigentlich keine klare Wahl, in welche Richtung ich gehen wollte, weil ich alles so spannend und interessant fand. Und manche Probleme lösten sich von selbst. Also elektrotechnische Grundlagen, Hardware, fiel aus, weil der Professor, bei dem ich es gehört hatte, ging. Und theoretische Informatik war zwar wunderbar, aber X konnte das absolut nicht vermitteln, fiel damit auch aus. Und dann dachte ich, ja was machst du jetzt. Derjenige, bei dem wir die Vorlesung gehört hatten, also die Grundvorlesung, das war didaktisch einfach gut, das war Y, der hat einen mitgerissen. Der konnte über drei Doppelstunden hinweg einen Beweis diskutieren, und man wartete wie bei einem Hitchcock-Krimi auf die nächste Fortsetzung. (...) Und der machte Bildverarbeitung. Ich hatte nicht die Spur einer Ahnung, was das ist,

> weil es kam im Grundstudium nicht dran. Und ich habe gedacht, also wenn ich mich schon entscheiden soll, jetzt irgendetwas zu tun, dann doch zumindestens bei jemand, von dem ich weiss, dass er es gut vermittelt. (Interview Wieland, S.2)

Eine bedeutende Rolle in den Beschreibungen aller Frauen von ihrem professionellen Werdegang spielen ebenso wie in dem hier zitierten Ausschnitt Personen, die diese Entscheidungen angestoßen haben, weil sie als Vorbild in puncto Kompetenz und auch Vermittlung der wissenschaftlichen Inhalte Hochachtung auf sich ziehen konnten. Das inhaltliche Interesse der Forscherinnen und Entwicklerinnen wird von ihnen an die Personen gebunden, die sie als Vorbilder für ihre eigene Arbeit gewählt haben. Ihre eigenen Entscheidungsleistungen und Beweggründe marginalisieren sie demgegenüber, obwohl auch diese eine entscheidende Rolle für ihre heutige berufliche Position gespielt haben. Es ist fraglich, ob sich die Zufälligkeit weiblicher und männlicher Karriereverläufe tatsächlich unterscheidet, oder die Unterschiede lediglich auf der Ebene der Begründungsmuster anzusiedeln sind. Denn bei genauerem Hinsehen weisen auch die männlichen Berufsbiografien ebensolche Zufälle und auch Begegnungen mit Personen auf, die für sie als Vorbild gewirkt und eine entscheidende Entwicklung ausgelöst haben.

Solche Schlüsselfiguren gewinnen allerdings in den Erzählungen der Männer selten große Bedeutung und werden nur kurz und ohne Ausschmückungen erwähnt. Das Hervorheben der eigenen Leistung und der aktiven Gestaltung des eigenen Glücks korrespondiert wesentlich besser mit kulturell dominierenden männlichen Geschlechtsstereotypen, nach denen Männer als Macher und Eroberer rational gestaltend durch die Welt gehen. Das kulturell dominierende Bild der Frauen ist demgegenüber von sozialbezogenen, reaktiven und emotionalen Qualitäten geprägt. Und genau diese geschlechtsspezifischen Zuschreibungen sind es, die die KI-Frauen trotz aller Professionalität, die sie verkörpern, in den Schilderungen ihres Berufsweges verwenden. Es ist zu vermuten, dass Frauen dabei nicht mehr oder weniger aktiv als ihre männlichen Kollegen waren, sondern genauso hart daran gearbeitet und Entscheidungen in diesem Sinne gefällt haben, wie beispielsweise die Wahl ihres Studienfaches oder ihr Verzicht auf Kinder gezeigt hat. Sie wurden aber in all ihren Berufsjahren immer wieder damit konfrontiert, dass sie als Ausnahme-Erscheinung wahrgenommen wurden, sowohl in den Technikwissenschaften selbst als auch von ihrem gesellschaftlichen Umfeld. Das eigene Abweichen von ‚normalen' weiblichen Berufsbiografien wird von ihnen als Zufall marginalisiert. Im Bedürfnis, ihren eigenen Lebensweg auch einem Gegenüber verständlich zu machen, antizipieren die KI-Protagonistinnen dessen vermeintliche Geschlechterstereotypen und Sinnsysteme. Sie vermeiden damit gleichzeitig weiteren Argumentationsbedarf und die Gefahr, trotz eines u.U. mühevollen Prozesses kein Verständnis für ihre beruflichen Entscheidungen zu erreichen.

Der Umgang mit geschlechtsspezifischen Stereotypen ist somit für die KI-Wissenschaftlerinnen ein zweischneidiges Schwert. Einerseits sind sie selbst im Sinne dieser Stereotypen erzogen und geprägt worden und haben ein berechtigtes Interesse daran, ihre weibliche Geschlechtsidentität auch in ihrer technischen Berufswelt leben zu können. Andererseits haben sie sich im Hinblick auf ihren beruflichen Erfolg von einem Teil dieser Stereotypen verabschiedet und sehen sich immer wieder in der Situation, von ihrem gesellschaftlichen Umfeld auf gerade diese Stereotypen zurück verwiesen zu werden. Dort, wo die KI-Frauen in ihrem beruflichen Umfeld tatsächlich ihre in der Sozialisation erworbene, weibliche Geschlechtsidentität ausleben können, ist es nicht unbedingt zu ihrem eigenen Vorteil. Sie übernehmen Beziehungsarbeit innerhalb ihrer Arbeitsgruppe, die sich jedoch nicht unmittelbar für ihren eigenen Erfolg auszahlt, wohl aber der Teamarbeit zugute kommt. Zwar gewinnt man als Besucher eines KI-Instituts zunächst den Eindruck, dass jeder für sich an seinem Schreibtisch vor sich hinarbeitet, doch dieser Schein trügt. Denn in der Softwareentwicklung hat gute Zusammenarbeit eine Schlüsselfunktion, weil kaum ein Programm wegen seiner Komplexität von einem einzelnen Entwickler zu bewältigen ist und vielfältige Abstimmungs- und Kooperationsprozesse notwendig sind, um seine Funktionsfähigkeit zu garantieren. Alle meine Gesprächspartnerinnen und –partner hatten deswegen übereinstimmend die Fähigkeit zur Teamarbeit als wesentlich für ihre Profession herausgestellt. Die weiblichen Beteiligten in dieser

Arbeitsgruppe leisteten einen überproportionalen Beitrag zu dieser Teamarbeit, der kaum messbar, aber von unermesslichem Wert ist.

> Es ist nämlich in der Tat so, dass bei uns hier in der Gruppe, wenn irgendwie etwas anliegt, sei es eine schlechte Stimmung oder irgend ein Problem mit irgend jemandem oder so, dass immer wir Frauen uns darum kümmern, dass diese Sachen irgendwie geschlichtet werden oder wieder ins Lot kommen. Also das ist wirklich ganz typisch. (Interview Holtner, S.5)

Die KI-Protagonistinnen übernehmen solche Beziehungsarbeit innerhalb der Gruppe bereitwillig und selbstverständlich. Sie fordern auch besondere Wertschätzung dafür. Selbst hohe Positionen innerhalb der professionellen Hierarchie schützen die KI-Frauen nicht vor dieser Beziehungsarbeit. Die Position als Professorin ermöglichte einer von mir interviewten KI-Wissenschaftlerin ganz im Gegenteil noch mehr Möglichkeiten zur Fürsorglichkeit, etwa durch die Betreuung von Diplomanden oder Doktoranden.

## 5.2 Die Wahrnehmung der KI-Frauen durch ihre männlichen Kollegen

Die berufliche Lebenswelt der KI-Wissenschaftlerinnen und -Entwicklerinnen ist deutlich geprägt von ihren männlichen Kollegen. Wie Frauen in diesem auf ‚männliche' Bedürfnisse zugeschnittenen Arbeitsgebiet Fuß fassen können, hängt somit auch davon ab, inwieweit die dort arbeitenden Männer ein Bewusstsein für die spezifisch weibliche Situation entwickelt haben und Toleranz üben. Welches Bild haben sie von den Frauen, mit denen sie zusammen arbeiten? Es wird hier kein umfassender Überblick über die Sicht der Männer auf ihre Kolleginnen angestrebt. Das kann zum einen auf der Basis des erhobenen empirischen Materials nicht geleistet werden, zum anderen böte diese Frage genug Stoff, um eine eigenständige Studie daraus entstehen zu lassen. Hier geht es lediglich darum, einige Bedingungen zu skizzieren, unter denen die KI-Frauen ihre berufliche Existenz aufbauen. In diesem Sinne gibt die Auswahl und Auswertung der nun folgenden Interviewpassagen einen Eindruck von ‚weiblichen' Arbeitsbedingungen in der KI.

### 5.2.1 Frauenförderung in der KI - wozu?

Das Problem der Geschlechtsspezifik hat sich in meinen Interviews als Thema erwiesen, für das einige Männer in der KI kein oder nur ein äußerst marginales Interesse aufbringen. So nimmt der Wissenschaftliche Assistent Dr. Volker Leonhard zwar die Aktivitäten wahr, die zur Erhöhung des Frauenanteils in seinem Fachbereich unternommen worden waren, steht diesen aber eher fassungslos gegenüber und stellte grundsätzlich deren Notwendigkeit infrage. Zwar sind ihm die rückläufigen Zahlen der Studienanfängerinnen in der Informatik bekannt und er schließt sich auch den Interpretationen der Frauenforschung an, die dieses Phänomen u.a. auf die schulischen Erfahrungen im Informatikunterricht zurückführt, kommt jedoch zu einer diametral entgegen gesetzten Interpretation als die Frauenforscherinnen. Diese hatten, wie bereits dargestellt wurde, den Rückzug der Mädchen aus der Informatik auf demotivierende Erfahrungen im Schulunterricht zurückgeführt, denn die Mädchen seien von ihren Schulkameraden aus unterschiedlichen Gründen am Rechner verdrängt worden. (Kreienbaum / Metz-Göckel 1992) Leonhard dagegen hält es für eine familiäre Konventionierung, dass Jungen experimentierfreudiger seien und dem Vater nacheifern, der sich häufig auch mit technischen Dingen beschäftige. Das Interesse der Jungen wird von Leonhard dabei als natürliche Affinität zur technischen Welt wahrgenommen, die einfach so gegeben sei. Technisches Interesse bei Mädchen zu wecken, hielt er demgegenüber für mehr oder weniger unnatürlich. Dieser Zwang müsse nun wirklich nicht hergestellt werden.

> Und die Tochter, die interessiert das halt einfach nicht. Ich weiß nicht, ob man das nun unbedingt wahnsinnig ändern muss also - da habe ich so meine Zweifel. Also ich glaube schon, dass man von der Ausbildung her, das irgendwie fairer machen muss ... Aber ... persönlich kann ich es mir auch nicht vorstellen, dass man heute noch von der Ausbildung her die Töchter sozusagen in so eine Hausfrauen-Rolle rein erzieht. Aber das kann ich nun nicht so beurteilen. Aber sozusagen auf Zwang - das ist vielleicht so ein bisschen eine Gegenreaktion zu, zu dieser ganzen Frauenförderung - also auf Zwang halt Frauen sozusagen in die Informatik rein zubringen und in die KI, das verstehe ich einfach nicht. (Interview Leonhard, S.4)

Leonhard ist hier bemüht, Toleranz gegenüber den emanzipatorischen Bestrebungen zu zeigen - meine eigene geschlechtliche Identität hat auf dieses Bemühen sicher Einfluss gehabt. Es war offensichtlich, dass er sich wenig mit dem Thema auseinandergesetzt hatte. Wozu auch? Er selbst hatte wegen seiner geschlechtlichen Identität im Laufe seiner beruflichen Entwicklung schließlich keinerlei Leidensdruck erfahren. Aber es fiel ihm sichtlich schwer, sich in die Rolle seiner weiblichen Kolleginnen zu versetzen. Seine Sensibilität für die Ausschlussmechanismen, die Frauen im Laufe ihrer Professionalisierung in Naturwissenschaft und Technik überwinden müssen, war gering.

> Also ... hier am Fachbereich muss man bestimmt suchen, wenn man sagt, es gibt irgendwo Leute, die Frauen benachteiligen oder Frauen nicht haben wollen. Das habe ich eigentlich noch nie so empfunden. (Interview Leonhard, S.4)

Dass es zudem nicht nur Diskriminierungen sind, die den Frauen das Leben in der KI schwer machen, war Leonhard wohl nicht bewusst. Habitus-Inkonsistenzen oder den Zwiespalt, ob die eigene berufliche Entwicklung nun mit Kindern vereinbar sei oder nicht, hat er persönlich nicht erfahren und wurde damit allenfalls bei seiner Lebenspartnerin oder Ehefrau konfrontiert. Doch es scheint fraglich, ob er solche Konflikte überhaupt in das Problemfeld der Geschlechter-Diskriminierung einordnen würde. Denn Leonhard ist nach eigenen Aussagen weniger an sozialen Fragen und mehr an Technik interessiert. (Interview Leonhard, S.12) Zum anderen basiert seine Argumentation sehr stark auf einer positivistischen Sicht der Dinge. Geschlechterunterschiede sind für ihn naturgegeben und nicht kulturell konstruiert. Soziale und kulturelle Themen versucht er weitgehend von sich fernzuhalten. Hier fühlt er sich wenig kompetent. Seine technische Orientierung entspricht und verstärkt diese Kompetenzschwäche im sozialen Bereich. Auch seine Redeweise über seine weiblichen Kolleginnen ist von dieser Haltung geprägt. Hat er die Unterschiedlichkeit von Jungen und Mädchen im Schulunterricht noch zur Begründung des größeren Interesses der Jungen am Computer herangezogen, blendet er im Gespräch über seine Arbeitskolleginnen soziale Dimensionen völlig aus. Hier gebe es keine Unterschiede:

> Also ich kann das nicht besonders empfinden, muss ich sagen, weil wir eigentlich hier einen völlig normalen Umgang haben, ob das nun eine Frau ist oder

> nicht, spielt da eigentlich überhaupt keine Rolle. Es kann halt eher sein, sage ich mal - das haben wir hier nun im Arbeitsbereich nicht, aber es ist ja bekannt oft von der Erziehung her, ich sag mal - dass bei Konflikten zwischen Männern und Frauen jetzt im Beruf halt Frauen oft emotionaler reagieren. Und das ist natürlich eine Sache, wenn eine Frau halt in Tränen ausbricht, eh, im Beruf, dann ist das für einen Mann natürlich schwierig zu handhaben. Aber so was haben wir hier zum Glück noch nicht gehabt, also weil es auch eigentlich nicht die Konflikte hier gibt. (Interview Leonhard, S.5)

Hier unterscheidet sich seine Wahrnehmung deutlich von der seiner oben zitierten Kollegin Sabine Holtner, die sich selbst in der Rolle sah, Konfliktbearbeitung und -lösung innerhalb der Gruppe anzustoßen. Ursache für diese unterschiedlichen Wahrnehmungen könnten verschiedene Konfliktbegriffe sein, d.h. was Holtner als Konflikt wahrnimmt, ist für Leonhard noch lange keiner. Oder aber die Konflikte vermeidenden Interventionen von Holtner in ihrer Arbeitsgruppe sind so wirkungsvoll, dass wirklich kritische Situationen erst gar nicht entstehen. Letzteres wird zumindest durch die Aussagen des Chefs dieser Arbeitsgruppe nahe gelegt, der ausdrücklich die positiven Einwirkungen seiner Mitarbeiterinnen auf die Teamfähigkeit seiner Gruppe herausstellte. (Interview mit Wegener, S.8) Da Leonhard keine Unterschiede in beruflicher Hinsicht zwischen den beiden Geschlechtern erblicken konnte, sieht er folglich auch keinen Handlungsbedarf für Frauenförderung in der KI. Dass Leonhard Frauen als andersartig empfindet, wird insbesondere dort deutlich, wo er sie als eher *sozial* und *emotional* charakterisiert und von seiner Sorge spricht, eine Kollegin könnte einmal in Tränen ausbrechen und er müsse das dann *„handhaben"*.

Die Argumentation von Leonhard ist widersprüchlich. Einerseits spricht er dort von der Unterschiedlichkeit von Frauen und Männern, wo er Frauen als Fremdkörper in der technischen Lebenswelt wahrnimmt – beim fehlenden Interesse der Mädchen an Computern ebenso wie bei den möglicherweise weinenden Kolleginnen, wobei er diese Verhaltensweisen auf die Erziehung zurückführt. Frauen in der KI - das muss nach der Auffassung von Leonhard nicht unbedingt sein. Andererseits sieht er keine Unterschiede zwischen sich und seinen Kolleginnen.

### 5.2.2 „Besser qualifizierte Überzeugungstäter“

Die Wahrnehmung von Dr. Andreas Schubert, dem stellvertretenden Leiter eines KI-Entwicklungslabors, war nicht wie bei Leonhard getragen von der Sorge, er könnte mit unangemessenen Gefühlsäußerungen der Frauen konfrontiert werden. Er nahm im Unterschied zu diesem die Frauen in der KI als „Überzeugungstäter“ wahr, die hervorragend qualifiziert seien.

> Also meiner Meinung nach ist es eher so, dass die meistens konzeptionell besser arbeiten, das heißt so diese klassischen Hacker eher Männer sind. Aber das würde ich gerade nicht als - . Also beim Programmieren geht es grade darum, dass man sich an Regeln hält. Je besser man sich an Regeln hält, desto besser programmiert man. Und zwar nicht im Sinne von effizienter oder schneller oder so was, sondern im Sinne dessen, dass das was rauskommt nachher, fehlerfrei ist, dass das, was rauskommt, wartbar ist. Das ist viel entscheidender. Das ist viel entscheidender, als ob irgendwas schnell programmiert ist, ob es schneller läuft, das ist alles letztendlich egal. (...) Also eigentlich ist gutes Programmieren, sage ich mal, so gesehen, wenn man sich wirklich an bestimmte Richtlinien und Regeln einfach hält und letztendlich das wirklich, erst mal eine klare Konzeption macht, die wirklich da viel Gedanken rein steckt, und dass dann nachher das Implementieren eigentlich nur die Fleißarbeit ist. Und ... Frauen sind da ... im konzeptionellen Bereich stärker ..., wogegen Männer öfter so, sage ich mal, diese Ambitionen haben, sie machen es jetzt irgendwie, ... besonders schnell, und also sie setzen sich gleich an den Rechner und machen das dann. (Interview Schubert, S.30)

Die Unterschiede zwischen Männern und Frauen in der KI sah Schubert auf der fachlichen Ebene. Es wurde deutlich, dass er seine Kolleginnen insbesondere wegen ihrer hoch qualifizierten Arbeit und ihrer Zuverlässigkeit schätzte[53]. Er hatte auch eine These für die Gründe ihrer besonderen Leistung.

> Es hängt vielleicht einfach damit zusammen, dass die Frauen, die Informatik studieren, ... das sind auch wirkliche, ich sag mal Überzeugungstäter ... Die kann man nie so normal einstufen. Das ist genauso, wie wenn irgendjemand irgend eine ganz obstruse Fächerkombination macht... Der bringt natürlich auch sehr viel Engagement dafür mit, und den kann man nicht vergleichen mit jemand, der das jetzt irgend so eine Null-Acht-Fünfzehn-Kombination macht vor allen Dingen, weil es der Berufsberater empfohlen hat. (Interview Schubert, S.13)

---

[53] Die Passagen, in denen Schubert diese Qualitäten der weiblichen Arbeit beschreibt, werden weiter unten in diesem Kapitel behandelt.

Allerdings ließ es Schubert mit der Feststellung dieser Tatsache bewenden. Auf Fragen nach den Ursachen dafür ging er nicht weiter ein, sondern verwies mehrfach auf die Minderheitenstellung der Informatikerinnen und der KI-Protagonistinnen, die diese zu besonderem Engagement in Studium und Beruf veranlasse. Die Bereitschaft, seine eigene Rolle innerhalb der männlich dominierten KI-Szene zu hinterfragen, war zumindest im Interview mit mir nicht vorhanden. Jede weitere Konkretisierung der Umstände, durch die Frauen im beruflichen Alltag benachteiligt würden oder spezifische Hürden zu überwinden hätten, vermied er und verwies mich für meine Ursachenforschung auf die Frauenbeauftragte des Fachbereichs. Es liegt auf der Hand, dass Schubert sich intensiver zu diesem Thema äußert. Es ist aus seiner Sicht als Mann eher weniger interessant. Insgesamt wurde in seinen Aussagen zu den geschlechtsspezifischen Unterschieden in der KI deutlich, dass auch er sich wenig mit der Geschlechterproblematik in seinem direkten Umfeld und insgesamt in Naturwissenschaft und Technik auseinandergesetzt hatte. Geschlechterdifferenz ist ein Thema, das bei den meisten KI-Männern unbearbeitet bleibt, weil es sie persönlich kaum berührt.

### 5.2.3 Die Wertschätzung ‚weiblicher' Kompetenzen

Die KI-Frauen finden aber nicht nur wegen ihrer besonderen fachlichen Qualitäten Anerkennung bei ihren männlichen Kollegen. Sie werden auch im Hinblick auf ihre spezifisch ‚weiblichen' Kompetenzen geschätzt.

> Wenn sie ... das Phänomen ... der schlechten weiblichen Beteiligung versuchen zu deuten, da wird ja häufig ins Feld geführt, dass also Frauen eine ... zerlegende Betrachtungsweise nicht so attraktiv finden und eher ganzheitlich wertend an Dinge herangehen. Und da kann man natürlich sagen, jawohl, die KI ist in ihren Versuchen, menschliches Denken zu mechanisieren, ein typischer Fall für eine Zerlegung in primitive kleine Schritte, die dann in ihrem Zusammen agieren ... hoffentlich etwas Sinnvolles ergeben, aber wo man eine Perspektive einnimmt, die vielleicht eben typisch männlich ist. Aber andererseits ist es ja nicht so, dass die KI, sagen wir mal, irgendwie eine Beschränkung sich auferlegt, sondern sie ist schon wieder in einem anderen Sinne ganzheitlich unterwegs, indem sie versucht, eine breite Modellierung von Kontext in vielen heterogenen Einflüssen bereitzustellen und auch Modelle dazu zu schaffen, wie das passieren kann. (...) Und da ist einfach die KI so reichhaltig an Methoden, dass man ihr eigentlich

> nicht vorwerfen kann, ja sie ist nun das typische Beispiel für eine männliche Wissenschaft. (Interview Wegener, S.8)

Ganzheitliche Wahrnehmungsfähigkeit, soziale und emotionale Kompetenzen seien in der KI-Forschung in hohem Maße gefragt. Frauen sind in unserer Kultur diejenigen, denen man diese Kompetenzen zuschreibt und die der hier interviewte Leiter eines KI-Institutes deswegen in besonderem Maße für befähigt hielt, in diesen Bereichen neue Entwicklungen anzustoßen. Im Hinblick auf einen Erkenntnisgewinn in Forschung und Entwicklung hätte er somit ein begründetes Interesse, dass Frauen diese Fähigkeiten in seinen Arbeitsbereich einbrächten und damit ingenieurwissenschaftliche Forschung und Entwicklung bereicherten. Seine Wertschätzung ‚weiblicher' Kompetenzen drückte er über die inhaltliche Seite hinaus auch für den Wissenschaftsbetrieb insgesamt aus.

> Man merkt doch so ein bisschen, wo bei den Leuten die Lust sitzt. Und ... bei Frauen ist es häufig der Wissenschaftsbetrieb, der Kontakt mit anderen Menschen, auch das Interdisziplinäre, das Zusammenarbeiten im Team. Da sind sie also immer sehr gut, während Männer da also eher, also etwas schmaler angelegt sind. (Interview Wegener, S.8)

Doch welche Substanz haben solche Aussagen, dass gerade spezifisch weibliche Kompetenzen dringend benötigt werden? Profitieren die KI-Frauen, wenn sie in ihrer Sozialisation erworbene, geschlechtsspezifische Fähigkeiten im Wissenschaftsbetrieb realisieren? Werden hier lediglich geschlechtsspezifische Stereotypen auf die KI-Frauen projiziert, die diese auch in Wissenschaft und Technik einmal mehr auf die Rollen verweisen, die ihnen insgesamt in der Gesellschaft zugeschrieben werden? Oder gibt es tatsächlich geschlechtsspezifische Zugangsweisen in der Wissens- und Technikproduktion?

## 5.3 Geschlechtsspezifische Wissensproduktion?

### 5.3.1 Feminismus und KI - eine starke Verbindung?

Seit einiger Zeit werden in der KI zunehmend Themen und Zugänge wahrgenommen, die von der feministischen Wissenschaftstheorie aufgebracht wurden und lange Zeit bevorzugter Gegenstand von Frauenforschung waren. Diese hatte auf die kulturelle Konstruiertheit und die unterschiedlichen Formen von Wissen aufmerksam gemacht, um männliche und weibliche Geschlechtsstereotypen mit ihren impliziten Hierarchisierungen zu dekonstruieren und weibliche Anteile an der kulturellen Produktion und der gesellschaftlichen Wertschöpfung sichtbar zu machen. *Situated knowledge*, *embodied knowledge* und *tacit knowledge* wurden als Wissensformen thematisiert, die insbesondere in weiblichen Lebens- und Arbeitsbereichen relevant sind und die aufgrund der hauptsächlich auf Schrift basierenden Memorisierungstechniken moderner Gesellschaften in der Geschichtsschreibung weitgehend unsichtbar geblieben waren. (Hekman 1990; Harding 1991; Code 1993) Gerade diese von der feministischen Forschung thematisierten subjektiven, körpergebundenen, stillschweigenden Formen des Wissens wurden inzwischen von einigen Wissenschaftlerinnen und Wissenschaftlern innerhalb der KI-Community als Schlüsselproblem für die weitere wissenschaftliche und technische Konzipierung einer maschinellen Intelligenz wahrgenommen. Das wurde auch in den qualitativen Interviews hervorgehoben. Diese Wahrnehmung ist bereits zum Teil in die technologische Praxis eingegangen, die solche ‚feministischen' Perspektiven auf Wissen zunehmend in ihren Konzepte umsetzt, etwa in der Robotik. Auch wenn es nach wie vor vielfältige Systementwicklungen und Forschungen gibt, die positivistische Wissenskonzepte favorisieren, verzeichnen die umfassenderen Wissenskonzepte in Theorie und Praxis der KI einen deutlichen Zuwachs. Auf beiden Ebenen kann eindeutig der Konnektionismus mit seinen Methoden als Ansatz angesehen werden, der sich um die Erweiterung von Wissenskonzepten innerhalb der KI bemüht.[54] Die Implementie-

---

[54] Vgl. dazu das Kapitel 4.1 Was ist KI? – Deutungen der Künstlichen Intelligenz.

rung von Wissen erfolgt dort nicht mehr nach bestimmten Regeln, sondern bildet sich quasi eigenständig im System im Verlaufe einer Interaktion von System und Umwelt heran. Mit diesem Verfahren hofft man insbesondere *tacit knowledges*, also solche Formen des Wissens, die kulturell erworben sind und somit als selbstverständlich wahrgenommen werden und nur schwer explizierbar sind, auf KI-Systemen implementieren zu können. Aber auch *embodiment* und *situatedness* hat man im Konnektionismus anvisiert, etwa wenn man maschineller Intelligenz den Körper eines Roboters mit umfangreicher Sensorik gibt und diesen ein beschränktes Umfeld, beispielsweise in einer Produktionshalle, selbst erkunden lässt, damit er eine eigene, ‚subjektive' innere Repräsentation von dieser Umwelt erwerben kann.

Auf internationaler KI-Bühne sind diverse Autorinnen insbesondere aus Großbritannien, den skandinavischen Ländern und auch aus Holland aktiv, die ein *engendering* der Artificial Intelligence (AI) anstreben und die Erkenntnispotentiale der feministischen Theorie für die AI hervorheben. Eine der präsentesten ist Alison Adam, Lecturer in Computation am Institute for Science and Technology der University of Manchester (UMIST). Adam bestärkt unter Bezugnahme auf feministische Epistemologien die traditionelle philosophische Kritik an der AI, die *skill* (embodied knowledge) und *common sense* (tacit knowledge) als zentrale Defizite einer maschinellen Intelligenz thematisiert hatte, und erweitert diese, indem sie auf die kulturelle Konstruiertheit von Wissen (situated knowledge) hinweist. (Jansen 1988; Adam 1993; Adam 1994; Adam 1995) Adam hebt dabei ausdrücklich hervor, dass die feministische Perspektive auf die AI gut mit dem konnektionistischen Ansatz korrespondiere. Christine Cooper and Karin van Dam betrachten die Expertensystem-Technologie aus der Perspektive der poststrukturalisitischen feministischen Philosophie in Frankreich. Sie kommen zu dem Ergebnis, dass insbesondere männliche Dimensionen unserer westlichen Tradition in Expertensystemen vergegenständlicht würden. Wissen und Sprache westlicher Nationen sei mit geschlechtspezifischen Werten und Hierarchisierungen durchdrungen. „*We believe that the type of syntax which is normally used for expressing knowledge in an expert system is appropriate and useful for the representation of these masculine qualities (goal-centred, certain, object-oriented, objective, rational, g.k.). However, the feminine is symbolised by feelings, irrationality, diversity and uncertainty. We would argue that many of the more culturally feminine concepts like caring, love, warmth and so on cannot easily (if ever) be expressed in syntax.*" (Cooper / van Dam 1994:166)

Wie Adams betonen auch Cooper und van Dam die Erkenntnispotentiale, die die AI gewinnen könnte, wenn sie sich gegenüber der feministischen Theorie öffnen würde. Gleichzeitig solle sich die AI aber auch darüber bewusst sein, dass viele wichtige Dinge nicht in Expertensystemen abgebildet werden könnten und deswegen gut über Einsatzbereiche nachgedacht werden müsste. Zu einem ähnlichen Ergebnis kommt auch Carolien Metselaar vom Department of Social Science Informatics an der Universität von Amsterdam. Sie kritisiert, dass die KI-Forschung sich in der Wissensakquisition fast ausschließlich von technologischen Belangen leiten ließe, während soziale, politische und auch geschlechtsspezifische Themen im Prozess der Wissensakquisition zu kurz kämen. Diese Dimensionen gelte es insbesondere bei der Analyse von Wissen, der Analyse von Arbeitsfeldern und der Wahl von passenden Anwendungsbereichen zu berücksichtigen. (Metselaar 1991)

Im deutschen KI-Diskurs sind solche feministischen Perspektiven nicht präsent. Es scheint zudem zweifelhaft, ob die bisherigen paradigmatischen Entwicklungen innerhalb der KI in direkten Zusammenhang mit dem feministischen Wissenschaftsverständnis zu bringen sind und ob sie die Arbeitsbedingungen der KI-Protagonistinnen innerhalb der Community tatsächlich verbessern. Die neue Perspektivierung von Wissen, die im feministischen Diskurs angemahnt wurde, hat auch starke Traditionen im postmodernen Wissenschaftsverständnis. Zwischen beiden epistemologischen Traditionen gibt es in der Tat eine Reihe von Berührungspunkten. Postmoderne Wissenschaft ist polyvalent, setzt gegen die großen Theorien viele kleine Erzählungen. Sie stellt sich gegen die Universalität von Wissen und die Generierungsprozesse, die Wissen als universell legitimieren. (Lyotard 1993) Feministische Forschung arbeitet daran, solche „*Nichtübereinstimmung anhand der Kategorie Geschlechtlichkeit konkret zu machen und in ihren Auswirkungen auf Wissenschaft zu durchdenken.*“

(Wagner 1991:122) Und feministische Kritik richtet sich gerade gegen die Einseitigkeit und den Anspruch auf Universalität in Naturwissenschaft und Technik, mit dem „*spezifische kognitive Strukturen und Werte unter Ausschluß anderer entwickelt und durchgesetzt wurden, unter Diffamierung des anderen als unwissenschaftlich.*“ (Wagner 1991:122) Beide, feministische und postmoderne Wissenschaft, sind gekennzeichnet durch die (de-)konstruktivistische Perspektivierungen ihrer Gegenstände. Eine Reihe von feministisch motivierten Forscherinnen sahen sich nicht zuletzt aufgrund dieser essentiellen Analogien zwischen feministischer und postmoderner Wissenschaft und auch durch ihre persönlichen Erfahrungen in der Forschung veranlasst, grundsätzlich infrage zu stellen, ob es eine spezifisch feministische Methodik und Herangehensweise gebe. (Stacey 1991:1-4)

Bezogen auf den hier bearbeiteten Gegenstand können solche selbstkritischen Einwände der feministischen Forscherinnen nur bestärkt werden. In der deutschen KI-Community gibt es weder eine besondere Affinität der Protagonistinnen zum Konnektionismus, der von den Feministinnen innerhalb der internationalen AI-Community als gut kompatibel mit ihrem Wissenschaftsverständnis wahrgenommen wird, noch gibt es irgendwelche Anzeichen dafür, dass der konnektionistische Ansatz als besonders anschlussfähig für weibliche Potentiale angesehen wird. Eine grundsätzliche Skepsis gegenüber jedem Postulat einer *Feminisierung* in diesem Forschungsgebiet, zahlenmäßig und inhaltlich, scheint somit berechtigt. Das gilt auch dann, wenn man Feminismus in dem Sinne versteht, dass weiblich konnotierte Werte und Lebensbereiche aufgewertet werden und somit Männer und Frauen gleichermaßen feministisch sein können. Die feministischen Wissenskonzepte werden in der KI - wie bereits zu sehen war - nur so weit wahrgenommen, wie sie mit bestehenden androzentrischen Konzepten kompatibel sind.[55]

Im deutschen KI-Diskurs werden die theoretischen und technologisch-konzeptionellen Ansätze (etwa in der Robotik), die als Reflex auf feministische und postmoderne Wissenschaftskritik interpretiert

---

[55] Vgl. dazu auch Kapitel 4.2. Die Metamorphose von Kultur in Natur - zur technologischen Praxis des Deutens.

werden könnten, von den KI-Frauen nicht als besonders attraktiv für die eigenen Interessen und Kompetenzen wahrgenommen. Auch gibt es von deutschen KI-Protagonistinnen keine expliziten Beiträge, die aus feministischer Perspektive *the state of the art* in der KI reflektieren und sich für die Erweiterung von Wissenskonzepten in der technologischen Praxis einsetzen, so wie das im internationalen KI-Diskurs der Fall ist.[56] Die Einbindung feministischer Konzepte in die KI scheint in der deutschen Forschungslandschaft wenig Attraktivität für die dort tätigen Frauen zu haben. Über die Gründe dafür könnte auf der Basis des empirischen Materials, das in dieser Studie ausgewertet wurde, lediglich spekuliert werden. Es gibt aber Auskunft darüber, dass die deutschen KI-Protagonistinnen ihre spezifische Situation in der KI-Wissensproduktion eher in ihren sozialen als in ihren epistemologischen Dimensionen thematisiert sehen wollen. Sie haben alle spontan und übereinstimmend auf meine Frage nach geschlechtsspezifischen Unterschieden bei der Technikentwicklung und im Umgang geantwortet, dort gebe es keine Unterschiede. Nur Andrea Lehnert sieht sich als einzige meiner Gesprächspartnerinnen nicht dazu veranlasst, zuerst ihre Gleichwertigkeit im Technikumgang herauszustellen. Sie benennt unverzüglich die Unterschiede, die sie zwischen den Geschlechtern im Umgang mit der Technik sieht. Auch im Weiteren artikuliert sie keinen Legitimationsbedarf für ihre technischen Kompetenzen. Lehnert istt als einzige der von mir interviewten KI-Protagonistinnen den Weg über die Linguistik in die KI gekommen. Möglicherweise ist hier die Ursache für ihre unterschiedliche Wahrnehmung zu finden.

---

[56] Es gibt wohl Stimmen im deutschen schriftlichen KI-Diskurs, die im Zusammenhang mit dem Konnektionismus immer wieder die Beschränkungen der gängigen Wissenskonzepte bemängeln. Auch wenn darunter einige Frauen vertreten sind, so finden sich an keiner Stelle explizite oder implizite Bezüge zur feministischen Wissenschaftskritik. Auch in den von mir geführten Interviews wurde in keiner Weise auf epistemologische Unterschiede zwischen den Geschlechtern hingewiesen. Geschlechtsspezifische Differenzen wurden ausschließlich in der sozialen Interaktion gesehen.

### 5.3.2 Nicht gehört werden, nicht gesehen werden, nicht zu Wort kommen und andere kleine Missverständnisse

Alle KI-Frauen berichten übereinstimmend von der Erfahrung, dass sie nicht im selben Maße wahrgenommen wurden und werden wie ihre männlichen Kollegen.

> Ich habe erst nachträglich gesehen, dass wenn es um - harte wissenschaftliche Fragen ging oder Diskussionen, dass immer zuerst die Männer angesprochen wurden, ich nicht gefragt wurde. Ich habe mich auch nicht so in [den] Vordergrund gespielt und -, das war dann einfach wirklich so, durch die eigenen Leistungen, dass ich auf mich aufmerksam gemacht habe, dass aber ich mich da wirklich darum bemühen musste, beachtet zu werden. (...) Also ich habe danach angefangen, mich sehr an der Uni zu engagieren in verschiedenen Gremien und auch da ist es so, dass Wortmeldungen von Frauen im akademischen Senat immer erst übersehen werden, oder dass man wirklich dann darum kämpfen muss und auf sich aufmerksam machen muss. Aber da war ich inzwischen Frauenbeauftragte der Universität und da wusste ich, wie das läuft, und wusste auch, wie ich damit umgehen muss. (Interview Wieland, S.3)

Die KI-Protagonistinnen hatten sich von diesen Erfahrungen nicht entmutigen lassen, sondern haben sie zum Anlass genommen, Strategien zu entwickeln, mit denen sie sich Gehör verschaffen können. Während einige von ihnen solche Missachtungen ihrer Person bereits im Verlaufe des Studiums und auf ihrem weiteren Weg im Wissenschaftsbetrieb erfahren hatten, fühlten sich andere erst außerhalb der Hochschule im Kontakt mit potentiellen Anwendern mit ihnen konfrontiert. Hier fühlten sie sich aufgrund ihrer Geschlechterzugehörigkeit unter erhöhtem Legitimationsdruck bezüglich ihrer technischen Kompetenzen.

> Jetzt beim Umgang mit Industriepartnern ... da hatte ich schon in einer Situation mal das Gefühl, es wäre viel leichter für mich, wenn ich ein Mann wäre. Und es handelte sich dabei aber wirklich um einen ganz ... konservativen Schlag von Leuten, und zwar Leute wie Reeder, Leute, die auf Werften und so was arbeiten, und Frauen irgendwie so Menschen zweiter Klasse sind, hat man so den Eindruck. Man hat es mir gegenüber zwar nie so gesagt, aber so an einigen Reaktionen merkt man das eben, dass man sich viel mehr anstrengen muss, um ernst genommen zu werden. (...) Man muss sich sehr viel mehr durchsetzen, Dinge halt einfach sehr viel häufiger noch sagen und auf seiner Meinung sehr stark beharren, weil sie zunächst vielleicht die Dinge mal ablehnen. Aber also echte Schwierigkeiten hatte ich bisher nie, muss ich sagen. (Interview Holtner, s. 4)

Auffallend war bei allen Frauen, die von diesen Diskriminierungen berichteten, dass sie ausgesprochen gelassen damit umgingen und sich davon nicht entmutigen ließen oder sich deswegen gar selbst infrage gestellt hätten. Sie stellten ihren Erzählungen von solchen negativen Erfahrungen in ihrem Beruf immer positive Erlebnisse entgegen, die sie als Frauen in ihrem ‚technologischen' Umfeld gemacht hatten. Diese stets positiven Wendungen von schlechten Geschichten in ihren beruflichen Biografien können zum einen im Sinne einer an Erfolg orientierten Konstruktion der eigenen Identität interpretiert werden. Darüber hinaus können sie auch als eine Legitimierung ihrer Berufswahl gelesen werden, da meine Fragen zur Geschlechtsspezifik implizit oder explizit die KI-Akteurinnen mit ihrem Abweichen von der weiblichen ‚Normalbiografie' konfrontiert. Darin wird auch das Bemühen um Verständnis für die eigene Entscheidung, sich gerade in der KI beruflich zu etablieren, deutlich spürbar.

Die KI-Frauen, mit denen ich gesprochen hatte, hatten ihr ‚Anders sein' in der Community wahrgenommen und versuchten es produktiv zu nutzen. Für die Hintergründe dieses ‚Anders seins' haben sie meistens erst im Laufe der Jahre einen Sinn entwickelt, denn die Unterschiede zwischen den Geschlechtern werden subtil und nicht unbedingt in böser Absicht gemacht. Sie fallen kaum auf, weil sie schon lange Bestandteil weiblicher Erfahrung sind. Erst bei gewachsener Sensibilisierung für die eigene geschlechtsspezifische Situation durch Bücher, durch Gespräche usw. kamen die KI-Protagonistinnen in die Lage, die Ursachen für dieses Gefühl der Andersartigkeit zu benennen und im eigenen Wissenschaftsalltag die Situationen wahrzunehmen, in denen sie diskriminiert wurden.

> Besonders der Aspekt - und das kann ich für mich voll unterstützen - ist, dass ich gern kommuniziere um des Vorgangs willen, und nicht unbedingt, um Informationen auszutauschen, und den Menschen an Problemen teilhaben lasse, mit ihm gemeinsam drüber nachdenke, dass das von den männlichen Kollegen immer sofort aufgegriffen wurde: „Aha, sie kann es nicht. Ich weiß, wie es geht. Ich mache es jetzt!", und in dem Moment sofort die Meriten dafür, dieses Problem aufgeworfen zu haben, dann in der Männerhand waren. Und das, das war eigentlich auch genau der Punkt, wo ich hinterher gemerkt habe, ja, da ist voll Diskriminierung geschehen, geschlechtsspezifisch. Die Männer haben es nicht aus böser Absicht gemacht, sondern für sie ist es so, dass man Probleme nur dann äußert, wenn man wirklich Hilfe braucht, nicht wenn man sie haben

> möchte, um Gesellschaft zu haben, oder um gemeinsam was zu machen. Na ja und seit ich weiß, dass es so ist, verhalte ich mich in dem Punkt, was Probleme betrifft, häufig auch eher wie ein Mann dann. Und auch wenn ich gern darüber reden würde, woran ich jetzt gerade arbeite, ich tu es nicht, weil ich weiß, es geht schief. (...) Also es war praktisch bei jedem Teil so, wenn ich angefangen hatte mit Kollegen über meine Arbeit zu reden. Dass sie sofort, wenn ich das Problem angerissen hatte, hat er gesagt: „Ja das ist doch einfach, da ist die Lösung." Und im nächsten Moment meinten sie, die Lösung hätten sie geschaffen. Obwohl ich sie schon längst im Kopf hatte, und sie ihnen eigentlich als nächstes sagen wollte. Oder sie fragen wollte, was sie von dieser Lösung halten. (Interview Wieland, S.11)

In vielen Situationen bleibt den Frauen in der KI keine andere Möglichkeit, als sich den ‚männlichen' Stilen wie hier in der Wissensproduktion anzupassen, denn nicht immer lässt sich eine Gegenstrategie finden, die den eigenen Handlungsweisen entspricht. Zudem fehlen Kolleginnen, die ähnliche Verhaltensmuster aufweisen und mit denen man die eigenen ‚weiblichen' Formen im Wissenschaftsbetrieb praktizieren könnte.

### 5.3.3 Typisch weiblich? Typisch männlich?

Auch wenn alle meine Gesprächspartnerinnen zunächst ganz nachdrücklich geschlechtsspezifische Umgangsweisen mit der Technik oder spezifische Modi der Wissensproduktion und der Konstruktionsarbeit zurückgewiesen hatten, so waren sie dennoch sehr an diesem Thema interessiert und im Verlaufe des Gespräches auch bereit, ihre Sicht preiszugeben, was spezifisch weibliche und was spezifisch männliche Verhaltensweisen sind. Als typisch männlich galt das pure Interesse an den (H-)Artefakten, also alle Varianten des Hackertums und der Beherrschung der Maschine. Als typisch weiblich wurden Arbeitsweisen dargestellt, die Sozialität und Kontextbezug in den Vordergrund stellten. Diese Wahrnehmung teilten auch einige männliche Kollegen.

> Es gibt so bestimmte Technofreak-Geschichten, also dass man so einen bestimmten Umgang mit Rechnern, dass man eben genau die Kürzel kennt, mit denen man jetzt irgendwelche, mit denen man den Zugang zu irgendwelchen Geschichten hinkriegt. Also ist ganz egal, was es nun heißt. Aber der Punkt ist so diese Art und Weise, sich hinzusetzen und rumzutüfteln und zu gucken, ob man jetzt LS Leerzeichen 3,5,7 eingeben muss oder irgendeine andere Kombination. Ich glaube, da ist wirklich – ich find es einfach nur erstaunlich, aber ich

> denke, es geht mir auch so – da ist es wirklich so, dass bei Frauen eine ganz andere Art des Herangehens ist. Also es ist ein viel größeres Interesse, glaube ich, bei Männern ..., wirklich einfach sozusagen die technischen Zugangswege zu untersuchen, und wirklich stundenlang rumzuspielen und auszuprobieren. Bei Frauen ist es, glaube ich, ganz häufig so, dieses Rumspielen und irgendwie selber rauskriegen, wie denn nun der Zugang ist, das interessiert nicht. Man will irgendwie den Zugang haben ... und auf möglichst bequeme Art und Weise ... erfahren, wie dieser Zugang ist, aber nicht so einen Selbstzweck darin zu sehen, irgendwelche technischen Feinheiten, die da in dem Umfeld liegen, zu erfahren. Sondern es ist, ich habe das Gefühl, es ist oft einfach viel, ja, zweckorientierter. Und da so dieses Rumtüfteln und dieses Rumtüfteln als Selbstzweck so ein bisschen wegfällt, ist es dann auch teilweise eben einfach schwieriger, wenn irgendwas mal einen Moment lang nicht so funktioniert, wie es vielleicht die letzten paar Wochen funktioniert hat, weil der Systemadministrator irgendwas umgestellt hat. Dann ist da oft eben gleich so, ja generelles Unbehagen. Ich weiß jetzt nicht, wie das im Moment funktioniert ... Und ... im Seminar ist es ... wohl wirklich ... auf allen Ebenen, wo diese Kurse abgehalten werden, wo einem das nötige technische Wissen an und für sich beigebracht wird, da ist es wohl wirklich so, ... dass die Männer gleich auf die Terminals stürzen und da los probieren und versuchen, irgendwelchen Fachjargon zu bringen, und die Frauen wohl zurückschrecken eher vor diesem ganzen ‚Bart'. Und dann auch erst mal sich außen vor fühlen. Das ist wohl durchgängig vorhanden. (Interview Lehnert, S.15)

Die geschlechtsspezifischen Unterschiede im Technikumgang werden dabei als selbst erlebt erzählt. Die hier interviewte KI-Wissenschaftlerin bestärkte ihre Wahrnehmung mit Erfahrungen, die in Computerkursen gemacht worden seien. Selbst wenn Frauen und Männer mit Informatikausbildungen an Schulungen, beispielsweise für neue Programmiersprachen oder auch Betriebssysteme, teilnehmen würden, so sei dieses Verhalten feststellbar. Die KI-Protagonistinnen interpretierten ihren eigenen Zugang im Vergleich zu dem der Männer als eher distanziert gegenüber der Technik bzw. als eher zweckorientiert an den Aufgaben, die man erledigen möchte. Ihnen gehe es vorrangig darum, kontextbezogen den Werkzeugcharakter des Computers zu realisieren, und weniger darum, den Rechner bis zum letzten Bit zu beherrschen. Männer und Frauen in der KI waren in ihrer Wahrnehmung von geschlechtsspezifischen Unterschieden im Umgang mit und bei der Entwicklung von der Technologie stark geleitet von den bekannten Geschlechtsstereotypen eines weiblichen Sozialcharakters und eines männlichen Drangs zur Technikbeherrschung. Doch diese Bilder von einem pragmatischen, nüchternen frauenspezifischen Umgang und einer leidenschaftlichen männerspezifischen Bindung an den Computer hält Elfriede Löchel, Psychologin mit den Schwerpunkten Geschlechterforschung und Technikumgang, für ein Vorurteil, das nur auf den ersten Blick haltbar sei. In ihrer Untersuchung der geschlechtsspezifischen Beziehungsmuster zu dem Computer kommt sie zu dem Ergebnis, dass Frauen die Beziehungsverstrickung abwehrten, weil sie eine solche Beziehung zu einem technischen Objekt als bedrohlich erlebten. Es habe sich gezeigt, dass es spezifisch weibliche und spezifisch männliche Formen des Kampfes und der Herausforderung durch den Computer gebe. „*Bei Männern drehen sich Kampf und Herausforderung typischerweise um das Besiegen eines imaginären gleichgeschlechtlichen Konkurrenten. Für Frauen, die die Beziehung zum Computer als Herausforderung erlebten, ist dagegen typisch das Bestreben, etwas Eigenes gegenüber einem mächtigen Anderen zu behaupten.*“ (Löchel 1997) Diese Beziehungsfigur ließe sich über die Konfliktpotentiale des Individuations- und Loslösungsprozesses erklären. Lustvolle Entgrenzungs- und Verschmelzungsfantasien, wie sie Männer im Umgang mit dem Computer beschrieben, würden Frauen abwehren und dagegen versuchen, sich in strukturierender, begrenzender und differenzierender Weise zu nähern. Löchel sieht eine mögliche Interpretation für diese Unterschiede darin, dass Männer und Frauen soziale und Technik-Beziehungen gegenseitig kompensierten. Während Frauen vielleicht gerade das, was sie sich typischerweise im zwischenmenschlichen Bereich nicht erlaubten oder erlauben dürften, nämlich die Abgrenzung, Eigenständigkeit und Autonomie auf die Beziehung zum technischen Objekt übertrügen, so würden Männer, die im zwischenmenschlichen Bereich eher Abgrenzung und Distanz praktizierten, umgekehrt auf den Computer eher regressive Verschmelzungswünsche übertragen.

### 5.3.4 Zur Attribuierung von Technik als männlich

Das Deutungsmuster der männlichen Technikaffinität und des weiblichen Sozialcharakters ist also innerhalb der Technik- und Wissenschaftskultur der KI so wie in der Gesellschaft stark verbreitet und inklusive der impliziten Hierarchisierungen präsent. Allen KI-Protagonistinnen, mit denen ich gesprochen habe, waren sich der Problematik dieser geschlechtsspezifischen Zuschreibung wohl bewusst.

> Ich kenne eben sowohl diese männlichen Informatiker, die eben sehr tief einsteigen und sehr auf ... der Maschinenebene auch Bescheid wissen. Aber ich kenne eben auch genug, die sagen: „Für mich ist ... der Rechner die bessere Schreibmaschine und mehr will ich gar nicht drüber wissen." Also insofern kann ich schwer sagen, dass aus meiner Erfahrung da ein klarer Unterschied zu sein muss. Also ich meine beispielsweise als ich studiert habe, hatte ich auch so einen kleinen Homecomputer, den kannte ich wirklich bis auf das letzte Bit. Also ... ich war wirklich so, so tief drin in der Materie, wie man es irgendwie sonst, ja, gern den Hackern unterjubelt. (Interview Müller, S.8)

Es war offensichtlich, dass Frauen in der KI vielfach in ihrer technologischen Praxis darum bemüht waren, diese männliche Konnotation der Technik zu überwinden, indem sie sich ganz intensiv in die Hardware, die ‚harten' technischen Bereiche, eingearbeitet hatten. Obwohl sie dadurch demonstrierten, dass auch Frauen nah an der Technik arbeiten können, bleiben die geschlechtsstereotypen Deutungsmuster mit ihrer inhärenten Hierarchisierung stabil. Selbst dort, wo KI-Frauen von ihren männlichen Kollegen als überlegen in der Technikgestaltung wahrgenommen wurden, wird die angebliche Technik-Ferne der Frauen nicht problematisiert und schon gar nicht eine besondere weibliche Technik-Kompetenz daraus abgeleitet. Vielmehr werden von den KI-Protagonisten Begründungen gesucht und gefunden, die mit der geschlechtlichen Stereotypisierung und Hierarchisierung vereinbar sind.

> Ich würde sagen, es hängt vielleicht damit zusammen, dass Frauen ... natürlich im Moment *ein*fach schlicht weg weniger Informatik studieren als Männer, ganz klar. Also das ist einfach so, und ich würde mal davon ausgehen, dass die Frauen, die dann Informatik studieren, im Durchschnitt besser qualifiziert sind als die Männer. Aber das kann einfach auch da an dieser Hemmschwelle liegen, um die zu überschreiten, dass man dann wirklich also einfach ein stärkeres Interesse haben muss ..., weil es natürlich einfach mehr Widerstände zu überwinden gilt." (...) Und das ist klar, ... die kann man nie so normal einstufen. (...) Genauso würde ich zum Beispiel für Leute sagen, die jetzt über den zweiten Bildungsweg kommen und mit, was weiß ich, 25 oder 23 noch den Aufwand gemacht haben, ein Abitur nachgeholt haben und dann studiert haben. Die sind auch typischerweise besser, ja! Also das hat, das ist auch nicht geschlechtsspezifisch - einfach das ist eine andere Herangehensweise. Die haben wirklich sich da entschieden, okay sie beißen sich da noch mal durch, und die ... studieren dann auch ganz anders, ja! (...) Und das ist vielleicht ... bei Frauen, die in so einem doch noch

> Männer dominierten Fach sind, vielleicht in gewissem Sinne ähnlich. (Interview Schubert, S.13)

Bei seiner Suche nach Erklärungen dafür, warum die KI-Protagonistinnen fachlich so überzeugend auf ihn wirkten, führte der hier zitierte stellvertretende Leiter eines Entwicklungslabors deren Sonderstellung in Studium und Beruf an. Da Frauen in die Informatik nur unter erschwerten Bedingungen einsteigen könnten, würden nur solche diesen Schritt auch tun, die sehr interessiert, motiviert und bereit seien, sich voll und ganz in diesem Bereich zu engagieren.

Auch die KI-Protagonistinnen selbst wiesen sich eher sozial motivierte und kontextbezogene Arbeitszugänge zu. Diese Zuweisungen von Sozialkompetenz an Frauen ist jedoch die Kehrseite der männlich konnotierten Technikkompetenz, gegen die sie sich so ausdrücklich gewehrt hatten. Diese geschlechtsstereotype Deutung der Sozialkompetenz haben die von mir interviewten KI-Frauen so stark verinnerlicht, dass sie ihre eigene Arbeit auch dann als sozial motiviert interpretierten, wenn sie ‚harte' Technik etwa für die Industrie entwickeln oder als einzige Frau in einem ingenieurwissenschaftlichen Institut arbeiten. (Interview mit Wieland und Holtner) Mit solchen ‚sozialen' Begründungsmustern für ihre eigene professionelle Tätigkeit gelingt es ihnen, sich näher an kulturelle Erwartungen an ihre Geschlecht heran zu argumentieren und ihre offensichtliche Abweichung von geschlechtsstereotypen Lebensläufen herunter zu spielen. Männliche KI-Entwickler dagegen weisen soziale kontextbezogene Begründungen für ihre wissenschaftliche Arbeit explizit von sich. Sie marginalisieren Sozialität als Nebenerscheinung ihrer beruflichen Tätigkeit, auch wenn sie selbst die Erkundung eines sozialen Kontextes, in dem ihr technologisches System platziert werden soll, als wesentlichen Bestandteil ihrer Arbeit angesehen und praktiziert haben. (Interview mit Riemer und Schubert) Mit allen Mitteln wehrten sich zwei männliche Doktoranden in einem Gespräch mit ihrer Doktormutter, ihre umfangreichen Recherchen im zukünftigen Einsatzkontext des von ihnen entwickelten Systems in ihren Dissertationen zu behandeln. Sie empfanden es rückblickend auf ihren Forschungsprozess als Defizit, dass sie keine informatisch neue Methode präsentieren konnten, sondern nach ihrer Auffassung viel zu viel Zeit mit der Explorierung des Einsatzkontextes vertan hatten, die in der Dissertation nun nicht den entsprechenden Umfang an Seiten erbrachte. Die sozialen Anteile ihrer technologischen Entwicklung wurden von den KI-Männern weder als relevant noch als prestigeträchtig angesehen.

> Im Kontext also mit diesen männlichen Geisteswissenschaftlern ist es einfach so, ... dass Frau als Informatikerin dann doch viele von den Jobs abkriegt, die sonst irgendwie wahrscheinlich die Männer, die männlichen Informatiker, übernehmen. (...) Also was man erwartet, ist irgendwie immer, dass die Männer dann irgendwie viel tiefer in ihren Maschinen hocken und wissen, wie das System funktioniert und auch, die man fragen kann, wenn Fehler auftreten usw. Und männliche Geisteswissenschaftler können sich durchaus weiblichen Informatikerinnen gegenüber auch mit den Ansprüchen: „Hilf mir doch mal! Hier ist das und das, du weißt doch Bescheid." usw. genauso verhalten, wie normalerweise man erwarten würde, dass man sich dem männlichen Informatiker gegenüber verhält. (Interview mit Müller, S.7)

Zumindest im gesellschaftlichen Bereich bekommen Frauen aus der KI etwas von der Hochachtung ab, die mit der kulturellen Wertigkeit von Technik verbunden ist. Konkurrieren Frauen und Männer jedoch direkt in technischen Bereichen miteinander, so werden die geschlechtsbezogenen Stereotypen mit den entsprechenden Hierarchisierungen sofort wieder wirksam und Frauen werden auf ihre Technikdistanz zurückverwiesen, während Männer als Technik-Könner angesehen werden. Die Zurückweisung von spezifisch weiblichen Entwicklungsweisen der Technik und auch im Technikumgang, die alle KI-Protagonistinnen in den Interviews als erste Reaktion auf diesen Themenkomplex ganz dezidiert vorgenommen hatten, basiert somit in einer ausgesprochen kompetenten Einschätzung ihrer spezifischen Situation in der der KI und erweist sich angesichts der Beharrlichkeit der androzentrischen Attribuierung von Technik als richtige Strategie für ihre berufliche Weiterentwicklung. Denn der Verweis auf ihre Weiblichkeit kommt in ihrer technischen Lebenswelt einer Abwertung ihrer Leistungen und Fähigkeiten gleich. Auch äußerlich distanzieren sie sich in ihrem beruflichen Alltag von kulturellen Konzepten der Weiblichkeit. In geschlechtsneutraler Kleidung, ohne auffälligen Schmuck, mit kurz geschnittenen Haaren und ungeschminkt sind mir die meisten KI-Protagonisten in meiner Feldforschung begegnet. Andererseits konnten sich die weiblichen Beteiligten in ihren Erzählungen diesem geschlechtsspezifischen Zuschreibungssystem nicht voll und ganz entziehen. Sie haben das Verwiesen werden auf ihre Geschlecht zwar als kontraproduktiv für ihre eigenen Interessen wahrgenommen, andererseits kommen sie nicht umhin, sich damit auseinanderzusetzen, weil sie ihre Sonderstellung schon zahlenmäßig innerhalb der KI zur Kenntnis nehmen und sich auch immer wieder als ‚anders' innerhalb ihres beruflichen Umfeldes empfinden.

> Aber ich tue mich immer schwer, wenn man überhaupt versucht, jetzt Unterschiede zwischen Männern und Frauen herauszuarbeiten, weil ich das für mich immer noch so empfinde als Diskriminierungsversuch. Also einerseits möchte ich das Recht haben, unterschiedlich zu sein. Klar! Aber ich habe immer Schwierigkeiten, festzustellen, wenn ich Unterschiede sehe, ob sie einfach in meiner Person begründet liegen oder im Geschlecht. (Interview Wieland, S.10)

In dieser Situation ist es schwierig für die KI-Protagonistinnen, eine politisch wirksame Stellung zu beziehen. Sie haben die geschlechtsspezifischen Stereotype im Laufe ihrer Sozialisation mehr oder weniger verinnerlicht, sich im Laufe ihres Lebens aber auch in vielen Punkten darüber hinweg gesetzt. Als abweichend erleben sie sich sowohl von ihrem gesellschaftlichen als auch von ihrem beruflichen Umfeld. Setzen sie sich aktiv mit ihrer Rolle als Frau in der KI auseinander, so fällt die implizite Abwertung der Weiblichkeit und des Sozialen auf sie zurück. Ignorieren sie ihre spezifische Situation innerhalb der KI, so bleiben sie selbst und möglicherweise auch nachfolgende Generationen in dieser ‚Andersartigkeit' verhaftet und müssen sich weiterhin unter denselben Arbeitsbedingungen behaupten. So sind sie hin und her gerissen zwischen dem Bedürfnis, sich Eigenheiten zu bewahren einerseits und sich andererseits in der männlich dominierten Technikwelt zu etablieren.

## 5.4 Technik setzt Maßstäbe

Geschlechtsspezifische Dimensionen der Technik- und Wissensproduktion sind nachhaltig durch die geringe Beteiligung der Frauen in der KI geprägt. Ein wesentlicher Faktor dafür sind die Zugangsbedingungen zur KI. Potentielle Interessentinnen müssen sich anders als die meisten ihrer Schulkameradinnen gegen geschlechtsstereotype Berufswege entscheiden und während ihrer Ausbildung ihren Sonderstatus als eine von wenigen oder gar als einziges weibliches Wesen unter Männern und die damit verbundenen Habitusinkonsistenzen aushalten. Sie müssen sich auch an vielen anderen Punkten in einer männerdominierten Arbeitswelt behaupten und Entscheidungen im Sinne einer technikbezogenen beruflichen Karriere treffen.

Die Frauen, die den Weg in die KI-Community gefunden haben, hatten sich schon von den Zugangsbedingungen nicht abschrecken lassen. Sie hatten unterschiedliche Strategien entwickelt, um ihren Sonderstatus während des Studiums in männerdominierten Disziplinen durchzustehen (z.B. durch Ignorieren oder durch die Realisierung ‚weiblicher' Bedürfnisse in anderen Kontexten). Ihre Situation innerhalb der Community stellten sie insofern als vertraut dar. Mögliche Habitusinkonsistenzen hatten sie bereits erfolgreich bearbeitet. Denn in den Interviews drückten die KI-Protagonistinnen das positive Erleben ihres eigenen Arbeitsfeldes aus. Sie hatten im Verlaufe ihres beruflichen Werdegangs diverse Entscheidungen getroffen, die ihnen die professionelle Etablierung in der KI-Community möglich gemacht hatte (Studienfach, Partnerschaft, keine Kinder). Dennoch erzählten sie ihre eigene Karriere als ein zufälliges Ereignis. Sie unterschieden sich in diesem Begründungsmuster deutlich von ihren männlichen Kollegen, deren professionelle Biografien nicht mehr oder weniger zufällig anmuteten, die in ihren Erzählungen jedoch ihre eigene Zielstrebigkeit herausstellten.

Die männliche Wahrnehmung der KI-Frauen war getragen von der Hochachtung gegenüber ihren professionellen Kompetenzen, aber auch von geschlechtsstereotypen Zuschreibungen. Auch wenn sich die Wissenschaftlerinnen und Entwicklerinnen ebenso gut wie ihre männlichen Kollegen in die ‚harten' Technikbereiche eingearbeitet hatten, so wurden sie dennoch stets auf weibliche Geschlechtsstereotype zurückverwiesen, nach denen sie als eher sozialorientiert und technikfern gelten. Die KI-Protagonistinnen nehmen das wahr und sind deswegen darum bemüht, ihrer eigenen Technikkompetenz deutlichen Ausdruck zu verschaffen. Sie tun das unter anderem dadurch, dass sie sich von solchen Annahmen abgrenzen, die spezifisch weiblichen Formen der Technikentwicklung postulieren, wie etwa die These des sanften Programmierstils von Sherry Turkle oder auch der empathischen Computerbeziehung von Christel Schachtner. (Turkle 1984; Schachtner 1993) Und sie vermeiden zum großen Teil ein geschlechtsspezifisches Erscheinungsbild.

Gleichzeitig greifen auch die KI-Protagonistinnen in den Schilderungen ihrer eigenen Situation auf geschlechterspezifische Stereotypen zurück. Ihre Karriereverläufe haben sie im Unterschied zu den KI-Männer als soziales Ereignis dargestellt, das insbesondere durch bestimmte Vorbildfiguren geprägt worden seien. Sie haben zwar ihr Interesse an den ‚hard facts', an den mathematischen Formeln und in einem Fall auch an der Beherrschung der Maschine betont, ihre Zugänge zu konkreten, fachlichen Problemen haben sie aber im Vergleich zu ihren männlichen Kollegen als eher sachorientiert und kontextbezogen dargestellt. Indem sie ihre eigene Affinität zu den sozialen, kommunikativen Prozessen im Wissenschaftsbetrieb herausgestellt und ihre eigene Orientierung an sozialen Zusammenhängen betonten, argumentierten sie selbst mit den ‚typisch weiblichen' Begründungsmustern, die das Geschlechtsstereotyp eines weiblichen Sozialcharakters aktualisierten. Typisch männlich und typisch weiblich erscheinen – vom zahlenmäßigen Sonderstatus der KI-Frauen zunächst einmal abgesehen – somit insbesondere die Stereotypen, die in den Erzählungen beider Geschlechter verwendet wurden. Allerdings wird auch das große Bemühen der KI-Frauen deutlich, solche geschlechtsspezifischen Zuweisungen zu überwinden, weil sie im Verlaufe des eigenen beruflichen Werdegangs ihre diskriminierende Wirkung erfahren haben. Die Gleichzeitigkeit von Abwehr und Aktualisierung weiblicher Geschlechtsstereotypen in den Aussagen der KI-Protagonistinnen lässt den vollen Umfang des Zwiespaltes offensichtlich werden, in dem diese sich befinden. Einerseits erfahren sie die Unterscheidung zwischen Männer und Frauen als Form der Diskriminierung, andererseits wollen viele von ihnen ihrem Gefühl der Andersartigkeit einen Namen geben und Arbeitsbedingungen erwirken, die Frauen eher entsprechen. Spezifisch ‚weibliche' Modi der Wissens- und Technikproduktion, wie beispielsweise kommunikativere Problemlösungsstrategien oder die stärkere Orientierung an den Anwendungskontexten, sind somit keinesfalls epistemologisch motiviert, sondern entspringen wohl eher den unterschiedlichen Formen des sozialen Umgangs, die Männer und Frauen in ihren geschlechtsspezifischen Sozialisationen erworbenen haben. Allerdings ist an diesem Punkt zu berücksichtigen, dass die hier genannten unterschiedlichen Modi der Wissens- und Technikproduktion auch Teil der Selbstbilder der KI-Protagonisten sind und damit auch von geschlechtsstereotypen Wahrnehmungen durchdrungen sind.

Auch wenn in der KI zunehmend Themen Bedeutung gewinnen, die einst im Kontext der feministischen Wissenschaftskritik stark gemacht wurden, wie etwa *tacit knowledges*, *embodied knowledges* und *situated knowledges*, so kann für die deutsche KI daraus nicht abgeleitet werden, dass sich spezifisch weibliche Epistemologien entwickeln. Es gibt weder eine besondere Affinität der KI-Frauen zu Paradigmen (Konnektionismus) oder Anwendungsbereichen (Robotik), in denen positivistische Wissensbegriffe tendenziell revidiert werden, noch zeichnet sich eine wie auch immer geartete Begünstigung der Frauen in diesen und durch diese Forschungsgebiete ab, etwa in Form von besseren Karrieremöglichkeiten oder besonders frauenfreundlichen Anwendungssystemen. Eine ‚Feminisierung' der KI lässt sich insofern auch dort nicht feststellen, wo Gedanken, die in der feministischen Wissenschaftskritik artikuliert wurden, in KI-Paradigmen und technologische Konzepte integriert werden. Vielleicht sind diese Entwicklungen auch noch zu jung, um ein abschließendes Urteil dazu abzugeben. Aber viele Zeichen sprechen dafür, dass diese innovative, prestigeträchtige Tendenz der Erweiterung von Wissenskonzepten in der KI von männlichen Protagonisten besetzt wird. Zwar könnte man mit Blick auf Hélène Cixous (Cixous / Clement 1986), die zu den französischen poststrukturalistischen Feministinnen gerechnet wird, sagen, das Weibliche sei durch Begriffe wie *Vielfalt* und *das Andere* symbolisiert und deswegen setze mit diesen Ansätzen auch eine Feminisierung der KI ein, doch was nutzt das, wenn Frauen dabei weiterhin ausgeschlossen bleiben. Bis sich Frauen in der KI einen Raum geschaffen haben, in dem sie in gleichem Maße wie Männer ihre Interessen realisieren können und damit auch Erfolg haben, wird noch viel Engagement gefragt sein. Wie in anderen männerdominierten Bereichen helfen den interessierten Frauen bei ihrer Etablierung innerhalb der KI-Community bis dahin nur überdurchschnittliche Leistungen, die Fähigkeit, Habitusinkonsistenzen zu überwinden, gute Kontakte und eine starke Persönlichkeit. „*Das größte Problem von Frauen in solchen Männerberufen sind also nicht die fachlich-technischen Anforderungen, sondern die sozialen Prozesse, Barrieren und Zumutungen, denen sie dort ausgesetzt sind.*“ (Erb 1994:29)

Was ist das also für eine sonderbare Existenz, die in dem ans Licht kommt, was gesagt wird, – und nirgendwo sonst?[57]

# 6 Künstliche Intelligenz als wissenschaftliche Community

Ohne wissenschaftliche Forschung entsteht heute keine neue Technologie mehr. Technikentstehung ist zu einem komplexen Prozess geworden, an dem neben Wissenschaftlern und Entwicklern aus verschiedenen Disziplinen auch industrielle Verwerter, politische Instanzen und Nutzungskontexte beteiligt sind. Gelingt es Wissenschaftlern und Entwicklern nicht, ihre gesellschaftlichen Kontexte zu interessieren und zur Forschungsförderung zu motivieren, so dürfte ihren Ideen ein schnelles Ende sicher sein. So ist die Generierung einer wissenschaftlichen Kultur gerade in transdisziplinären Forschungsgebieten zu einer notwendigen Voraussetzung geworden, um gemeinsame Interessenlagen von Wissenschaftlern und Entwicklern zu stabilisieren und diese Interessen darüber hinaus in den gesellschaftlichen Kontexten zu etablieren. Die Genese von neuen Technologien, die heute nur noch als transdisziplinäres Geschehen denkbar ist, ist somit immer auch an eine *Scientific Community* gebunden.[58]

Für die Beschreibung von wissenschaftlichen Kulturen bieten die Überlegungen von Wolf Lepenies zur Wissenschaftsforschung innerhalb der Soziologie eine strukturierende, begriffliche Grundlage. Lepenies unterscheidet in seinen Reflexionen über die soziologische Forschungstätigkeit drei Dimensionen von Identität in wissenschaftlichen Disziplinen.

---

57 Foucault (1995 [1981]:43).

58 Inwieweit diese *Scientific Communities* in letzter Konsequenz wie Communities im ethnologischen Sinne funktionieren, muss an dieser Stelle offen bleiben. Dass wesentliche Merkmale einer Community auch in den *Scientific Communities* vorhanden sind, wurde vorn bereits dargestellt.

(a) Die kognitive Identität bezeichnet diejenigen Orientierungen, Paradigmen, Problemstellungen und Forschungswerkzeuge, die eine Disziplin einzigartig und kohärent machen.

(b) Mit der sozialen Identität sind die Institutionalisierungsprozesse beschrieben, in denen ein Fach versucht, sich organisatorisch zu stabilisieren. Und

(c) die historische Identität stellt sich als Rekonstruktion einer disziplinären Vergangenheit dar, auf die sich im Prinzip alle Mitglieder der soziologischen Wissenschaftlergemeinschaft berufen. (Lepenies 1981)

Diese Typologie ist eine geeignete Struktur, anhand der die Herausbildung der KI-Community als rekursiver Prozess sichtbar gemacht werden kann, in dem sich einerseits die wissenschaftliche Identität in der KI-Community entwickelt und andererseits die KI in kollektive und individuelle Deutungszusammenhänge und Sinnsysteme eingebunden wird. Die wissenschaftliche Identität der KI konstituiert sich historisch in Diskursen und Praxen der Forscher und Entwickler, wobei jeder Einzelne in diesen kollektiven Prozess der Identitätsstiftung der KI-Community persönliche Deutungen, Interessen und Motive einbringt, die er in Interaktion mit seinem sozialen und wissenschaftlichen Umfeld entwickelt und fortwährend bearbeitet.

## 6.1 Kognitive Identitätskrisen

### 6.1.1 Gemeinsamkeit?

Anders als in den Wissenschaften sonst üblich, sind in der KI die wissenschaftlichen Grundannahmen, etwa über den Gegenstand der Disziplin oder die Forschungsmethoden, keine allgemein akzeptierten, sondern vielfältig diskutiert. Das Informationsverarbeitungsparadigma gilt als das zentrale Paradigma, das allen Ansätzen in der KI zugrunde liegt. Es besagt, dass kognitive Prozesse als Prozesse der Informationsverarbeitung zu verstehen sind, also auf die Speicherung und Manipulation von Symbolen zurückzuführen sind. Innerhalb der KI-Community wird das Informationsverarbeitungsparadigma mit unterschiedlicher Intensität zwischen ‚harter' und ‚weicher' KI-These vertreten, wobei nach der ‚harten' KI-These das Informationsparadigma hinreichend ist, um alle geistigen Vorgänge des Menschen (inklusive der Emotionen oder auch der Intuition) zu erklären. Die ‚weiche KI-These' hingegen ist nicht mit einem umfassenden Erklärungsanspruch der menschlichen Kognition verbunden. Mehrheitlich wird in der Community ein öffentliches Eintreten für die ‚harte KI-These' als schädlich wahrgenommen, weil damit der Eindruck entsteht, dass eine maschinelle Intelligenz entwickelt werden soll, die den Menschen bis in das kleinste Detail hin simulieren und damit ersetzen kann. Mehrheitlich will man sich nicht mehr mit Diskussionen auseinandersetzen, in denen die Gleichsetzung zwischen maschineller und menschlicher Intelligenz bis zur Entwicklung von künstlichen Menschen extrapoliert und als Schreckensbild der Zukunft gezeichnet wird. Diese Ängste versucht die KI-Community gemeinsam mit der starken KI-These aus dem öffentlichen Diskurs hinaus in das Reich der Visionen zu verbannen.

> Die starke KI-These hat es in Deutschland überhaupt nicht gegeben. (...) Also in Deutschland gab es nur ... die etwas ... exotischen Aussagen von Herrn Siekmann zur Substanz in der KI. Aber sonst ... sonst ist da von KI-Leuten eigentlich nie, nie in diese amerikanische Diskussion eingegriffen worden, sondern immer nur von ... von Leuten, die das dann von außen betrachtet haben mit all den Problemen, die die dabei hatten. Aber ich hab also besonders in der Sprachverarbeitung nicht ein einziges Beispiel kennen gelernt von jemandem, der Sprache macht, ... der sich da ... irgendwie auf die ... Ebene von Modellieren von Intelligenz bewegt hat. (Interview Binder, S.1)

So wie in dieser Argumentation wird die Relevanz der harten KI-These für die deutsche KI-Forschung von vielen KI-Protagonisten bestritten. Auch wenn hier harte und weiche KI-These als Ausgangspunkte für konkurrierende Deutungen des Forschungsfelds innerhalb der KI-Community heran gezogen werden, so spricht wenig dafür, die dargestellte Unvereinbarkeit dieser Positionen all zu ernst zu nehmen, denn die Übergänge zwischen diesen Extremen sind häufig fließend. Vielfach wird die weiche KI-These als gesicherte Arbeitshypothese angesehen, während die harte KI-These gleichzeitig als Option wahrgenommen wird, die sich jedoch erst im Verlauf weiterer Forschung als verifizierbar erweisen kann. Da es keine Möglichkeit zu geben scheint, die harte KI-These auf logischer Grundlage zu beweisen oder zu widerlegen (D´Avis 1994), hoffen einige KI-Forscher, dass sie sich durch die schiere Menge der Bestätigungen als wahr erweise (Rich 1988:4; Franck 1992:84ff.)

> Nach meiner Meinung gibt es im Augenblick keine harten Grenzen, aufgrund derer man jetzt sagen könnte, intelligente Leistungen, wie sie der Mensch vollbringt, sind maschinell nicht möglich. Also ich bin da schon also jemand, der glaubt, dass also im Augenblick keine Grenze zu sehen ist. Andererseits bin ich etwas vorsichtiger als Leute, die dann daraus das positive Statement machen und sagen: „Wir kriegen alles hin.“ Es kann durchaus sein, dass sich da einiges auftut, einige Einsichten auch da sind. Einfach weil noch sehr viel Neuland da ist. Aber ich bin da eher optimistisch mit dem, was man erreichen kann. (Interview Wegener, S.4)

Diese abwägende Haltung ist durch die Erfahrung geprägt, dass oft Prognosen über schnelle Fortschritte der KI getroffen wurden, die sich dann als viel zu euphorisch erwiesen haben. Zudem ist die harte KI-These wissenschaftlich nicht zu belegen, da *„kein exaktes Kriterium für das Vorliegen von Bewusstsein angebbar ist.“* (Franck 1992:85) Diejenigen, die sich der weichen KI-These anschließen, sich aber die harte KI-These als Option offen halten, ziehen sich damit auf einen Standpunkt zurück, der nicht leicht zu kritisieren ist. Sie können sich durch diese Argumentation dem Kreuzfeuer der Kritik entziehen, ohne dass sie Einschränkungen im Hinblick auf die potentielle Erkenntnisfähigkeit der KI machen müssen. Damit ist eine erfolgreiche Strategie gefunden, die wirksam ist gegen die Kritik an den erkenntnistheoretischen Grundlagen der KI. Sie setzt sich erst im Laufe der Zeit, etwa Mitte der 90er Jahre, durch. Bis dahin ziehen sich die Diskussionen über die Erkenntnisfähigkeit der KI-Forschung wie ein roter Faden durch die Geschichte der KI, begleitet von kritischen Stimmen, die immer wieder zu mehr Bescheidenheit mahnen (Bauer 1991; Mühlenbein 1995), um zumindest die bundesdeutsche KI-Forschung von den negativen Anteilen in ihrem öffentlichen Image zu befreien.

### 6.1.2 Zwietracht: Symbolismus und Konnektionismus

Solche fachinternen Kontroversen über die Erkenntnisfähigkeit der KI-Forschung bleiben über die Jahre nicht ohne Bedeutung für die Identitätsarbeit der KI-Community, die ein breites Spektrum an Erkenntnisinteressen – zwischen Informatik und Kognitionsforschung – unter ihrem Dach zu verbinden versucht. Ingenieure, die primär an technikwissenschaftlicher Forschung, d.h. am Bau von funktionsfähigen Artefakten interessiert sind, begegnen hier kognitionswissenschaftlichen Grundlagenforschern, deren Erkenntnisgegenstand die Kognitionsleistungen von Mensch und Tier sind.

Entsprechend der unterschiedlichen Erkenntnisinteressen werden die Forschungsrichtungen von unterschiedlichen Paradigmen geprägt. Während Ingenieurwissenschaftler insbesondere unter dem Paradigma der *Physical Symbol System Hypothesis (PSSH)* arbeiten, präferieren die Kognitionswissenschaftler den so genannten *Konnektionismus*. Allerdings sind diese Affinitäten nicht trennscharf, da beide Paradigmen sowohl zum ingenieurwissenschaftlichen Bau von technischen Lösungen als auch zur kognitionswissenschaftlichen Grundlagenforschung eingesetzt wurden und dort jeweils anerkannte Ergebnisse erbracht haben. Obwohl beide Paradigmen also im Hinblick auf die unterschiedlichen Erkenntnisinteressen erprobt wurden, sind eindeutige Affinitäten zwischen PSSH und der technikorientierten KI-Forschung einerseits und zwischen Konnektionismus und kognitionswissenschaftlicher KI-Forschung andererseits feststellen. Diese unterschiedlichen paradigmatischen Affinitäten werden innerhalb der Community kontrovers verhandelt. (z.B. Freksa 1992)

Den wissenschaftlichen und technischen Konzepten der klassischen KI liegt, wie oben bereits erwähnt, die so genannte *Physical Symbol System Hypothesis (PSSH)* zugrunde, die eine spezifische Form des Informationsverarbeitungsparadigmas ist. Die *Physical Symbol System Hypothesis* besagt, dass Wissen (1.) in Form symbolischer Repräsentationen mental verankert und damit potentiell explizierbar ist und (2.) strukturiert und zergliederbar ist. (Becker 1990 b) Die *PSSH* geht auf die beiden amerikanischen KI-Wissenschaftler Allen Newell und Herbert Simon zurück, die die Hypothese vertreten: *„A physical symbol system has the necessary and sufficient means for general intelligent action.*" (Newell / Simon 1976 : 116) Newell und Simon schaffen damit die Grundlage für die in der KI weithin vertretene Auffassung, *„daß die Art der Informationsverarbeitung bei Mensch und Digitalcomputer vergleichbar*" ist. (Becker 1992:11) Diese erkenntnistheoretische Grundannahme liegt den wissenschaftlichen Ansätzen der AI in den USA zugrunde und wird gemeinsam mit den methodischen und theoretischen Zugängen aus den USA von der Gründergeneration der KI auch in Deutschland übernommen. (aus deutscher Sicht Schefe 1986:30-45; MacCorduck 1987 zur US-amerikanischer Sicht)

Mit dem Konzept der *Artificial Intelligence* (AI) aus den USA wird auch die Kritik importiert, die dort an ihr geübt wird. Sie taucht in der deutschen KI-Community zunächst verhalten auf und scheint zumindest in den Anfangsjahren der deutschen KI eher durch die kritische Beurteilung der KI-Projekte inspiriert zu sein, die jenseits des Atlantiks betrieben werden, als von Erfahrungen mit heimischen KI-Produkten. Eine der ersten fundamentalen Auseinandersetzungen mit der KI (und der Informatik insgesamt) wird von Joseph Weizenbaum formuliert und erscheint in Deutschland Ende der siebziger Jahre, just in der Gründungsphase der bundesdeutschen KI. (Weizenbaum 1977) Die amerikanische Kritik an der AI erreicht Deutschland somit zu einem Zeitpunkt, als man selbst von vorzeigbaren (und kritisierbaren) Ergebnissen noch weit entfernt ist. Die Wissenschaftler, die sich für die KI interessieren und sich für die Etablierung dieses Forschungsgebietes bzw. dieser Disziplin im Hochschulsystem engagieren, sind somit von Anfang an mit der öffentlichen Diskussion über die KI konfrontiert, auch wenn sich diese in Deutschland zunächst vor allem um das Rationalisierungspotential und die dadurch angestoßenen gesellschaftlichen Auswirkungen dreht und der Kern der KI, die PSSH, noch im Hintergrund bleibt. So geht es bei einem der ersten institutionalisierten Projekte zur Technikfolgenabschätzung der KI in der Enquête-Kommission *Technikfolgenabschätzung* im 10. Deutschen Bundestag um die alltagspraktische Bedeutung der KI: um die Chancen und Risiken des Einsatzes von Expertensystemen in Produktion, Verwaltung, Handwerk und Medizin.[59] Recht schnell mündet diese Debatte jedoch auch in eine grundsätzlichere Kritik an den erkenntnistheoretischen Prämissen des KI-Paradigmas der Symbolverarbeitung oder auch in die Frage nach der Machbarkeit der KI.

---

[59] Das Gutachten dieser Enquête-Kommission *Technikfolgenabschätzung* wurde 1986 abgeschlossen.

Die grundlegende Kritik von Hubert Dreyfus (Dreyfus 1985) in der er der PSSH eine radikale Absage erteilt, wird 1985 auf Deutsch veröffentlicht und zwei Jahre später durch eine Publikation gemeinsam mit seinem Bruder (Dreyfus / Dreyfus 1987) noch einmal bestärkt. Auch Terry Winograd und Fernando Flores stimmen 1986 mit ihrem Buch *Understanding Computers and Cognition* in die KI-Kritik ein. (Winograd / Flores 1989) Die beiden legen überzeugend dar, dass die Methoden der klassischen KI nicht adäquat für das Verständnis des menschlichen Denkens und Sprechens sein könnten. Kernstück ihrer Argumentation ist die Kritik an der rationalistischen Tradition, die in den modernen Wissenschaften zur Grundlage für die Erklärung von Denken und Intelligenz gemacht worden sei, während Bereiche, in denen die rationalistische Denktradition versagt, ausgeklammert würden. Unter Bezugnahme auf den Philosophen Heidegger und den Biologen Humberto Maturana wenden sie sich gegen die Vorstellung, dass so etwas wie eine objektive Realität existiere, die entsprechend in Computern modelliert werden könne. „*Was wirklich der Fall ist, wird weder durch einen objektiven allwissenden Beobachter festgelegt, noch durch das Individuum bestimmt ..., sondern durch seinen Möglichkeitsraum, aufgespannt von menschlichen Interessen und Handlungen.*“ (Winograd / Flores 1989:71) Die Kenntnis der sozialen Situation wird nach dieser Auffassung zur zentralen Voraussetzung für kognitive Leistungen wie Sprechen und Verstehen, denn das Unausgesprochene sei ebenso Bestandteil von Bedeutungen wie das Gesprochene. Zudem gehe der Sprecher so etwas wie eine Verpflichtung ein, eine Verpflichtung, in Zukunft angemessen zu handeln. Dieses *Sein des Subjekts in der Welt* könne ein Computer niemals leisten. Die Autoren kommen zu der Schlussfolgerung, dass niemand in der Lage sei, Computer so zu programmieren, dass sie intelligent sein könnten. Vielmehr schlagen sie vor, bei der Gestaltung leistungsfähiger Computertechnologie ganz andere Entwicklungsrichtungen in den Blick zu nehmen. Die Gestaltung computergestützter Systeme solle mit der Zielsetzung erfolgen, menschliche Arbeit und Interaktion zu erleichtern. Um konkrete Wege aufzuzeigen, wie ein derartiges Computer-System-Design realisiert werden könne, entwickeln Winograd und

Flores Gestaltungsrichtlinien, in der sie auch versuchen, die Grenzen des Computereinsatzes aufzuzeigen.

Dass Terry Winograd selbst einstmals einen wesentlichen Beitrag zur Weiterentwicklung der klassischen KI erbracht hat[60], verleiht seiner Kritik in der Community zusätzliches Gewicht und aktualisiert auch in Deutschland die Diskussion über die PSSH und die gesellschaftlichen Folgen der KI insgesamt. *„Ironischerweise setzt das Unbehagen der KI an ihren eigenen philosophischen Voraussetzungen gerade zu diesem Zeitpunkt ein, an dem die KI (in Deutschland, g.k.) gesicherte wissenschaftliche Ergebnisse, institutionelle Anerkennung und wirtschaftliche Erfolge aufweisen kann.“* (Heyer 1988:36) In dieser Phase sah sich die symbolische KI allerdings auch erstmals mit stagnierenden Forschungserfolgen konfrontiert. Angesichts dieser Schwierigkeiten keimten Zweifel auf, ob u. U. die Evidenz der *PSSH* doch nicht so hoch für die KI-Forschung sei, wie ursprünglich angenommen wurde. In dieser unsicheren Lage entstand Raum für ein konkurrierendes Paradigma, den Konnektionismus. Vom Konnektionismus erhofften sich viel KI-Wissenschaftler, dass er Ansätze und Verfahren zur Lösung von Probleme beitragen könne, mit denen man seit längerem nicht weiter kam: Probleme mit dem Echtzeitverhalten der KI-Systeme, die Fähigkeit, mit unvollständigem oder unscharfem Wissen zu operieren oder auch Wissensformen und -bestände zu modellieren, die nicht oder kaum formalisierbar sind.

Spätestens seit dem Jahr 1988 bewegt der Konnektionismus die KI-Community in Deutschland. Neuronale Netze und konnektionistische Systeme werden nicht nur auf zahlreichen Veranstaltungen der KI-Community, etwa dem ersten Workshop für Neuronale Netze in Garmisch-Partenkirchen oder der Frühjahrsschule für Künstliche Intelligenz, und auch auf Tagungen der Gesellschaft für Informatik diskutiert. Es wird in diesem Jahr via Email auch die ‚elektronische Zeitung' KONNET von am Konnektionismus interessierten Forschern ins Leben gerufen (Kemke 1988a), über die unmoderiert Informationen,

---

[60] Winograd, selbst einst ein Vertreter einer linguistischen Variante der PSSH, entwickelte eines der berühmtesten KI-Systeme, das natürlichsprachliche Programm SHRDLU.

Forschungsergebnisse und aktuelle Entwicklungen ausgetauscht und diskutiert werden. Zudem erscheinen erste deutschsprachige Einführungen zu diesem Thema, etwa von Christel Kemke. (Kemke 1988b) Die Anfänge des Konnektionismus scheinen zunächst sehr stark vom Reiz des Neuen zu leben, denn die einzelnen Tagungsberichte konstatieren immer wieder, dass nur relativ wenige Teilnehmer „*mit konkreten Realisierungsvorstellungen gekommen waren*“ und der überwiegende Teil in der Hoffnung kam, „*einen neuen Lösungsansatz für seine Probleme zu finden, oder aus reiner Neugier.*“ (Hanning 1989)

In der Zeitschrift KI wird 1988 ein erster Übersichtsartikel über die Entwicklung von konnektionistischen Systemen von Joachim Diederich veröffentlicht, in dem er insbesondere auf die Unterschiede zwischen den einzelnen Ansätzen eingeht. (Diederich 1988) Es ist wohl kein Zufall, dass dieser Beitrag von Diederich gerade entsteht, während er als wissenschaftlicher Mitarbeiter an der Universität Berkeley, USA, tätig ist, denn wie viele andere KI-Entwicklungen hat auch der konnektionistische Ansatz seine Anfänge in den USA genommen.[61] Dieser vermeintlich neue Trend in der KI-Forschung ist allerdings so neu nicht. Vielmehr handelt es sich um eine Wiederaufnahme des so genannten Bottom-up-Ansatzes, der bereits in den Gründerjahren der US-amerikanischen KI verfolgt worden war, sich jedoch nicht durchgesetzt hatte.

Die Besonderheit des Konnektionismus wird darin gesehen, „*dass auch Wissen im Modell einen Platz haben kann, das sich nicht exakt durch Symbole und Symbolstrukturen darstellen lässt. Konzepte und Symbole, die für diese stehen, bilden nur eine Annäherung einer viel reicheren Struktur, die sich gewissermaßen unterhalb der linguistischen Symbole befindet – daher der Name subsymbolisch.*“ (Dorffner 1991:v-vi) Das Erkenntnisinteresse dieses Ansatzes richtet sich auf die Modellierung der nicht regelgeleiteten, geistigen Vorgänge, die als unbewusst, assoziativ und intuitiv gelten. Zum wesentlichen Prinzip der konnektionistischen Technikentwicklung wird die Selbstorganisation des Wissens im System, das damit nicht mehr formalisiert und

---

61 Nach Einschätzung von Diederich erlebt der Konnektionismus zum Zeitpunkt der Veröffentlichung seines Artikels in den USA gerade einen Boom.

vom Systemdesigner im Modell implementiert werden muss, *„sondern es kann sich aufgrund der Interaktion von System und Umwelt sozusagen selbst heranbilden.*“ (Ebd. vi) Grundlage des Konnektionismus in der KI ist die Überzeugung, dass für die Nachbildung von geistigen Fähigkeiten eine enge Orientierung am organischen Vorbild, dem Gehirn, notwendig ist. Intelligenz kann dieser Auffassung nach nicht mehr auf einer beliebig gestalteten Hardware ablaufen, sondern soll sich in seiner Funktionsweise an der Materialität des Gehirns orientieren. Die Gültigkeit der Informationsverarbeitungsthese wird mit dem Konnektionismus in der KI ebenso wenig infrage gestellt wie die prinzipielle Erkenntnisfähigkeit der Kognition, die als vollständig beschreibbar und technologisch reproduzierbar gilt.

Die Hoffnung, der Konnektionismus könne neue technische Optionen erbringen, ist anfänglich hoch. Insbesondere in die Entwicklung von parallelen Rechnerarchitekturen setzen die Anhänger des neuen Paradigmas zu Beginn große Erwartungen, weil diese Form der Hardware *„naturgemäß erheblich besser geeignet (sei), kognitive Prozesse zu modellieren und damit Aufgaben mit wesentlich größerer Komplexität zu lösen.*“ (Wurr 1988:47) Zwar war man sich bewusst, dass im Vergleich zum menschlichen Gehirn neuronale Netze noch immer höchst primitive Gebilde darstellen, doch man erwartet sich von dieser engen Orientierung am menschlichen Gehirn einschneidende Erfolge: *„Das menschliche Gehirn arbeitet in Hinsicht auf Fehlertoleranz auf völlig andere Weise als konventionelle Computer. Obwohl ständig Komponenten ausfallen (einzelne Neuronen oder Neuronenverbände), bleibt die globale Funktionsfähigkeit bis auf pathologische Fälle ein Leben lang erhalten. Selbst die Beeinträchtigung ganzer Hirnzentren (etwa in der Aphasie) kann bei entsprechender und schnell einsetzender Behandlung in hohem Maße kompensiert werden. Diese ‚Plastizität‘ des Nervensystems soll durch den Einsatz konnektionistischer Systeme nunmehr technisch modelliert werden.*“ (Diederich 1988:29) Von solchen technischen Rekonstruktionen bestimmter Funktions- und Organisationsprinzipien des menschlichen Gehirns verspricht man sich die Möglichkeit, Fähigkeiten des Menschen auf dem Computer zu simulieren, die sich bisher jeder Programmierung hartnäckig entzogen haben, wie z.B. Fehlertoleranz, Adaptibilität, Lernfähigkeit und Parallelität.

Gemeinsam mit diesem neuen Ansatz entwickelt sich eine Kontroverse in der KI-Community, in der die jeweiligen Anhänger beider Paradigmen Symbolismus und Konnektionismus miteinander verhandelten, welcher der beiden Ansätze nun der richtige sei. Vordergründig ist diese Kontroverse ein wissenschaftlicher Diskurs. Gleichzeitig ist sie aber auch als Versuch interpretierbar, das transdisziplinäre Feld neu abzustecken, d.h. die Bedeutung der an der KI beteiligten Disziplinen neu zu gewichten.

Der enge Zusammenhang zwischen Intelligenz und menschlicher Körperlichkeit, welche Christaller technizistisch als *„umfassenderes System, welches die kognitiven Fähigkeiten nutzt“* bezeichnet, ist der Grundgedanke des Konnektionismus. (Christaller 1992:6) Die Materialität des Gehirns wird als wesentlich für menschliche Intelligenzleistungen angesehen. Lässt man diese konnektionistische Erkenntnis gelten, dass Materialität und Funktion zusammenhängen, so ist der Analogieschluss, dass der menschliche Körper mit seinen spezifischen Möglichkeiten, etwa der Wahrnehmung (aufgrund seiner spezifischen Materialität), die Voraussetzung für das ist, was wir als *Intelligenz* (Funktion) bezeichnen, beinahe zwangsläufig. Das technische Projekt der KI, die menschliche Intelligenz mit Hilfe des Computers technologisch zu reproduzieren, wäre damit zum Scheitern verurteilt. Und auch die Sinnhaftigkeit des gesamten Forschungsgebiets stünde mit dieser Schlussfolgerung in Frage. Es wundert angesichts solch fundamentaler Konsequenzen nicht, dass die Konnektionisten in der KI eine solche Schlussfolgerung nicht ziehen. In der konnektionistischen KI versucht man vielmehr, diese in der Neurobiologie gewonnene Erkenntnis soweit umzusetzen, wie es mit den vorhandenen technischen Möglichkeiten machbar ist. Nach dem Vorbild des Gehirns werden neue Rechnerarchitekturen entwickelt, in denen man viele einfach strukturierte, kleine Recheneinheiten miteinander vernetzt. Diese so genannten *künstlichen neuronalen Netze* sollen so wie das natürliche Vorbild anhand von ‚Lernbeispielen' ihre Aktivitätsmuster selbst ‚erlernen'. Die internen Abläufe im System werden also nicht mehr direkt einprogrammiert, sondern entstehen nach dem Prinzip der Selbstorganisation.

Aus technologischer Sicht geht es darum, den konnektionistischen Gedanken produktiv für die Technikentwicklung zu nutzen, so dass neurobiologisch relevante Dimensionen, wie beispielsweise die Funktion von organischen Reife- bzw. Alterungsprozessen, bewusst ausgeblendet werden. Dennoch macht sich mit dem Aufkommen des Konnektionismus eine Unruhe in der Community breit, weil bewusst wird, dass wichtig erkenntnistheoretische Positionen bis dahin nicht ausdiskutiert worden sind. (Christaller 1992) Erst die Debatten um den Konnektionismus rufen nun der Community drastisch in Erinnerung, dass sie in einem transdisziplinären Forschungsfeld arbeitet, in dem unterschiedliche wissenschaftliche Traditionen, Erkenntnisinteressen und Praxen nebeneinander existieren. Die darin angelegten Reibungspunkte konnten bis dahin erfolgreich verdrängt werden, indem man sie durch das große gemeinsame Ziel überbrückte, die KI in der deutschen Forschungslandschaft zu etablieren. Kritik an erkenntnistheoretischen Grundlagen wie der *Physical Symbol System Hypothesis* wurde als unqualifiziert, weil fachfremd abgetan, da sie von Philosophen, Sozialwissenschaftlern usw. vorgebracht worden war. Eine solche Strategie der Nihilierung funktioniert im Rahmen des Konnektionismus nicht mehr, da sich dieser innerhalb der Community platziert hat und damit als fachinterne Kritik behandelt werden muss.

Die Grundannahme des Konnektionismus, dass Intelligenz als Phänomen nur aufgrund von Funktion und Materialität gemeinsam erklärt werden kann, stellt die Realisierbarkeit von künstlicher Intelligenz grundsätzlich infrage: Kann Intelligenz unabhängig vom Menschen bzw. einem spezifischen Wesen untersucht werden? Kann Intelligenz als individuelles Phänomen wahrgenommen werden, wenn man berücksichtigt, dass Wahrnehmungs- und Denkmuster kulturell geprägt sind? Wie kann man solche Systeme ‚lernfähig' machen in dem Sinne, wie das der Mensch tut? Und existenziell für eine Wissenschaft: Welches Erkenntnisinteresse verfolgt die KI als Wissenschaft? Mit dem Aufkommen des Konnektionismus muss die *Scientific Community* auch diese Themen zur Kenntnis nehmen. Er macht das grundlegende Problem der KI deutlich, dass sie aufgrund ihrer Transdisziplinarität immer wieder das Forschungsfeld neu abstecken muss, sobald neue Erkenntnisse in den Mutterdisziplinen die Reformulierung von Paradigmen bewirken. Der ‚Import' des konnektionistischen Paradigmas in die KI führt dazu, dass das Verhältnis von informatischen und kognitionswissenschaftlichen Forschungstraditionen in der KI neu verhandelt werden müssen. Es geht um nichts Geringeres als die kognitive Identität der *Scientific Community*.

### 6.1.3 Integration: Zwischen Computer und Kognition

In dieser Neubestimmung der kognitiven Identität der KI-Community sind die Symbolisten darum bemüht, ihre traditionell starke Position zu behaupten. Allerdings müssen sie dafür ständig auf der Hut sein, da die Kontroverse zwischen PSSH und Konnektionismus, die in der Phase der KI als wissenschaftliche Disziplin Ende der achtziger Jahre heftig entbrannte, zwar im Lauf der Zeit abflaut, aber ein Dauerbrenner in der Community bleibt. Die Heftigkeit und die Grundsätzlichkeit, mit der die erkenntnistheoretischen Prämissen auch populärwissenschaftlich diskutiert wurden, verlieren sich in einem eher fachinternen Diskurs mit leiseren Tönen. 1992 erscheint eine Ausgabe der Zeitschrift KI, die sich dem Thema Logik und KI widmet. Hier werden Themen diskutiert, die in ihrer Brisanz dem Jahre zurückliegenden Disput in nichts nachstehen. Sie haben sich – abgesehen von der geringeren Öffentlichkeitswirkung – nicht all zu sehr verändert. Zur Debatte stehen einmal mehr konkurrierende Sichtweisen von Konnektionismus und Symbolismus auf die erkenntnistheoretischen Grundlagen der KI, auf verschiedene Vorstellungen über den Gegenstand bzw. das Erkenntnisziel der Disziplin und auf unterschiedliche Ansichten über die Gestaltung von KI-Technologie.

Die Symbolisten gestehen dabei zwar die Fortschritte ein, die der Konnektionismus für die KI erbracht habe, betonen aber, dass inzwischen die symbolische KI gleichgezogen und Verfahren entwickelt habe, die diese Leistungen auch erbringen könnten. Als Beispiel dafür wird unter anderem die Bearbeitung von unscharfem Wissen durch konnektionistische Methoden genannt, die man aber genau so gut mit Hilfe von *nichtmonotonen Logiken* in der symbolischen KI durchführen könne. Die Vertreter der symbolischen KI heben hervor, dass die

PSSH als Idee der Korrespondenz von Denken und Verarbeitung interner Symbole insbesondere in der Logik begründet sei und berufen sich deswegen auf die Logik als ihre Grundlagenwissenschaft. Durch das Hervorheben dieser Bezüge wird das hohe Ansehen, das die Logik im westlichen Kulturkreis genießt, in die Waagschale geworfen. Allerdings muss die symbolische KI, um mit dieser Tradition auch wirklich glänzen zu können, die ganze Kritik am Rationalismus ausblenden. *„Wenn Denken an die Fähigkeit zur symbolischen Repräsentation gebunden ist und H. Simons ‚physical symbol system hypothesis' die Demarkationslinie zwischen Systemen zieht, die prinzipiell zu Intelligenzleistungen fähig sind, und denen, die dies – einem Stein vergleichbar – eben nicht sind, liegt dann nicht der Gedanke nahe, dass die Wissenschaft, die sich die Untersuchung von Symbolen und deren Beziehung zur Wirklichkeit als wichtigen Forschungsgegenstand gesetzt hat, dass dieser Wissenschaft die Krönung zur Grundlagenwissenschaft der KI gebührt?“* (Siekmann 1992:5) Die PSSH wird hier von Hans-Jörg Siekmann als zentrales, unangefochtenes Paradigma der KI dargestellt, dem darüber hinaus auch eine Schlüsselrolle für die weitere wissenschaftliche Entwicklung insgesamt zukomme. Siekmann versucht mit seiner Argumentation die Position der PSSH in der KI zu stärken. Da die PSSH ein Paradigma informatischer Herkunft ist, können Siekmanns Ausführungen auch als Bestreben interpretiert werden, die transdisziplinäre KI dicht an der Informatik und ihrem technologischen Gegenstand, dem Computer, zu positionieren.

Solche Versuche, den Konnektionismus innerhalb der KI zu marginalisieren, stoßen nicht überall in der KI auf Zustimmung. Offen kritisiert wird er beispielsweise von Christian Freksa, Professor am Fachbereich Informatik und Mitglied des Graduiertenkollegs Kognitionswissenschaft an der Universität Hamburg. Die wenigsten Vertreter des logikbasierten Ansatzes würden zwar offen den Standpunkt vertreten, biologische Vorbilder für kognitive Prozesse seien logikbasiert, allerdings gebe es Äußerungen, die darauf hindeuteten, dass ihre Autoren sich überhaupt keine andere Repräsentationsgrundlage als den Symbolismus vorstellen könnten. Freksa will mit dieser Argumentation logikbasierte Ansätze in der KI nicht eliminieren, sondern lediglich relativieren. Er vertritt die These, *„daß die Logik für be-*

*stimmte Fragestellungen ein geeignetes Repräsentationsmedium ist, dass es jedoch ein breites Spektrum kognitiver Fähigkeiten gibt, für deren Untersuchung eine andere Ausgangsbasis zugrunde gelegt werden sollte.*" (Freksa 1992:95) Die PSSH ist nach dieser Auffassung nur eine von verschiedenen Möglichkeiten der Nachbildung kognitiver Fähigkeiten. Neben der Wahrheit von Aussagen und der logischen Korrektheit von Schlüssen gebe es bei der Erforschung und Modellierung von kognitiven Prozessen eine Reihe anderer Aspekte, die von Interesse seien. Gehe man beispielsweise davon aus, dass Wahrnehmung und Handlungsfähigkeit in Raum und Zeit die Grundlage für kognitive Fähigkeiten bildeten, so liege nahe, zunächst Wissen über Raum und Zeit zu repräsentieren. Aspekte, die dabei eine fundamentale Rolle spielten, seien Konzepte wie Nachbarschaft, Ähnlichkeit und Analogie, so dass solche perzeptionsbasierten Systeme grundsätzlich mit unvollständigem und unscharfem Wissen operieren müssten. Diese Forderung, die in der Natur von vornherein erfüllt sei, müsste in der Logik jedoch erst durch die Hintertür der *nichtmonotonen Logiken* eingeführt werden. Freksa hebt demgegenüber die Repräsentationsansätze der KI und der Kognitionswissenschaft hervor, die auf jeweils andere Aspekte kognitiver Prozesse ausgerichtet seien, also die *semantischen Netze, Frames, Scripts, Produktionssysteme* und *neuronalen Netze*, die bestimmte Aspekte der Kognition in geeigneter Weise darstellten. (Freksa 1992) Um hervorzuheben, wie wichtig die Wahrnehmung von kognitionswissenschaftlichen Theorien in der KI sei, führt Freksa eine Reihe von Defiziten der logik-basierten KI-Ansätze in der Gestaltung von technologischen Systemen an. Er argumentiert gegen die in der KI vielfach verbreitete Auffassung, dass die kognitionswissenschaftlich orientierte KI-Forschung keine Beiträge für die anwendungsorientierte KI erbringe. Die konnektionistische KI könne insbesondere in den Bereichen des menschlichen Wissens Fortschritte erbringen, die sich der Formalisierung entzögen, wie beispielsweise weite Teile der menschlichen Erfahrungen oder des Schlussfolgerns. Desweiteren kritisiert Freksa die Unzulänglichkeit des in der Logik begründeten Wahrheitsbegriffs, nach dem die Welt durch wahre und falsche Aussagen als vollständig charakterisierbar angesehen werde. Dieser Standpunkt von objektiver Wahrheit führe in der Gestaltung des technischen Artefakts dazu, dass beim logikbasierten Ansatz *„der Aspekt der für eine Aufgabenlösung verwendeten Konzepte sowie des für den Lösungsprozess erforderlichen Aufwandes gegenüber dem schließlich erwarteten Resultat in den Hintergrund"* trete. (Freksa 1992:97) Damit entstünden jedoch bei der Nutzung der Systeme gestaltungsbedingt Nachteile, die für die Handhabung gravierend seien, wie etwa der Verlust von Echtzeit bei der Modellierung von interaktiven Prozessen oder der Mangel an Speicherkapazität.

Deutlich wird an Freksas Argumentation, dass für die Berücksichtigung des konnektionistischen Paradigmas kein Ausschließlichkeitsanspruch erhoben wird, sondern der transdisziplinäre Charakter der KI ausgeschöpft und als Potential für die wissenschaftliche Erkenntnis und die technische Entwicklung genutzt werden soll. Freksa sieht damit die KI in deutlich mehr Distanz zur Informatik als viele andere seiner KI-Kollegen. Diese unterschiedlichen Haltungen gegenüber der *PSSH* und dem Konnektionismus, die hier exemplarisch an den Positionen von Siekmann einerseits und Freksa andererseits dargestellt wurden, stehen somit für unterschiedliche Positionierungen der KI in diesem transdisziplinären Forschungsfeld zwischen Informatik und Kognitionswissenschaften. Freksa stellt wie andere Befürworter des Konnektionismus in der KI keinen paradigmatischen Alleinvertretungsanspruch, was angesichts der starken Position der symbolischen KI, die einer ‚Alleinherrschaft' gleich kommt, wohl auch unrealistisch wäre.

Es mag diesem wissenschaftspolitischen Realismus geschuldet sein, dass Freksa nur die Dimensionen des Konnektionismus thematisiert, die vereinbar sind mit der Computermetapher des menschlichen Geistes (welche von der PSSH herrührt). Die Informatik als Leitdisziplin in der transdisziplinären Konstellation der KI stellt er nicht infrage. Allerdings gelingt es ihm aus dieser Haltung heraus auch nicht, eine klare Position gegenüber denjenigen zu beziehen, die sich unter dem Deckmantel einer integrativen Sicht des konnektionistischen Paradigmas um eine Instrumentalisierung des konnektionistischen Feldes und der kognitionswissenschaftlichen Grundlagenforschung für die symbolische KI bemühen. Beispielsweise W. Bibel und U. Furbach schlagen für die Entwicklung von KI-Computersystemen die *„Ver-*

*zahnung von konnektionistischen mit symbolischen, deduktiven Systemen*" vor. Bibel und Furbach schweben dabei eine pragmatische Arbeitsteilung vor, bei der die spezifischen Qualitäten des einen Systems die jeweiligen Schwächen des anderen Systems ausgleichen könnten. „*So können zum Beispiel Regeln einer Domäne durch ein konnektionistisches System gelernt werden, die dann in einem Inferenzsystem (Schlussfolgerungssystem, g.k.) verwendet werden. Diese Verzahnung von konnektionistischen mit symbolischen, deduktiven Systemen ist jedoch noch enger denkbar. So werden konnektionistische Lernverfahren bereits mit Erfolg eingesetzt, um Heuristiken in Suchbäumen von Beweisprozeduren zu lernen, so dass diese im Verlauf ihres Einsatzes immer leistungsfähiger werden. Denkbar wäre auch eine konnektionistische, lernfähige Unifikationsprozedur, die von einem symbolischen Deduktionssystem verwendet wird.*" (Bibel / Furbach 1992:93) Konnektionistische Methoden wären somit zuständig für das ‚Erlernen' des Wissens, das beispielsweise in Expertensystemen als eine notwendige Komponente zur Verfügung stehen muss. Mit Hilfe von logikbasierten Methoden der symbolischen KI würde demgegenüber das Inferenzsystem ergänzt, das die Regeln zur Verfügung stellt, nach denen auf der Basis der Daten der Wissenskomponente die Ergebnisse errechnet würden. Die Möglichkeit für derartige Kombinationen unterschiedlicher Paradigmen erschöpfe sich aber nicht in der Realisierung von technischen Systemen, sondern erscheine auch in kognitionswissenschaftlichen Bereichen als sinnvolles Modell: „*intelligentes Verhalten durch Interaktion unterschiedlicher Systeme.*" (Bibel / Furbach 1992:93) Auch hier haben konnektionistische Modelle gerade in den Bereichen Attraktivität, die der logikbasierten, symbolischen KI und ihren Lösungsversuchen bisher verschlossen geblieben sind. Vom Blickwinkel der Evolution aus seien solche verhaltensorientierten, konnektionistischen Systeme sicher auch die Grundlage für Intelligenz auf einer „*höheren Ebene*", und es sei keine Frage, dass dieser Zugang der „*Intelligence without Reason*" erfolgreich sei.[62] (Bibel / Furbach 1992:93; auch Dreyfus 1991)

---

62 Allerdings ist die Verknüpfung der beiden verschiedenen Paradigmen auf theoretischer Ebene nicht ohne weiteres zu leisten, da nun Konzepte und Symbole (der

Allerdings werden die konnektionistischen Methoden von Bibel und Furbach eher als Ergänzung zu den Bearbeitungsmethoden der symbolischen Ansätze angesehen, nicht jedoch als Paradigma mit eigenständigen und teilweise konkurrierenden erkenntnistheoretischen Dimensionen. Diese Anteile des Konnektionismus werden in ihrer gesamten Argumentation ausgeblendet. Der Konnektionismus wird von ‚Symbolisten' und ‚Konnektionisten' in der KI nahezu einmütig auf die erkenntnistheoretischen Dimensionen ‚zurechtgestutzt', die in das ideelle Gebäude der KI passen. Auch diejenigen, die *„starke Argumente für das neue (sub-symbolische) Paradigma"* (Dorffner 1991:vi) liefern wollen, nehmen den Konnektionismus nur so weit in seiner wissenschaftlichen Substanz wahr, wie er die Computermetapher des Geistes und damit die informatische Dominanz in der KI nicht infrage stellt.

Dass die Einbindung des Konnektionismus auch auf technischer Ebene geleistet werden kann, ist eine wichtige Voraussetzung für dessen Akzeptanz in der KI. So erscheinen gerade auch die Beiträge, die der Konnektionismus für die Entwicklung von technischen Artefakten erbringen konnte, als wesentlich für seine Wahrnehmung in der KI. Diese Verbindung von konnektionistischen und symbolischen Methoden konnte in der technikorientierten KI in so genannten hybriden Systemen hergestellt werden.

Solche *Hybridsysteme* als Amalgamat der beiden Paradigmen lassen 1994 – circa sechs Jahre nach seinem Revival – das Interesse am Konnektionismus in der KI aufleben und auch die Konnektionismus-Fachgruppe aus *„längerem Dornröschenschlaf"* erwachen. Als eine ihrer ersten Aktivitäten wird ein Workshop organisiert, in dem *„zehn*

---

symbolischen KI) in den jeweiligen Wissensbeständen so gestaltet werden müssten, dass sie in erfahrbaren (neuronalen) Zuständen des (konnektionistischen) Systems sozusagen ‚verankert' werden können. Bei diesem so genannten *grounding* steht man vor großen Schwierigkeiten. Interessant ist, dass Bibel und Furbach sich mit dieser Auffassung in Übereinstimmung mit Hubert L. Dreyfus befinden, der in einem Interview mit Karlhorst Klotz folgende Position vertritt: *„My hunch is there are just different systems in the brain that do different things and there is no reason to think that the gestalt perception system will ever be modellable symbolically. Nor that logic systems will ever be modellable in a connectionist way. So, I am for hybrid systems."* (Dreyfus 1991:75f.).

*Forscher ihre Arbeiten zur Verbindung von symbolorientierter KI mit neuronalen Netzen*" vorstellen. (1994:93) Diese Einbindung konnektionistischer Methoden in die symbolische KI bestimmt die Wahrnehmung der neueren Forschungs- und Entwicklungstätigkeit der ‚Konnektionisten' innerhalb der KI. Sie wird auch explizit als Leitlinie der *Arbeitsgemeinschaft der deutschen KI-Institute* (AKI) herausgestellt (Barth et al. 1991) Insbesondere auf dem Gebiet der neuronalen Netze und der Robotik ist diese Einbindung erfolgreich vollzogen worden, wie Berichte in der Zeitschrift *KI* über Workshops zum Thema *Neuronale Netze* und auch diverse Fachvorträge sowie das Workshop-Programm der *20. Deutschen Jahrestagung für Künstliche Intelligenz* zeigen. (Vortrags- und Workshop-Programm 1996) Bei denjenigen, die an konnektionistischen Methoden interessiert sind, scheint es sich um junge, kreative Wissenschaftler zu handeln, die die KI-Gemeinde auch mit neuen didaktischen Formen bereichern. So wird von einer *AG Neuro Science e.V.* an der TH in Darmstadt auf der oben erwähnten *Jahrestagung für Künstliche Intelligenz* ein Neural *Network Contest 1996* (bereits zum dritten Mal) veranstaltet, in dem es darum geht, ein neuronales Netz zu konstruieren und zu programmieren, „*das in der Lage ist, eine Segelboot auf seinem Weg durch ein (simuliertes) Meer zu steuern.*" (Wettbewerbsausschreibung 1996:75) Auch die institutionelle Etablierung des konnektionistischen Ansatzes innerhalb der Standesorganisation der KI-Community, dem *Fachbereich 1 ‚Künstliche Intelligenz'* der Gesellschaft für Informatik, ist in Form einer Fachgruppe: *1.1.2 Konnektionismus* geschehen, wobei die Aktivitäten unter anderem in der organisatorischen und inhaltlichen Förderung des Konnektionismus bestehen, etwa als Veranstalter einer alljährlichen *Herbstschule Konnektionismus und Neuronale Netze.* (Mitteilungen 1994; Mitteilungen 1996)

Darüber hinaus gibt es weitere Belege für die Verbindung von symbolischer und konnektionistischer KI. Einer davon ist RHINO, ein mobiler Roboter, den man langfristig dazu bewegen möchte, „*komplexe Indoor-Aufgaben wie beispielsweise Boten- und Transportdienste, Hausführungen, Überwachungs- und Reinigungsfunktionen sowie Inspektions- und Wartungsaufgaben*" zu übernehmen. (Cremers / Buhmann / Thrun 1995:48) In der Steuerungssoftware dieses Roboters werden neben anderen Methoden auch künstliche Neuronale Netze eingesetzt. Gerade im Robotikbereich ist die Anwendung von Neuronalen Netzen weithin verbreitet, da ein ‚autonomer' Roboter in hohem Maße auf die ‚Wahrnehmung' seiner Außenwelt angewiesen ist und – in Nachahmung der menschlichen Wahrnehmung – deswegen Daten filtern und auswerten soll, die er aus dieser Außenwelt aufnimmt.

Heute haben konnektionistische Ansätze in der KI einen unübersehbaren Platz gewonnen.[63] Die Gleichsetzung von KI-Forschung und Symbolverarbeitung, die Ahrweiler aus wissenschaftssoziologischer Perspektive für deutsche Verhältnisse feststellt und damit begründet, dass nur wenige Vertreter konnektionistischer Bearbeitungsstrategien sich explizit als KI-Wissenschaftler verstünden, kann damit nicht bestätigt werden. (Ahrweiler 1995:28f.) Der Paradigmenstreit zwischen Symbolismus und Konnektionismus, der die KI über viele Jahre begleitet hat, war für die kognitive Identität des Faches essentiell. Im Zuge der Auseinandersetzungen ist die Anschlussfähigkeit des Konnektionismus an die symbolische KI ausgelotet und vollzogen worden. Diese Aushandlungsprozesse haben zu einer bewussten Wahrnehmung der Bottom-up-Ansätze aus den neuro-biologischen orientierten Teilgebieten der KI geführt. Auch in der Forschungsförderung schlägt sich diese Entwicklung nieder. Die KI und die Neuroinformatik werden Mitte der 90er Jahre vom Bundesministerium zu einem gemeinsamen Förderschwerpunkt zusammengefasst. (Schmidt 1996) Die Integration des Konnektionismus hat für die KI neue Impulse und Methoden erbracht, ohne dass diese ihre erkenntnistheoretischen Grundannahmen, die zeitweise in Gefahr schienen, revidieren musste. Dass die KI-Community die Computermetapher des Geistes und die Leitfunktion der Informatik in der transdisziplinären Konstellation gegen alle Anfechtungen bewahren konnte, hat ihr Selbstbewusstsein gegen-

[63] Die Bedeutung des Konnektionismus für die Künstliche Intelligenz scheint auch auf internationaler Ebene nicht größer zu sein als in Deutschland. Das geht zumindest aus einem Bericht von Petra Gefert u.a. in: KI (1), S.23f. über die International Joint Conference on Artificial Intelligence (IJCAI) 1989 in Detroit hervor, auf der sich nur etwa zehn von über 300 Vorträgen mit Themen des Konnektionismus beschäftigten.

über der Informatik gestärkt und zur weiteren Öffnung gegenüber von Bottom-up-Ansätzen aus der Neurobiologie geführt.

Die paradigmatischen Debatten der KI-Community sind begleitet von Image-Debatten. Das Aufkommen des Konnektionismus wird vielfach mit der Befürchtung verbunden, er könne die KI wieder ins öffentliche Gerede bringen. So ist die abwartende Haltung gegenüber dem Konnektionismus in der KI-Community auch als eine generelle Skepsis gegenüber den übertrieben euphorischen Einschätzungen erklärbar, die schon in den Anfangsjahren der KI ein negatives Bild in der Öffentlichkeit entstehen ließen. Dieses Motiv taucht in den Konnektionismus-Diskursen immer wieder auf, etwa beim ersten Deutschen Workshop für Neuronale Netze in Garmisch-Partenkirchen, von dem berichtet wird, dass in einer Abschlussdiskussion einer Arbeitsgruppe zur Realisierung von Neuronalen Netzen neben den Chancen, die man sich davon in Spezialbereichen verspreche, gerade *„auch die Ängste der Teilnehmer vor zu großen Versprechungen (‚Wie in der KI!?!') und vor Akzeptanzproblemen deutlich"* wurden. (Hanning 1989:12) Befürchtungen, dass der konnektionistische Ansatzes bei den Anwendern auf geringe Akzeptanz stoßen könne, erscheinen der Community nicht abwegig. Denn nicht nur all zu vollmundige Versprechungen, auch die sehr enge Orientierung an Materialität und Funktion des menschlichen Gehirns sind dazu angetan, das alte Bild der künstlichen Menschenproduktion zu aktualisieren. Das Gehirn als direktes Vorbild für die Gestaltung von Computern löst bei vielen Menschen Angst und Schrecken aus, insbesondere, wenn das wie in der KI auf der verbalen Ebene mit starken metaphorischen Übertragungen einhergeht, welche suggerieren, beim Gehirn und Neuronalen Netzen handele es sich im Wesentlichen um dasselbe. Dieser Eindruck wird geweckt, wenn die Selbstimplementierung von Wissen als *Lernen* oder das menschliche Denken als *Datenverarbeitung* bezeichnet werden.

Andererseits haben sich die Konnektionisten einem Forschungsgebiet zugewendet, das hohen Prestigegewinn verspricht. Mit der technischen Rekonstruktion bestimmter Funktions- und Organisationsprinzipien des menschlichen Gehirns wagt man sich an Probleme heran, die sich bisher jeder Programmierung hartnäckig entzogen haben.

Eine der wesentlichen Herausforderungen, die die Konnektionisten bewegt, ist dabei das *maschinelle Lernen*, d.h. „*die Entwicklung permanent adaptiver Systeme, die nicht mehr eine bestimmte Trainingsphase voraussetzen, in der die simulierte oder reale Umgebung konstant gehalten wird.*“ (Diederich 1988:30) Damit hofft man die zeitraubenden Prozeduren zu umgehen, die die diversen ‚maschinellen Lernverfahren' für die Entwicklung von konnektionistischen Systemen und Software mit sich bringen. (Diederich 1991) Solche ‚permanent adaptiven' Systeme sollen die KI-Entwicklung wesentlich beschleunigen und der KI insgesamt einen enormen Schub verleihen. Ein solches permanent adaptives System wäre zudem ein Meilenstein in der KI-Entwicklung, da mit einem derart lernfähigen technischen System auch eine Art Präzedenzfall dafür vorliegen würde, dass menschliche Intelligenz maschinell zu rekonstruieren ist. Der Versuch, einem technischen System ‚permanente Adaptivität, zu verleihen, wird damit zu einem Projekt, das im Falle seines Gelingens außerordentlich hohen Prestigegewinn verspricht.

Andererseits kann dieses ambitionierte Forschungsziel mit hohen professionellen Kosten verbunden sein, da der Erfolg dieses Ansatzes offen ist. Das gilt um so mehr, als diese selbst organisierte „*intelligence without reason*“ – wie Wolfgang Bibel und Ulrich Furbach den konnektionistischen Ansatz bezeichnen in Anlehnung an einen amerikanischen Autor – assoziiert, dass es sich dabei nicht ganz eindeutig um eine von Menschenhand und -kopf geschaffene, Künstliche Intelligenz handelt, da sich diese quasi naturwüchsig entfaltet. Die Konnektionisten verlassen durch ihre Beschäftigung mit der „*intelligence without reason*“ die Aura des intellektuell Herausragenden, die sich die KI-Forschung zu eigen gemacht hat, und begeben sich auf die Ebene der deutlich geringer geschätzten Naturwüchsigkeit. (Stach 1992)

Ein wesentliches Charakteristikum von transdisziplinären Forschungsfeldern wie der KI scheint die Unübersichtlichkeit zu sein, welche die Vielfalt an Paradigmen, disziplinären Traditionen, Wissensbeständen, Institutionen usw. mit sich bringt. Transdisziplinen leben von dieser Vielfalt um den Preis, dass ebenso vielfältige Orientierungsleistungen erbracht werden müssen, um wissenschaftlich auf dem Laufenden zu bleiben. Auch die Ausbildung von verbindlichen Standards, wie sie in anderen Disziplinen existieren, ist dabei nur unter großen Mühen möglich. Das wird vielfach als belastend empfunden. Bernd Neumann, einer der Gründerväter der KI, beklagt denn auch die unübersichtliche Lage, die fortdauere, obwohl die KI in Deutschland bereits ein anerkanntes Forschungs- und Arbeitsgebiet sei, wenn auch eines mit sehr verschwommenem Anspruch. Unter diesem Titel ließen sich nach wie vor wissenschaftliche Beiträge veröffentlichen und neuerdings auch Produkte auf den Markt bringen, die KI-Methoden nur dem Namen nach oder überhaupt nicht verwendeten. Als Ursache dafür sieht Neumann das Fehlen eines Curriculums für die KI-Ausbildung an Hochschulen, weil dadurch auch schwach qualifizierte Absolventen sich als KI-Experten ausgeben könnten. Eine weitere Ursache für die mangelnde Transparenz des Fachgebietes sei seine Interdisziplinarität und die vielfältigen Anwendungsmöglichkeiten. (Neumann 1987) Die Möglichkeit, interdisziplinär zu arbeiten, macht andererseits für viele den Reiz der KI aus, hat allerdings ihren Preis. Die intensive Beschäftigung mit interdisziplinären Fragestellungen bewirkt eine gewisse Entfremdung von dem professionellen Selbstbild, das die KI-Protagonisten im Laufe ihrer disziplinären, wissenschaftlichen Sozialisation entwickelt haben. Professionelle Identitätskonflikte können entstehen.

> Ich habe mich nie als KI-lerin gefühlt und fühle mich heute nicht so. Auf der andern Seite ist es nun mal so, dass ich schon ein bisschen diesen Bereich mit vertrete oder mitrepräsentiere auch. Und, ja, aber generell existieren immer wieder die Probleme, inwieweit wird – (...). Meine Interessen sind eben sehr mathematisch formal orientiert, da wird gleich gesagt: „Das ist doch Mathematik, was die treibt." Dann interessiere ich mich für Sprache; dann ist es Linguistik, was ich treibe. Dann interessiere ich mich für, ja, auch wieder formale Strukturen, Ontologie; dann kann man es in die Philosophie stecken. Und dann interessiere ich mich für Kognitionswissenschaften; dann ist es auch nicht Informatik, ja! Und irgendwie hab ich immer das Gefühl, ich müsste mich rechtfertigen als Informatikerin, müsste irgendwie beweisen, dass ich Informatikerin bin. Und das ist eine Situation, die mir nicht, nicht so gefällt. (Interview Müller, S.6)

Auch die Einschätzung der zukünftigen Forschungsergebnisse erweist sich als eine zentrale Schwierigkeit in dem schwer überschaubaren Forschungsgebiet, weil die jeweils anderen Teilbereiche schwer zu überblicken sind. Es scheint darüber hinaus aber auch eine Besonderheit der KI zu sein, dass die Ziele, die in der KI-Forschung gesteckt wurden, und die Ergebnisse, die sie vorzuweisen hatte, deutlich auseinanderklaffen.[64] (Heyer 1988) Das wird unter anderem in einem Bericht von Peter Spieker über die 7. KI-Frühjahrsschule in Günne deutlich, in dem er feststellt, dass die ‚KI-Bäume' nicht in den Himmel gewachsen seien, wie noch vor nicht allzu langer Zeit etwa von A. Turing oder T. Winograd erwartet worden war. (Spieker 1989:15) Diese ernüchternde Feststellung versuchte Thomas Christaller zu relativieren und auch für die Kollegen positiv zu wenden, die nach jeder großen Konferenz in den vergangen Jahren beklagten, dass es etwas wirklich Neues nicht gegeben habe. Er gibt sich sicher, dass Erkenntnis in kleinen Schritten kommt. Viele Fragestellungen in der KI seien schließlich so komplex, dass mit einem großen Wurf vorerst nicht zu rechnen sei. Die KI biete dafür so spannende Fragen wie: „*Werden wir erste autonome, künstlich-intelligente Maschinen entwickeln? Schaffen wir die Verbindung herzustellen zwischen Wahrnehmen, Problemlösen, Handeln und Kommunikation? Ist Alltagswissen traktabel?*" (Christaller 1989:3)

Eine wesentliche Leistung, die in der Transdisziplin KI bewältigt werden muss, ist die Harmonisierung der Interessen von Anwendern und Forschern, die sich oft diametral gegenüber stehen. Die unterschiedlichen Interessenlagen spiegeln sich auch im Paradigmenstreit zwischen Konnektionismus und Symbolismus deutlich wieder. Für die anwendungsorientierte Forschung und Entwicklung ist das Aufkommen eines konkurrierenden Paradigmas zunächst von geringem Interesse. Sie lässt sich dadurch nicht in der Entwicklung von KI-Technologie beirren, die nach wie vor auf dem Konzept der symbolischen KI beruht. Nur wenige Anwender sind interessiert an erkenntnistheoretischen Positionen. Für sie stehen die technologische Performanz und die Stabilität der Systeme im Vordergrund. Auftretende Probleme sehen sie nicht durch erkenntnistheoretische Unzulänglichkeiten verursacht und es ist aus dieser Sicht kaum relevant, „*dass Wissen nicht*

[64] Dieser Umstand bereitet einigen Leuten in der Community Bauchschmerzen. Nur wenige sprechen das so offen aus wie Gerhard Heyer, ein KI-erfahrener und -interessierter Wissenschaftler aus der Industrie.

*notwendigerweise auf die Existenz mentaler Repräsentationen zurückzuführen ist (siehe beispielsweise Heidegger), sondern sich aus dem unmittelbaren Sein des Subjektes in der Welt entwickelt.*“ (Becker 1990b:32)

Die KI in Deutschland muss einerseits einer anwendungsorientierten Ingenieurswissenschaft, die von der KI-Forschung funktionsfähige Technologien für die Softwareentwicklung erwartet, und andererseits einer breit orientierten, experimentellen, akademischen Disziplin gerecht werden. (Nagel 1988) Dass das ein ständiger Zwiespalt bleibt, machen immer wieder kleine Andeutungen und Randbemerkungen deutlich, wie etwa die von Thomas Christaller, mit der er sich in einem Editorial nach einem längeren Abschnitt mit Überlegungen theoretischer Art entschuldigend an die anwendungsorientierten KI-Protagonisten wendet, sie sollten doch bitte diesen Ausflug in die Theorie verzeihen. (Christaller 1992:6)

Der oben dargestellte Paradigmenstreit zwischen Konnektionismus und Symbolismus hat nicht nur eine Neupositionierung der KI im transdisziplinären Feld erbracht. Die partielle Integration des Konnektionismus hat Bottom-up-Ansätze in der deutschen KI hoffähig gemacht und sie damit auch für eine intensivere Wahrnehmung von wissenschaftlichen Ergebnissen und Paradigmen aus den benachbarten Kognitionswissenschaften geöffnet. Aufgrund dieser größeren Durchlässigkeit konnten Themenfelder in der KI erschlossen werden, die bis zu diesem Zeitpunkt brach lagen oder auf die sich nur wenige KI-Protagonisten vorgewagt hatten. Bereits 1989 merkte Christoph Lischka von der GMD in Sankt Augustin an, dass der Begriff von Kognition als Informationsverarbeitung als Basis für eine Erklärung von kognitiven Phänomenen immer fragwürdiger werde. Er nahm damit die grundsätzliche Kritik am Informationsparadigma ernst und zog die Konsequenzen, die sich daraus für seine eigene wissenschaftliche Arbeit (und die wissenschaftliche Bearbeitung der KI insgesamt) ergab. Für Lischka hatte die Computermetapher vom menschlichen Geist vor allem historischen Wert; ähnlich wie die Vorstellungen von Kognition als Gesprächsvermittlung in einer Telefonzentrale eine gewisse Zeit fruchtbar gewesen seien und Fortschritte in der Gehirnforschung gebracht hätten (ohne dass letztere zur Teildisziplin der Kommunikationswissenschaft wurde), sei es an der Zeit, die historische Bedingtheit und Begrenztheit der Computermetapher einzusehen und sich Alternativen mit besserem Erklärungswert zuzuwenden. Was eine solche Alternative sein könnte, formuliert er dann jedoch nicht. (Lischka 1989)

Barbara Becker nimmt eine Begriffsbestimmung von Interdisziplinarität zum Anlass, um auf die Begrenztheit des KI-Paradigmas hinzuweisen. Interdisziplinarität bedeutet für Becker mehr als die bloße methodische Zusammenarbeit beim Lösen von Problemen. Sie diene vielmehr der Überwindung von Erkenntnisgrenzen und impliziere damit die These, „*dass bestimmte Problemstellungen, bestimmte Fragen überhaupt erst wahrgenommen werden können, wenn die restriktiven disziplinären Wahrnehmungsstrukturen überwunden werden zugunsten einer globaleren Sicht eines Phänomens.*“ (Becker 1990a:34) Die interdisziplinäre Orientierung als institutionelle Maßnahme und als Orientierung einzelner Wissenschaftssubjekte sieht sie als Voraussetzung und Möglichkeit an, die methodischen und theoretischen Grenzen in der KI zumindest teilweise zu analysieren, offen zu legen und zu überwinden. Als wünschenswerten Weg für die wissenschaftliche Entwicklung der KI-Community schlägt sie vor, „*auch jene geisteswissenschaftlichen Traditionen stärker als bisher in die KI-Diskussion zu integrieren, die nicht unmittelbar im Kontext der Kognitionsforschung anzusiedeln sind, sondern von anderen paradigmatischen Ausrichtungen geprägt sind als dem für die Kognitionsforschung charakteristischen Informationsverarbeitungsansatz. (...) So lassen sich grundsätzliche Schwierigkeiten der KI, wie beispielsweise die nur begrenzte Möglichkeit einer maschinellen Repräsentation von Experten-Performanz sowie die Problematik des der KI – egal ob im traditionellen Symbolverarbeitungsansatz oder aber in den gegenwärtig verbreiteten konnektionistischen Modellen – zugrundeliegenden Paradigmas der Informationsverarbeitung nur erkennen, wenn die Vielfalt geisteswissenschaftlicher Erkenntnisse, beispielsweise die (nicht analytische) philosophische Tradition, stärkeren Einfluss gewinnen kann auf die Bewertung der KI-Konzepte.*“ (Becker 1990a:35f.) Nach Beckers Vorstellungen sollte die KI als Wissenschaft geprägt sein von Interdisziplinarität – einer Interdisziplinarität, die sich nicht nur in der gemeinsamen Bearbeitung einer Fragestellung erschöpft, sondern die jeweiligen disziplinären Wahrnehmungsstrukturen und Denkmuster einbezieht. Mit einer derart praktizierten KI verbindet sie die Hoffung, dass die Reduktionen des Informationsverarbeitungsparadigmas überwunden werden könnten.

Der kritische Impetus, den sowohl Becker als auch Lischka gegenüber dem Informationsverarbeitungsparadigma an den Tag legen, hängt mit ihrem Versuch zusammen, die KI stärker an die Kognitionswissenschaften heran zu rücken, deren Paradigmen und Artefakte im Zeichen des Erkenntnisgewinns über den menschlichen Geist stehen sollen. Die ingenieurswissenschaftlichen Systementwicklungen werden dabei als Variable der kognitionswissenschaftlichen Forschung gesehen. Als Folge der stärkeren kognitionswissenschaftlichen Ausrichtung der KI prognostiziert man bessere Erkenntnisfähigkeit und auch eine bessere Performanz der technologischen Artefakte. Diese Vorschläge von Becker und Lischka, die Computermetapher als Modell für den menschlichen Geist aufzugeben, bleiben lange ohne Resonanz – vielleicht wegen des Mangels an Alternativen.

Erst Jahre später, 1996, wird die Thematik von Thomas Christaller[65] wieder aufgegriffen und reformuliert: „*Aber was ist, wenn die PSSH für biologische Symbole nicht zutrifft? Das könnte sehr gut sein, denn eine Reihe von Ergebnissen der Gehirnforschung deuten darauf hin, dass die Prozesse, die üblicherweise als neuronale Informationsverarbeitung interpretiert werden, ihre physikalisch-chemischen Basismechanismen dauernd verändern. Mit anderen Worten: Durch Denken wird die Materie und Energie, die das materielle Substrat dafür liefern, in einer Art und Weise bewegt, die den Prozess des Denkens selbst so verändern kann, dass er prinzipiell unwiederholbar wird.*“ (Christaller 1996:43) Es scheint, als ob das, was der philosophischen und sozialwissenschaftlichen Kritik an der KI nicht gelang, nun durch entsprechende Ergebnisse der Hirnforschung ange-

---

65 Ein interessanter Aspekt in diesem Zusammenhang könnte sein, dass alle drei, Becker, Christaller und Lischka, bei der GMD (Gesellschaft für Mathematik und Datenverarbeitung) in Sankt Augustin tätig sind. Leider ist es in diesem Rahmen nicht möglich, diesem Hinweis weiter nachzugehen.

stoßen werden könnte. Deren Forschungsergebnisse stützen sich schließlich nicht auf Gedankenspiele und philosophische Konstrukte, sondern auf die für Ingenieur- und Naturwissenschaftler eher nachvollziehbaren physikalischen Größen Materie und Energie. Die Preisgabe der PSSH wird für (einzelne) KI-Forschende auch dadurch in den Rahmen des Möglichen gerückt, dass damit anders als bei der philosophischen und sozialwissenschaftlichen Kritik die Option einer künstlichen Intelligenz nicht grundsätzlich verspielt ist, sondern lediglich eine Re-Formulierung des Forschungsprogramms erfordert, in dem *„in viel größerem Umfang die vorliegenden empirischen Befunde der Naturwissenschaften aufgegriffen werden“* und *„in dem von der Natur lernend die Konstruktionsprinzipien für potentiell intelligente Artefakte entwickelt werden können. (...) Es steht für mich außer Frage, dass diese Artefakte in heutigem Sinne durchkonstruiert sein können. Stattdessen geht es darum, sowohl auf der physikalischen als auch der informationellen Seite Dispositionen zu schaffen, die dann unter geeigneten Umweltbedingungen in einem sich selbst organisierenden Prozess nach dem Münchhausen-Prinzip (engl. bootstrapping) zu ‚lauffähigen' Systemen führen.“* (Christaller 1996:43f.) Die Realisation von künstlicher Intelligenz erscheint Christaller auch mit relativierter PSSH grundsätzlich möglich und gilt nun als abhängig von den *„richtigen“* Fragestellungen und der Entwicklung geeigneter physikalischer Medien für solche *„intelligenten Artefakte“*.

Neu an diesem Gedanken ist nicht die Idee der sich *„selbst organisierenden Maschinen“*, die als grundlegendes Prinzip neuronaler Netzarchitekturen bereits 1987 vom Bundesminister für Forschung und Technologie als förderungswürdig angesehen wurde. (Pressemitteilung des Bundesministers 1987) Neu ist vielmehr der Ansatz, solche selbst organisierenden Prozesse mit Hilfe veränderter *„physikalischer Dispositionen“* zu schaffen, d.h. die Materialität der bisherigen Rechner dahingehend zu verändern, dass sie sich im Laufe der Rechenprozesse selbst verändern kann. Gegenüber den künstlichen neuronalen Netzen, in denen die Selbstorganisation der Daten innerhalb der vorgegebenen materialen Strukturen der Rechnerarchitekturen abläuft, wird in den Überlegungen von Christaller das Prinzip der Selbstorganisation auch auf die materiale Struktur der Rechner selbst ausgedehnt, die ihr materielles Substrat – so wie das Gehirn auch – im Laufe der Rechenprozesse verändern. Auch wenn Christaller noch keine konkreten Vorschläge für die Konstruktion solcher Rechner macht, so wird doch deutlich, dass zusätzlich zu den bisher ablaufenden physikalischen Prozessen die Materialität derart gestaltet sein soll, dass wie im Gehirn Reife- und Alterungsprozesse vonstatten gehen können – eine Anforderung, der heute Rechner in keiner Weise gewachsen sind. Als Fazit sieht Christaller für die KI eine stärkere Orientierung an den natürlichen Vorbildern und den Ergebnissen der entsprechenden wissenschaftlichen Disziplinen. „*Die Forderungen nach Embodiment, Situatedness und Bottom-up-Konstruktion weisen in die richtige Richtung. Aber es müssen in noch viel größerem Umfang die vorliegenden empirischen Befunde der Naturwissenschaften aufgegriffen werden, um ein Forschungsprogramm der Künstlichen Intelligenz zu formulieren, in dem von der Natur lernend die Konstruktionsprinzipien für potentiell intelligente Artefakte entwickelt werden können.*“ (Christaller 1996:43f.)

Die Akzeptanz eines neuen Bottom-up-Paradigmas in der KI, für die hier argumentiert wird, steht in enger Beziehung zu den Erfolgen, die das benachbarte Forschungsgebiet *Artificial Life* im Bereich der Robotik verbuchen konnte und auf die sich Christaller auch bezieht. Mit *Artificial Life* ist ein Forschungsgebiet bezeichnet, in dem versucht wird, lebensähnliches Verhalten im Computer oder ähnlichen Medien zu synthetisieren. Das technische Artefakt wird als Medium angesehen, um Wissen über die Lebensprinzipien der Natur bzw. natürlicher Vorbilder zu gewinnen. *Artificial Life (ALife)* sieht sich als Erweiterung der empirischen Grundlagen, auf denen die Biologie beruht, „*über kohlenstoffbasiertes Leben, das sich auf der Erde entwickelt hat, hinaus – kann ALife beitragen zur Theoretischen Biologie durch Lokalisierung des Lebens-wie-wir-es-kennen in dem größeren Zusammenhang des Lebens-wie-es-sein-kann.*“ (Dautenhahn 1995:34, Hervorhebungen im Original) *Artifical Life* verhält sich insofern zur *Biologie* wie die *KI* zur den *Kognitionswissenschaften*, das technische Artefakt wird als Medium der Erkenntnis angesehen, das aber gleichzeitig über die in der Natur existierenden Prinzipien hinausweist und neue Wege beschreitet. Gemeinsam ist ihnen auch eine starke Affinität zum technischen Erkenntnisinteresse, denn „*eine große Gruppe der Alife-Community*“ beschäftigt sich mit der Konstruktion „*realer Artefakte in realer Umgebung*“ – also mit der Konstruktion von Robotern. Allerdings hat die *ALife*-Forschung ihren Schwerpunkt auf die Konstruktion selbständiger überlebensfähiger Artefakte - parallel zur Evolution natürlicher Systeme - gesetzt hat und sich damit als Grundlagenforschung (zunächst) jedem Anwendungsdruck entzogen. (Dautenhahn 1995:34) In der *Artificial Life* Forschung spielen die Wechselwirkungen und Interaktionen zwischen Artefakten und Lebensraum ein große Rolle in der Entwicklung von Designprinzipien – wie in der KI sind dabei unter anderem Adaptivität und Lernen ganz zentrale Fragen. Ein wesentlicher Aspekt von *Artifical Life* ist dabei, dass es ein Bottom-up-Ansatz ist, der die Emergenz von komplexem, globalem Verhalten (aus Beobachtersicht) anstrebt, ohne dass dieses Verhalten explizit programmiert (und damit auch verstanden) werden müsste. Es besteht also trotz der unterschiedlichen Fragestellungen der grundlagenorientierten *Artificial Life*-Forschung die Möglichkeit, dass deren Ergebnisse in der Konstruktion von Robotern direkt Verwendung finden könnten. Dieses technische Erkenntnisinteresse ist es auch, das die Wahrnehmung von *Artificial Life* in der KI-Community leitet. Es geht dabei um die Entwicklung einer wie auch immer gearteten maschinellen Intelligenz. Dem wird selten so klar Ausdruck gegeben wie hier bei Christaller: „*So mögen sie denn kommen, die intelligenten Roboter. Ihre Konstruktion wird bestimmt inspiriert sein durch unsere Kenntnisse über unser Gehirn und unsere Intelligenz. Doch sie werden immer ein anderes Gehirn haben als wir, da sie immer einen anderen Körper haben werden und andere ‚Bedürfnisse' des sozialen Zusammenlebens. Es erscheint aber sinnvoll, bei der Konstruktion intelligenter Roboter darauf zu achten, dass es eine wie auch immer geartete Kommunikationsmöglichkeit zwischen uns und ihnen gibt, vielleicht wie wir sie mit anderen Lebensformen z.B. Hunden schon kennen.*“ (Christaller 1996:44)

Wie weitgehend die KI-Community insgesamt tatsächlich diesen Ansatz *Artificial Life* aufgreift, kann noch nicht abgesehen werden. Jedenfalls gibt es einige Impulse aus der GMD, dieses Ende der 80er Jahre in den USA populär gewordene Konzept in die KI-Community hineinzutragen.[66] Im Oktober 1995 wird in Kooperation der GMD, der Fachgruppe *Informatik in den Biowissenschaften* und dem Fachbereich *Künstliche Intelligenz* der Gesellschaft für Informatik der erste nationale Workshop *Artificial Life* veranstaltet, der von dem Interesse geleitet ist, „*die Aktivitäten im deutschsprachigen Raum in ihrer ganzen Breite zu erfassen und dadurch eine nationale Plattform im Bereich dieses neuen Forschungsgebietes aufzubauen.*" (Ankündigung Artifical Life 1995:88) Nach und nach wird dieses Interesse auch in Form von Rezensionen entsprechender Monographien in der Zeitschrift *KI* bekundet. Und ein weiterer wesentlicher Schritt ist auf Antrag von Thomas Christaller getan worden, indem man am 4. März 1996 die *ALife*-Interessen offiziell innerhalb des *Fachbereichs 1: Künstliche Intelligenz* der Gesellschaft für Informatik integriert hatte. Laut Protokoll dieser Sitzung sind in der KI-Community zu diesem Zeitpunkt bereits vielfältige Aktivitäten zu diesem Thema vorhanden. Kommissarischer Sprecher wird Thomas Christaller. (Furbach 1996) Die Aktivitäten im Bereich *Artificial Life* scheinen sich also ohne all zu große Debatten und Konflikte in die KI einzufügen. Die Berührungsängste gegenüber Bottom-up-Ansätzen sind wohl seit dem ‚Einbau' von konnektionistischen Methoden nicht mehr sehr groß, zumal sich im Laufe der Zeit eine stärkere Zusammenarbeit mit den Kognitionswissenschaften bereits angebahnt hatte.

## 6.2 Wissenschaftliche Institutionen oder institutionalisierte Visionen

Eine Studie über die Institutionalisierungsgeschichte der KI aus soziologischer Perspektive wurde von Ahrweiler vorgelegt. (Ahrweiler 1995) Ein Rückblick auf die Etablierung der KI in der deutschen Forschungs- und Hochschullandschaft kann sich hier also darauf beschränkten, solche historischen Momente aufzugreifen, die sich als richtungsweisend für die wissenschaftliche Identität der KI-Community erwiesen haben oder die von den KI-Protagonisten selbst als historische Bezugspunkte genannt werden.

---

[66] Kerstin Dautenhahn berichtet a.a.O. dass im Jahre 1987 die erste *Artificial Life*-Konferenz in Los Alamos, New Mexico, stattfand.

### 6.2.1 Antivisionäre Programmatik

Obwohl es immer wieder zu mehr oder minder feindseligen Auseinandersetzungen zwischen KI und Informatik gekommen ist, war in Deutschland die Beziehung zwischen beiden stets vergleichsweise eng, denn die deutsche KI-Community hat die Anbindung an die Informatik von Anfang an zielstrebig betrieben. Anders als alle übrigen KI-Organisationen in Amerika oder Europa, die sich außerhalb der jeweiligen Informatik-Dachverbände zusammengeschlossen haben, organisieren sich die deutschen KI-Protagonisten innerhalb der *Gesellschaft für Informatik* (*GI*), zunächst in bescheidenem Rahmen als Untergruppe des GI-Fachbereichs *1. Theoretische Grundlagen* als Fachausschuss *1.2. Künstliche Intelligenz und Mustererkennung*. 1988 tritt man angesichts des rapiden Zuwachses an Interessenten und Mitgliedern mit dem Wunsch an die GI heran, diesen Fachausschuss zu einem eigenständigen Fachbereich neben den bisherigen drei Säulen, *Theoretische Grundlagen*, *Software* und *Hardware* anzuheben. Rückenwind für diesen Antrag erhielt die KI-Community neben dem starken Zuwachs an Mitgliedern auch durch die erfolgreiche Einrichtung von mehreren außeruniversitären KI-Institutionen wie z.B. dem *Deutschen Forschungszentrum für Künstliche Intelligenz* (DFKI) in Saarbrücken, dem *Forschungsinstitut für Anwendungsorientierte Wissensverarbeitung* (FAW) in Ulm und weiteren Institutionen in den Bundesländern, die anteilig von Staat und Wirtschaftsunternehmen finanziert wurden.[67] Der Wunsch, die KI innerhalb der Gesellschaft für Informatik (GI) zu etablieren, wird damit begründet, dass angesichts der spezifischen Situation in Deutschland eine Loslösung der KI von der GI und die Gründung einer eigenen Gesellschaft nicht wünschenswert seien. Diejenigen, die die KI-Community innerhalb der Gesellschaft für Informatik etablieren wollen, treiben die Einrichtung eines eigenen Fachbereiches innerhalb der GI zielstrebig voran und stellen dabei insbesondere die vielfältigen Verflechtungen mit anderen Kernbereichen der Informatik heraus. Gegenüber den Skeptikern in-

---

[67] Die einzelnen Stationen der institutionellen Etablierung der KI in der deutschen Hochschul- und Industrielandschaft sind ausführlich bei Ahrweiler dargestellt. Ahrweiler (1995:57-150).

nerhalb der GI wird argumentiert, dass die GI damit als einzige der europäischen Informatikerorganisationen auch künftig wichtige fachliche Verbindungen zur KI einschließlich der Bildung gemeinsamer Fachgruppen unter ihrem Dach integrieren könne. (Antrag 1988)

Auch in den außeruniversitären KI-Forschungszentren stehen die Zeichen auf Integration von Informatik und KI. Beispielsweise soll im DFKI die Grundlagenforschung dort angesiedelt werden, „*wo Künstliche Intelligenz und Informatik aneinander grenzen bzw. ineinander übergehen.*“ (Isensee et al. 1988:28) Die Verbindung von beiden sollte – so die Zielvorstellung aus den Anfängen des DFKI – geprägt sein von der „*Ausnutzung und Übertragung der Vorleistungen des jeweils anderen Gebiets, aber auch von den wechselseitigen Anforderungen und Defiziten.*“ (Ebd.) Die KI-Community war sich der engen Bezüge zur Informatik also von Anfang an bewusst und darum bemüht, diese auch institutionell zu fixieren. Anders als die US-amerikanische KI haben die deutschen KI-Protagonisten die enge Verbindung zwischen KI und Informatik nicht als „*accident of birth*“ (Schank 1987) aufgefasst, sondern als wichtige wissenschaftspolitische Weichenstellung für die weitere Entwicklung.[68] Solche institutionellen Festlegungen haben nach Erkenntnissen der Soziologie prägende Wirkung für die weitere Entwicklung von Wissenschaft und Technik.[69] Die Stärkung

---

68 Roger Schank schätzt die Beziehung zwischen AI und Computer Science so ein: “*There might also be some AI computer scientists, but on the whole, I believe, AI has less to say in principle to computer science than to any other discipline. The reason that this statement has not been true heretofore is an accident of birth.*” (Schank:1987, zitiert nach Hoeppner:1988).

69 „Institutionalisierungsprozesse werden dabei üblicherweise als Stabilisierungsvorgänge beschrieben: In ihnen erlangen Theoriegruppen, Spezialgebiete und wissenschaftliche Disziplinen eine organisatorische Absicherung: soziale und kognitive Identität stützen und verstärken einander. Zugleich handelt es sich aber – und dies wird seltener untersucht – auch um Disziplinierungen: wissenschaftliche Fächer gewinnen und bewahren ihre Identität nicht nur dadurch, dass sie sich auf bestimmte Traditionen berufen, sondern auch dadurch, daß sie sich von bestimmten Traditionsbeständen distanzieren. Im Verlauf solcher Aneignungs- und Abstoßungsprozesse sind Transformationsleistungen notwendig, durch die historische und aktuelle Problemstellungen, Erklärungs- und Interpretationsvarianten umformuliert werden, um die kognitive Identität eines bestimmten Theorieprogramms zu bewahren.“ (Lepenies 1981:IX)

der Informatikanteile in der KI, die die Community mit ihrer institutionellen Etablierung innerhalb der GI herbeigeführt hat, lässt sich insofern als Strategie interpretieren, mit der visionäre Deutungen der KI diszipliniert werden sollen.

Dass diese antivisionäre Standortbestimmung erfolgreich war, drückt sich im starken Zugehörigkeitsgefühl vieler in der KI tätigen Wissenschaftler und Entwickler zur Informatik aus. Die meisten von ihnen grenzen sich gegen die visionäre KI als Forschungsgebiet mit dem Argument ab, dass maximal zwanzig Prozent der so genannten KI-Systeme (z.B. Expertensysteme bzw. Wissensbasierte Systeme, Robotertechnologie) tatsächlich auf spezifischen KI-Methoden basierten, alles übrige seien Methoden der angewandten Informatik. Auch die Forschungswerkzeuge, die in der Informatik erlernt wurden, seien in KI-Arbeitsbereichen problemlos einsetzbar. Und selbst dort wo sich die Terminologie unterscheide, sei bei genauerem Betrachten zweifelhaft, es solche Unterschiede tatsächliche gebe. Als Beispiele werden dabei die Prozesse des *Software Engineering* in der Kern-Informatik und des *Knowledge Engineering* in der KI angeführt, also die Prozesse der Wissenserhebung in bestimmten *Gegenstandsbereichen* bzw. *Wissensdomänen* und deren Umsetzung in Software. (Bonsiepen / Coy 1990) Selbst die Besonderheiten, die von einzelnen KI-Akteuren zur Unterscheidung von der Informatik herangezogen werden, verweisen auf den engen Bezug zwischen dem transdisziplinären Forschungsfeld KI und der Mutterdisziplin Informatik. So wurden etwa die besonderen Vorzüge der KI als Methode gegenüber anderen Methoden innerhalb der Informatik beschrieben. Hier wurde übereinstimmend angeführt, dass die KI besondere Lösungsmöglichkeiten zur Verfügung stelle, mit denen komplexere Probleme bearbeitet werden und mehr Transparenz in der Software geschaffen werden könne. (Interview Wieland, S.2; Binder, S.18; Lehnert, S.13f.; Schubert, S.16ff.; Riemer, S.1; Wegener, S.3) Darüber hinaus stelle die KI eine rationellere Methode der Softwareentwicklung dar, weil bestimmte Teile des Programmcodes immer wieder für ganz unterschiedliche Bereichen eingesetzt werden könnte. (Interview Schubert, S.15)

### 6.2.2 Wissenschaftlich institutionalisierte Visionen

Auch die vielfältige Integration von KI-Methoden und -Entwicklungen in das informatische Standardinstrumentarium, die zwar von den KI-Protagonisten beklagt wird, weil diese dadurch nicht mehr als wissenschaftlicher Verdienst der KI wahrgenommen würden, spricht für die integrative Kraft der Institutionalisierung innerhalb der Informatik. Bereits in der Konnektionismusdebatte hatte sich diese antivisionäre Grundhaltung der KI-Community gezeigt. Einige ihrer Mitglieder hatten als Vorbehalt gegen diese neurobiologisch inspirierte Bottom-up-Methode vorgetragen, sie könne neuen Anlass für das Aufleben von Visionen in der KI geben. Dieser Eindruck einer starken antivisionären Fraktion in der KI wird weiter bestärkt durch eine generative Komponente – diejenigen, die eher visionären Deutungen der KI anhängen, entstammen in Deutschland überwiegend der Gründergeneration. Die jüngeren KI-Akteure müssen sich zwar in irgendeiner Form mit diesem Teil der Geschichte ihres Forschungsgebietes auseinandersetzen, sie tun das in der überwiegenden Zahl jedoch abgrenzend. *„Damals, das war die Aufbruchszeit in der KI, wo man darüber reflektiert hat, ob Maschinen denken können. Die heute sind an ganz speziellen, ganz technischen Fragestellungen interessiert, die extrem schwer zu bearbeiten sind. Auch Minsky und McCarthy gehören heute zu den alten Eisen, mit denen niemand von den jungen Leuten reden will. Man fragt diese großen Fragen nicht mehr.“* (Jörg Siekmann im Gespräch mit Petra Ahrweiler, Ahrweiler 1995:40)

Das Desinteresse an den ‚großen Fragen’ der KI ist so fundamental, dass häufig die grundlegende KI-Kritik nur bruchstückhaft bekannt ist:

> Ich kenne mich da viel zu wenig aus, um da was sagen zu können. Nur das, was ich so irgendwo mitkriege, ist irgendwie, ja meistens irgendwie so eine Kritik, und es war ja auch teilweise Kritik an der KI, war ja auch mal sehr publik, ... und da war ziemlich viel Mist damals in der Zeitung. Und also ziemlich viel, was jedenfalls überhaupt nichts mit dem zu tun hat, wo einfach 90 Prozent der Leute arbeiten. Und dann die, die arbeiten nicht an den Visionen, sondern die arbeiten daran, irgendein ganz konkretes Problem zu lösen, und dafür verwenden sie jetzt andere Methoden. (Interview Schubert, S.15)

Dieses Desinteresse an den erkenntnistheoretischen Grundlagen und die Verdrängung der visionären Dimensionen der KI, die die meisten KI-Protagonisten vornehmen, kann, so wie das häufig getan wird, als mangelndes Bewusstsein über die gesellschaftliche Bedeutung der eigenen Forschung interpretiert werden. Viel eher jedoch ist dieses scheinbar ‚mangelhafte Bewusstsein' in den wissenschaftlichen Entitäten der KI-Forschung begründet. Die Selbstwahrnehmung der technikorientierten KI-Wissenschaftlern als Informatiker entspricht zum einen den institutionellen Gegebenheiten der KI-Community und ist zum zweiten verwurzelt in ihrer alltäglichen Praxis der Technikentwicklung, die im Wesentlichen der in der Informatik analog verläuft.

Dennoch: Der Vorwurf des mangelnden Bewusstseins über die erkenntnistheoretischen Grundlagen und die gesellschaftspolitische Bedeutung der KI lässt sich nicht ganz von der Hand weisen. Bei allem Bemühen um antivisionäre Deutungen lebt die KI im transdisziplinären Erkenntnisraum von Informatik und Kognitionswissenschaft. Ohne die Informatiker, die Erfahrungen in der Konstruktion von technologischen Systemen zur Verfügung stellen, anhand derer kognitionswissenschaftlich forschende KI-Protagonisten ihre Modelle überprüfen, würde es keine KI geben, ebenso wie die kognitionswissenschaftliche Forschung als Ideengeber für die Ingenieure unverzichtbar ist. Das Informationsverarbeitungsparadigma als die gemeinsame erkenntnisleitende Grundannahme der kognitionswissenschaftlichen und der technikwissenschaftlichen KI-Forschung erweist sich dabei als ideale Voraussetzung. Diese enge Koppelung zwischen Erkenntnis der Kognition und dem Bau von technologischen Artefakten impliziert automatisch die technologische Reproduzierbarkeit dessen, was an menschlichen kognitiven Fähigkeiten erkannt wurde. Die technologische Reproduzierbarkeit ist somit essentieller Bestandteil jeder wissenschaftlichen Arbeit in diesem transdisziplinären Forschungsfeld der KI, ob ein Forschender sie nun intendiert oder nicht.

Ähnlich verhält es sich bei der Etablierung der KI als eigenständigem Forschungsgebiet. Auch hier hatten der doppelte Erkenntnisanspruch und die damit verbundenen Visionen eine wesentliche Funktion inne, denn erst damit konnte die Besonderheit der KI begründet werden. Der Anspruch der KI, ein eigenständiges Fachgebiet zu sein – und nicht nur eine Methode in der Informatik – war eine wesentliche Voraussetzung dafür, dass es zur Einrichtung von KI-spezifischen Institutionen wie dem DFKI in Kaiserslautern, dem FAW in Ulm, dem bayerischen FORWISS u.a.m. kommen konnte. Einer Methode innerhalb der Informatik – selbst wenn diese als außerordentlich wichtig eingeschätzt würde –hätte man wohl kaum eine solche Vielzahl von Institutionen gewidmet, wie das im Falle der KI geschehen ist. Erst aufgrund ihres weit reichenden Erkenntnisanspruches ist sie ins Zentrum des Interesses gerückt und konnte glaubhaft machen, dass sie eine Schlüsseltechnologie ist. Auch innerhalb des Informatik-Dachverbandes der *GI* ist die KI zu einem mitgliederstarken Fachbereich geworden, der dadurch mit einem gewissen Gewicht argumentieren kann. Die gelungene Institutionalisierung der KI Ende der 80er Jahre ist heute eine wesentliche Garantie für ihren Bestand. Der Name KI ist in den Namen der Institutionen festgeschrieben, auch wenn dort inzwischen vielfach Arbeiten aus dem Feld der angewandten Informatik durchgeführt werden. (Ahrweiler 1995:143ff.)

Visionäre KI-Deutungen haben ihre Grundlage in den ideellen und institutionellen Entitäten der KI. Auch diejenigen, die in der ingenieurwissenschaftlichen KI arbeiten und sich selbst als Informatiker mit antivisionärer Einstellung verstehen, sind von dieser Verbindung zwischen Artefaktenbau und Erkenntnisgewinn über die menschliche Kognition fasziniert. Diese Faszination trat in den von mir geführten Interviews an unterschiedlichen Stellen zutage, auch wenn sie nicht immer so eng mit der eigenen wissenschaftlichen Tätigkeit verbunden und so eloquent dargestellt wurde wie im folgenden Interview.

> Und man muss ja das Ziel, irgendwie so die menschliche Fähigkeiten – soweit man sie entdecken kann und durch Hilfe der Psychologen, der Mediziner oder sonst der andern Wissenschaften beschreiben kann – wenn man die als Informatiker in der Sicht hat, ist das eine ungewohnte Wendung eigentlich! Und das finde ich interessant dran, dass man sich mit Fragen beschäftigt aus der Informatik heraus, die bisher typisch geisteswissenschaftlich waren. Und man eben einfach die Mächtigkeit unserer Verfahren im Umgang mit Menschen und Welt sich angucken muss. Und dabei dann immer nur sagen muss: Also es ist alles alles mono-molekular, was wir [als Informatiker, gk] da machen. Das habe ich auch damals schon irgendwo geschrieben, dass das, was wir da erreichen können, ist der Intelligenzquotient einer Kartoffel. Darüber kommen wir nicht drü-

ber raus. Das ist ... ungeheuer spannend, zu sehen, es ist alles ganz anders wie wir [Menschen, gk] das machen, alles viel, viel besser, wie wir das machen. Und ... je weiter andere Wissenschaften kommen, dann kriegt man da wieder einen Einblick und da wieder einen Einblick. Hier merkt man wieder, dass es beim Menschen ganz anders funktioniert. Und – das greift tief in die Informatik ein. Im Augenblick zum Beispiel ist eine Diskussion im Gange, die wir auch so ein bisschen von hier aus so in die Diskussion gebracht haben, dass nämlich nicht die Software eigentlich, sondern die Softwarearchitektur etwas ist, was wir auf, sagen wir kognitive Beweise abprüfen müssen. Dass nämlich unser Verfahren nicht das ist, was immer Programme haben, wo nämlich die Programmschritte alle hintereinander, nacheinander ausgeführt werden, dass es immer eine sequenzielle Reihenfolge von Objekten gibt. Und selbst wenn es also Schleifen gibt oder andere Kontrollstrukturen, es ist immer irgendwie ein Weg durch ein Programm durch. Und es gibt immer etwas, was vorher und etwas, was nachher gemacht wird. Und das machen wir [als Menschen, gk] überhaupt nicht so, sondern wir haben bevor schon das – sozusagen jetzt programmtechnisch gesprochen – bevor der erste Programmschritt losgeht, ist schon furchtbar viel vorbelegt durch Erwartung. Das gibt es in der Software nicht. Der Begriff der Problemerwartung, der Vorevaluation, warum gibt es den eigentlich nicht? Wo wir so erfolgreich damit sind. Wenn Sie jetzt, ich könnte Ihnen zum Beispiel aus der Sprachanalyse Beispiele vorführen, wo Sie, ohne dass Sie Erwartungen äußern können, und ohne dass Sie Umgebungsinformation haben, nichts tun können. Der Herr X aus Y hat mal so ein schönes Band mit lauter Fetzen von Signalen zusammengestellt, wo nur ganz kleine Teile fehlen, aber schon fehlt uns die ganze Information. Toll – ... Da hört man „spimmem“, „spimmem“ – hört man es drei-, fünfmal an – „spimmem“ – Keine Ahnung. Und dann hört man die ganze Sequenz, die heißt, „ich bin mit `m Auto da.“ Plötzlich hatte dieses „spimmem“ einen Sinn. Weil wir von Auto aus – das heißt, wir gehen gar nicht sequenziell durch das Signal durch und analysieren das, sondern von Auto blitzschnell wird das rückwärts propagiert über den ersten Teil der Äußerung. Und dann plötzlich kriegen wir einen Sinn da rein und verbinden auch das, was pragmatisch damit zusammenhängt, was der andere damit mitteilen will, und alles das. Das ist aber nicht die Musteranalyse, die syntaktische Analyse, die semantische Analyse, die pragmatische Analyse, die Umgebungsanalyse, der Handlungsrahmen – ist Unsinn! Warum machen Programme das so? Warum gibt es keine Programme, die zunächst mal Erwartungen haben, mit denen Parameter vorbelegt werden? Klassisches Beispiel, was ich auch in der Vorlesung immer benutze, morgens um 9 Uhr geht die Tür auf, einer kommt rein und sagt, „Na?“, und der am Schreibtisch oder die am Schreibtisch sagt, „zwei mit mit.“ Dann geht die Tür wieder zu. Fünf Minuten später kommt der andere rein und bringt ihr zwei Tassen Kaffee mit Milch und Zucker. Das sind – informatisch gesehen ein völlig unterspezifiziertes Problem. Und beim Menschen funktioniert das. Weil wir wissen: Der ist heute mit dem Kaffeemachen dran ... Immer um 9 Uhr wird gefragt. Das ist im Grunde auch völlig egal, was er fragt. „Wie ist es heute?“, „Hast du Gäste?“, „Willst du Kaffee?“, „Wie gestern?“. ... er kann eigentlich alles sagen. Und die gesamten Parameter sind schon belegt. Und es

> gibt nur noch, wie viele und wie soll er gemacht werden. Das ist noch auf. Wenn man sagt „zwei mit mit" ist die ganze Situation eindeutig spezifiziert. Warum funktioniert so was in der Software nicht? Das man sagt, es gibt Vorbelegungen. Heute heißt so was preferences files in der Software. Es gibt Vorbelegungen, aber das sind nur Formale, irgendwelche Formale wie ein Bildschirm aufgebaut wird oder so was. Aber warum gibt es so was nicht, dass der Datenfluss in beide Richtungen geht. So wie wir das auch machen. Wir hören Dinge, und wir stülpen darüber unsere Erwartungen. Und je mehr wir hören, um so deutlicher wird das, wird die Rückwärtsinterpretation und die Vorwärtserwartung. Und so – plötzlich – kommen wir zu blitzschnellen Interpretationen. Auch deshalb, weil wir das Ganze natürlich parallel im Kopf machen, aber eben deshalb, weil wir nicht sequenziell arbeiten. Die ganze Computerei ist auf dem Paradigma basiert, sequenzielle Analysen. Es gibt immer Ebenen, es gibt immer Objekte, die nacheinander irgendwie was tun. Das stimmt nicht. Sondern es gibt welche, die – ich meine, was würden wir machen mit einem Satz wie: „Damit meine ich das Folgende". Wir können ja uns was vorstellen mit dem Wort „das Folgende", obwohl „das Folgende" ein Verweis ist auf etwas, was noch gar nicht da ist. Wir können also Dinge analysieren, die es noch nicht gibt. Warum eigentlich? Das widerspricht total dem, dem Paradigma von der sequenziellen Analyse. Und solche Dinge, die sind eigentlich ausgelöst worden durch die KI-Diskussion. Wo Leute so ein bisschen geguckt haben, was, wie sind die intelligenten Verhaltensweisen von Menschen, und was machen wir im Augenblick auf Rechnern völlig anders. Und hat das einen guten Grund, dass wir das völlig anders machen? So wie die Flugzeuge, die ja auch nicht mit den Flügeln wackeln. Das hat einen guten Grund, dass man das anders macht, weil man andere Antriebstechniken hat. Und so kann es ja auch sein, dass eine ganze Menge Dinge auf dem Rechner völlig anders sind. Aber es gibt gute Gründe anzunehmen, dass viele Dinge nur deshalb anders sind, weil wir es nicht besser wissen, und noch nicht lange genug und gut genug drüber nachgedacht haben. Und das hat die KI schon gemacht, finde ich. (Interview Binder, S.26ff.)

An dieser ausführlichen Interviewpassage wird deutlich, wie die Faszination an der menschlichen Kognition aus dem Versuch heraus entsteht, sie technisch zu reproduzieren, und wie dabei ein ideeller Raum für Visionen geöffnet wird. Die Fähigkeiten und Vorgehensweisen des Menschen werden hier zum direkten Vorbild, das man technisch nachahmen möchte. Kombiniert man dieses Vorgehen mit einem starken Glauben an den technologischen Fortschritt, der in unserer Kultur traditionell vorhanden ist, so ist man nicht mehr weit von der Vision der ‚intelligenten Maschinenwesen' entfernt. Es spielt dabei auch keine Rolle mehr, ob man die harte oder die schwache KI-These vertritt oder die KI nur als Methode innerhalb der Informatik sieht und ob die Funktionsweise der KI-Systeme als funktional äquivalent mit der menschlichen Kognition gilt oder nicht. Der ideelle Raum für Visionen ist hier bereits entstanden. Ausdrücklich sei dabei noch einmal hervorgehoben, dass diese starke Begeisterung über die kognitiven Fähigkeiten des Menschen ebenso wie deren Vorbildfunktion für die Entwicklung von technologischen Systemen nicht notwendig in einer visionären KI-Deutung wurzelt. Ganz im Gegenteil vertritt gerade dieser von der menschlichen Kognition überaus begeisterte KI-Forscher die bescheidenste aller KI-Definitionen, nach der KI nichts mit der Nachbildung von oder der Erkenntnis über Intelligenz zu tun hat, sondern lediglich eine informatische Methode ist. Nicht einmal als Schlüsseltechnologie sieht er sie an und lehnt konsequent jede Betitelung von Technik als *intelligent* ab.

### 6.2.3 Strategische Selbstverortungen

Der Führungsanspruch, den die Informatik im transdisziplinären Gefüge der KI ausübt, wird von der KI zum Teil auch umgekehrt auf die Informatik selbst projiziert. Eine Reihe von KI-Protagonisten bezeichnen die KI als *Künftige Informatik*. Sie definieren die KI zwar vergleichsweise bescheiden als Methode innerhalb der Informatik, stellen ihre Qualitäten jedoch als besonders hoch und teilweise sogar als richtungsweisend für die gesamte Informatik dar. KI-Methoden seien eine Antwort auf zentrale Informatikprobleme wie Transparenz, Komplexität und Wiederverwendbarkeit von Programmteilen.

> KI ist nicht besonders prototypisch für Computer, insbesondere nicht für das, was hier unser Freund Müller[70] oft „Belästigung des Menschen durch den Computer" nennt. Dafür ist ja die KI gerade nicht typisch. Weil sie gerade umgekehrt an vielen Stellen versucht, eh, diese Belästigung, ... zu verringern. Da würde ich gerne wirklich ganz deutliche Grenzen ziehen. Computerkritik oder Technikkritik ist eine Geschichte – oder sind schon zwei Geschichten – und KI-Kritik ist noch was anderes. (...) Es ist einmal das Catchword *Artificial Intelligence* oder *Künstliche Intelligenz*, womit man dann also auf die Computerei los geht ... Mit dem Unbehagen ... an den Softwaregenerationen, in der ersten und zweiten Softwaregeneration geht man auf die KI los, weil es da irgendwie ein, ein Target gibt. (...) Oder man bezieht sich auf Computerliteratur, also auf KI-Kritikliteratur, die genau dasselbe macht. Also vieles von Weizenbaum und von Dreyfus und später auch, ist ja eigentlich Computerkritik. (Interview Binder, S.7)

[70] Name geändert.

Mit dem starken Selbstwertgefühl, das sich hier ausdrückt, haben sich KI-Wissenschaftler bei ihren Informatik-Kollegen nicht gerade beliebt gemacht, weil sie damit implizit einen Führungsanspruch innerhalb der Disziplin formulieren. Teilweise wurde dieser Position auch explizit beansprucht.

Exemplarisch wird das an dem Vortrag von Wilfried Brauer deutlich, den der seit ihren frühen Anfängen für die KI engagierte Professor (TU München) 1993 auf der Jahrestagung *KI 93* gehalten hat – übrigens der Jahrestagung, die als symbolischer Startpunkt für die Umorientierung der KI hin zu mehr Anwendungsbezug, zu einer stärkeren Zusammenarbeit mit der Informatik und zu einer bescheideneren Selbstsicht gelten kann. Der Vortrag erschien nachfolgend in überarbeiteter Version auch in der Zeitschrift KI. (Brauer 1993) Brauer argumentiert nach innen zur KI-Community, der er die transdisziplinären Forschungsmöglichkeiten und ihre potentielle Leitfunktion in der Informatik anpreist. Er richtet sich gleichzeitig nach außen an die Informatik, die er weiter ins Boot der KI holen möchte, indem er versucht, ihr das technische und wissenschaftliche Innovationspotential der KI schmackhaft zu machen. Brauer betont stark die Gemeinsamkeiten von KI und Informatik, die auch historischer Art seien. Schon der Ausgangspunkt für die Entstehung der Informatik sei die Idee einer künstlichen Intelligenz gewesen, die sehr konkret im *mechanischen Gehirn* von Konrad Zuse, dem deutschen Erfinder des Computers, in J. v. Neumanns Buchtitel *Die Rechenmaschine und das Gehirn*, dem Turing-Test usw. geworden sei. Erst später sei dieser doppelte Anspruch der Informationsverarbeitungspioniere – Konstruktion von Rechnern und Erzeugung von künstlicher Intelligenz – nicht mehr gemeinsam zu verfolgen gewesen und in die beiden Teilgebiete *Informatik* und *KI* aufgeteilt worden. Zwar hätten sich die Gebiete rasch auseinander entwickelt, aber die Bezüge seien vielfältig. Es seien nicht nur KI-Entwicklungen in die Standardinformatik übergegangen (z.B. die Programmiersprache PROLOG), es gebe auch viele überschneidende Arbeitsgebiete (Datenbanken, Mensch-Maschine-Interaktion, Bildverarbeitung, Klassifikation, Simulation etc.) und auch die Entwicklung von der wissenschaftlichen Idee bis zum fertigen Produkt dauere hier wie dort zwischen zehn und fünfzehn Jahren. Heute entwickelten sich deswegen die KI und die praktische Informatik wieder aufeinander zu. Komplexe Anwendungssysteme bestünden aus vielen Komponenten und Ideen, die aus unterschiedlichen Bereichen kämen. Wie viel Prozent KI-Anteil in einem System steckten, sei zwar nicht nachvollziehbar, jedoch sei die Bereitschaft zur Kooperation notwendig, falls man an der Entwicklung von solchen komplexen Anwendungssystemen teilhaben wolle. Wenn die KI sich zum einen auf ihr Potential zur Konstruktion von technischen Systemen besinne, die Vorstellungen von den Aufgaben, die Technik übernehmen könne, auf ein realistisches Maß zurückschraube und zum anderen sich von falschen Erkenntnisansprüchen in Bezug auf die Kognition befreie, könne sie ihre Führungsqualität innerhalb der Informatik umsetzen. Brauer knüpft hier die Realisierbarkeit des Führungspotentials der KI an die Kooperationsbereitschaft mit anderen Teilbereichen der Informatik. Für viele Fragestellungen der Informatik (Bearbeitung von Komplexität, Assistenzsysteme usw.) hätte sie die Methoden und Techniken bereits parat. Dabei sei die Methodenvielfalt, also auch neurobiologisch inspirierte Ansätze wie der Konnektionismus, unbedingt wünschenswert.

Der Anspruch auf eine führende Rolle der KI innerhalb der Informatik wird von Brauer meistens implizit formuliert. Stets wird das Bemühen deutlich, möglichen Widerstand aus der Informatik mit zu bedenken und zu entschärfen. Das tut Brauer zum einen dadurch, dass er Minuspunkte, die die KI ihrer Visionen oder ihrer unpräzisen Terminologie wegen gesammelt hat, als Phänomene darstellt, die auch in der Informatik vorkommen. Das Motto dieser Argumentation lautet: Wer unschuldig ist, werfe den ersten Stein. Brauer versucht ein werbewirksames KI-Bild zu generieren, das geprägt ist von Bescheidenheit in den eigenen Ansprüchen einerseits und Selbstbewusstsein aufgrund der eigenen Leistungsfähigkeit andererseits. So spricht er beispielsweise am Anfang seiner Ausführungen die Empfehlung an die Community aus, wissenschaftspolitische ‚Kraftmeiereien' zu unterlassen und sich der Weiterentwicklung der Wissenschaft durch sachliche Argumentationen und Diskussionen zuzuwenden. Das könne letztlich nur zum Wohle der KI sein, denn Macht erwachse in der Wissenschaft daraus, dass die Ergebnisse und Vertreter des Gebiets von anderen anerkannt und respektiert würden. Politische Tricks, Drohungen, Übertreibungen oder andere unangemessene Mittel führten nur scheinbar und kurzfristig zum Erfolg. In aller Offenheit zu konstatieren, dass sich die KI in einem Prozess der Umorientierung befinde, und zu überlegen, wie es weitergehe, nutze vor allem der KI und nicht ihren Gegnern. Bei aller Bescheidenheit und Konfliktfähigkeit, die Brauer hier demonstriert, verleiht er dem wissenschaftlichen Vorreiteranspruch der KI deutlich Nachdruck, indem er kurze zusammenfassende Worte für seinen Vortrag findet: „*Die KI kann also die Kern-Informatik der Zukunft werden.*“ (Brauer 1993: 90)

## 6.3 Geschichte und Geschichten

### 6.3.1 Tradition

Die KI konnte mit ihren Forschungskonzepten an vielfältige Ideengeschichten und Wissenschaftstraditionen in Deutschland anknüpfen. Aus kulturwissenschaftlicher Perspektive geht es hier weniger um eine detaillierte Zusammenfassung all jener ideengeschichtlichen Bezüge, die in die kognitive Identität der KI eingeflossen sind. Vielmehr interessieren die Traditionen, auf die die KI-Community sich in ihren Diskursen selbst bezieht, denn die historischen Bezüge, die von den KI-Protagonisten aktualisiert werden, sind nicht zufällig und auch nicht beliebig. Sie sind mit Blick auf die Zukunft ausgewählt. Indem man sie nennt, möchte man Entwicklungslinien der KI-Forschung bestärken oder abschwächen. Die Konstruktion einer gemeinsamen Geschichte, die durch gemeinsame Erfahrungen, aber auch durch das Erzählen von historischen Bezugspunkten entsteht, ist eine Form der Identitätsarbeit, die von verschiedenen Mitgliedern der KI-Community geleistet wird und den einzelnen Protagonisten eine Bindung an die Wissenschaftlergemeinde der KI ermöglicht. Als Identifikationsmöglichkeit für einzelne Wissenschaftler und Entwickler ist die KI-Geschichte ebenso wichtig wie für die Repräsentation der KI nach außen.

Weil die KI selbst erst kurze Zeit besteht und eigentlich kaum eigene Traditionen vorzuweisen hat, muss sie sich auf die Ideengeschichte von Forschungsgebieten oder Disziplinen beziehen, die vor ihrer Zeit liegen. Sie tut das mit großem historischen Bewusstsein, indem sie sich in die Nachfolge des philosophischen Rationalismus des 17. Jahrhunderts stellt und sich damit auf rationalistische Philosophen wie *Rene Descartes* (1596-1650) und *Gottfried Wilhelm Leibniz* (1646-1716) beziehen kann. Die KI beschreibt ihren Versuch, möglichst viele Bereiche des menschlichen Könnens zu explizieren und maschinell zu reproduzieren, als direkte Fortsetzung dieses philosophischen Gedankenguts. Dementsprechend beginnen die Exkurse der KI-Community durch die „*Geschichte des mechanischen Denkens*" (Habel 1992:7) vielfach bei der *mathesis universalis* von Descartes, mit der er Wissensbestände in einer künstlichen universalen Sprache regelgeleitet konstruieren wollte, und bei der Leibnizschen *charakteristica universalis*, mit der er in einer universalen Kalkülsprache alle wahrheitsdefiniten Sätze automatisch herleiten und beweisen wollte. Die rationalistische Traditionslinie wird weiter gezogen über den Mathematiker *Charles Babbage*, der in den 30er Jahren des 19. Jahrhunderts an der Konzeption eines *Analytical Engine* arbeitete, und andere mathematische Logiker wie Boole, Frege, Whitehead, Russel, Hilbert und Gödel bis hin zu Alan Turing. Die Tradition der Logik wird in den Erzählungen der KI-Protagonisten zur zentralen Tradition der KI gemacht, obwohl keiner derjenigen, die bei der Darthmouth-Conference 1956 die KI mit aus der Taufe gehoben hatten (z.B. McCarthy, Simon, Newell, Minsky), je als Logiker im engeren oder überwiegenden Sinne gearbeitet haben. Die logische Tradition der KI wird dennoch bis in diesen Gründungszeitraum in der USA und darüber hinaus mit dem Argument fortgeführt, die KI-Akteure seien in vielfältigen ideellen und personellen Verflechtungen stets von der Logik geprägt gewesen. (Habel 1992:8f.) Die Logik wird damit zu einem dominanten Bezugspunkt in der KI-Geschichte, der es ermöglicht, die KI als *Geschichte der Mechanisierung der Logik* darzustellen. (Hutter 1992) Diejenigen, denen diese Geschichte der KI zu bescheiden ist, können aufgrund der historischen Bezugspunkte Descartes und Leibniz die KI auch spektakulärer als Fortführung der Philosophie mit experimentellen Mitteln bezeichnen (Bibel / Furbach 1992) und damit die KI zum historischen Meilenstein in der Erforschung der Intelligenz deklarieren. „*Die ernsthafte Erforschung der Mechanismen, die*

*Intelligenz ermöglichen, konnte erst beginnen, als der aus der Informatik kommende Begriffsapparat zur Verfügung stand. Die Forschung der Künstlichen Intelligenz erhebt den historischen Anspruch, mit dieser neuen – von ihr selbst entscheidend mitgeprägten – Methodologie einen materiellen mechanistischen Erklärungsversuch für die Funktionsweise intelligenter Prozesse zu liefern.*" (Siekmann 1994:215)

Mit der fachgeschichtlichen Tradition der Logik ist für die gesellschaftliche Ebene eine effiziente Argumentationsgrundlage gefunden, mit der sich die Schlüsselfunktion der KI in der Technologieentwicklung hervorheben lässt. Mit den ‚logischen' Bezugspunkten kann man die KI zum einen in eine hoch angesehene Tradition der Philosophie stellen, die Linie sogar zurückziehen bis hin zu „*den griechischen Philosophen (zum Beispiel Aristoteles ‚modus ponens')*" oder auch die Frage stellen, ob die KI „*vielleicht nicht nur die experimentelle computerunterstützte Weiterentwicklung dieser viel älteren Tradition*" sei. (Siekmann 1992:5) Nach dieser Argumentation ist die KI eine Fortsetzung von hoch geachteten Traditionen. Widerstände gegen sie sind aus dieser Sicht mehr als unverständlich. Durch die Konstruktion von solchen Traditionen, die weit in die Vergangenheit zurück reichen, wird es auch möglich historische Vergleiche zu ziehen. So wird unter anderem eine Analogie „*zwischen Mathematik und Physik*" einerseits und „*zwischen Logik und KI*" andererseits formuliert. Die KI lässt sich so als Schlüsseldisziplin für den wissenschaftlichen und technologischen Fortschritt darstellen, „*die das ausgehende 20. Jahrhundert einmal wissenschaftlich auszeichnen wird*" und „*den Entwicklungen der Physik am Anfang des Jahrhunderts durchaus vergleichbar – in den technologischen Folgen – und ebenbürtig – in den wissenschaftlichen Bedeutungen – ist.*"[71] (Siekmann 1992:6) Die hier konstruierten wissenschaftlichen Traditionen werden als gewichtiges Argument in die gesellschaftliche Auseinandersetzung um die KI geworfen und sollen für ihre Vertrauenswürdigkeit bürgen.

Der KI-Community ist es gelungen, eine historische Identität mit hoher Glaubwürdigkeit zu konstruieren. Selbst die Kritiker der KI im

---

[71] Man beachte den disziplinären Status, der für die KI in dieser Argumentation postuliert wird, den sie in der deutschen Hochschullandschaft allerdings nicht hat.

deutschen und im internationalen Diskurs (z.B. Dreyfus, Winograd/Flores, Schefe) beziehen sich ausnahmslos auf diese rationalistische Tradition der KI und *„lassen sich von prominenten Kritikern des Rationalismus, wie Martin Heidegger und Maurice Merleau-Ponty, ihre Stichworte geben: Die Kritik der Künstlichen Intelligenz wird geführt als Kritik am Rationalismus.*" (Krämer 1993:31) Nach Ansicht von Sybille Krämer ist das nur bedingt richtig. Dort, wo die KI den Computer als Modell für den menschlichen Geist annehme und die Vision einer universellen Denkmaschine verfolge, werde mit dem Rationalismus gebrochen, da die rationalistischen Philosophen Descartes und Leibniz ein Maschinenmodell des Geistes kategorisch abgelehnt hätten. Sie kondensiert die rationalistische Auffassung des Geistes in folgende Argumentation: Geist setze im Rationalismus den Besitz von Verstand und Willen voraus; er beruhe auf der Einheit von intellektueller und moralischer Kompetenz. Nur Personen beziehungsweise Subjekte, nicht aber Sachen, hätten einen Willen und damit die Fähigkeit zum moralischen Handeln. Maschinen seien aber per definitionem Sachen und damit nicht fähig, Geist zu entwickeln. (Krämer 1993:34) Die Kontinuität des Leibniz-Programms beziehe sich also nur auf das Bestreben der KI, möglichst viele Bereiche impliziten Wissens mit Hilfe berechenbarer Verfahren explizierbar und damit auch öffentlich zugänglich zu machen. Auch wenn der Rationalismus bei genauer Betrachtung also nur bedingt als Tradition der KI gelten kann, so ist dieser doch für die wissenschaftliche Identität der KI zu einem wesentlichen Bezugspunkt geworden.

Wie sorgfältig die KI ihre wissenschaftliche Tradition gewählt und thematisiert hat, wird insbesondere dann deutlich, wenn man sich die historischen Bezüge ansieht, die nicht oder nur selten erwähnt werden. Neben der Psychologie und den Sprachwissenschaften etwa ist hier auch die Kybernetik zu nennen. Alan Turing, der in der KI-Geschichtsschreibung den Logikern zugeordnet wird, könnte ebenso als *Kybernetiker* klassifiziert werden. Turing hat in seinen wissenschaftlichen Arbeiten nicht nur den inzwischen legendären *Turing-Test* ins Leben gerufen. Er hat auch wesentlich dazu beigetragen, eine kybernetische Sicht auf den Menschen zu etablieren. Damit wurde der Mensch als segmentierbar in funktionale Einheiten (Hand, Haut, Nervenbahnen, -zellen usw.) und als technologisch reproduzierbar in jeder seiner Teilfunktionen und auch als Ganzes angesehen. Zu dieser Tradition, die anscheinend in der deutschen KI-Comunity als nicht so relevant wie die Logik wahrgenommen wird, wird später noch einiges zu sagen sein.

### 6.3.2 Gemeinsame Geschichte(n)

Schaut man sich die geringe Identifikation vieler KI-Protagonisten mit der KI und auch das noch nach zwanzig Jahren fortwährende *Technological Drama* der KI zwischen Informatik und Kognitionswissenschaft an, so bleibt auch bei der gelungenen Konstruktion von historischen Bezugspunkten die Frage, was hält die einzelnen Individuen bei aller intellektuellen Distanz, die im Rahmen der Interviews formuliert wurden, überhaupt in der *Scientific Community* der KI? Die kognitiven Inventare, die die Quelle von vielfältige Kontroversen und Verhandlungsprozeduren im transdisziplinären Forschungsgebiet der KI sind, können es nicht sein, denn es ist der KI in all den Jahren ihrer Existenz nicht gelungen, gemeinsame Fragestellungen oder eine einheitliche Definition ihres Fachgebietes hervorzubringen. Und auch die Einigung auf bestimmte Forschungswerkzeuge, Methoden und Themengebiete ist nicht besonders stabil. Das Informationsverarbeitungsparadigma, das die Forschung in allen KI-Bereichen als wissenschaftliche Grundannahme leitet, reicht als verbindendes Element nicht aus; andere Forschungszweige, wie z.B. die Genetik, die sich von ihren Fragestellungen deutlich von der KI unterscheidet, folgen ebenfalls dem Informationsverarbeitungsparadigma. Es kann insofern allenfalls als notwendige, aber nicht als hinreichende Vorraussetzung für eine gemeinsame kognitive Identität der KI-Protagonisten fungieren.

Ein großer Teil der von mir interviewten KI-Protagonisten – fast scheut man sich angesichts ihres wissenschaftlichen Selbstverständnisses diese klassifizierende Bezeichnung zu gebrauchen – scheint *nolens volens* zur KI-Community zu gehören, weil sie in einem entsprechenden Institut oder Forschungslabor tätig sind oder entsprechende Methoden verwenden.

> Das war eigentlich Zufall. Das war wirklich Zufall. – Ja, weil ich halt in diesem Arbeitsbereich damals Diplom gemacht habe und habe dann an einem Projekt

> mitgearbeitet, einen Compiler zu entwickeln, ein Übersetzungssystem, und bin da rein geraten. Ich habe aber lange Zeit eigentlich kaum KI gemacht. Ich würde mich auch heute nicht als einen Kern-KI-ler bezeichnen. Sondern eigentlich, ich bin eigentlich jemand, der mindestens zur Hälfte noch traditionell Informatik betreibt aber völlig respektlos die KI mitbenutzt. Das heißt, ich sehe mich so, so am Übergang eigentlich. Also für viele bin ich KI-Mensch, aber ich sehe mich eigentlich so nicht. (Interview Leonhard, S.10)

Aber können solche halbherzigen Mitglieder eine wissenschaftliche Community zusammenhalten? Nach der Definition der KI, die Sandra Wieland gegeben hat, gehören wankelmütige KI-Protagonisten ohnehin nicht dazu, selbst wenn sie in einer entsprechenden Forschungsgruppe tätig sind.

> Ja die schönste Definition, was KI ist, habe ich ´85 auf einer *AI*-Summer School gehört. Da wurde einfach gesagt: „KI ist das, was diejenigen tun, die sich der Community zurechnen". Also unabhängig davon, was die Ziele des Ganzen sind. Und ich glaube, das trifft das auch, weil die ständig so Fragen haben, gehört Bildverarbeitung noch dazu oder nicht, gehört bestimmte Grafik dazu. Personen, die etwas forschen und sich als KI-ler und KI-lerinnen fühlen, die definieren halt das Gebiet. (Interview Wieland, S.1)

Nach Wieland wäre also das Bekenntnis zur KI das ausschlaggebende Kriterium für die Zugehörigkeit zur KI-Community. Doch dieses Prinzip wird denen nicht gerecht, die sich selbst nicht als KI-Forscher begreifen, aber in dem Forschungsfeld arbeiten. Auch im Falle von solchen Wissenschaftlern wie Andreas Schubert, der sich aufgrund seiner Tätigkeit eher als Informatiker denn als KI-Protagonist versteht, sich aber dennoch durch hohes Engagement in den Institutionen der KI hervorhebt, wäre zumindest fragwürdig, ob er nun dazu zu zählen ist oder nicht. Von seinem professionellen Selbstbild her ist er Informatiker, seinem Engagement in der Community nach ist er als KI-Pragonist einzuschätzen. Und ein bisschen fühlt er sich auch zugehörig, denn am Ende des Interviews, als es darum geht, ob er den Namen KI aufgeben würde, antwortet er:

> Nö nö, ach nee, ich komm schon aus der Ecke. Das ist -, aber es ist trotzdem so, man muss immer das erklären. Nee, aber ansonsten wären wir sonst gar nicht hier, nicht? Wenn wir sonst wie heißen würden, Innovative Softwaretechnik oder so was. (Interview mit Schubert, S.22)

Nach den bisherigen Überlegungen zum wissenschaftlichen Fachgebiet der KI bleibt also ein changierendes Bild von der Identität der KI-

Community und die Frage zurück, wie sie überhaupt ihren Bestand sichert, um nicht in der Informatik einerseits und der Kognitionswissenschaft andererseits aufzugehen. Diese Aussage aus dem Interview mit Günther und auch die Definition der KI von Wieland im vorhergehenden Interview geben deutliche Hinweise darauf, dass das institutionelle Dach der KI und die persönlichen Bezüge zu Kolleginnen und Kollegen eine wesentliche Rolle bei der Bestandssicherung des wissenschaftlichen Fachgebietes spielen. Es gibt verschiedene weitere Punkte, die für diese Sichtweise sprechen.

Für das individuelle Zugehörigkeitsgefühl zur KI-Community scheint die persönliche Einbindung in das institutionelle Gefüge der KI eine wesentliche Rolle zu spielen. Von Anfang an haben die KI-Interessierten sich intensiv darum bemüht, die informellen Kontakte untereinander zu etablieren, etwa in Form von Tagungen, und auch auf internationalem Parkett in KI-Organisationen präsent zu sein. (Ahrweiler 1995) Wesentliche Bedeutung für die Entstehung und Festigung von persönlichen Bindungen innerhalb der Community hatte wohl auch die KI-Frühjahrsschule (KIFS), die in den Anfangsjahren der KI unter Übernahme von amerikanischen Vorbildern gegründet wurde und den Zweck verfolgte, KI-Interessierten Grundlagenwissen zu vermitteln und wohl auch den einen oder anderen stärker in die KI zu involvieren. Insbesondere in den Anfangsjahren ihrer Institutionalisierung, als die KI noch mit mancherlei Anfechtungen zu kämpfen hatte, ist die KIFS wohl der Ort gewesen, an dem die Community ein Gemeinsamkeitsgefühl entwickeln konnte. Dort kommen die vielfältigen Forschungsrichtungen innerhalb der KI zusammen. Durch die überschaubare Größe der KIFS (die Teilnehmerzahl ist begrenzt auf ca. 100) sind vielfältige Gespräche und Kontakte möglich. Dass es gerade auch um diese persönliche Komponente geht, wird immer wieder in den Darstellungen von und über die KIFS deutlich. Beispielsweise demonstrieren die 110 Teilnehmer der ersten KIFS in Teisendorf im März 1982 ihr Interesse an der KI, indem sie sich zu einem Foto gruppieren, das der entsprechenden Veröffentlichung vorausgestellt wird. Immer wieder werden auch „*die besondere KIFS-Atmosphäre*“ und „*die hervorragende Stimmung*“ auf den verschiedenen Frühjahrsschulen erwähnt, die sich so großer Beliebtheit erfreuen, dass „*die*

*Zahl der Bewerber die Zahl der möglichen Teilnehmer immer um ein vielfaches übersteigt.*" (Frühjahrsschule 1987) Rückblickend auf die Entwicklung der KI fasste Claus Rollinger, Direktor des Instituts für Semantische Informationsverarbeitung an der Universität Osnabrück, die identitätsstiftende Wirkung der KIFS in Worte: „*Die KIFS, mit der es uns gelungen ist, die KI-Gemeinde zu einer wirklichen Gemeinde zu machen, und dem Auseinanderdriften der KI in ihre Teilgebiete wenigstens insofern entgegenzuwirken, als mit der KIFS immer wieder die Möglichkeit geboten wurde und wird, über den eigenen Tellerrand hinauszublicken, diese KIFS ist z.B. ein hervorragendes Instrument, den Kontakt zu den Teilgebieten der Informatik nicht nur herzustellen bzw. zu intensivieren, sondern ihn in eine Kooperationsstruktur zu wandeln.*" (Rollinger 1994:6) Die integrative Wirkung der KI-Frühjahrsschule war offensichtlich so stark, dass Rollinger diese Atmosphäre im Hinblick auf die weitere KI-Entwicklung dazu nutzen möchte, den Annäherungsprozess zwischen KI und Informatik voranzubringen.

Im Rahmen von solchen Veranstaltungen und auch öffentlichen Tagungen, die sie schon in frühen Phasen ihrer Entwicklung in Deutschland organisierte (Ahrweiler 1995:77ff.), konnte die KI ein Bild von sich vermitteln, das über das rein Fachliche hinausgeht und auch hinausgehen muss, um Wissenschaftler und Ingenieure zu binden, die interessiert sind, aber ihre berufliche Identität auch in anderen Forschungsfeldern finden könnten. Es ist anzunehmen, dass die KI-Community diesen Interessenten nicht anders begegnet ist, als sie sich mir in meiner Forschung präsentiert hat: als aufgeschlossen, ungezwungen im Umgang miteinander und ohne Allüren – ein Klima, das keinesfalls als Standardfall in der deutschen Wissenschaft angesehen werden kann. Die Selbstverständlichkeit, mit der mir auch die Türen einzelner hochrangiger, viel beschäftigter KI-Akteure offen standen, ihre Angebote, mich in ihrer privaten Bibliothek zu informieren oder an ihren Seminaren teilzunehmen, ermöglichten eine gewisse Lockerheit, die man eher an amerikanischen Universitäten vermutet. Diese Offenheit der KI-Community scheint sich auch in Toleranz gegenüber vielfältigen Ausdrucksformen fortzusetzen, die nicht konform gehen mit wissenschaftlichen Standards, aber nichtsdestotrotz sehr lehrreich sein können und wissenschaftliche Kritik noch dazu mit Spaß vermitteln. Insbesondere aus den Anfangsjahren der KI sind solche Erzählungen, Allegorien, Dialoge, Auftritte am Rande von Tagungen im KI-Rundbrief überliefert. Und auch ein gewisser Hang zur Exzentrik von einigen Mitgliedern der Community, die dennoch in hohe Positionen gelangten, ist unübersehbar ein Faktum, das die KI für viele anziehend gemacht hat.

> Also ich muss sagen, dass ich durch eine Vorlesung da rein gekommen bin. Und zwar durch einen relativ bekannten KI-ler. Das ist der Professor XY. Der hatte also gewissermaßen in Deutschland so eine Vorreiterrolle. Und der kam damals ganz neu an die Uni Kaiserslautern. Und ich muss sagen, zu dem Zeitpunkt hat mir mein Studium überhaupt nicht besonders viel Spaß gemacht. Na ja, und da der aber so ein ganz unkonventioneller Typ war, also auch eine ganz unkonventionelle Karriere hinter sich hatte, vom Dachdecker im Prinzip, was er gelernt hatte. Und hat sich da hochgearbeitet und alle möglichen Schulen nachgemacht und so. Und er kam auch in seiner Dachdeckerkluft zur Vorlesung mit seinem Riesenhund, der Minsky hieß, was natürlich bewirkte, dass die Studenten in Scharen dahinströmten. So auch ich (lacht) Und dann war es so, dass er auch ganz andere Vorlesungen hielt als, als so die normalen Professoren, also viel Multimedia, bunte Folien und – er hatte immer tierische Visionen ... Also er sprach so von einer feuchten Hardware, die Menschen haben, und das man das alles sowieso in ein paar Jahren mit dem Computer machen kann und ... Dadurch kam ich dahin, weil ich das irgendwie – wir haben den alle bewundert damals. Das war so der Auslöser. Ich meine, nachher habe ich das (lacht) irgendwann dann auch mal realistischer gesehen. Aber einfach dadurch, wie dieser Typ auftrat, die Art von Vorlesungen, die er hielt; das war so ganz anders als alles, was man vorher kannte. Und das ist auch verblüffend, sehr viele Leute aus Kaiserslautern machen KI. Du wirst sie überall in Deutschland wieder treffen. (Interview mit Holtner, S.9)

Exzentrische Selbstpräsentationen sind nicht nur für diesen speziellen Fall überliefert. Es gibt sie häufiger.[72]

Der Titel *Künstliche Intelligenz,* von dem sich viele KI-Protagonisten trotz ihrer Vorbehalte nicht trennen wollen, ist Symbol für die Anziehungskraft der Disziplin. Dieses Symbol ist durch die Visionen, die in seinem Zusammenhang entstanden sind, nicht ganz unversehrt, doch vielen in der KI-Community scheint es die Mühe wert zu sein, das Label *KI* von seinem schlechten Image zu befreien. Die vielfälti-

---

72 Vgl. dazu beispielsweise die fotografischen und biografischen Selbstdarstellungen im Beitrag von Bonsiepen / Coy (1990:5) oder auch Lischka (1989:38).

gen antivisionären Argumentationsstrategien haben das gezeigt. Das negative Image der KI versucht man zu überwinden und mit Begriffen wie Innovation, Kreativität und Komplexität positiv zu besetzen. Die institutionelle Erfolgsgeschichte der KI offenbart, dass es bei der Etablierung eines transdisziplinären Forschungsfeldes wie der KI innerhalb der Forschungslandschaft unabdingbar ist, eine eigenständige wissenschaftliche Identität zu generieren. Hierzu gehören auch konkrete Anlässe, wie z.B. die KI-Frühjahrsschule oder die KI-Jahrestagungen, auf denen man sich (auch für Geldgeber wie das BMBF u.a.m.) präsentieren kann, auch Identität stiftende Angebote im wissenschaftlichen ‚Rahmenprogramm' sind unerlässlich, damit sich thematisch verbundene Wissenschaftler zugehörig fühlen können.

### 6.3.3 KI – Transdisziplin zwischen Grundlagenforschung und Technikentwicklung

Das Forschungsgebiet der Künstlichen Intelligenz ist geleitet von dem doppelten Erkenntnisinteresse, zum einen Phänomene der menschlichen Intelligenz in anwendungsfähigen, technischen Systemen nachzubilden und zum zweiten kognitionswissenschaftliche Grundlagenforschung zu betreiben. In diesem Feld zwischen den Disziplinen muss sich die KI positionieren und ständig darum bemüht sein, einerseits die aktuellen Entwicklungen aus den Teildisziplinen aufzunehmen, sich aber andererseits ausreichend abzugrenzen, um nicht von einer der Disziplinen geschluckt zu werden. Die Tätigkeit im transdisziplinären Forschungsgebiet KI erfordert ein hohes Maß an Orientierungsleistung und Aufnahmefähigkeit von den einzelnen KI-Protagonisten, wenn sie nur annähernd einen Überblick über das eigene Forschungsgebiet gewinnen wollen. Angesichts der unterschiedlichen kognitiven Bestände der beteiligten ‚Mutterdisziplinen' und der immer kürzer werdenden Halbwertzeiten von Wissen fällt das auch kompetenten Wissenschaftlern nicht leicht. Entsprechend häufig wird die Unübersichtlichkeit des Forschungsgebietes beklagt. Das kognitive Inventar der KI bietet für die Mitglieder der KI-Community wegen seiner Heterogenität und Unübersichtlichkeit wenige identifikatorische Haltepunkte. Sie müssen ihre wissenschaftliche Identität immer wieder neu konstruieren, in weitaus stärkerem Umfang, als das ihre

Kollegen in Mutterdisziplinen tun. Denn die interdisziplinärer Zusammenarbeit, die für viele KI-Protagonisten gerade den Reiz der KI ausmacht, wird für andere von ihnen zum Anlass von wissenschaftlichen Identitätskonflikten, wenn sie sich aufgrund ihrer Tätigkeit und Fragestellungen nicht mehr im Kanon ihrer Herkunftsdisziplin befinden und sie sich anderseits auch nicht in die Disziplinen integrieren können und wollen, in denen sie wissenschaftlich ‚wildern'. Dass die KI trotz der Unübersichtlichkeit und Heterogenität ihrer kognitiven Bestände als eigenständiges Forschungsgebiet existiert, liegt im Wesentlichen in ihrer sozialen und historischen Identität begründet. Hier ist es der KI-Community gelungen, Identität stiftende Haltepunkte zu konstruieren, die das Fachgebiet für die einzelnen KI-Protagonisten anziehend machen. Das Generieren einer Kultur, in der spezifische Formen des Wissenschaftlerseins gelebt werden können (persönliche Kontakte, Offenheit und Zwanglosigkeit, Exzentrik und, last but not least, Arbeitsstellen), wird zum existenziellen Moment für die KI-Community. Die frühzeitige und umfangreiche Institutionalisierung der KI in Forschungseinrichtungen und universitären Instituten hat eine zentrale Rolle in der KI-Geschichte gespielt. Sie hat den Bestand der KI auch in Zeiten gesichert, in denen wissenschaftliche Erfolge ausblieben und die angekündigten technologischen Fortschritte der KI-Technologie zumindest in eine ferne Zukunft gerückt werden mussten.

Veränderungen in den Mutterdisziplinen wirken häufig in die KI hinein und machen es unter Umständen notwendig, dass sich die KI im transdisziplinären Feld neu positionieren muss. Eine solche Neupositionierung zwischen Informatik und Kognitionswissenschaften ist mit dem Aufkommen des Konnektionismus notwendig geworden, der das bis dahin dominierende Paradigma der KI, die *Physical Symbol System Hypothesis* (Newell und Simon), infrage gestellt hatte. Die Informationsverarbeitung bei Mensch und Digitalcomputer sind nach diesem Paradigma (mehr oder weniger weitgehend) vergleichbar. Zwar sieht der Konnektionismus in der KI die menschliche Kognition auch als Informationsverarbeitung an, vertritt jedoch die Auffassung, dass Funktionalität und Materialität des Gehirns den Menschen erst gemeinsam zu Intelligenzleistungen befähigen, also nicht alleine

Symbolmanipulationen auf einer beliebigen Hardware zu intelligentem Verhalten führen, sondern auch die spezifische Materialität der Hardware ein entscheidende Komponente des Intelligenzphänomens ist. Die konnektionistische KI versucht diese Ergebnisse der neurobiologischen Hirnforschung in Form von künstlichen neuronalen Netzen umzusetzen. Ziel dabei ist es, mit dem Prinzip der Selbstorganisation Fortschritte auch in den bisher problematischen Bereichen der KI wie dem maschinellen Lernen oder der Wissensimplementierung zu erzielen. Das Aufkommen des Konnektionismus wird nach einer anfänglichen Neugier in weiten Teilen der KI-Community aus mehreren Gründen als Bedrohung empfunden. Da es sich um eine Methode handelt, die mit enger Orientierung am menschlichen Vorbild arbeitet, ist man besorgt, der Konnektionismus könnte die KI wieder stärker mit dem Nachbau von Menschen assoziieren und Visionen aktualisieren, von denen sich die Community immer wieder zu distanzieren versuchte. Zudem werden mit dem Konnektionismus Probleme thematisiert, die das Projekt, menschliche Intelligenz nachzubilden, grundsätzlich infrage stellen: Kann Intelligenz unabhängig von dem Körper untersucht werden, in dem sie sich vollzieht? Kann Intelligenz überhaupt als individuelles Phänomen wahrgenommen werden, wenn man berücksichtigt, dass Wahrnehmungs- und Denkmuster kulturell geprägt sind? Kann man technologische Systeme lernfähig machen in dem Sinne, wie der Mensch lernfähig ist? In letzter Konsequenz stellen die neurobiologischen Erkenntnisse, die den Konnektionismus in der KI angestoßen haben, die Computermetapher des Geistes infrage, die den Dreh- und Angelpunkt aller KI-Forschung bildet. Solche grundsätzlichen Fragen hatte die Community bis dahin weitgehend als externe, sozialwissenschaftliche, philosophische, jedenfalls wenig qualifizierte Kritik abgetan. Da sie mit dem Konnektionismus nun in den eigenen Reihen formuliert werden, muss man sich der Debatte stellen. Allerdings sind die Vertreter des Symbolismus nicht bereit, ihre starke Position in der KI all zu sehr infrage stellen zu lassen. Es gelingt ihnen, die erkenntnistheoretischen Implikationen des Konnektionismus diskursiv auszublenden, die das Projekt der KI infrage stellen. Auf technologischer Ebene integrieren sie die konnektionistischen Methoden in bereits bestehende Konzepte. Damit lässt sich die Anschlussfähigkeit des Konnektionismus an den Symbolismus herstellen, ohne die Computermetapher des Geistes oder das Projekt einer maschinellen Intelligenz insgesamt infrage zu stellen. Dieser Paradigmenstreit zwischen der symbolischen KI und dem Konnektionismus hat identitätsbildende Wirkung für das Fachgebiet *Künstliche Intelligenz* gehabt. Denn gemeinsam mit den Zweifeln am Symbolismus stand auch seine Leitfunktion zur Disposition, die die Informatik historisch bedingt durch die institutionellen und personellen Gegebenheiten im transdisziplinären Gefüge der KI einnimmt. Nachdem der konnektionistische Ansatz mit seiner Affinität zu den neurowissenschaftlichen Disziplinen erfolgreich an das informatische Paradigma in der KI angeschlossen werden konnte, ist in der Community das Selbstbewusstsein und auch die Durchlässigkeit gegenüber solchen Bottom-up-Ansätzen größer geworden. Die Harmonisierung von wissenschaftlichen Paradigmen erweist sich hier als eine wesentliche Anforderung, die in Transdisziplinen geleistet werden muss. Das Beispiel der KI zeigt allerdings auch, dass Interdisziplinarität häufig nur ausschnitthaft praktiziert wird. Eine einzelne Disziplin dominiert so stark, dass andere beteiligte Disziplinen nicht in ihrer kognitiven Gesamtheit, sondern nur eklektizistisch in den Dimensionen wahrgenommen werden können, die die dominierenden wissenschaftlichen Grundannahmen nicht infrage stellen.

> Die Orientierungsfähigkeit der modernen Wissenschaft ist in Wahrheit ein Unwille zur Orientierung; es handelt sich nicht um ein Problem, sondern um ein Programm. Die Entscheidung, sich auf ideologische Fragen nicht einzulassen, macht die Wissenschaft besonders anfällig für die ideologische Verwertung ihrer Ergebnisse. Aus einer antireligiösen Einstellung erwächst eine Wissenschaftsreligion. Die heutige Orientierungskrise hat, was die Wissenschaften angeht, nicht zuletzt in dieser Vorgeschichte ihre Wurzeln.[83]

# 7 Künstliche Intelligenz als Schlüsselerfahrung?

Die diskursive Anschlussfähigkeit an Bekanntes ist eine notwendige Voraussetzung, um Neues zu etablieren. Diese Einsicht gilt auch für technologische Innovationen oder die Durchsetzung und Integration von neuen Forschungsfeldern in der deutschen Forschungslandschaft. Den Forschern und Entwicklern in der Künstlichen Intelligenz ist es gelungen, diese Anschlussfähigkeit an etablierte kulturelle Technikdeutungen herzustellen. Sie kann dabei auf eine hohe Legitimität von Technik insgesamt und auch auf eine Vielfalt von technikfreundlichen Deutungsmustern zurückgreifen, wie in diesem Kapitel zu sehen sein wird.

Die Verbindung einer Innovation mit altbewährten, legitimen Deutungskomplexen allein kann jedoch nicht ausreichen, da der Charakter einer Innovation gerade darin besteht, Altbekanntes zugunsten von Neuerungen technologischen oder sozialen Charakters zu revidieren. Es muss somit ein Weg gefunden werden, auch die Neuerungen, die mit innovativen technologischen Konzepten einhergehen, zu kommunizieren und diese gesellschaftlich zumindest soweit attraktiv zu machen, dass letztlich eine Institutionalisierung der Forschung und die Verwendung der Technologien stattfinden können. Die KI-Com-

[83] Lepenies, Wolf (1988:29).

munity stellt sich dieser Anforderung, ihre Neuerungen zu gesellschaftlich bedeutsamen Innovationen zu transformieren, indem sie kulturelle und gesellschaftliche Veränderungen, die sie mit ihren technologischen Novationen anstrebt, in vielfältiger Weise kommuniziert. Diese Kommunikation zielt darauf ab, die eigenen Sichtweisen und Sinnsysteme zu verbreiten und auf einer breiten gesellschaftlichen Basis zu konsolidieren.

In diesen Diskursen der KI-Community, die die Entstehung der Technologie begleitet, knüpfen die Protagonisten einerseits an bestehende kulturelle Deutungen an und versuchen andererseits ihre eigenen Deutungen gesellschaftlich zu etablieren. Wie Anschlussfähigkeiten an kulturell etablierte Technikkonzepte hergestellt werden und welche neuen Deutungen und Sinnsysteme die KI-Community gesellschaftlich zu etablieren versucht, sind dabei zentrale Fragen. Aber nicht alleine Diskurse machen die kulturelle Produktion der KI aus. Auch die technologischen Artefakte, die als materielle Kultur verstanden und analysiert werden können, sind Teil dieser kulturellen Produktion. Solche Kulturanalysen von technologischen Artefakten zielen darauf ab, die kulturellen Implikationen offen zu legen, die im Prozess der Konstruktion in sie eingeschrieben werden und ihnen damit immanent sind.[84] Auch wenn diese kulturellen Implikationen noch keine Determinierung von Nutzungen bedeuten, die in vielfältiger Weise von den Kontexten und dem kreativen Potential ihrer Nutzer abhängig sind, so ist mit dem technologischen Artefakt und seinen kulturellen Implikationen doch ein gewisser Rahmen für Deutungen gesteckt. Deutungen der Technologie sind damit nicht beliebig, sondern erhalten Plausibilität nur auf der Basis der Objektpotentiale, die funktionell und kulturell bestimmt sind.[85] Im Falle der KI setzt eine solche Kulturanalyse eine intensive Einarbeitung in ihre Begriffe, Paradigmen und die konkreten technologischen Konzepte voraus.

Ob es der KI mit ihrer diskursiven Strategie und ihrer Praxis der Technikentwicklung gelingt, wesentliche Topoi der individuellen und

---

84 Eine kulturanalytische Betrachtung von Artefakten ist beispielsweise die Studie von Bruno Latour zum Berliner Schlüssel (Latour, Bruno (1996).

85 Vgl. hierzu Kapitel 1 „Zur Kulturalität von Technik - Theoriekontexte“

kollektiven Identitätskonstruktion so zu redefinieren, dass sie das Selbstverständnis von Menschen erheblich beeinflusst, ist die zentrale Frage, die diesen Abschnitt leitet.

## 7.1 Diskursive Anschlüsse

Die Durchsetzung der KI in der deutschen Hochschullandschaft und, so weit es gelungen ist, auch in der Industrie ist zum einen wohl ein Erfolg ihrer Forschungen und ihrer technischen Konzepte. Doch herausragende Leistungen allein genügen nicht, um damit ein innovatives Forschungsgebiet zu begründen oder eine neue Technologie in der Gesellschaft zu verbreiten. Das haben vielfältige Forschungen der Techniksoziologie deutlich gemacht. Eine wesentliche Voraussetzung, um neue Technologiekonzepte in der Forschungsförderung zu etablieren, ist, dass man diese mit bekannten Technikdeutungen verbindet und so eine gewisse Vertrautheit schafft. „*Techniken, die Teil unserer Alltagsroutinen werden, bekommen einen Quasi-Naturstatus. Nicht ihr Einsatz, sondern ihre Abschaffung wird problematisch. (...) Alte Technik hat traditionale Legitimität. Und Initiatoren neuer Technik suchen üblicherweise Anschluss an diese Legitimität, indem sie darauf verweisen, dass das Neue nur unwesentlich über das Bekannte und schon Akzeptierte hinausgehe.*“ (Daele 1989:208, vgl. auch Assmann 1993)

Will man Novationen auf eine Basis stellen, die breit genug ist, damit sie auch zur Innovation wird, so ist es notwendig, für diskursive Anschlussfähigkeit zu sorgen. Wie KI-Protagonisten diese herstellen, wird im Folgenden vor dem Hintergrund eines Szenarios entwickelt, das Jörg Siekmann in den frühen Jahren der KI-Entwicklung in Deutschland entworfen hatte.

**Szenario:**

„Das Problem ist jedoch, dass die Öffentlichkeit auf die tatsächlichen technologischen Veränderungen, die nach meiner Überzeugung von größerer Tragweite sein werden als vieles, was die ‚industrielle Revolution' bisher gebracht hat – obwohl sie natürlich nur eine konsequente Fortsetzung des einmal beschrittenen Weges sind – daß die Öffentlichkeit also auf diese Veränderungen kaum bzw. gar nicht vorbereitet ist, obwohl wir einige der wenigen spektakulären Veränderungen bereits heute sehen. (...) Ebenso bereits absehbar ist die Mechanisierung der Verwaltungsarbeit im staatlichen und privaten Bereich: ich könnte mir beispielsweise vorstellen, daß 80 bis 90% der heute in der Verwaltung arbeitenden Beamten in wenigen Jahren nützlichere und interessantere Arbeit tun könnten. Ebenso in diesen Bereich fallen die Veränderungen, die durch den Einzug von Robotern in den Produktionsbereich bewirkt werden. (...) Diese Entwicklung wird jedoch bei weitem in den Schatten gestellt durch Produkte, die heute bereits machbar wären, der Abschluß der Grundlagenforschung jedenfalls zum Teil in Sicht ist, die jedoch noch nicht produktreif sind. Hierbei denke ich an medizinische Diagnose-Programme, automatische Richter, künstliche ‚Mathematiker', den Computerpsychiater (oder Computerbeichtvater) ebenso wie an Computerprogramme, die gewisse militärische oder politische Entscheidungen selbständig treffen können. Es ist sicher nicht nötig, hier auf die sozialen und ethischen Konsequenzen solcher Technologie hinzuweisen (und wohl auch nicht, daß ich selbst diese Entwicklung bei weitem nicht nur positiv sehe). Wir werden uns daran gewöhnen, daß wir Produkte mit einer gewissen – je nach Geldbeutel – eigenen ‚Intelligenz' kaufen werden: Autos, Waschmaschine, Industrieanlagen usw. Um ein fiktives Szenario zu schildern: wir werden in Häusern leben, die ein ‚Computergehirn' im Keller haben, das praktisch alle Funktionen des Hauses kontrolliert, mit angenehmer Stimme den Wetterbericht vorträgt, bevor wir das Haus verlassen, den Wagen bereits hat warmlaufen lassen, Türen und Fenster kontrolliert – und auch, wie Prof. Brunnstein bereits erwähnte, notfalls die Feuerwehr bzw. Polizei benachrichtigt. Dieser Großcomputer im Keller wird auch einen mobilen Haushaltsroboter (d.h. also einen Roboter, der über Fernsehaugen ‚sehen' und sich fortbewegen kann) kontrollieren, der einfache Verrichtungen im Haushalt ausführt: Staubwischen, Staubsaugen, gelegentlich an der Steckdose seine eigenen Batterien auffüllen, Geschirr wegräumen und spülen usw. Man wird den Bedarf nach gewissen Informationen über Zugverbindungen, Kochanleitungen, günstigen Zeitpunkten der Gartenarbeit usw. einfach im Wohnzimmer stehend in den Raum sprechen und je nach Bedarf schriftlich oder gesprochen erfüllt bekommen. (...) Nun, wann und inwieweit wir eine solches Szenario haben werden, hängt natürlich von der weiteren politischen und wirtschaftlichen Entwicklung ab, nicht zuletzt natürlich auch davon, ob wir dies eigentlich wollen – ich kann nur sagen, daß es in nicht zu ferner Zukunft möglich wäre und jedenfalls heute in wesentlichen Zügen bereits machbar ist." (Siekmann 1979:10f.)

Dass der KI-Forscher Jörg Siekmann die KI als Schlüsseltechnologie für die weitere Entwicklung Deutschlands ansieht, muss angesichts der von ihm formulierten Erwartungen nicht hervorgehoben werden. Diese Charakterisierung der KI als Schlüsseltechnologie ebenso wie der diskursive Anschluss an häufig gebrauchte Deutungsmuster von Technik, wie er im vorliegenden Szenario deutlich wird, haben wesentlich dazu beigetragen, dass sich die KI in Deutschland durchsetzen konnte. Dabei werden in der bundesdeutschen Gesellschaft gängige

Technikdeutungen aktualisiert, die sich auch im wissenschaftlichen KI-Diskurs, der die Entstehung der KI begleitet hat, wieder finden:

(a) Die KI-Technologie verspricht durch ihren innovativen Charakter wirtschaftlichen und gesellschaftlichen Fortschritt.

(b) Die potentiellen Anwendungen dieser Technologie erleichtern das Leben und verbessern die Lebensqualität, denn sie können uns von unliebsamen Tätigkeiten befreien.

(c) Ob als ‚automatischer Richter' oder ‚Computerpsychiater' – Technik hilft Probleme zu lösen und entbindet den Menschen dadurch von Verantwortung

(d) Die Folgen von Technik sind zwar beachtlich, aber Ängste sind unnötig. Diese Deutungen der Technik, die hier im schriftlichen Diskurs der KI artikuliert werden, werden vielfach auch auf von einzelnen Akteuren im direkten Gespräch verwendet.

### 7.1.1 Fortschritt durch Technik

Technik gilt als Garant für unser soziales Wohlergehen, das unmittelbar vom wirtschaftlichen Erfolg abhängt und allein durch internationale Konkurrenzfähigkeit auf dem Weltmarkt erreichbar scheint. Wirtschaftliche Konkurrenzfähigkeit gilt dabei als direkt korrelierend mit Innovation. An diese Unabdingbarkeit des technischen Fortschritts knüpfen die KI-Protagonisten an. Auf die Frage, ob die KI als Schlüsseltechnologie anzusehen ist, gab es eine Reihe an Antworten mit ähnlichem Wortlaut:

> Ja, ich denke schon ... Man kann ja KI auch als komplexe Informationsverarbeitung übersetzen – oder so, na ja. Also wenn man sich wirklich überlegt, dass halt alle Sachen, wo man sich es auch anguckt, immer komplexer werden. Dann ist es natürlich wichtig, dass man irgendwie Programme ... wieder einfach durchschaubarer macht, leichter macht. Das ist das Entscheidende. (Interview Schubert, S.20)

Die neue Qualität, die die KI in die Softwareentwicklung bringt, wird als der entscheidende Vorteil dargestellt, der die Konkurrenzfähigkeit am Markt garantiert. Die Fähigkeit, mit innovativen Ideen Defizite von Technologien zu bearbeiten, wird hier als wesentliches Merkmal für die internationale Konkurrenzfähigkeit dargestellt. Es ist die ‚Intelligenz' der Lösungen, durch die sich KI-Entwicklung im Vorteil gegenüber denjenigen sieht, die mit viel Aufwand und enormem Zeiteinsatz ähnliche Lösungen produzieren. Da die Konkurrenz in anderen Ländern weitaus billiger arbeitet und auch der Qualitätsvorsprung nicht immer einen Vorteil darstellt, gilt die permanente Innovation einigen KI-Protagonisten als einzige Chance für die deutsche Wirtschaft bzw. die der Industrieländer insgesamt. (Interview mit Schubert, S.20) Nur in innovativen Bereichen gebe es überhaupt noch Möglichkeiten, Arbeitsplätze zu schaffen. Die Ängste gegenüber den Rationalisierungspotentialen, die innovative Technik allgemein und auch die KI hervorruft, erscheinen dem KI-Entwickler zwar verständlich, doch die Zeichen der Weltwirtschaft setzen andere Signale.

> Also das müssen wir uns dann einfach überlegen ... für so eine Industriegesellschaft. Wo soll das eigentlich hinführen, wenn die Produktivität immer steigt, klar, man braucht einfach für die Fertigung immer weniger Leute bzw. die Fertigung ist natürlich in irgendwelchen Schwellenländern wesentlich günstiger, also machen wir es da. Also ... die Gefahr, die man hier immer sehen kann, ist, dass hier sowieso alles zusammenbricht in zehn Jahren. (...) Und da hat man auch nur eine Chance, ... da muss man einfach mithalten, sonst hat man gar keine Chance. (Interview mit Schubert, S.20)

Die oft als Kritik wahrgenommene Frage nach der Rationalisierungswirkung der KI wird häufig so wie im gerade zitierten Interview mit Sachzwangargumenten beantwortet. Sie wird aber von einigen KI-Protagonisten auch an den politisch-gesellschaftlichen Bereich weitergeleitet, da wissenschaftlich nicht zu beantworten sei, ob wir als Gesellschaft die KI brauchen könnten. (z.B. Schefe 1981) Die Argumentation, dass für die internationale Konkurrenzfähigkeit die Notwendigkeit zur Innovation bestehe, wird immer wieder auch durch den Verweis auf die Technologieförderprogramme in den führenden Industrienationen USA und Japan bestärkt. In den Gründerjahren der KI ging es dabei insbesondere darum, dem Kapitalbedarf Nachdruck zu verleihen, der für die Etablierung der KI-Forschung und -Entwicklung notwendig ist. So begegnete Jörg Siekmann kritischen Fragen zum Realitätsgehalt seines oben dargebotenen Szenarios damit, dass für die Weiterentwicklung der Roboter bis zur Produktreife noch ein erheblicher Kapitalbedarf bestehe, und ergänzt diese Aussage mit einem Hinweis auf den Stand der Entwicklungen in den USA. Da diese in der Entwicklung mindestens zehn Jahre voraus seien, laufe

Deutschland bereits Gefahr, in die „*hoffnungslose technologische Abhängigkeit von den USA*“ zu geraten, „*die sich einen auf Export bedachten Industriestaat wie Deutschland nicht leisten*“ könne. (Siekmann 1979:13) Gesellschaftlich haben diese Wirtschaftlichkeits- und Konkurrenzfähigkeitsargumente offensichtlich hohe Plausibilität, denn schließlich setzt die intendierte Anschubfinanzierung der KI durch staatliche Institutionen in reichlichem Maße ein. 1986 verkündet der damalige Bundesminister für Forschung und Technologie, Heinz Riesenhuber, in einer Pressemitteilung, dass ein neuer Kurs in der Informationstechnikförderung eingeschlagen werde. Um mehr Grundlagenforschung zu ermöglichen, werde die Industrie weniger Geld erhalten. Es komme jetzt darauf an, die Grundlagen für die längerfristige Zukunft zu stärken. Der Bundesminister begründet diese Entscheidung mit einem Gutachten eines Wissenschaftlergremiums, nach dem im Vergleich zu konkurrierenden Industriestaaten ein Gleichziehen im Forschungsaufwand – pro Kopf der Bevölkerung gerechnet – erst mit einer intensiven Verstärkung des Wissenschaftlerpotentials erreicht werden könne. Der Arbeitskreis sehe in der Förderung der Forschung zudem einen Weg, um hoch spezialisierte Experten auszubilden, die auch die Industrie brauche. (Pressemitteilung BMFT 1986) Diese intensive staatliche Forschungsförderung führte zu der paradoxen Situation, dass die Fördermittel für das Forschungsgebiet Künstliche Intelligenz in Deutschland eine Zeit lang umfangreicher waren, als ausgebildetes Personal zur Verfügung stand. (Bibel 1987)

Die Schlüssigkeit solcher Innovationspolitik und der von Wissenschaft, Wirtschaft und Staat gelieferten Begründungsmuster werden von Regina Becker-Schmidt, Professorin für Sozialpsychologie an der Universität Hannover, allerdings bezweifelt. Ihrer Meinung nach entwerfen und konstruieren die Ingenieurswissenschaften Anlagen für industrielle Produktion und andere Bereiche, ohne die eigene Forschungslogik oder die politisch-ökonomischen und kulturellen Implikationen ihrer Arbeit zu reflektieren. Sie bezeichnet die angeführten Sachzwänge als Strategie, um sich gegen die Problematisierung von Technikfolgen abzuschotten. Steigende Arbeitslosigkeit werde gegen internationale Konkurrenzfähigkeit ausgespielt. Die Segmentierung der Arbeiterschaft in technisch qualifizierte Fachkräfte und bloße Maschinenhandlanger werde einfach hingenommen und die Unkalkulierbarkeit anderer sozialer Implikationen von Rationalisierungsprozessen werde ignoriert. Doch das sei kurzsichtig, wenn man bedenke, dass alle Nationen, die über neue Technologien miteinander konkurrierten, über kurz oder lang mit den gleichen sozialen Konsequenzen konfrontiert würden – Arbeitslosigkeit, Überproduktion, neue soziale Disparitäten und demokratischer Kontrollverlust. Becker-Schmidt möchte demgegenüber eine humanzentrierte Technikentwicklung etabliert sehen, die sich in langfristiger Perspektive als entscheidender Standortfaktor entpuppen werde. (Becker-Schmidt 1989:30)

### 7.1.2 Grundlagenforschung für den Know-how-Transfer in die Wirtschaft

Dass die Förderung von KI-Grundlagenforschung ein zentrales, nationales Interesse sei, ist in der Etablierungsphase der KI schon deswegen ein plausibles Argument, weil man sich davon einen Gewinn an Know-how für die Industrie und infolge dessen eine bessere Konkurrenzfähigkeit verspricht. In der Konkurrenz um Fördermittel gelang es der KI-Community, die KI als „Schlüsseltechnologie“ für die Zukunftsfähigkeit der deutschen Wirtschaft zu präsentieren. Da Grundlagenwissen allein jedoch noch keine marktfähigen Produkte hervorbringt, versuchte die KI-Community nach ihrer erfolgreichen Etablierung in der deutschen Hochschullandschaft auch eine verbesserte Kooperation zwischen Wissenschaft und Wirtschaft zu institutionalisieren. Allgemein wurde die Notwendigkeit artikuliert, einen Know-how-Transfer herzustellen, der die schnelle Umsetzung in marktfähige Produkte und damit einen Innovationsvorsprung gegenüber der internationalen Konkurrenz gewährleisten sollte. In den Jahren 1987 und 1988 wurde dieses Ziel aktiv durch die Gründung einer Reihe von wirtschaftsnahen KI-Instituten verfolgt. So trat beispielsweise das bayerische KI-Zentrum mit dem Anspruch an, Aufgaben der Grundlagenforschung unmittelbar mit Anforderungen aus Forschungsprojekten der Wirtschaft zu verbinden. Aus diesem „*Gespräch zwischen Grundlagenforschern und Anwendern*“ erhoffte sich der damalige bayerische Wissenschaftsminister, Prof. Wild, „*den Funkenschlag für entscheidende Innovationen.*“ (Anonym 1988b:34) Auch andere in Landeshoheit organisierte KI-Institute wie etwa das *Forschungsinstitut für anwendungsorientierte Wissensverarbeitung* (*FAW*) in Baden-Württemberg beschäftigt sich „*mit der Forschung und Entwicklung auf dem Gebiet der Anwendung wissensbasierter Systeme und deren Umsetzung in die Praxis.*“ (Feller 1988:30) Die Kooperation zwischen Wissenschaft und Wirtschaft wurde dabei in einer Stiftung des öffentlichen Rechts von der Landesregierung Baden-Württemberg und fünf führenden Computerherstellern (Hewlett-Packard, IBM, Mannesmann Kienzle, Siemens-Nixdorf und Daimler Benz) mit enger Anbindung an die Universität Ulm institutionell fixiert. Auch das auf Bundesebene gegründete *Deutsche Forschungszentrum für Künstliche Intelligenz (DFKI)* folgte diesem Ansatz und versuchte durch „*die aktive Einbindung von Universitäten, Forschungseinrichtungen und Industrieunternehmen*“ zu gewährleisten, dass „*die notwendige Kooperation*“ *und* „*der Wissenstransfer zur Wirtschaft*“ funktioniert. (Isensee et al. 1988:25) Die institutionelle und finanzielle Einbindung der Wirtschaft in die neu gegründeten KI-Institutionen galt mehrheitlich als Maßnahme, von der man sich einen dauerhaften, zufrieden stellenden Know-how-Transfer versprach. Die breite institutionelle Basis, die die KI-Community sich mit diversen Forschungs- und Entwicklungsinstituten so Ende der 80er Jahre schaffen konnte, wurde zu einem wesentlichen Garant für den Fortbestand der KI auch in schwierigen Jahren, in denen die KI in Legitimationsdruck geriet, weil die wirtschaftlichen Erfolge ausblieben (Ahrweiler 1995:143ff.) bzw. sich nicht so rasch einstellten, wie versprochen worden war.

Die Deutung der KI als *Schlüsseltechnologie* mit allen dazu gehörenden Verheißungen für die weitere wirtschaftliche Entwicklung wurde in dieser Phase zum Bumerang, da Staat und Industrie die Versprechen rasch verwirklicht sehen wollten. Dass die Umsetzung der wissenschaftlichen Ergebnisse in praktische Anwendungen nicht so schnell und reibungslos wie angekündigt zu realisieren war, stürzte die KI-Community in eine Krise mit enormen finanziellen Auswirkungen. Diejenigen, die die vollmundigen Verheißungen schon frühzeitig kritisiert hatten (z.B. Schefe 1979, Schefe 1990), sahen sich jetzt bestätigt. Diese ‚Einbruchsphase' der KI führte zu einer stärkeren Anwendungsorientierung, die die KI im transdisziplinären Feld auch wieder näher an die technische Informatik und an ingenieurwissenschaftliche Qualitätsanforderungen (Zuverlässigkeit, Exaktheit, Planbarkeit usw.) heranrücken ließ.

Auch die Deutungen der KI haben sich durch diese Erfahrungen bei einigen KI-Protagonisten gewandelt. So stufte ein KI-Wissenschaftler in einem Interview, das er 1987 einem renommierten ingenieurwissenschaftlichen Magazin gab, die KI noch als Schlüsseltechnologie ein. In dem Gespräch während der Feldforschung 1997 dagegen lehnte er dieses Etikett ab:

> Nein, nein, also Schlüsseltechnologie, da ist es, glaube ich, überbewertet. Es ist eine Technologie, mit der man einige Probleme lösen kann, die man sonst gar nicht lösen könnte wegen der Komplexität – das ist sicher. (...) Aber als Schlüsseltechnologie so wie Computerei oder die – jetzt im Augenblick – ... die Datenfernübertragung über Mikrowelle ... So in dem Sinne Schlüsseltechnologie ist die KI nicht. Also ... da bewertet man sie über. (Interview Binder, S.24)

So hat sich die Deutung der KI bei einigen Protagonisten mit den Erfahrungen aus der Vergangenheit deutlich gewandelt. Nichtsdestotrotz war dieses Bild der Schlüsseltechnologie lange glaubhaft und hat eine maßgebliche Funktion für die Etablierung der KI-Forschung in Deutschland gehabt.

### 7.1.3 Technischer Fortschritt ist unaufhaltsam

Dass technischer Fortschritt eine unabdingbare Notwendigkeit in westlichen Industrienationen ist, gehört zu den undiskutierbaren Übereinkünften unserer Kultur. Zwar gibt es immer wieder vereinzelte Forderungen, „*das Rad der technischen Entwicklung*" zurückzudrehen und aus der technischen Zivilisation auszusteigen (Unseld 1992), doch insgesamt finden solche Stimmen wenig Gehör. Die Technik schreitet fort, nimmt ihren Weg, entwickelt sich aus einer Eigendynamik heraus und der Mensch muss auf diesen ‚Fortschritt' reagieren, entscheiden, was er damit machen kann, und abwarten, wie die Technik auf ihn selbst wirkt bzw. seine Lebenswelt verändert – dieser Verlauf wird von vielen KI-Protagonisten als selbstverständlich angesehen und entspricht auch der kulturell dominierenden Wahrnehmung. Es ist zur allgemeinen Erfahrung in unserer Gesellschaft geworden, dass wir

Menschen im Zuge der technologischen Entwicklung „*unser Berufsleben anders organisieren müssen, dass wir zu einem anderen Verständnis von menschengerechter Arbeit kommen*" oder auch „*dass wir begreifen lernen, wie sehr unsere Körper mit unserem Gehirn, unsere Physis mit unserem Denken untrennbar miteinander verbunden ist.*" (Christaller 1996:44) Es scheint zu den nicht diskutierbaren Positionen sowohl in der KI-Community als auch in weiten Teilen unserer Gesellschaft zu gehören, dass es die technologischen Entwicklungen sind, die die Veränderungen unseres sozialen und kulturellen Lebens dominieren und neue Bilder vom Menschen produzieren. Diese Unaufhaltsamkeit der Technik, die als Deutung aus alltäglichen Erfahrungen mit der Technologieentwicklung hervorgebracht wurde, wird von Entwicklerseite mit dem Argument unterstützt: Wenn wir es nicht tun, dann tun es andere. Auch unter Kritikern der technologischen Entwicklung hat diese Deutung häufig Gültigkeit. So empfiehlt beispielsweise die Feministin Donna Haraway, Frauen sollten endlich aktiv in der Technikentwicklung mitwirken, um dadurch selbst Definitionsmacht zu gewinnen, damit sie die gesellschaftliche und kulturelle Bedeutung einer neuen Technologie wie der Informationstechnologie im eigenen Sinne deuten können. (Haraway 1995)

Einzelnen KI-Protagonisten erscheint das Bedürfnis, sich nicht immer wieder auf die Erfordernisse und Veränderungen des technologischen Fortschritts einzustellen, sondern sich eher am Erhalt von traditionellen Werten und sozialen Strukturen zu orientieren, als empörenswerter Anachronismus. Es ist für sie nicht nachvollziehbar, dass die Optionen neuer Technologien, die sie selbst mit Begeisterung aufnehmen, aus nicht-technischer Perspektive als bedrohlich wahrgenommen werden:

> Ja, aber ich meine, wenn ... es hier ... eine Arbeitsumgebung gibt und auch Qualifikationswege und ... stark verkrustete Ausbildungsumgebung, in der so was nicht ... geht, dann muss es irgendwo anders gehen. Also ich kann nicht hingehen und kann ... die Umwälzung von sehr stark historisch gebundenen und verkrusteten Arbeitsumgebungen hier zugunsten der internationalen Netzwerktechnologie retten. (Interview Binder, S.21)

Der Gedanke, technologischer Fortschritt könnte anderen gesellschaftlichen Zielen untergeordnet oder gar reglementiert werden, ist dem hier zitierten KI-Protagonisten unerträglich. Diese Position ist begründet in der Begeisterung an der eigenen Forschung, die neben der Möglichkeit, neue und abwechslungsreiche Entwicklungen zu verfolgen, auch Raum für selbst bestimmtes Arbeiten bietet. Neuerungen aufzunehmen, zu bearbeiten und auch selbst zu schaffen gehört zu seinen Kompetenzen als Wissenschaftler. Er ist geübt im Umgang mit Innovationen und kann sie vielfach produktiv für seine individuellen, professionellen Ziele nutzen, d.h. er agiert auf der Seite derjenigen, die ein Interesse daran haben, dass technischer Fortschritt unaufhaltsam und rasant bleibt, weil er ihn selbst hervorbringt und seine professionelle Identität von eben diesem Fortschritt abhängt. Für ihn ist das sein Beruf und wohl auch Berufung, was auf der Nutzerseite als Zwang zur permanenten Neuorientierung und zum lebenslangen Lernen empfunden wird. Festzuhalten bleibt hier, dass technologische Eigendynamik somit weniger ein der Technik inhärentes als vielmehr ein gesellschaftliches Phänomen ist, das nicht nur akzeptiert, sondern im Interesse spezifischer Teilkulturen aktiv unterstützt wird.[86]

### 7.1.4 Technik stellt den Menschen von unbeliebten Arbeiten frei

Ein Deutungszusammenhang mit hoher legitimatorischer Wirkung für neue Technologien sind potentielle Erleichterungen, die sie für das alltägliche Leben erbringen können. Das oben angeführte Szenario malt die vielfältigen Erleichterungen in den schönsten Farben aus, die ein „*intelligenter*" Hausroboter und ein ebensolcher „*Großrechner im Keller*" erbringen könnten. Es knüpft an Träume von der arbeitsfreien Gesellschaft an, die für den wenig geliebten Bereich der häuslichen Reproduktionsarbeit in Aussicht gestellt werden. Die kleine Einschränkung „*je nach Geldbeutel*", die der Autor ergänzt, könnte man angesichts dieser wundervollen Vorstellungen schnell überlesen und dabei vergessen, dass man auch heute schon die häusliche Reproduktionsarbeit und so manchen anderen erwähnten Service bei ent-

---

86 Dieses Interesse an permanenter Innovation ist allen Wissenschaftszweigen inhärent. Bemerkenswert scheinen mir in diesem Zusammenhang die Überlegungen von Thomas Jahn und Immanuel Stiess, die Nachhaltigkeit auch für eine Herausforderung an die Sozialwissenschaften halten. (Jahn, Thomas / Stiess, Immanuel 1997).

sprechenden finanziellen Ressourcen erledigen lassen kann – allerdings von menschlichem Personal. In dem Szenario wird neben dem Deutungsmuster *Technik erleichtert das Leben* also implizit mit der Erfahrung argumentiert, dass auch anfänglich unerschwingliche technologische Systeme wie z.B. das Auto, der Computer usw. durch die Möglichkeiten der industriellen Massenproduktion schließlich doch zu einem großen Verbreitungsgrad gefunden haben und damit früher oder später nahezu jedermann an diesen Neuerungen partizipieren konnte.

Sogar dort, wo die technologische „*Erleichterung*" der Arbeit sich als Rationalisierungsmaßnahme entpuppt, wird sie im Szenario von Jörg Siekmann als letztlich doch positive Entwicklung charakterisiert. Rationalisierung und Entlassung von Arbeitnehmern war in der Entstehungszeit dieses Szenarios noch nicht das Schreckensbild, zu dem es heute geworden ist. Die Freisetzung von „*80 bis 90% der heute in der Verwaltung arbeitenden Beamten*" konnte deswegen als positive Entwicklung bezeichnet werden, die nicht nur erhebliche Einsparungen in den öffentlichen Haushalten, sondern auch für die arbeitslos gewordenen Menschen „*nützlichere und interessantere Arbeit*" in Aussicht stelle. (Siekmann 1979:10) Heute – bei mehr als vier Millionen zum Teil auch hoch qualifizierten Arbeitslosen – würden solche Überlegungen einige Empörung hervorrufen, weil die Erfahrung gelehrt hat, dass der Entlassung nicht schönere und nützlichere Tätigkeiten folgten, sondern meist der soziale Abstieg. Im schriftlichen Diskurs und auch in den Interviews sahen und sehen sich die KI-Protagonisten inzwischen genötigt, die Notwendigkeit zur Rationalisierung mit unterschiedlichen Argumenten zu begründen und gegen die bestehenden Ängste zu argumentieren – das ist bereits im vorhergehenden Abschnitt deutlich geworden. Die Begründungszusammenhänge verändern sich also mit der Zeit. Es wird deutlich, wie wichtig es ist, dass Technikentwickler und -wissenschaftler ihre Deutungen der Technologie im Austausch mit den gesellschaftlichen und kulturellen Kontexten entwickeln und modifizieren.

### 7.1.5 Technik erhöht die Qualität der medizinischen Versorgung

Ungebrochen hohe gesellschaftliche Akzeptanz besitzt dagegen die Deutung, dass Technik die Qualität der medizinischen Versorgung erhöhe. Insbesondere wenn sie einen Zuwachs an Gesundheit oder eine Lebensverlängerung des Menschen verspricht, können wesentliche Pluspunkte für die Etablierung eines Forschungsgebietes gesammelt werden – sei es auch noch so umstritten. Die Medizin als Einsatzgebiet von Technik spielt insofern eine Vorreiterrolle bei der Auflösung von Tabus und von Grenzen zwischen Mensch und Technik. Gelingt es, eine neue Technologie für medizinische Zwecke nutzbar zu machen, so ist damit in der Regel ein wichtiger Durchbruch für ihre Legitimation gelungen. Solche medizinischen Anwendungen haben – so Wolfgang von der Daele – bislang immer noch legitime Anwendungen für die weitere Technisierung des Menschen eröffnet. Am Beispiel der künstlichen Befruchtung und der Embryonenforschung hat er gezeigt, dass moralische Tabus, die die Unantastbarkeit der menschlichen Natur verbürgen sollen, in modernen Gesellschaften einen prekären Status haben. Sie lösten sich in dem Maße auf, wie technische Möglichkeiten entstanden wären, in diese Natur gezielt einzugreifen. Ungebrochen würden sie nur gelten, solange die normativen Schranken, die sie aufrichteten, zugleich auch Grenzen unseres technischen Könnens seien. Solange seien sie gewissermaßen auch gratis. Als kulturelle Ressource, um einen Verzicht auf neue Techniken zu begründen, würden sie allerdings versagen. Vielmehr würden die technischen Möglichkeiten auf das Wertbewusstsein durchschlagen. (Daele 1989:211)

Die KI hat rasch den Weg in medizinische Bereiche gefunden, auch wenn ihr Einsatz dort anfänglich ebenso umstritten war wie die KI insgesamt. Insbesondere so genannte Diagnosesysteme, die unter Einsatz der Expertensystemtechnologie die Möglichkeiten der ärztlichen Diagnostik unterstützen sollten, haben Ängste wachgerufen, die Diagnosesysteme könnten fehlerhaft bzw. unkontrollierbar sein und in letzter Konsequenz könnte der Arzt (in einigen Bereichen) ganz und gar durch solche Expertensysteme ersetzt werden. Mit solchen Vorbehalten musste sich die Community auseinandersetzen. Das hat sie nicht nur argumentativ getan. Sie konnte diese Kritik auch durch die geschickte Auswahl von Anwendungsfeldern für ihre Systeme entkräften.

> Das ist die Arbeit von Schröder über Röntgenbefundung – für einen Arzt. Wenn der ein Röntgenbild anguckt und eine Diagnose oder einen Befund diktiert, hat er das bisher mit dem Diktiergerät gemacht, dann ist das abgeschrieben worden. Dann hat er das Abgeschriebene noch mal korrigiert. Dann ist es noch mal abgeschrieben worden. Dann ist es vielleicht noch mal korrigiert worden. Dann hat er es unterschrieben. Und dann ist es in einen Umschlag gekommen und in die Klinikpost gegangen. Und das ist sehr zeitaufwendig, besonders bei Unfallopfern zum Beispiel. Aber es ließ sich ... nicht verbessern mit Computern, weil also das direkt rein zu tippen, das geht nicht, weil die Bildschirme zu unterschiedlich sind. Und sprachverarbeitende Systeme haben das bisher nicht geschafft, weil der medizinische Wortschatz zu groß ist. Das konnte man nicht analysieren. Der ist jetzt hingegangen und hat gesagt, wenn ich weiß, über was das Bild ist, ... und nach dem ersten Satz merke, welche Art von Beschreibungsstrategie der Mediziner hat, dann habe ich hinterher für jeden folgenden Satz nur noch einen Wortschatz von kleiner als 1500 Wörtern, weil ich das vorhersehen kann, was der gerade macht. Das ist eine typische KI-Methode, denn man braucht eine Repräsentation über Krankheiten und über die entsprechenden Eigenschaften von Röntgenbildern, die zu diesen Krankheiten gemacht werden. So und jetzt findet der einfach sehr früh raus, wie macht der Mediziner das, gleicht sich dieser Strategie an und hat dann eine ganz erheblich höhere Treffersicherheit, die so hoch ist, dass man das wirklich auch in der Realität anwenden kann. (...) Das ist eine klassische KI-Methode durch Wissensrepräsentation und Inferieren. Aber wo ist da die Gefahr? (Interview Binder, S.17)

Medizinischer Fortschritt ist für die KI-Community sicher nicht im selben Maße wie für die Gentechnologie ein zentraler Topos in ihren Bemühungen um gesellschaftliche Akzeptanz. Doch auch sie versteht es, das positive Image der Medizintechnologie zu nutzen. So fand 1998 die KI-Jahrestagung in Bremen gemeinsam mit der Jahrestagung der Deutschen Gesellschaft für Medizinische Informatik (GMDS) und der Jahrestagung für Umweltinformatik-Systeme statt, die beide als „*zwei interessante und wichtige Anwendungsgebiete*" charakterisiert werden[87]. In diesen Bereich vorzudringen und sich damit in die Riege der Helfenden und Heilenden einzureihen, ist für die KI ein gewichtiger Beleg dafür, dass sie eine wesentliche und unverzichtbare Tech-

---

[87] Diese Einschätzung findet sich auf der Webpage zur KI-Jahrestagung: http://www.tzi.org//tzi/tw-98/ki-98 (Juni 1999). Vgl. auch die Darstellung dieser Jahrestagung 1998 in der KI (4).

nologie sei, „*weil es eben was ist, was den Menschen hilft.*“ (Interview Riemer. S.11) Sobald neue Technologien mehr Gesundheit und längeres Leben verheißen, sind sie in hohem Maße in der Lage, Bedenken ethischer Art zu entkräften. Selbst die Verschmelzung von Organismen und Maschinen, die bis heute als Schreckensvision durch die Köpfe geistert, ist im medizinischen Bereich bereits vollzogen. Technische Implantate in den menschlichen Organismus, wie beispielsweise der Herzschrittmacher, sind heute nicht mehr umstritten.

### 7.1.6 Technik erweitert menschliche Kapazitäten

Der Herzschrittmacher und der Chip im Auge stehen für eine Tradition, in der Technologien eingesetzt werden, um menschliches Unvermögen oder verlorene Fertigkeiten auszugleichen oder auch ganz allgemein die Fähigkeiten des Menschen zu erweitern. Diese Technikdeutung hat einen hohen Legitimationswert, wurzelt sie doch in alltäglichen Erfahrungen, die mit den unterschiedlichsten Technologien gemacht wurden. Unzählige technologische Systeme könnten hier genannt werden, die menschliche Fähigkeiten wie Kraft, Ausdauer, Genauigkeit usw. deutlich übertreffen und damit menschliche Kapazitäten erweitern. Da Weiterentwicklung und Fortschritt, in der westlichen Kultur Ziele mit hoher Wertigkeit darstellen, wird auch die Deutung „*Technik erweitert menschliche Kapazitäten*“ zu einem starken Argument für die KI-Technologie. Sie wird implizit und explizit immer wieder von KI-Protagonisten gebraucht, wenn sie den Sinn und den gesellschaftlichen Nutzen der KI-Technologie begründen wollen. Laut ihren Entwicklern versprechen KI-Computer-Systeme, Defizite der menschlichen Wahrnehmung auszugleichen, so wie das etwa der Hausroboter in obigem Szenario tut, wenn er beispielsweise Einbrecher erkennt und die Polizei alarmiert. Die KI wird als befähigt dargestellt, die fehlende Weitsicht des Menschen zu kompensieren und die ‚richtigen' Entscheidungen zu treffen, weil sie in der Lage sei, Alternativen zu explorieren und damit auch umfangreiche Überblicke auf zukünftige Entwicklungen zu gewinnen. Häufig werden Analogien zu bekannten EDV-Technologien wie dem Taschenrechner oder Schachprogrammen heran gezogen, um die Validität dieser Argumente zu beweisen und die Überlegenheit gegenüber der menschlichen Handlungsfähigkeit zu demonstrieren.

> Ja, was ist denn dann der Unterschied noch zum Taschenrechner? Der hat doch auch bestimmte Arbeitsvorschriften, wie er vorgehen muss, vorzugehen hat. Also ich denke mal, wenn man die Komplexität mal außer Acht lässt, ist so ein Kabinenlayout für einen Airbus A 340 dasselbe wie ein Wurzelziehen mit einem Taschenrechner. (Interview Schubert, S.3)

Aktualisiert werden sollen so die positiven Erfahrungen, die mit einer bewährten Technologie gemacht wurden, deren Einsatz heute in den unterschiedlichsten Kontexten unverzichtbar und vor allem unumstritten erscheint. Herausgestellt werden dabei die Harmlosigkeit und der instrumentelle Charakter der Erweiterung und Verbesserung menschlicher Fähigkeiten durch Technik. In dieser Argumentation verliert die KI alle innovativen Qualitäten, die sonst zur Unterscheidung gegenüber der Standardinformatik herausgestellt werden. Sie wird als identisch mit den bereits vertrauten Technologien dargestellt.

### 7.1.7 Technik löst Menschheitsprobleme

Diese argumentative Nähe zur gut etablierten Informatik wird schnell wieder revidiert, wenn die Kapazität der KI herausgestellt werden soll, gravierende gesellschaftliche Probleme zu lösen. Dabei werden häufig gesellschaftlich unumstrittene Ziele ins Feld geführt, die selbst von den Gegnern einer Technologie geteilt werden.

> Also ich finde, dass die KI durchaus das Potential hat, in Bereichen Probleme zu lösen, wo der Mensch versagt. Wenn Sie zum Beispiel angucken, mit welch leichter Hand wir Probleme schaffen, sei es im Umweltbereich, sei es in politischen Verflechtungen, sei es in wirtschaftlichen Mechanismen, die wir eigentlich nicht im Griff haben. Das schreit ja eigentlich danach, dass man sich mal mit der Gegenseite: „Ja, wie kriegen wir denn das eigentlich in Griff, was wir verursachen." befasst. Und da sind Denkprothesen, glaube ich, schon ganz wichtig! Und also ich hoffe zumindest, dass wir dazu einen Beitrag leisten können, einige der Komplexitäten, die wir schaffen und die wir nicht im Griff haben, besser in den Griff zu kriegen, indem man KI-Methoden dort verwenden kann. (Interview Wegener, S.6)

Die Lösungskapazität, die die KI nach Ansicht ihrer Entwickler verspricht, ist die Bewältigung von Komplexität, die als ein Kernproblem moderner Gesellschaften gilt und sich dort durch alle Bereiche zieht. Diese Erwartung wird begründet mit der neuen Methodologie, die die

KI im Unterschied zur Informatik etabliert habe. Durch die Betrachtungsweise auf einem relativ hohen Abstraktionsniveau (auf der Wissensebene bzw. auf der logischen Ebene) könnten mit KI-Methoden Aufgaben so in Softwareprogramme umgesetzt werden, dass deren Operationsweise nachvollziehbar sei. Die KI trage zu mehr Durchschaubarkeit bei, weil die Verarbeitungsprinzipien nicht völlig frei gestaltet würden wie beim Programmieren, sondern weil man probiere, alles auf Schlussfolgerungsverfahren der Logik abzubilden. Die seien Jahrtausende alt, und von denen wisse man, dass sie korrekt seien. (Interview Wegener, S.6) Die KI wird hier als hochgradig variables Instrument dargestellt, mit dem man unabhängig von dem in Software zu modellierenden Gegenstand Komplexität strukturieren und reduzieren könne. Als „*Denkprothese*“ bzw. „*Denkzeug*“, wie sie häufig bezeichnet wird, wird die KI gleichgesetzt mit traditionellen Werkzeugen. Sie ergänze und erweitere wie diese die menschlichen Fähigkeiten und ermögliche dem Menschen damit das Vordringen in Bereiche, die ihm ohne diese „*Werkzeuge*“ verschlossen geblieben wären.

Gegen diese Werkzeugperspektive auf die elektronische Datenverarbeitung, die die KI-Protagonisten hier ins Feld führen, argumentieren Bernd Wingert und Ulrich Riehm. (Wingert / Riehm 1985) Nach ihrer Argumentation ist der Computer zwar ein Werkzeug in dem Sinne, dass der Mensch damit seine Handlungsmöglichkeiten erweitere, doch in der Nutzung weise er deutlich andere Qualitäten auf als die, die dem Werkzeuggebrauch eigen seien. Dort unterschieden sich die Handlungsstrukturen deutlich von denen, die beim Umgang mit dem Computer realisiert würden. Wesentlich sei, dass beim Werkzeuggebrauch direkt auf den Gegenstand eingewirkt werde, also eine Veränderung beim Objekt bewirkt werde, etwa beim Hobeln, Feilen oder Nageln. Die Art der sinnlichen Rückkoppelung und die Wirkungskontrolle, die mit dem Gebrauch von Werkzeugen verbunden sei, erfahre hingegen in EDV-Medien einen klaren Bruch oder eine Mediatisierung, die es verbieten würde, bei jeder Art von Softwarebenutzung die Handlungsstruktur des Werkzeuggebrauchs zu unterstellen. Auch beim Umgang mit klassischen, also Stoffe be- und umarbeitenden Maschinen seien Unterschiede in der Handlungsstruktur gegenüber dem Computer feststellbar. Durch die Programmbenutzung ginge unter anderem die Gegenständlichkeit verloren, die der Bediener einer Maschine mittel- oder unmittelbar noch erfahre. Restriktionen, die in der ‚natürlichen' Situation in der Gegenständlichkeit und Widerständigkeit der Realität ‚eingebaut' seien, müssten im Unterschied dazu in den Computer erst einprogrammiert werden.[88] Beispielsweise habe der Nutzer beim technischen Zeichnen nur noch Definitionsarbeiten zu erledigen und der taktile Fähigkeiten erfordernde Zeichenvorgang werde von einem mit dem Computer gekoppelten Plotter erledigt. Das Ergebnis sei dabei nur noch bedingt zu steuern. Während beim Maschineneinsatz in der Regel durch eigene Beobachtung und erfahrungsgeleitete Interpretationen der Vorgänge immer noch viele Fehler leicht zu entdecken seien, könne in einem Computerprogramm als Fehler nur das entdeckt werden, was als Parameterkombination und Bedingung vom Programmentwickler bedacht worden sei. Die wirklichen Vorgänge müssten in einer symbolischen Form simuliert werden, wobei das Risiko, dass der wirkliche Vorgang – anders als am Bildschirm angezeigt – nicht programmgemäß abliefe, nie grundsätzlich ausgeschlossen werde könne. Dieses Restrisiko trage der Benutzer. Er müsse beim Computergebrauch in seiner subjektiven Handlungsstruktur eine Modellebene und die Programmlogik berücksichtigen, die in der Regel fremd definiert, hoch komplex und eine Art *Black Box* sei. In diese selbsttätig ablaufenden Routinen könne der Nutzer nur bedingt eingreifen. Die Handlungsstrukturen bei einer Programmbenutzung erführen somit eine doppelte Mediatisierung, zum einen auf der Seite der Einwirkung und zum anderen bei der Handlungskontrolle.

Folgt man dieser Unterscheidung, die Wingert und Riehm zwischen Werkzeug- und Computergebrauch machen, so erscheint die von einzelnen KI-Protagonisten aktualisierte Parallele zwischen *Denk-*

[88] Wie sehr sich programmierte und vorgefundene Realität unterscheiden können, hat seiner Zeit der Mercedes A-Klasse deutlich werden lassen. Seine Sicherheit wurde weitgehend mit Hilfe von Computersimulationen getestet und für ausreichend angesehen. Im Gebrauch stellte sich diese jedoch als mangelhaft heraus, als ein Testfahrer das Auto beinahe zum Umstürzen brachte und aufwendige Nachbesserungen in der Konstruktion des Kleinwagens notwendig wurden.

*zeug* und *Werkzeug* als Interpretationsmuster, das die Erfahrung mit dem KI-Computersystem in fehlleitender Art und Weise vorstrukturiert. Die Werkzeugmetapher weckt „*Vorstellungen der Souveränität des Menschen über seine Arbeitsmittel*" und suggeriert den „*problemlosen Umgang*" sowie eine besondere Operativität – also Vorstellungen „*einer gelungenen und flüssigen Handhabung*", die so nicht auf den Umgang mit dem Computer übertragbar seien. Insbesondere die „*Souveränität über das Arbeitsmittel*" ist nur begrenzt vorhanden, weil die Komplexität, die die KI-Computer-Systeme reduzieren sollen, ihnen selbst inhärent ist. (Wingert / Riehm 1985:108)

### 7.1.8 Technik zwischen Zauberlehrling und Heilsbringer

Das Janusgesicht moderner Technik ist vielfältig beschrieben worden. (z.B. Volpert 1988) Die kritischen Anmerkungen, die in diesem Rahmen zu den Begleiterscheinungen der Technik gemacht wurden, sind inzwischen Allgemeingut und auch den Technikentwicklern in der KI gut bekannt.

> Also wir haben uns so viele Probleme geschaffen, die wir selbst nicht mehr in Griff kriegen. Als Zauberlehrling haben wir unsere Welt in einen heillosen Zustand gebracht, und ich glaube, ohne Hilfe und Werkzeug kommen wir nicht ... daraus hinaus. Da können wir um Hilfe beten oder auf göttliche Wesen vertrauen, da könnte man auch selbst etwas tun, und es kann sein, dass KI-Werkzeuge eine Chance sind, um zu helfen. Aber die Hoffnung ist eher minimal. Ich befürchte eher, dass wir genau das eben nicht hinkriegen werden. (Interview Wieland, S.14)

Wielands Argumentation steht hier exemplarisch für andere KI-Akteure. Sie stellt darin die vom Menschen entfesselte Zerstörungskraft des technischen Fortschritts heraus, nimmt jedoch die KI-Technologie und damit auch ihre eigene Forschungsarbeit explizit aus diesem Zusammenhang heraus. Ganz im Gegenteil stellt sie die KI als Möglichkeit dar, das Bedrohungspotential der Zivilisation für die Natur mit den KI-spezifischen Methoden wieder einzudämmen. Die KI erscheint so als Werkzeug, das der Mensch im Kampf gegen die negativen Folgen seiner Weltbeherrschung einsetzen kann. Das Vertrauen in ein göttlich bestimmtes Schicksal ist aus der Perspektive einer Wissen- und Technikschaffenden und wohl auch für viele Menschen in modernen Gesellschaften höchst unbefriedigend. Glaube und Religion, die vor allem Nichtwissen beinhalten und deren Sinnsysteme Stück um Stück durch die modernen Wissenschaften ersetzt wurden, gelten vielen Menschen als obsolet. Das Vertrauen in ein göttliches Wesen wird zum Synonym für Passivität – ein Zustand, den man sich in der modernen Welt nicht mehr leisten kann. Pragmatischer erscheint dagegen die Position, das eigene Schicksal selbst anzupacken und die Mittel einzusetzen, mit denen man vertraut ist.

Technik wird in der westlichen Welt eine hohe Problemlösungskapazität für unterschiedlichste Kontexte zugebilligt.[89]

> Wo ich meine, dass wir KI brauchen, sind Bewältigungen von Problemen, die von ihrer Struktur her so komplex sind, dass das menschliche Denken dafür nicht ausgelegt ist. Also wir sind mit einem Verstand ausgerüstet, der funktioniert in der Welt, für die er mal geplant war. Wo wir kleine überschaubare Gruppen waren. Wo wir keine so komplexe Vernetzung hatten, an der wir bedenkenlos herum spielen! Also die Informationsnetze, die reichen eben jetzt nicht mehr so weit wie wir rufen können, sondern so weit wie die Information Highways reichen. Und egal was wir machen, es kann Dinge in Bereichen auslösen, die wir mit dem Verstand nicht auf einen Blick erfassen können. Wir haben es nicht gelernt, und die Evolution wird uns nicht so schnell in die Lage versetzen, so zu denken, dass wir die Wirkungen von dem begreifen, was wir tun. Wir könnten eventuell Maschinen bauen, die das können, und müssen dafür aber eine Menge an Problemen lösen, was Ethik betrifft, was Verantwortung betrifft. (Interview Wieland, S.14)

Das Bild vom Menschen, das hier gezeichnet wird, ist ein zutiefst defizitäres. Der Mensch kommt als anachronistisches Wesen daher, das nur suboptimal angepasst ist an die technische Welt, die er sich allerdings selbst geschaffen hat. In der vergangenen Zeit, aus der er kommt, habe der menschliche Verstand funktioniert, heute sei er überfordert. Der Mensch als evolutionär entstandenes Wesen der Natur, steht der technischen Komplexität hilflos gegenüber. Das, was er tut, gerät angesichts seiner mangelnden Fähigkeit, das eigene Tun in der technischen Welt angemessen einzuschätzen und auch die Folgen zu

---

[89] Die US-amerikanische *Artificial Intelligence* geht in dieser Selbstwahrnehmung noch einen Schritt weiter. Hier wurde von den beiden KI-Pionieren Alan A. Newell und Herbert A. Simon Mitte der 50er Jahre im letzten Jahrhundert versucht, einen so genannten „*General Problem Solver*" (GPS) zu entwickeln. Dieser Ansatz schrieb zwar KI-Geschichte, weil Methoden der Problemlösung von der Information an sich separiert wurden, der GPS wurde seinem im Titel formulierten Anspruch jedoch nicht gerecht.

kalkulieren, zum unverantwortbaren Wahnsinn. Als Wesen der Natur ist der Mensch nicht nur grundsätzlich defizitär, er ist auch nicht mehr auf der Höhe der Zeit – dem Zeitalter der Technik. Dieses Defizit kann nach Ansicht der KI-Protagonistin nur noch durch Technik überwunden werden.

Technik und Mensch werden dabei als gegensätzlich angesehen. Der Mensch sei bisher nicht sehr erfolgreich darin gewesen, seine Verantwortung auszuüben. Letztendlich müsse das zur Katastrophe führen. Was der Mensch selbst tut, ist nach ihrer Ansicht zutiefst geprägt von Fehlentscheidungen, die in der mangelnden Fähigkeit begründet sind, die Komplexität der Welt zu überblicken.

> Also die Verantwortung haben wir auch jetzt schon für alles, was wir tun. Und wir lösen damit Dinge aus, wo wir es gar nicht mehr verantwortungsvoll machen können. Also wenn wir jetzt beschließen, so und so viel FCKW dürfen in die Atmosphäre, wir haben eine Verantwortung. Es gibt aber niemand, dass er uns sagen kann, wofür wir die Verantwortung übernehmen. Das ist schon jetzt hoffnungslos in den Brunnen gefallen. Egal was wir tun, wir werden die Welt weiter zerschlagen, da bin ich mir sehr sicher. (...) Wir haben Verantwortung für zu viele Dinge gleichzeitig und ... haben nicht gelernt, die Verantwortung zu messen und in eine Reihenfolge zu bringen. Also wenn ich mich entscheiden muss – na ja, nehmen wir mal ruhig unser Land hier – wenn ich mich entscheiden muss, ob ich den Export ankurbeln will, ob ich das Geld lieber rein stecke, zukunftsweisend die Hochschulen zu fördern, ob ich das Geld rein stecke in ein soziales Netz, letztendlich ist meine pessimistische Meinung, dass die Verantwortung von denen, die Entscheidungsträger sind, so gesehen wird, wie gewinne ich die nächste Wahl. (Interview Wieland, S.14)

Die Zukunft ist in dieser Sicht nicht mehr plan- und steuerbar, könnte es aber grundsätzlich sein, wenn Entscheidungen durch ein sehr gut gestaltetes technologisches System getroffen würden. Das Schicksalhafte des Lebens und der Welt, das immer mit einer Komponente der Bedrohung verbunden ist, wird hier zur vorhersagbaren Zukunft gemacht, die damit auch in langfristiger Perspektive so gestaltet werden kann, dass die Existenz des Menschen gesichert ist. Bekannte Traditionen der naturwissenschaftlich-technischen Weltbeherrschung leben in der Argumentation der hier zitierten KI-Wissenschaftlerin auf. Die prospektive Naturbeherrschung mit Hilfe von Technologie wird als einzige Hoffnung genannt, um die entscheidende Wende hin zu den ‚richtigen' Entscheidungen zu vollziehen. Denn der Mensch sei in seinem Bestreben gescheitert, die Verantwortung für die Welt zu tragen. *„Egal was wir tun, wir werden die Welt weiter zerschlagen.“*

Als Gründe für diesen destruktiven Umgang der Menschheit mit seinen Lebensgrundlagen werden zum einen fehlende Kompetenzen des Menschen angeführt, die Verantwortung in eine richtige Reihenfolge zu bringen und zum zweiten die von Egoismen bestimmten, individuelle Interessen fördernden Entscheidungsstrukturen im politischen System. Es klingt in diesen Aussagen der Wunsch nach einer Entscheidungsinstanz durch, die zweierlei kann. Sie soll in der Lage sein, Entwicklungen auch in der Zukunft zu überblicken und richtig zu priorisieren. Dass unterschiedliche Priorisierungen mit unterschiedlichen Interessen und Wertigkeiten zu tun haben, wird hier nicht bedacht. Vielmehr wird die Erhaltung der ‚natürlichen' Lebensgrundlagen als oberstes und unumstrittenes Ziel für alle angesehen, das unbestreitbar durch die Lebens- und Wirtschaftsweise der Industrienationen gefährdet sei.[90] Die zweite Erwartung an eine möglicherweise entstehende und hier herbei gesehnte maschinelle Entscheidungsinstanz ist eine Objektivität, die die Menschheit in die Lage versetzen soll, an den ‚wahrhaftigen' Prioritäten festzuhalten, auch wenn dabei momentane Bedürfnisse zu kurz kommen.[91] Sie soll die diversen kurzfristigen, egozentrischen Interessen, nach denen menschliche Individuen handeln, unterordnen unter das große gemeinsame Ziel der Menschheit, die eigenen, bedrohten Lebensgrundlagen zu erhalten. Es geht laut Wieland nicht nur darum, die Komplexität der modernen Lebenswelten angemessen zu beurteilen und abzuwägen, sondern der

---

90 Schon die apokalyptische Gefährdung der Welt ist als Diagnose der gegenwärtigen Situation jedoch umstritten und wird nicht zuletzt von Wirtschaft und Industrie immer wieder infrage gestellt, etwa durch den Einwand: Was nützt uns eine intakte Umwelt, wenn wir dafür den nachkommenden Generationen marode Sozialsysteme hinterlassen?

91 Dieser Gedanke, dass es eine einzige richtige Sichtweise auf die Welt gebe, ist tief verwurzelt in der KI-Forschung. Bereits dem oben erwähnten „General Problem Solver“, den Newell und Simon in den 50er Jahren zu entwickeln suchten, liegt dieser Gedanke zugrunde. Er setzt sich bis heute fort. So versucht der amerikanische AI-Forscher Douglas B. Lenat ein Computersystem, das *Cyc System*, zu schaffen, das zunächst alles relevante Weltwissen erlernt. (Lenat / Guha 1990). Kritik zu diesem Projekt formuliert u.a. Alison Adam (1995).

entscheidende Mensch muss diszipliniert werden, weil er sich zu kurzfristig an der Realisierung von momentanen Interessen orientiere.

Technische Systeme werden hier als dem Menschen überlegen angesehen. Sie scheinen viel besser geeignet, Interessen des Menschen langfristig zu verfolgen. Diese Überlegenheit der Technik entspringt einer positivistischen Grundhaltung, in der subjektive Sichtweisen als richtige oder falsche Wahrnehmungen einer existierenden Realität gelten. Wissen – soviel wie möglich, so exakt wie möglich – und der kompetente Umgang damit gilt als Schlüssel zur Weltgestaltung. Den Gesetzmäßigkeiten dieser ‚Natur' muss der Mensch sich unterordnen trotz allen technischen Möglichkeiten, die er sich geschaffen hat, sonst scheint seine Existenz bedroht. Der Mensch wird einerseits mit allen entwickelten Fähigkeiten als evolutionär entstandenes Wesen, als Bestandteil der ‚Natur' angesehen. Seine gestalterischen Kompetenzen bleiben ebenso begrenzt wie seine Kapazität, die Gesamtheit aller natürlichen Zusammenhänge zu überblicken, denn die Evolution habe ihn dazu nicht in die Lage versetzt. Andererseits wird der Mensch als kulturelles Wesen beschrieben, das technische und soziale Systeme konstruiert. Seine Fähigkeit, über die ‚Natur' hinaus Eigenes zu schaffen, wird dabei als destruktiv geschildert. Diese Fähigkeit zur Produktion von Kultur wird in Wielands Überlegungen als Quelle der Bedrohung für die natürlichen Lebensgrundlagen, für die ‚Natur' insgesamt dargestellt. *Kultur* und *Natur* erscheinen in dem von ihr gezeichneten Bild der Welt als diametrale, sich gegenseitig bedrohende Pole dieser Welt. In persona vereinigt der Mensch beides in sich, Natur und Kultur, und ist damit Bedrohender und Bedrohter zugleich. Die Bewältigung dieser Gegensätze, die Bändigung des inhärenten (selbst-) zerstörerischen Potentials scheint nur durch eine dritte Instanz, die Technik, möglich zu sein. So wird von Wieland die Konstruktion von technologischen Systemen zur Entscheidungsfindung als Möglichkeit dargestellt, die ausufernden Begierden der Kultur zu bewältigen und die weitere Zerstörung der natürlichen Lebensgrundlagen zu verhindern.

### 7.1.9 Technik für den Menschen

Wieland stellt Technik voll und ganz in den Dienst des Menschen. Sie knüpft mit ihrer hier oben dargestellten Argumentation an die Erfahrungen an, dass Welt und Technik komplex und damit ihre Zukunft nicht vorhersehbar sind. Sie wendet diesen Zusammenhang positiv für die KI, indem sie diese als eine Möglichkeit darstellt, eben diesen kritischen Punkt der Komplexität zu bearbeiten und zu bewältigen – eine Aussicht, die äußerst erstrebenswert erscheint. Aktualisiert wird dabei die vielfach gemachte Erfahrung, dass Technik dem Menschen überlegen ist und bestimmte Defizite ausgleichen kann. Erst durch diese Mischung aus Übernahme und Umdeutung von etablierten Technikbildern werden ihre Überlegungen zur schlüssigen und nachvollziehbaren Deutung. Bei genauerem Hinsehen wird allerdings deutlich, dass die Vorstellung von einer Technologie, die große Komplexität überwachen kann, zum Zirkelschluss gerät, weil diese Technologie selbst sehr komplex und damit ebenso gut oder schlecht steuerbar ist, wie schon die bestehenden großtechnischen Systeme.

Implizit wird dabei formuliert, dass es eine spezifische Art der Technikgestaltung gibt, aus der eine menschengerechte Technik hervor geht. Diese Haltung, Technik müsse für den Menschen gestaltet werden, ist gesellschaftlich weit verbreitet. In öffentlichen Diskursen, politischen Auseinandersetzungen und auch sozialwissenschaftlichen Forschungsansätzen wird er immer wieder bemüht. Nahezu alle interviewten KI-Akteure führten diesen Topos als Motivation für die eigene Arbeit an.

> Also da, da bin ich also an vielen Ecken ... sehr einverstanden mit Computerkritik, und ich ... setze mich, glaube ich, überhaupt nicht dem Verdacht aus, ich sei nun in irgendeiner Weise computerlastig oder Technikfreak oder so was. Also das ist etwas, das ich mir lieber gerne vom Leibe halte. Ich habe also zu Hause keinen Fernseher und keinen Rechner stehen, und habe das also gerne in einer Berufs- oder einer technischen Umgebung, aber bitte nicht im Privatleben ... Da schreibe ich gerne Briefe ohne Tastatur und da unterhalte ich mich lieber mit Leuten direkt. Und viele andere Dinge, die würde ich also, was die Computerei grundsätzlich angeht, auch unterschreiben. Aus vielen derartigen Gründen wäre ich auch nie Informatiker geworden. Aber sich hinzustellen und zu sagen, ich möchte jetzt mal die Sprache angucken und sehen, wie man eigentlich über die Sprache eine bessere Kommunikation oder Interaktion zwischen Mensch und

> Rechner kriegt, so dass der Rechner einfach viel näher am Menschen ist und ... sich da nach dem Menschen richten muss ... Das gerade ist ein Grund für mich, Informatiker zu sein. Aber das ist gerade ein Grund, gegen den diese ganze KI-Kritik eigenartigerweise, oder klarerweise überhaupt nicht zielt. Also das, da fühle ich mich völlig auf dem falschen Bein. (Interview Binder, S.12)

Die KI wird so als Technologie interpretiert, die unbedingt notwendig ist, um Defizite der Computertechnologie zu beheben und den Umgang mit ihr menschengerecht zu gestalten. Eine solche Technologie, die der Schlüssel zur Anpassung von Technik an den Menschen ist, und die den Menschen davon befreit, unnötige technologische Kompetenzen zu erwerben, gilt als vorbehaltlos positiv. Angesichts dieser Qualitäten, die der hier zitierte KI-Protagonist der KI-Technologie übrigens übereinstimmend mit allen seinen von mir interviewten Kollegen und Kolleginnen zuschreibt, wird die KI-Kritik für ihn geradezu zum Affront, weil sie den wahren Charakter dieser neuen Technologie verkenne.

Dass Neuerungen und damit auch neue Technologien den Menschen immer veranlassen, sich zu ihnen zu verhalten, egal wie gut sie nach seinen Bedürfnissen gestaltet ist, geht in dieser technikzentrierten Perspektive verloren. Auch Technik, die für den Menschen gestaltet ist, entbindet diesen nicht von der aktiven Realisierung der Potentiale, die die Technik für ihn bietet. Ob die Qualitäten der Technik, die in ihrer Konzeption als Antizipation von Nutzerbedürfnissen angelegt sind, bei diesem auch tatsächlich so wahrgenommen werden, ist dabei nicht von vornherein gewährleistet. Die Nutzung von Technik ist nur bedingt planbar. Dass die Folgen von Technik bei der Nutzung entstehen, darauf verweisen die KI-Akteure selbst immer wieder. Allerdings trennen sie dabei vehement zwischen positiven und negativen Technikfolgen. Während die positiven Folgen voll und ganz den von ihnen entwickelten Systemen zu gute kommen, werden für die negativen Folgen ein unverantwortlicher Einsatz, also der Nutzer und das gesellschaftliche Umfeld der Technologie, haftbar gemacht.

Offen bleiben eine Reihe an Fragen, etwa wie Technologien menschenfreundlich zu gestalteten sind, was menschenfreundliche Gestaltung im Allgemeinen und in konkreten Fällen bedeutet und ob eine solche Gestaltung mit jeder Technologie möglich ist. Auch wird nicht problematisiert, ob und wann technische Lösungen überhaupt sinnvoll sind und wann andere Lösungswege beschritten werden sollten. Das zeigt das folgende Beispiel, mit dem ein KI-Protagonist darstellt, wie man Technik für den Menschen gestalten kann.

> ...wenn wir in der Lage wären ... eine Bedienungsoberfläche für irgend etwas wie so ein World Wide Web zu schaffen, die so plausibel ist und so suggestiv, dass alte Menschen das benutzen könnten, könnte ich mir vorstellen, dass es ... eine Kommunikationswelle auch da geben würde, weil sich alte Leute über Kontinente weg miteinander verständigen könnten und irgendwelche Fanclubs bilden und Interessengruppen aufbauen, und so wie das heute im, im WWW der Fall ist. Warum soll das für alte Menschen nicht auch eine Möglichkeit sein irgendwie ... der Isolation zu entgehen ... Wenn sie dann da einen PC stehen hätten und mit der Welt im Zusammenhang stehen, dann wäre das ganze eben nicht ein Problem der, der Softwareintelligenz, sagen wir mal, dass man das alles gelernt haben muss, um das zu bedienen, sondern eben einfach ganz suggestive einfache Techniken, so was muss man ... doch noch machen können. (Interview Binder, S.34)

Dass häufig sozial organisierte Optionen gegenüber technologischen Problemlösungen vernachlässigt werden, belegt eindrücklich dieses Beispiel, das hier ein KI-Wissenschaftler für eine menschengerechte technologische Entwicklung gibt. Das Internet-Interface, das an Bedürfnisse und Gewohnheiten von alten, einsamen Menschen angepasst werden soll, ist als Lösungsvorschlag für das hier beschriebene sozial hervorgebrachte und vermutlich auch lösbare Problem der Isolation allerdings nicht schon an sich Ausdruck einer technokratischen Persönlichkeit. Solche technischen Lösungsversuche wurzeln auch in einem pragmatischen Umgang mit dem vorgefundenen Status quo, dessen soziale Bedingtheit und Behebbarkeit nur am Rande wahrgenommen werden. Es lässt sich dabei ein großes Bestreben feststellen, einen Missstand mit den eigenen professionellen Mitteln – das sind primär technologische – zu verbessern. Dieses Beispiel verweist auf die handlungsleitenden, von Technik geprägten Sinnsysteme, die die Wahrnehmung der KI-Protagonisten dominieren, die deswegen keinesfalls als Individuen mit geringerer sozialer Kompetenz angesehen werden können. Zudem sollte nicht vergessen werden, dass sie damit im Rahmen von gesellschaftlich dominierenden Sinnsystemen argumentieren, in denen die Wirtschaftlichkeit von Problemlösungen häufig zu dem entscheidenden Kriterium gerät.

## 7.2 Die technologische Sinnproduktion

### 7.2.1 Kybernetische Körper

Mensch und Technik nähern sich im wissenschaftlichen Diskurs der KI einander an. (Bammé 1983) Der Körper wird zur zentralen Metapher, mit der das Verhältnis von Mensch und Technik gedeutet wird. Das Reden über den Körper im schriftlichen Diskurs der KI steht stets im Zeichen eines Vergleiches mit der Computertechnologie bis hin zur Auflösung der Grenzen. Der Zugriff der KI auf den Körper zeigt exemplarisch, wie eine Technikwissenschaft anthropologische Begriffe und Konzepte aufgreift, sie neu deutet und die von ihnen hervorgebrachten Bilder massenhaft verbreitet. Diese Bilder sind geprägt von spezifischen erkenntnistheoretischen Hintergründen und disziplinären Interessen, die zwar diskursiviert werden, aber für eine allgemeine Öffentlichkeit kaum verständlich sind. Indem Bilder und Deutungen des Körpers als Ergebnis einer von Objektivität geleiteten naturwissenschaftlichen Forschung präsentiert werden, sind sie kaum noch kritisierbar, weil in alltagskulturellen Zusammenhängen Hintergrundwissen und häufig auch Ausdrucksfähigkeit fehlen, um wissenschaftliche Ergebnisse infrage zu stellen. Auch philosophische und sozialwissenschaftliche Kontexte können sich dieser technisch-naturwissenschaftlichen Definitionsmacht häufig nicht entziehen und übernehmen deren technomorphe Bilder vom Menschen, wie ein kleiner Exkurs in die Techniksoziologie in diesem Abschnitt zeigen wird.

Die Verdrängung des Körpers als wissenschaftliche Begleiterscheinung eines Forschungsprojektes, das menschliches Denken als Informationsverarbeitung bzw. als Folge von Symbolmanipulationen versteht, scheint unvermeidbar zu sein. Diese Tendenzen als *Entkörperlichung* zu thematisieren, wie es in den Sozialwissenschaften vielfach geschieht, ist aber analytisch wenig sinnvoll. Von einer vollständigen Negation des Körpers oder gar vom vollständigen Verschwinden des organischen Körpers in den KI-Diskursen kann keine Rede sein. Der Körper bleibt auch beim Versuch seiner Marginalisierung stets Referenzpunkt. Die Bezüge zum Körper in den Diskursen der KI sind vielfältig, so dass hier die Frage nach den spezifischen Körperbildern, die generiert werden, ertragreicher scheint, als generell von einer Entkörperlichung zu sprechen. Um die Traditionen der Körperdeutungen in der KI zu perspektivieren, müssen Quellen auch aus der frühen US-amerikanischen Kybernetik aufgegriffen werden, da diese in ihrem wissenschaftlichen Diskurs eine Reihe an Deutungen generierte, auf die sich die KI bis heute bezieht.

In dem für die Kybernetik grundlegenden Aufsatz *Behaviour, Purpose, Teleologie* von Arturo Rosenblueth, Norbert Wiener und Julian Biegelow (Rosenblueth / Wiener / Biegelow 1943) werden Rückkoppelungsprozesse als zentraler Vorgang für die Steuerung von Verhalten dargestellt. Rückkoppelungsprozesse bezeichnen ein Wechselspiel von Rückmeldung und Optimierung des Verhaltens. Verhalten ist dabei ein behaviouristisches Konzept, das den Gesamtorganismus als Black Box betrachtet, d.h. nur die Verhaltensäußerungen, nicht aber die internen Prozesse berücksichtigt, die zu diesem Verhalten geführt haben. Dieses Prinzip der Black Box macht es möglich, die Spezifik des einzelnen (organischen oder technischen) Körpers zu marginalisieren. Während in der frühen Kybernetik noch der ganze Körper als Black Box angesehen wurde, wurde im Laufe der Zeit diese Sichtweise auch auf seine Einzelteile – das Gehirn, die Haut, die Augen, einzelne Zellen usw. – ausgedehnt. Der Körper gilt als segmentierbar, d.h. die einzelnen Teile des Körpers werden unabhängig vom Rest in ihrer Funktionsweise analysiert. Die Segmentierbarkeit ist nach dieser Auffassung beliebig wählbar und beliebig detailliert fortsetzbar. Die Rückkoppelungsprozesse, die als zentraler Prozess der Steuerung von Verhalten angesehen werden, werden einige Jahre später von Norbert Wiener noch einmal differenziert in homöostatische Rückkoppelungen, die unbewusst geschehen wie z.B. Muskelkontraktionen, und willensmäßige, posturale Rückkoppelungen. (Wiener 1963; Wiener 1966) Dieses Steuerungsprinzip der Rückkoppelung wird als unabhängig von der Materie angesehen, die gesteuert wird, so dass alle Funktionen des Körpers prinzipiell auch durch ein technisches Äquivalent ersetzt werden können. Neuronen werden zum Relais, Nerven werden zum elektrischen Leiter usw. Die Kybernetik hat damit in ihrer theoretischen Grundlage die Voraussetzungen geschaffen, Verhalten von biologischen Systemen auf technische Systeme zu übertragen.

Die Differenz zwischen technischen und organischen Wesen wird vor diesem theoretischen Hintergrund unbedeutend und kann aufgelöst werden. Der organische Körper – von einem menschlichen kann keine Rede mehr sein, weil er hier als Sonderfall einer biologischen Spezies in Erscheinung tritt – gilt ebenso wie Technik als System und beide können folglich auf der Verhaltensebene mit den gleichen Methoden untersucht werden.

Die Kybernetiker argumentieren keinesfalls trivial für eine banale Gleichsetzung zwischen Organismus und Technik: „*Während die behaviouristische Analyse von Maschinen und lebenden Organismen weitgehend gleichartig ist, zeigt eine funktionelle Betrachtung große Unterschiede zwischen beiden Gruppen. Was das Strukturelle anbetrifft, so sind Organismen hauptsächlich kolloidal (fein zerteilt v. Stoffen, g.k.) und enthalten im wesentlichen große, komplexe und anisotrope Eiweißmoleküle; Maschinen sind hauptsächlich metallisch und enthalten im wesentlichen einfache Moleküle. Vom energetischen Gesichtspunkt aus betrachtet, weisen Maschinen gewöhnlich relativ große Potentialdifferenzen auf, wodurch ein schnelles Freisetzen von Energie möglich wird; in Organismen ist, im Gegensatz dazu die Energie gleichmäßiger verteilt. So beruht z.B. in elektrischen Maschinen die Stromleitung hauptsächlich auf Elektronen, wogegen elektrische Veränderungen in Organismen gewöhnlich auf Ionenbewegungen zurückzuführen sind.*“ (Wiener 1963:23) Der organische Körper hat zwar deutliche Leitbildfunktion, er bleibt Referenz- und Orientierungspunkt der kybernetischen Forschung, man ist sich aber bewusst, dass man mit den gegebenen technischen Möglichkeiten andere Wege gehen muss, als das die Evolution getan hat. Der identische Nachbau von Organismen wird allerdings als Fernziel für die Zukunft anvisiert. „*In zukünftigen Jahren, wenn das Wissen über Kolloide und Proteine größer geworden ist, werden Ingenieure vielleicht versuchen, Roboter zu bauen, die nicht nur in ihrem Verhalten, sondern auch in ihrer Struktur einem Säugetier gleichen. Das beste Modell von einer Katze ist natürlich eine andere Katze, ganz gleich, ob sie von einer Katze abstammt oder in einem Labor hergestellt wird.*“ (Wiener 1963:23) Die identische Rekonstruktion des organischen Körpers durch technische Verfahren wird in der Kybernetik zum Idealfall. Verhalten wird dabei bereits aus einer technikzentrierten Perspektive konzeptualisiert. Es wird als stets zweckgerichtet und gesteuert durch Rückkoppelungsprozesse beschrieben, also durch ein Wechselspiel von Rückmeldung und Optimierung des Verhaltens. Das Bild vom organischen Körper, das die Kybernetik zeichnet, ist ein Körper, der bereits in spezifischer Weise zugerichtet ist; er ist segmentiert, funktionalisiert, strukturiert und geschlechtslos. Er ist damit anschlussfähig für Technik. In der Kybernetik sind der organische Körper und seine Funktionen ein technisches Problem. Der Körper gilt dementsprechend als technisch reproduzierbar, auch wenn man bisweilen andere Lösungswege suchen muss, als die Natur sie bereitstellt.

Neben Materie und Energie wird in der Kybernetik Information als physikalische Grundgröße etabliert und damit die Grundlage für das Informationsverarbeitungsparadigma geschaffen, das später zur erkenntnistheoretischen Grundlage für die KI wird. Das Gehirn wurde zu einem der zentralen wissenschaftlichen Gegenstände, an denen die kybernetische Sicht erprobt wurde. Man orientierte sich dabei sehr eng am natürlichen Vorbild und seiner Entstehung, die man technisch nachzuahmen versuchte. Das Ziel bestand darin, sich *Bottom-up* mit adaptiven Netzen und selbst organisierenden Systemen über Modelle von einfachen Organismen bis hin zum Menschen vorzuarbeiten. Dieser Versuch, eine künstliche Intelligenz über die Modellierung von Nervennetzen zu realisieren, fand seinen Höhepunkt in der Entwicklung des so genannten Perzeptrons von Frank Rosenblatt (Rosenblatt 1962), das mehr oder minder nach Prinzipien der Autonomie und der Selbstorganisation arbeitete.

Auf der Basis des behaviouristischen Erkenntnisinteresses, das sich auf Verhalten, nicht aber auf die zugrunde liegenden internen Vorgänge richtet, entwickelt Alan Turing ein Kriterium dafür, wann man überhaupt von einer gelungenen Nachbildung des menschlichen Geistes ausgehen könne. Die Ausführungen, die Turing zur Erläuterung seines Verfahrens macht, sind durchdrungen mit Körperbildern, wie sie in der Kybernetik produziert wurden. Menschliche und technische Körper werden als Systeme perspektiviert, die auf der Verhaltensebene ohne weiteres vergleichbar erscheinen. Die *denkende Maschine* ist für Turing ein Begriff, der auf Menschen und Digitalcomputer gleichermaßen zutrifft. So wie ihm der *Mensch als Maschine* oder die *Großhirnrinde als unorganisierte Maschine* erscheint, bezeichnet er umgekehrt die Eigenschaften des Rechners als dessen *Natur* oder überlegt, wie man geistige, genetische und kulturelle Entwicklungen des Menschen in Form von Suchverfahren auf dem Rechner realisieren kann. Turing ist überzeugt, dass es möglich ist, jedes beliebige kleine Teil des Menschen technisch zu imitieren. Das Prinzip der Selbstorganisation, das auch in der Kybernetik diskutiert wird, ist für Turing ein Schlüsselprinzip bei der technischen Reproduktion des menschlichen Verhaltens, weil auch der unorganisierte Säugling erst durch die Organisierung seiner Großhirnrinde zu einer Universalmaschine werde.

Alan Turing ist die zentrale Bedeutung, die der Körper für das menschliche Verhalten und die Intelligenz hat, wohl bewusst. 1969 schreibt er in seinem Aufsatz *Intelligent Machinery*: „*Ein Weg, unser Vorhaben, eine ‚denkende' Maschine zu bauen, in Angriff zu nehmen, bestünde darin, einen Menschen als ganzen zu nehmen und zu versuchen, all seine Bestandteile durch Maschinen zu ersetzen. Er bestünde aus Fernsehkameras, Mikrophonen, Lautsprechern, Rädern und ‚Servo-Gliedern' ebenso wie aus einer Art ‚Elektrogehirn'. Natürlich wäre das ein gewaltiges Unternehmen. Das Ergebnis wäre bei der Herstellung mit den gegenwärtigen Techniken, von immensen Ausmaßen, selbst wenn das ‚Gehirn'-Bauteil stationär wäre*[92] *und den Körper aus der Ferne lenken würde. Damit die Maschine die Möglichkeit hätte, Dinge selbständig herauszufinden, müsste es ihr erlaubt sein, das Land zu durchstreifen, und die Gefahr für den Normalbürger wäre ernst. Darüber hinaus hätte die Kreatur, selbst wenn sie mit den erwähnten Einrichtungen ausgestattet wäre, immer noch keine Beziehung zu Essen, Sex, Sport und vielen anderen für das menschliche Wesen interessanten Dingen.*“ (Turing 1987 [1967]:97) Da die komplette technische Rekonstruktion des Menschen also unpraktikabel erscheint, schlägt Turing vor auszuprobieren, „*was mit einem ‚Gehirn'*

---

[92] Turings Überlegungen zu einem stationären ‚Gehirn-Bauteil' sind ein Verweis auf den Stand der Computerentwicklung. Rechner mit vergleichsweise geringer Rechenkapazität hatten damals raumfüllende Ausmaße.

*anzufangen ist, das mehr oder weniger ohne Körper und höchstens mit Seh-, Sprach- und Hörorganen versehen ist.*" (Turing 1987 [1967]:97)

Mit seinem Vorschlag, die Komplexität des organischen Körpers zu reduzieren und auf wenige, essenziell erscheinende Basiselemente zu reduzieren, liegt Turing im Trend seiner Zeit. Denn die inzwischen in den USA aktive AI-Community wendet sich unter Mitwirkung von Marvin Minsky, einem ihrer renommiertesten Protagonisten, zu diesem Zeitpunkt von den kybernetisch orientierten Versuchen ab, ein lernendes Netzwerk nach dem Vorbild des Gehirns zu konstruieren. Der kybernetische Weg zur Künstlichen Intelligenz findet zu diesem Zeitpunkt in den USA ein vorläufiges Ende, das in der Literatur mit technischen Schwierigkeiten – Rechnerkapazität, Geschwindigkeit, Kosten – begründet wird.

Die KI-Forschung wird fortan von den so genannten *Top-down-Ansätzen* bzw. *symbolischen Ansätzen* dominiert, die sich parallel zu den kybernetischen Forschungen entwickelt hatten und die versuchen, als hochgradig intelligent bewerteten Fähigkeiten des Menschen – wie Schachspielen oder Beweisen von mathematischen Theoremen – auf Computern zu simulieren. Sie geben die evolutiv orientierten Strategien der Technikentwicklung wie die Selbstorganisation und das maschinelle Lernen auf und versuchen in gewohnter Ingenieurstradition, die intelligenten Rechner durchzukonstruieren, also die inneren Abläufe des technischen Artefakts von Anfang bis Ende zu planen und festzulegen. Sie liegt den wissenschaftlichen und technischen Konzepten der klassischen, symbolischen KI zugrunde und ist eine spezifische Form des Informationsverarbeitungsparadigmas. Die *Physical Symbol System Hypothesis* besagt, dass Wissen

(a) in Form symbolischer Repräsentationen mental verankert und damit potentiell explizierbar ist und

(b) strukturiert und zergliederbar ist. (Becker 1990b)

Newell und Simon vertreten die Position: „*A physical symbol system has the necessary and sufficient means for general intelligent action.*" (Newell / Simon 1976:116) Sie schaffen damit die Grundlage für die in der KI weithin vertretene und praktizierte Auffassung, dass die Art der Informationsverarbeitung bei Mensch und Digitalcomputer vergleichbar ist. Der organische Körper kann aus der Perspektive, in der es ausschließlich um die Nachbildung von intelligentem Verhalten geht, reduziert werden auf das organische System, in dem vermeintlich der Intellekt lokalisierbar ist, das Gehirn. Funktion und Struktur müssen dabei durch die Technik nicht identisch nachgebildet werden, es reicht aus, wenn der Output des Systems als intelligentes Verhalten erscheint. Die kybernetische Perspektivierung des Körpers als Black Box setzt sich hier fort; das differenzierte Bild vom organischen Körper, der in der Kybernetik gerade auch in seinen strukturellen und funktionellen Unterschieden gegenüber dem technischen Körper wahrgenommen worden war, geht jedoch verloren. Seine raum-zeitliche Bedingtheit, wie sie bei Turing explizit hervorgehoben wurde, gerät mehr und mehr in Vergessenheit. Auch wenn die Minimalisierung des Körpers in der symbolischen KI sehr weitgehend ist, so wird dennoch deutlich, dass nie von einer vollständigen Entkörperlichung die Rede sein kann. Die vollständige Entkörperlichung mag vielleicht von dem einen oder anderen KI-Protagonist anvisiert sein, doch der Körper bleibt stets als Referenz für das technische Projekt im Spiel. Auch Newell und Simon verweisen auf die materiellen Dimensionen, indem sie ihre Symbolsysteme der Informationsverarbeitung als *physical*, also als körperlich, charakterisieren. Darüber hinaus betonen die beiden Wissenschaftler in ihrer Einleitung, dass es ihnen in ihrer Forschung gerade um dieses Zusammenwirken von materiellen/körperlichen und symbolischen/geistigen Prozessen geht. „*The machine – not just the hardware, but the programmed living machine – is the organism we study.*" (Newell / Simon 1976:113)

Im Rückblick entstehen Zweifel, ob Newell und Simon ihre PSSH als alleiniges Paradigma für die KI angesehen haben. Vielmehr betonen sie die Vielfalt der möglichen Perspektiven in der „*computer science*", deren „*organism, the machine, can be studied at many levels and form many sides. (...)For the hare as lecturer will have to make an annual sprint to overtake the cumulation of small, incremental gains that tortoise of science and technological development has achieved in his steady march. Each year will create a new gap and call for a new sprint, for in science there is no final word.*" (Newell / Simon 1976:114) Die Erprobung der PSSH durch die KI-Community in den USA ebenso wie in Deutschland erfolgt in einer Intensität, die es lange Jahre zum einzig gültigen Paradigma macht. Kybernetische Bottom-up-Ansätze verschwinden völlig aus der KI-Forschung, die damit die materiellen Grundlagen ihres Intelligenzprojektes weitgehend aus den Augen verliert.

### 7.2.2 Technische Rekonstruktionen des Körpers

Der Körper, den die KI auf das Gehirn zu minimalisieren versucht, würde als geschlechtsloser Körper bezeichnet werden, hätte nicht die feministische Kritik das Bewusstsein dafür geschärft, dass sich hinter solchen scheinbar geschlechtsunspezifischen Konzepten in der Wissenschaft häufig ein androzentrisches Weltbild verbirgt. Gerade das Konzept einer logischen Maschine, das aus der Kybernetik übernommen wurde und lange die wissenschaftlichen Ansätze der KI prägte, knüpft an das kulturell dominierende Symbolsystem an, in dem *Mann und Geist* und *Frau und Körper* in mannigfaltiger Weise miteinander assoziiert sind. So scheint es nicht zufällig zu sein, dass sich die symbolische KI gerade auf das Gehirn beschränkt und sich von den Körperteilen zu ‚befreien' sucht, an die kulturell die Unlogik, die Emotionalität, die Reproduktion geknüpft sind. Mit dem ‚Rest-Körper', der in der frühen kybernetischen Perspektivierung noch in seiner enormen Bedeutung für das Menschsein wahrgenommen wurde, werden also auch gerade solche Dimensionen eliminiert, die in unserer Kultur weiblich konnotiert sind. (hierzu u.a. Böhme 1992)

Allerdings geschieht diese Marginalisierung des Weiblichen nicht erst in der KI-Forschung. Vielmehr setzt diese eine Tradition fort, die bereits in der Antike mit dem Konzept der *Intelligenz* angelegt worden war. Die *intelligentia* der Griechen war ein rein geistiger Zustand, der als göttlich galt und dem Menschen nur in besonderen Situationen zugänglich war. Diese übergeordnete Geistigkeit fand laut der Studie von Stach in der Gesellschaft des griechischen Altertums ihren Platz in der männlich besetzten Welt der Philosophie, der die untergeordnete, weiblich konnotierte Körperlichkeit gegenüberstand. „*Der männliche Same galt als quasi geistig. So wurde Schwangerschaft vorgestellt als bloß stoffliche Ausgestaltung der Bauanweisung, die der Mann der Frau im Zeugungsakt in Form eines Samens übergab.*“

(Stach 1992:48) Der Intelligenzbegriff hat im Laufe der Jahrhunderte bis heute zwar vielfältigen semantischen Wandel erfahren, seine Affinität zum Mann bei gleichzeitiger Eliminierung der weiblichen Lebenswelt ist jedoch außerordentlich beständig geblieben. Sie wurde aus feministischer Perspektive in jüngster Zeit mehr und mehr infrage gestellt. Rückblickend kann eine große Beständigkeit der Bestrebungen konstatiert werden, körperliche Dimensionen der Intelligenz zu marginalisieren, um diese auf symbolische Prozesse zu minimalisieren.

Ende der 80er Jahre wird von einem Teil der KI-Community die Bedeutung des Körpers stärker in die wissenschaftliche Diskussion gebracht, um an alte kybernetische Traditionen der Selbstorganisation und der Lernfähigkeit anzuknüpfen. Körperlichkeit wird in dieser wissenschaftlichen Fraktion als Voraussetzung für kognitive Leistungen wahrgenommen und in die Forschungen und Entwicklungen von Computersystemen einbezogen. Gerade aus dem Versuch heraus, intellektuelle Fähigkeiten zu automatisieren, wächst in der KI das Bewusstsein für die Bedeutung des Körpers und seinen – gemessen an den technischen Möglichkeiten – teilweise enormen Leistungen.

> Das ist etwas, was grundsätzlich von diesen Autoren ignoriert wird, ... dass der Mensch ja nicht nur, ich sag mal in Anführungsstrichen „eine Intelligenz hat", sondern dass er eine umfangreiche Sensorik hat – eben Gefühle, Berührung, Sehen. Also man braucht ja nur an so was denken wie Schwimmen. Schwimmen ist ja etwas, was man praktisch erfahren muss, und wenn man das mal gelernt hat, wo es jetzt auch immer gespeichert wird, im Rückenmark oder sonst wo, man verlernt es eigentlich nie wieder. Aber mein Standardbeispiel dabei ist immer, man möge doch mal ein Blatt Papier nehmen und jemanden durch eine Anleitung beibringen, wie man schwimmt. Das ist eigentlich kaum möglich. Genauso wie man nicht irgendwie aus einem Buch lernen kann, wie man Klavier spielt oder so was. Das heißt, es gibt noch einen Aspekt bei dieser ganzen Intelligenz, der ... überhaupt nicht erfasst wird. (Interview Leonhard, S.11f.)

Eingeleitet wurde die verstärkte Wahrnehmung der Körperlichkeit in den wissenschaftlichen und den technischen Ansätzen der KI durch einen Paradigmenstreit zwischen der symbolischen KI, die bis dahin unangefochten die Erkenntnis der KI-Forschung dominierte, und der subsymbolischen bzw. konnektionistischen KI. Anders als die klassische symbolische KI, die die Kognition allein aus Symbolmanipulationen erklären möchte, orientiert sich der Konnektionismus an neurobiologisch gewonnenen Erkenntnissen, nach denen Intelligenz als emergentes Phänomen anzusehen ist und damit mit seinem organischen Substrat, dem Gehirn, zusammenhängt. Entsprechend diesen Erkenntnissen aus der neurobiologischen Forschung versucht die konnektionistische KI, die Materialität des Gehirns – zumindest als Prinzip – in Form von *künstlichen neuronalen Netzen* technisch umzusetzen, die sich in Aufbau und Funktionsweise von den Rechnern der klassischen KI unterscheiden. Die so genannte parallele Rechnerarchitektur der künstlichen neuronalen Netze besteht aus einer Vielzahl von sehr einfachen Prozessoren, die miteinander verknüpft werden, ohne dass eine zentrale Steuereinheit (CPU) ihr Zusammenwirken überwacht oder festlegt.[93] Wissen wird dabei nicht mehr wie in der klassischen KI in spezifischen symbolischen Repräsentationsstrukturen, sondern in Form von Aktivitätsmustern abgebildet, die sich durch das ‚Einüben' von Lernbeispielen selbst herausbilden – also nicht explizit programmiert werden. Künstliche Neuronale Netze[94] sollen

---

93 Allerdings müssen diese neuronalen Netze nicht notwendig als Hardware mit einzelnen untereinander verknüpften Recheneinheiten realisiert werden, sondern man ist auch mit Hilfe von Software in der Lage, den Ablauf von neuronalen Netzen auf ‚traditionellen' Von-Neumann-Computern zu simulieren. Für den Nutzer solcher Systeme ist es in den wohl häufigsten Fällen nicht nachvollziehbar, ob ein konnektionistisches oder ein klassisches KI-System auf seinem Computer implementiert ist.

94 Konnektionistische Systeme basieren auf einer Vielzahl von einfachen Prozessoren, die nur entsprechend einfache Funktionen ausführen können und untereinander vernetzt sind. Diese Vernetzung ermöglicht eine simultane Interaktion der Prozessoren, die zu den gewünschten Problemlösungen führen soll. Bildlich kann man sich ein solches System als Netzwerk mehrerer Knoten vorstellen, in dem jeder Knoten ein bestimmtes Konzept bzw. einen bestimmten Inhalt repräsentiert. Die Verbindungen zwischen den Knoten werden als Kanten bezeichnet, die je nach Intensität der Verbindung unterschiedlich stark gewichtet sind. Wenn jetzt dieses Netzwerk das Schema eines Hauses sein soll, so stellen die einzelnen Knoten Konzepte wie Fenster, Wand, Treppe etc. dar. Je nachdem, wie intensiv diese Konzepte / Knoten miteinander verbunden sind, bzw. wie stark die Gewichtung der sie verbindenden Kanten ist, lassen sich unterschiedliche Haustypen identifizieren. So haben beispielsweise Hochhäuser einen Aufzug; Hochhaus und Aufzug bekommen in dem Konzept deswegen eine Kante mit großem Gewicht. Einfamilienhäuser haben jedoch selten einen Aufzug, dafür aber häufig einen Garten, so dass hier die Verknüpfung mit der Kante zum Aufzug sehr gering, die Verknüpfung mit der Kante zum Garten dagegen hoch gewichtet wird. Stark assoziierte Knoten haben über

auf diese Weise ebenso wie das Gehirn notwendiges Wissen nach dem Prinzip der Selbstorganisation erlernen. Von dieser vergleichsweise engen Orientierung am Gehirn erhofft man sich auch dessen Vorzügen gegenüber dem Computer näher zu kommen. Wesentliche Zielpunkte des Konnektionismus sind dabei die oben bereits erwähnte Lernfähigkeit und auch die Fehlertoleranz des menschlichen Gehirns, die den Menschen auch bei fehlerhaften oder unvollständigen Informationen in die Lage versetzen, den gemeinten Sinn zu verstehen und auch beim Ausfall von einzelnen Neuronen und Neuronenverbänden seine globale Funktionsfähigkeit zu erhalten.

Der epistemologische Sprengstoff, den der Konnektionismus in die KI importiert hatte, konnte – wie oben bereits dargestellt wurde – diskursiv entschärft werden, indem die KI-Community eklektizistisch nur die Dimensionen aufnahm, die sich in technologische Konzepte umsetzen ließen. Die Wahrnehmung des organischen Körpers in der KI ist technisch orientiert. Sie reduziert ihn auf seine informationsverarbeitenden Qualitäten. Auf diese Weise gelingt es der KI-Community, einen Ansatz, der sich von den organischen Voraussetzungen her dem Intelligenzphänomen nähert und epistemologisch widersprüchlich ist, als Paradigma in die KI zu integrieren, ohne dass dabei die erkenntnistheoretische Grundannahmen, die Physical Symbol System Hypothesis und die Computermetapher des Geistes, revidiert werden musste. Insofern kann der gelungene Anschluss des Konnektionismus als Präzedenzfall für die weitere Wahrnehmung von Körperlichkeit in der KI gelten. Sie kann sich allerdings erst allmählich entfalten. Zunächst beschränkt sie sich auf die Beachtung des Organs, in dem sich vermeintlich der Geist lokalisieren lässt, und erst in zweiter Linie auf Sinneseindrücke und Bewegungsfähigkeit. Doch die Basis ist geschaf-

---

diese Verknüpfung mit Kanten einen hohen Aktionswert, der entsprechend der Intensität der Verbindung steigt oder fällt. Dadurch können die konnektionistischen Systeme in gewissem Sinne ‚lernen'. Wenn man alle Gewichte im Netzwerk zufällig verteilt und dann Beispiele eingibt, kann aufgrund der Häufigkeit, mit der bestimmte Knoten zusammen angesprochen werden, der Aktivitätswert der Verbindung durch das System selbst bestimmt werden. *„Konnektionistische Systeme konvergieren autonom durch die lokale Interaktion einzelner Element in einem stabilen Zustand, der mit der angestrebten Problemlösung korrespondieren muß.“* (Diederich 1988).

fen, auf der die weitere Integration von Bottom-up-Ansätzen in die KI möglich wird.[95]

(a) Mit dem Prinzip der *Selbstorganisation*, das in seiner weiterentwickelten Form der *kodierten Selbstorganisation* in der Biologie (Genetik) als der Prozess verstanden wird, in dem sich auch höhere Lebewesen sozusagen selbst aufbauen, konnte ein neues Prinzip in der Technikentwicklung etabliert werden – ein Prinzip, das einstmals in der Kybernetik als technisch zu aufwendig und zu kostenintensiv fallengelassen wurde. Es verzichtet auf traditionelle, in den Selbstbildern der Ingenieure verankerte Vorstellungen von durchkonstruierten Bauplänen, Kenntnis der internen Abläufe von Systemen, Planbarkeit, Steuerbarkeit usw., bei dem sich die internen Abläufe eines technischen Systems selbst organisieren.

(b) Seit der gelungenen Harmonisierung des Konnektionismus hat sich die KI stärker gegenüber den Bottom-up-Ansätzen und Ergebnissen aus der Neurobiologie und -physiologie geöffnet, die sie eklektizistisch für ihre Interessen auswertet.

(c) Schon lange bekannte Prinzipien der ‚biologischen Körperproduktion' haben in der KI an Attraktion gewonnen, die Evolution und die Genetik. *Genetische Algorithmen* oder auch Konzepte der *Vererbung* in objektorientierten Programmiersprachen sind zwei der Metaphern, an denen sich dieser technologische Zugriff der KI auf den organischen Körper festmachen lässt. Die gemeinsame Grundannahme des Informationsverarbeitungsparadigmas in Genforschung und KI bietet dafür ideale Voraussetzungen. Der Begriff der *genetischen Algorithmen* entstammt dabei dem seit Ende der 80er Jahre neu entstehenden Forschungsgebiet *Artificial Life* (ALife), in dem grundlegende Lebensprinzipien untersucht werden, die die synthetische Schaffung alternativer, nicht notwendig an biologischen Vorbildern orientierte Lebensformen ermöglichen. Der ALife-Ansatz knüpft an die kybernetischen Traditionen an und versucht *Bottom-up*, grundle-

---

95 Die Vorreiterfunktion, die der Konnektionismus bei der Wahrnehmung von Bottom-up-Methoden in der KI gehabt hat, wurde oben bereits ausführlicher dargestellt. Er konnte diese Bedeutung allerdings nur gewinnen, weil es gelungen war, seine Anschlussfähigkeit an die symbolische KI herzustellen.

gende Eigenschaften von autonomen Systemen zu untersuchen und nachzubilden, die zur Aufrechterhaltung und Autonomie der Systeme notwendig sind. Die Wechselwirkung und Interaktion zwischen Artefakten und Lebensraum zu gestalten, ist deswegen eine wesentliche Herausforderung für die ALife-Forschung – ein Problem, das auch die KI insbesondere in der Robotik, aber auch in sprachverstehenden Systemen und anderen Bereichen stark beschäftigt. (Levy 1992; Dautenhahn 1995)

Die Körpermetapher, so wie sie in der aktuellen technikwissenschaftlichen KI bis heute verwendet wird, verweist auf einen durch und durch technisch reproduzierbaren Körper, bei dem man allerdings den Anspruch auf die totale wissenschaftliche Erkenntnisfähigkeit – zumindest in der ingenieurwissenschaftlichen KI – ein Stück weit relativiert hat. Denn mit der Rückbesinnung auf das bereits in der Kybernetik praktizierte Prinzip der Selbstorganisation gibt man partiell die Kontrolle und das Wissen über die internen Zustände des Rechners auf und nimmt diesen Anspruch zugunsten der Funktionsfähigkeit zurück. Körperlichkeit wird in Kategorien der Sensorik, Wahrnehmungs-, Bewegungs- und Orientierungsfähigkeit thematisiert, weil das die Dimensionen zu sein scheinen, die den KI-Systemen zur Performanz von Intelligenz fehlen. Körperlichkeit wird wahrgenommen als Eingabestelle, als Mensch-Umwelt-Schnittstelle. Sie konnte zentrale Bedeutung nur deswegen gewinnen, weil sich körperminimalistische Intelligenzkonzepte als unrealistisch erwiesen haben. Die neue Wahrnehmung von Körperlichkeit in der KI kann anknüpfen an den wissenschaftlich bereits zugerichteten, d.h. an einen segmentierten, funktionalisierten, organischen Körper. So wie der Geist wird jetzt auch der Körper als (Teilsystem der) Informationsverarbeitung perspektiviert. Es geht dabei weiter um einen Körper, der ein höheres Projekt beheimaten soll: den Intellekt. Körper wird in den wissenschaftlichen Ansätzen der KI lediglich als ergänzende Kategorie wahrgenommen, die man zur Perfektionierung von technischen Funktionen berücksichtigen muss. Die Hierarchisierung von Geist und Körper bleibt erhalten, die logisch nicht rekonstruierbaren und damit anscheinend körpergebundenen Fähigkeiten werden abwertend als „*intelligence without reason*“ bezeichnet. (Bibel / Furbach 1992; Brauer 1993) Auf bestimmte

Dimensionen der körperlich-geistigen Sinnlichkeit kann die KI deswegen verzichten. Emotionalität wird von einigen KI-Forschern zwar prinzipiell für machbar gehalten, erscheint als technisches Projekt aber (momentan) nicht sinnvoll.

> Also sobald Sie, also sozusagen die spezifischen Menscheigenschaften, die Körperlichkeit, das Gefühlsleben und das Sich-Frei-Bewegen-Können und zwischenmenschliche Beziehungen mit betrachten, dann kommen Sie nämlich daraufhin, dass es erstens keinen Sinn machen würde, die zu duplizieren – wenn eben der Körper eines künstlichen Wesens eben nicht der Körper eines Menschen ist – und dass damit auch bestimmte Werteverteilung, Ziele, Absichten und auch Wahrnehmung, Relevanzverteilung durch eine Maschine anders aussehen würden! Also das heißt, es gibt einfach natürliche Einsatzbereiche, wo man sich vorstellen kann, dass maschinelle Intelligenz sinnvoll eingesetzt werden kann, und dann gibt es wiederum andere, ... da macht es einfach keinen Sinn! Und über die kann man dann auch keine guten Aussagen machen. Also da hinein wird man maschinelle Intelligenz einfach nicht ausdehnen wollen. (Interview Wegener, S.5)

Die Sinnlosigkeit der Nachbildung von Emotionen wird damit begründet, dass es Bereiche gebe, in denen es Sinn mache, Technik einzusetzen, und solche, die originär menschlich seien und in denen die Technisierung keinen Sinn mache. Die Grenzen zwischen diesen originär technischen und menschlichen Bereichen werden als natürlich gegeben dargestellt, d.h. sie folgen einer (in den Naturwissenschaften üblichen) festen Gesetzlichkeit und sind somit klar definiert – jedenfalls nicht kulturell konstruiert – und damit flexibel. In dieser Argumentation lässt sich eine gewisse Widersprüchlichkeit nicht verbergen. Denn einerseits dringt die Technik in den Bereich der Emotionen vor, andererseits soll dieser Bereich als originär menschlich charakterisiert werden. Der „*natürliche Einsatzbereich*“ von Technik entpuppt sich bei näherem Hinsehen als Terrain, das von Wissenschaftlern abgesteckt wird, d.h. sie definieren nach ihrem Ermessen die Grenze zwischen Menschlichem und Technischem. Es handelt sich dabei wohl um eine Strategie der Beruhigung, zumal sich einzelne Wissenschaftler doch bereits solchen Bereichen gewidmet haben, in denen es nach Aussagen von Wegener eigentlich keinen Sinn macht, Technik einzusetzen. An der Universität Bamberg arbeitet beispielsweise Dietrich Dörner daran, Emotionen auf dem Rechner nachzubilden.

Weiterhin dominiert der symbolische Ansatz in der KI. Doch die durch den Konnektionismus angestoßene eklektizistische Integration von Bottom-up-Ansätzen könnte in der technischen KI eine neue Tendenz auslösen, die sich bisher allerdings sehr verhalten abzeichnet: Die Rekonstruktion von Körperlichkeit in der KI könnte einhergehen mit der zunehmenden Einsicht, wie eng die Identität des Menschen mit seinem Körper verbunden ist. Materiale Dimensionen könnten damit mehr Bedeutung in der Forschung und Entwicklung erhalten, als das bisher der Fall ist. Einzelne Überlegungen in diese Richtung werden bereits geäußert. Aufgrund von neueren Ergebnissen aus der neurobiologischen Forschung wird nahegelegt, *„daß die Prozesse, die üblicherweise als neuronale Informationsverarbeitung interpretiert werden, ihre physikalisch-chemische Basismechanismen dauernd verändern. Mit anderen Worten: Durch Denken wird die Materie und Energie, die das materielle Substrat dafür liefern, in einer Art und Weise bewegt, die den Prozeß des Denkens selbst verändern kann, daß er prinzipiell unwiederholbar wird. (...) Die Forderungen nach Embodiment, Situatedness und Bottom-up-Konstruktion deuten in die richtige Richtung. Aber es müssen in noch viel größerem Umfang die vorliegenden empirischen Befunde der Naturwissenschaften aufgegriffen werden, um ein Forschungsprogramm der Künstlichen Intelligenz zu formulieren, in dem von der Natur lernend die Konstruktionsprinzipien für potentiell intelligente Artefakte entwickelt werden können.“* (Christaller 1996:43) Hier wird eine Besinnung auf den bei Turing deutlich hervorgehobenen, kybernetisch geprägten Gedanken angedeutet, dass andere als elektronische Werkstoffe besser geeignet seien, um Intelligenzphänomene nachzubilden. Die verstärkte Berücksichtigung von materialen Aspekten der Kognition könnte in letzter Konsequenz zu einer Abkehr von der Computermetapher in der KI und zu einer Hinwendung zu organischen Werkstoffen führen.[96] Unterstüt-

---

[96] In der Computerindustrie wird auf der Suche nach immer schnelleren und kleineren Schaltelementen bereits seit mehreren Jahren an der Entwicklung von so genannten Eiweiß-Schaltelementen gearbeitet, die das Halbleitermaterial Silizium ersetzen sollen. Basis von solchen Schaltelementen ist das Enzym Bakteriorhodopsin, das auf molekularer Ebene genutzt wird und durch die Bestrahlung mit Licht als Speicherelement nutzbar gemacht wird. Dieses Experimentieren mit organischen Mole-

zung erhält die Fraktion derer, die sich den materiellen Voraussetzungen der Kognition zuwenden will, auch von sozialwissenschaftlicher Seite. Der Wissenschaftstheoretiker Winfried D´Avis stellt als Ergebnis seiner zeit- und bedeutungstheoretischen Analyse von kognitionswissenschaftlichen Theorien fest, dass für die adäquate Simulation des Denkens eine qualitativ neue Hardware erforderlich sei, die auch auf der materiellen Ebene Zeitlichkeit abbilden könne, also nach dem Abschalten nicht in den Urzustand zurückfällt, so wie es die CPU gegenwärtig tue. (D´Avis 1997)

Allerdings müsste damit auch die Sichtweise relativiert werden, dass Verhalten unabhängig von der Materie sei. Die rückkehrende Wahrnehmung des Körpers in seiner Gesamtheit und auch von den materialen Aspekten der Körperlichkeit würde zumindest vorläufig eine neue Form der Differenz zwischen Mensch und Technik nach sich ziehen, die nicht *qualitativ*, sondern *quantitativ* – in einer Hierarchisierung von Intelligenz – begründet wäre. Auch hier wird wie an vielen anderen Stellen des KI-Diskurses die argumentative Strategie eingesetzt, die Einzigartigkeit des Menschen gegenüber der Technik zu betonen, obwohl man gerade diese durch die eigenen wissenschaftlichen Fragestellungen und Forschungsziele infrage stellt. Die Auflösung der Grenzen zwischen Mensch, Tier und Technik wird damit nicht rückgängig gemacht. Intelligenz bliebe auch in einer materialistisch orientierten KI eine gemeinsame Eigenschaft, ein verbindendes Element zwischen den Körpern von Mensch, Tier und Technik. Organische Körper könnten mit diesem, für den Menschen scheinbar sicheren Puffer der Differenz auch weiterhin und vermutlich noch weiter-

---

külen wird als Verbindung von elektronischen mit biologischen Komponenten in so genannten *Hybridsystemen* beschrieben. (Krätzschmar 1996) Ein erster Durchbruch auf diesem Gebiet scheint inzwischen in der Bildschirmtechnik gemacht worden sein. (Rink 1998) Allerdings ist fraglich, inwieweit damit tatsächlich das Zeitalter von so genannten ‚biologischen Komponenten' in der Computertechnologie eingeläutet worden ist. Eiweiße, die ‚Bausteine des Lebens', werden lediglich auf molekularer Ebene eingesetzt. Die Funktionsweise der Eiweißmoleküle basiert auf fotochemischen Prozessen und nicht auf Stoffwechselprozessen, die als ein Charakteristikum für Leben (*bios*) angesehen werden und nach Erkenntnissen der Hirnforschung auch eine wesentliche Bedeutung für die Ausbildung von kognitiven Fähigkeiten haben sollen.

gehender technisch verfügbar und ökonomisch verwertbar bleiben. Thomas Christaller bringt diese Entwicklung auf den Punkt. „*So mögen sie denn kommen, die intelligenten Roboter. Ihre Konstruktion wird bestimmt inspiriert sein durch unsere Kenntnisse über unser Gehirn und unsere Intelligenz. Doch sie werden immer ein anderes Gehirn haben als wir, da sie immer einen anderen Körper haben werden und andere ‚Bedürfnisse' des sozialen Zusammenlebens. Es erscheint aber sinnvoll, bei der Konstruktion intelligenter Roboter darauf zu achten, daß es eine wie auch immer geartete Kommunikationsmöglichkeit zwischen uns und ihnen gibt, vielleicht wie wir sie mit anderen Lebensformen z.B. Hunden schon kennen.*“ (Christaller 1996:44)

Solche technikzentrierten Perspektiven auf die Wirklichkeit existieren nicht nur in den naturwissenschaftlich-technischen Forschungsgebieten, sondern auch in humanwissenschaftlichen Disziplinen. Die soziologische Techniktheorie ist vom Interesse geleitet, Technik als gesellschaftliches Phänomen wissenschaftlich zu erfassen. Sie hat die Annäherung von Mensch und Technik, die in den naturwissenschaftlich-technischen Diskursen betrieben wurde, teilweise mit vollzogen und durch die theoretische Auflösung der Unterschiede von Mensch und Technik theoretisch festgeschrieben. Der Begriff des Körpers spielt dabei eine wichtige Rolle. Routinisierte Verhaltensweisen und Arbeitsvorgänge des Menschen werden wie maschinelle Handlungsabläufe konzeptualisiert. Umgekehrt wird die Maschine zum Gegenstand unterschiedlicher Projektionen wie Gefühle. Subjektivität usw., bekommt damit menschliche Züge und wird infolge dessen von einzelnen Sozialwissenschaftlern als Mensch-Maschine benannt. (z.B. Bammé et al. 1983)

Vereinzelt wird Kritik an den gleichsetzenden Perspektiven auf Menschen und Maschinen laut. So argumentiert Eva Senghaas-Knobloch, dass vorschnell von Gleichheit ausgegangen werde: Menschliches Denken und Handeln sei an den menschlichen Körper gebunden, auch da noch, wo beide mit Hilfe von Drills, Tricks, Übungen und Routinen abgeschaltet werden sollten. Hinter der Oberfläche solch scheinbar eindimensionaler Gleichheit werde häufig die ungeheure Anstrengung, das emotionale Leiden, eben das Drama menschlicher Lebendigkeit in der Auseinandersetzung mit der Maschinenwelt spürbar. Sie sieht die Aufgabe der Sozialwissenschaften darin, „*nicht auf die Isomorphie, auf das Handeln wie eine Maschine zu starren, sondern zu erkunden, welche Vorkehrungen, Umstände und Situationen geeignet sind, Menschen überhaupt zu maschinenähnlichem Handeln zu bringen.*“ (Senghaas-Knobloch 1985:240)

Technikzentrierte Perspektiven auf Mensch und Gesellschaft werden in der Techniksoziologie bis heute eingenommen. So versucht beispielsweise Rammert, menschliches Handeln nach dem Grad der Technisierung zu bestimmen und schlägt dazu ein Konzept der Techno-Strukturierung vor, in dem er die Aktion von unterschiedlichen ‚Medien' wie dem handelnden Körper, operierenden physikalischen Objekten oder signifikanten Zeichen danach klassifiziert, ob sie gering oder stark technisiert sind. „*Technology studies may investigate the degree of technization. As concerns coupling and programming, from which degree on are action routines, physical objects, or sign systems used and acknowledged as technology? When does education change into training, when does art turn into technology, when does play become technique?*“ (Rammert 1997:6) Technisierung ist hier die Perspektive, die auf Mensch und Gesellschaft angewendet wird. Der menschliche Körper wird zum Medium, das gleichgesetzt wird mit anderen Medien. Vermittelt über solche asozialen Körperdeutungen wird die Anschlussfähigkeit des Menschen an technische Systeme hergestellt. Die Soziologie läuft Gefahr, zur bloßen Hilfswissenschaft der Technikentwicklung zu werden. Auch auf dem Forschungsgebiet der Sozionik, in dem es in einer Kooperation mit der Künstlichen Intelligenz um die Frage geht, wie Technik von Gesellschaft lernen kann, hat die Soziologie einen ähnlichen Pfad beschritten. (Malsch 1996) Dies gilt insbesondere dann, wenn sie sich darauf beschränkt, soziologisches Wissen für die Optimierung von technologischen Konzepten verfügbar zu machen, ohne gesellschaftstheoretische Implikationen zu berücksichtigen.

### 7.2.3 Technische Identitätskonstruktionen

Die KI ist ein Forschungsgebiet, das in der Tradition der Kybernetik steht und entsprechende Körperkonzepte reproduziert. Auch die darin angelegten Körper-Geist-Hierarchisierungen fließen implizit in technologische Projekte und ihren wissenschaftlichen Output ein. Implizit und subtil, kaum merklich werden Körperdeutungen durch Arbeiten in solchen Forschungsgebieten wie der KI reproduziert und neu produziert, die auf den ersten Blick wenig mit dem Körper zu tun haben. Angesichts der subtilen Einwirkung von Selbstkonzepten auf kollektive Identitäten hängen davon nicht nur individuelle Identitäten, sondern auch die Formen unseres kulturellen und gesellschaftlichen Zusammenlebens ab: *„Durch ihre performative Kraft durchdringt die Sprache die Realität, in der wir leben. Das Sinngewebe, das wir in und mit der Sprache erzeugen, artikuliert, tradiert und verändert unsere verschiedenen Weisen, den Körper zu sprechen und zu erfahren, und zugleich mit ihm uns selbst und das Bild von unserem Selbst und die Vorstellungen der Gemeinschaften, denen anzugehören wir wünschen.*“ (List 1995:158)

In den Interviews mit KI-Wissenschaftlern und -Entwicklern kommt immer wieder zum Ausdruck, dass weiblich konnotierte Fähigkeiten, wie Emotionalität, Sensibilität usw., die gesellschaftlich niedrig bewertet sind, gegenüber solchen, die wie die Intellektleistungen gesellschaftlich hoch bewertet sind, als überaus komplex angesehen werden müssen.

> Innerhalb der KI-Gemeinde haben wir vielleicht vor mancher Art von Intelligenz den Respekt verloren, weil wir es jetzt selber machen können. Also für solche Dinge wie Schachspielen und das, was als Inbegriff der Intelligenz galt! ... Da wissen wir jetzt, da reicht einfach eine stupide Suche – besser als jedes intelligente Programm. Und da ist der Respekt sicherlich voll verschwunden. Wohingegen man jetzt weiß, dass für so simple Dinge wie Fühlen, Wahrnehmen, Sehen, dass die unendlichen Verarbeitungsaufwand erfordern, was wir vorher für selbstverständlich und gegeben gehalten haben. Und da wissen wir jetzt, dass da Intelligenz dahinter steckt. Und ich glaube, das ist auch für die Hirnforschung und für die Medizin, jetzt doch klarer zu sehen, wie viel vom Gehirn für solche Dinge gebraucht wird. (Interview Wieland, S.9)

Die Hochachtung für so genannte Basisleistungen des Menschen, wie das Sehen, die Emotionalität und die Sensibilität werden hier aus einer technischen Perspektive begründet. Gerade dadurch, dass sich diese Fähigkeiten technisch so schwer reproduzieren lassen, gewinnen sie an Beachtung und werden in ihrer Komplexität wahrgenommen. Sie avancieren zu Komponenten der Intelligenz, weil offensichtlich große

Teile des Gehirns – dem Intelligenz-Organ schlechthin – damit befasst sind, solche Leistungen zu ermöglichen. Eine gesellschaftliche Aufwertung von Fähigkeiten, die in diese Kategorien gehören, wird damit jedoch nicht in Aussicht gestellt. Das ist in den vorhergehenden Abschnitten dieses Kapitels nicht zuletzt in den Aussagen von einigen männlichen KI-Protagonisten über die Lästigkeit von Emotionalität oder deren unerwünschten Auswirkungen hervorgegangen. Erst in dem Moment, in dem es gelänge, weiblich konnotierte Tätigkeiten und Fertigkeiten durch ein technologisches System auszuführen, würden sie Reputation und wirtschaftlichen Gewinn versprechen.

> Wenn wir heute von der KI ausgehen, ist das Abstauben von einer Glasvitrine etwas, was so maßlos intelligent ist, dass das also auch in 30 Jahren noch kein Roboter wird machen können. Und das, das ist genau ... entgegengesetzt dem, was wir ... als soziales Bild vom Saubermachen von Schränken haben, von einer Putzfrau oder von einer Hausfrau oder so. Das ist dann blöd, Gläser abzuspülen. Aber was es aus dieser Sicht für ein intelligenter Kraftakt ist, durchsichtige Objekte so langsam anzufahren und zu halten mit dem Gleichgewicht von Spannung und Druck und so, und das zu verschieben und Tiefeninformation und so. Das alles zu handhaben, das sind Probleme, die sind so intelligent, dass wir sie ... auf lange, absehbare Zeit überhaupt nicht modellieren können, weil wir gar nicht wissen, wie das geht. (Interview Binder, S.30)

Erst die technische Nachbildung würde also einen Prestigegewinn für die vielfältigen und komplexen, offensichtlich körpergebundenen Fertigkeiten erbringen, der dann dem Wissenschaftler, seinem Intellekt und seinem technischen System, nicht aber denjenigen zugute käme, die diese Fertigkeiten praktizieren. Diese wissenschaftlichen Erkenntnisse der KI über die Komplexität gerade von so genannten einfachen Tätigkeiten hätten zweifellos das Potential, eine Neubewertung der alten Hierarchisierung von Körper und Geist anzustoßen. Allerdings ist das nicht das Interesse der Wissenschaftler, vielmehr werden bestehende Wertungen von Körper und Geist reproduziert. Es scheint eher vorteilhaft zu sein, diese Wertigkeiten im Sinne des eigenen Vorteils beizubehalten und damit auch das technologisch anschlussfähige, ökonomisch verwertbare Bild vom Körper in der KI zu perpetuieren. Auch wenn diese Deutungen des organischen Körpers in der KI und damit auch ihre Einwirkung auf Selbstkonzepte eher unbemerkt geschehen, so sind sie unter Umständen nicht weniger machtvoll als solche Körperdeutungen, die ganz explizit produziert und diskutiert werden, wie etwa die der Medizin.

Von *Entkörperlichung* durch die Informationstechnologie kann also keine Rede sein. Vielmehr wird die weitere Annäherung von Mensch und Technik, vermittelt über die Metapher des Körper, stetig weiter betrieben. Die Entwicklungen in der KI und in anderen Forschungsgebieten, die aus unterschiedlichen Perspektiven an der Technisierung des Lebens arbeiten, sind hier selbstredend. Sie zeigen, dass in den Wissenschaften, einem Bereich, der in unserer Gesellschaft machtvoll kulturelle Deutungen produziert, die Grenzen zwischen technischem und organischem Körper schon lange gefallen sind.[97] Die ethischen Diskussionen, die reglementierenden Gesetze muten angesichts der Freiheit der Wissenschaften und der machtvollen Deutungen der Wissenschaftler an Universitäten und in der Industrie wie Scheingefechte an. Das Konzept des *Körpers* könnte, so wie es einstmals selbst den *Leib* verdrängt hat, durch das Konzept eines technisch-organischen Hybridwesens, durch einen *Cybody*, abgelöst werden. Donna Haraway (Haraway 1995) sieht angesichts der vielfältigen Grenzauflösungen zwischen Natur und Kultur, zwischen Mensch und Technik, zwischen Mensch und Tier, zwischen Frau und Mann kein Zurück mehr. Schon jetzt sei die Entwicklung zum Cyborg vollzogen. Wir könnten nicht mehr zurück, wir müssten mit, müssten aktiv werden, müssten mitmischen, um diese technologischen und gesellschaftlichen Entwicklungen in unserem Sinne, im feministischen Sinne zu definieren – so die Botschaft von Donna Haraway. Sie hat mit ihrem *Manifesto for Cyborgs* u.a. deutlich gemacht, dass der Körper im Verlaufe seiner wissenschaftlichen Thematisierung und Bearbeitung mehr und mehr zu einem Topos der Selbst- und Identitätskonstruktion geworden ist, der im Sinne einer Bearbeitung unserer eigenen Identität immer wieder gedeutet, konstruiert und produziert wird.

Auch der Körper des Wissenschaftlers selbst war Gegenstand solcher Identitätsarbeit, wie Werner Kutschmann in einer historisch an-

[97] Die vielfältigen Modi, in denen technische und organische Körper ideell und materiell miteinander verbunden werden und einander durchdringen, hat u.a. Marie-Anne Berr herausgearbeitet. (Berr 1990).

gelegten Studie gezeigt hat. Er schildert, wie versucht wurde, den Körper gemäß der favorisierten Epistemologien zu erziehen. Während in einer frühen Entwicklungsphase der modernen Wissenschaften der Körper, der zu diesem Zeitpunkt auch noch als Leib erfahren wurde[98], als unabdingbare Voraussetzung für die Bezeugung einer wahrheitsgetreuen Schilderung von wissenschaftlichen Versuchen galt, folgte eine lange Spanne, in der man im Bestreben um Objektivität den Körper als subjektive, täuschbare Komponente der Naturerkennung so weit wie möglich aus dem Erkenntnisprozess zu verdrängen versuchte. (Kutschmann 1986)

Insbesondere neue Erkenntnisse und Theorien in den Natur- und Technikwissenschaften haben unsere Selbstwahrnehmung immer wieder verändert und Anlass gegeben, unsere Identität neu zu konstruieren. Die somatogene Prägekraft der Technik wird an dem hier diskutierten Bereich der KI-Forschung bzw. Kognitionsforschung ebenso gut deutlich wie auch in anderen disziplinären Zusammenhängen wie etwa der Medizin. (Duden 1991a; Duden 1991b) Die Diskurse über den Körper, die technomorphe Bearbeitung und Zurichtung des Körpers, seine wissenschaftliche Erforschung und technische Nachbildung, unser Umgang mit dem Körper insgesamt machen den Körper zum Zentrum von kollektiv praktizierten *Technologien des Selbst.* Solche Selbsttechnologien ermöglichen nach Foucaults dem einzelnen, „*aus eigener Kraft oder mit Hilfe anderer eine Reihe von Operationen an seinem Körper oder seiner Seele, seinem Denken, seinem Verhalten und seiner Existenzweise vorzunehmen, mit dem Ziel, sich so zu verändern, dass er einen gewissen Zustand des Glücks, der Reinheit, der Weisheit, der Vollkommenheit oder der Unsterblichkeit erlangen kann.*“ (Foucault 1993:26) Die Bearbeitung des Körpers – wissenschaftlich, technisch, diskursiv, dekorativ, sportlich usw. – ist zu einer wesentlichen Technik geworden, um uns selbst zu verstehen,

---

[98] Das Konzept des Körpers wird in den historischen und sozialwissenschaftlichen Diskursen über den Körper als Ergebnis der medizinisch-naturwissenschaftlichen Perspektivierung desselben verstanden. Um die veränderte Wahrnehmung des Körpers durch seine wissenschaftliche Perspektivierung kenntlich zu machen, wird in der Regel zwischen *Körper* und *Leib* unterschieden, wobei das Konzept des Leibes für eine vorwissenschaftliche Wahrnehmung steht, vgl. hierzu Duden (1991).

wahrzunehmen und auf uns selbst einzuwirken. Bei der Bearbeitung unseres Körpers stoßen wir auf Grenzen, die durch seine organische Materialität definiert werden, die wir aber nicht akzeptieren, sondern überschreiten und ausdehnen wollen – meistens mit Hilfe von Technologien. Die Versuche, eigene Grenzen technisch zu überschreiten, befreien den Menschen jedoch nicht von den materiellen Dimensionen des Körpers, vielmehr stellen sie ihn in andere Verweisungs- und Erfahrungszusammenhänge. Das Bewegen in virtuellen Welten beispielsweise ermöglicht uns scheinbar körperunabhängig in neue Räume vorzudringen, doch auch das geht nicht ohne den Körper. Der Körper spielt bei der Bewegung in diesen virtuellen Welten eine Schlüsselrolle, denn erst durch körperliche Aktionen, die über die entsprechenden Mensch-Maschine-Schnittstellen wie Datenhandschuh oder -helm vermittelt werden, kann man in solchen virtuellen Welten agieren. Die Körpererfahrungen der real erlebten Welt sind in den virtuellen Räumen allerdings wenig brauchbar: Hier kann man Wände ohne Widerstand durchbrechen oder beschleunigen, ohne Fliehkräfte zu spüren.[99] Der Körper gewinnt neue Möglichkeiten und verliert andere, ist stets jedoch erfahrbar und als Medium unabdingbar. Selbst in den *Muds*, den virtuellen Abenteuerspielen im Internet, in denen allein die Suggestivkraft der Sprache – also ausschließlich sprachliche Formen ohne jeden visuellen Anreiz – eine virtuelle Welt beispielsweise von Burgen, Rittern, Feen, Elfen, Gnomen und Ungeheuern schafft, wird immer wieder auf den real erfahrenen Körper der Mitspieler verwiesen. Diese können ihre virtuelle Identität zwar frei wählen, indem sie sich die Gestalt von Feen, Elfen, Gnomen usw. aneignen, sind dabei aber stets auch mit ihrer eigenen Körperlichkeit konfrontiert, etwa wenn ein männlicher Mitspieler in der Rolle einer Elfe versucht, eine weibliche Identität vorzutäuschen, und feststellen muss, dass er die dazu notwendigen weiblichen Verhaltenscodes nicht beherrscht. Das Spielen von Muds oder die Bewegung mit Datenhelm und -handschuh in virtuellen Welten sind nur zwei von zahllosen Möglichkeiten,

---

[99] Für weitere Beispiele zur Deaktualisierung und Rekonstitutierung von Körpererfahrung siehe (Beck 1996).

den eigenen Körper zu erfahren.[100] Dass gegenwärtig offenbar ein Bedürfnis besteht, den Körper in neuen und andersartigen Situationen zu erleben, wird auch an der Konjunktur von Extremsportarten wie dem Free-Climbing oder Mutproben wie dem Bungee-Springen deutlich. Die vielfältigen Arten und Möglichkeiten der Einwirkung auf den Körper verweisen somit auf das Spektrum der potentiellen Selbstkonzepte, die somit keinesfalls technologisch determiniert und ebenso wenig einheitlich sind, wie man es aufgrund der naturwissenschaftlich-technischen Dominanz in der Produktion von Körperbildern meinen möchte. Deutungen des Körpers, die aufgrund der gewonnen wissenschaftlichen Erkenntnisse zwangsläufig erscheinen mögen, sind es dennoch nicht.

### 7.2.4 Die technogene Suche nach dem Selbst

So wie naturwissenschaftlich-technisch produzierte Bilder vom Körper unsere Wahrnehmung desselben zutiefst prägen, sind auch die naturwissenschaftlich-technischen Forschungen über die Intelligenz geeignet, das menschliche Selbstverständnis zu ändern. Wolfgang Bibel beispielsweise, Mitbegründer der KI in Deutschland und Professor an der TU in Darmstadt, will die philosophische Frage nach dem Wesen der menschlichen Erkenntnis auf experimentelle Weise bearbeiten und sieht die KI als „*Fortsetzung der Philosophie mit experimentellen Mitteln.*“ (Bibel 1991, auch Strube / Schlieder 1995) Dieser hohe Erkenntnisanspruch innerhalb der Community wird zudem dort deutlich, wo Forschende die Auffassung vertreten, die KI-Forschung stelle – so wie schon Kopernikus und Darwin – das Selbstverständnis des Menschen infrage. Angesichts der Übertragbarkeit von intelligentem Verhalten auf Maschinen sei das nun nicht mehr haltbar. Die Frage nach der Funktionsweise des menschlichen Denkens versuche man heute in der KI und ihren Nachbardisziplinen durch Forschungen zu beantworten, die die traditionelle Unterscheidung von immateriellem Geist und materiellem Gehirn überwinden. (Siekmann 1994)

---

100 Einige Möglichkeiten, die virtuelle Räume für die Identitätsarbeit bieten, wurden von Sandy Stone beschrieben (Stone / Allucquere 1991).

Die Annahme, dass die KI in spezifischer Weise Erkenntnisse über den menschlichen Geist gewinne, wird im schriftlichen Diskurs und auch in den Interviews vertreten. Dabei werden verschiedene Ebenen der Erkenntnisfähigkeit thematisiert, je nachdem, wie wichtig die Kognitionsforschung für die eigene Arbeit ist.

> In der KI steht im Zentrum des Interesses sozusagen die Abbildung spezifisch menschlicher Fertigkeiten auf ... Rechnern. Und ... insofern ... interessiert ... nie der Rechner an sich und die Möglichkeiten ... der Technik, sondern es steht immer im Zentrum des Interesses menschliche Fertigkeiten ... mit Rechnern in irgendeiner Form abzubilden – ja und die Formen der Abbildung. Also erreicht man so was wie eine gleiche Performanz? Also dass ... man mit dem Rechnerprogramm irgendeine menschliche Fertigkeit simulieren kann, dass ... die gleichen Ergebnisse rauskommen. Oder: Beansprucht man gar, mit einem Rechner die Funktionen der menschlichen Fertigkeit abzubilden, also nicht nur rein das Ergebnis, sondern auch die Art und Weise, wie der Mensch zu diesen Ergebnissen kommt ... Oder: Versucht man gar darüber hinaus noch irgendeine Art von physikalischer Äquivalenz anzustreben, dass man also sagt, unsere Rechner sind im Grunde genommen auch von ihrer Bauweise her in irgendeiner Weise äquivalent. Das sind ... so die verschiedenen Stufen, auf denen man versuchen kann, KI zu betreiben. (Interview Lehnert, S.3)

Technikwissenschaftler in der KI sehen anders als die hier zitierte, kognitionswissenschaftlich arbeitende KI-Forscherin ihr zentrales Interesse zwar eher in der Entwicklung von lauffähigen Systemen, doch auch sie formulieren einen Erkenntnisanspruch. Auf der Basis von ingenieurwissenschaftlichen Erfahrungen werden konkrete Einschätzungen über die menschliche Kognition abgegeben.

> Und das war auch das, ... dass man irgendwas denkt verstanden zu haben, dann schreibt man ein Programm, ein KI-Programm. Davon, ich stelle fest, es gibt überhaupt nichts, ... das ist so Meilen entfernt. Und ... dann braucht man ewig lange, ... dass man überhaupt rauskriegt, dass sich andere Wissenschaften nie um diesen Punkt bemüht haben. (...) Warum sagt man, „die Tasche steht auf dem Tisch“? Und da haben wir festgestellt, dass zu der Zeit, sich niemand ... – inzwischen bei den Psychologen und den *Cognitive Science* ist das ja ein ganz beliebtes Thema: Auffälligkeit, Relevanz und so was – und damals hat sich niemand da drum gekümmert. Wir standen da und wussten nur, so wie wir uns das gedacht hatten, geht es überhaupt nicht. Und, tja, dann sind wir losgegangen und haben gesagt, das kann doch nicht sein, dass Informatiker ausgerechnet darauf kommen, dass so was wie Relevanz für Mitteilungsprozesse, dass so was überhaupt nicht erforscht ist, weder von den Linguisten, noch von den Psychologen, noch von den Wahrnehmungsleuten. – Aber es war so! Das ... war spannend in der KI-Geschichte. (...) Wenn man immer dachte, das ist leicht, das muss man

nur mal aufschreiben, programmieren. Dann hat man erst gemerkt, dass das gar nicht geht. Und ... diese Richtung ist ein bisschen in die *Cognitive Science* gegangen. (Interview Binder, S.36)

Der Erkenntnisgewinn über die menschliche Kognition sollte nicht allein den Kognitionswissenschaften bzw. der kognitionswissenschaftlichen KI überlassen werden. Zumindest in historischer Perspektive sehen sich auch die Techniker in der KI-Community als Initiatoren des kognitionswissenschaftlichen Erkenntnisgewinns. Bei der Suche nach technischen Lösungen in der KI wird der Computer in naturwissenschaftlich-technischer Tradition zum Modell für den menschlichen Intellekt. Mit ihm wird nachvollzogen, was man über die Funktionen des Gehirns zu wissen glaubt. Seine Optionen stecken den Rahmen für die Erkenntnismöglichkeiten.

Die Computermetapher des Geistes leitet im Weiteren die Suche nach Wissen in der kognitionswissenschaftlichen KI. Wie man sich diesen Forschungsprozess konkret vorzustellen hat, wird von einer KI-Wissenschaftlerin beschrieben, die im Bereich der Sprachproduktion forscht.

Es gibt gute Gründe, dass man einigermaßen unterscheidet ... zwischen den kognitiven Vorgängen, die stattfinden beim Sprachverstehen und denen bei der Sprachproduktion. Also die meisten Modelle gehen davon aus, dass man auf bestimmte Wissensbestände bei beiden Verarbeitungsrichtungen zugreift, dass aber ... beim Sprachverstehen andere Prozesse aktiv sind als beim Produzieren. (...) Aber worum es mir nur geht: ... dann nimmt man also solche empirischen Daten, die beim Menschen beobachtet werden und zieht darüber irgendwelche Rückschlüsse darauf, wie die Prozessabläufe sein könnten beim Menschen, ... zum Beispiel pathologisches Sprachverhalten, also so genannte Aphasien. Es gibt eben Menschen, die aufgrund irgendwelcher Hirnläsionen bestimmte charakteristische Sprachausfälle haben, ... also dass beispielsweise bestimmte Wortfelder nicht mehr beherrscht werden und ... dass Personen ... beispielsweise keinen Begriff für Obst mehr kennen. (...) Und ... solche Daten kann man sich dann eben für die Modellbildung heranziehen. Dann kann man versuchen, eine Architektur, ein abstraktes Modell zu erstellen ... wie eben die Sprachproduktionsprozesse anzusiedeln sind in einem formalen Modell. Und dann kann man versuchen, das auf einem Rechner zu implementieren. (...) Und dann kann man eben versuchen, ob man tatsächlich die Ergebnisse reproduzieren kann, und dann eben vor allem auch in seiner Modellbildung auch die gleichen Fehler reproduzieren kann. Also das ist dann eben der interessante Punkt, dass es nicht nur darum geht, sozusagen wohlgeformte Sätze produzieren oder verarbeiten zu können und das verstehen zu können, sondern auch die charakteristischen Fehler, die beim Menschen auftreten, dass die auch in diesem Modell noch darstell-

> bar sind. Das ... ist sozusagen ... der interessante Punkt dabei, wenn man so eine kognitiv orientierte Modellierung betreibt. Während vielleicht so die andere Richtung, wo es darum geht ... Systeme, die Fahrplanauskünfte machen oder so was zu bauen, da ist natürlich überhaupt kein Interesse daran, menschliche Fehler (lacht) auch noch zu reproduzieren in dem System. Da geht es eben darum, ... auf möglichst effiziente Art und Weise ... Informationen zu übermitteln, die gut verstehbar sind. (Interview Lehnert, S.5f.)

Die Vorstellungen davon, wie Sprachverstehen und -produktion funktioniert, sind zutiefst durchdrungen von der Operationsweise des Computers. Wenn eine Simulation des menschlichen Sprachvermögens – inklusive der Fehler – auf dem Computer gelungen ist, wird davon ausgegangen, dass für diesen Teil des kognitiven Systems ein adäquates Modell gefunden wurde. Über das Ausmaß der kognitiven Adäquatheit, d.h. inwieweit diese Modell hinreichend für die Erklärung der Sprachproduktion ist, ist damit nicht viel gesagt. Entsprechend vorsichtig werden die Ergebnisse, die auf diese Art gewonnen werden, durch die Wissenschaftlerin bewertet. So spricht sie von *„kognitiv orientierter"* und nicht von *„kognitiv adäquater"* Modellierung und möchte sich an anderer Stelle auch kein Urteil darüber erlauben, ob ein *„echtes"* Sprachverstehen je möglich sein wird – ausschließen tut sie es jedoch auch nicht.

Der kognitionswissenschaftliche Zweig der KI, der sich hier als experimentell orientierte Teildisziplin der Kognitionsforschung darstellt, folgt bei seinen Forschungen der in der KI und den Kognitionswissenschaften üblichen *„computational theory of mind"*, bei der die Arbeitsweise des Computers auf den Geist übertragen wird. Diese Computermetapher des Geistes beruht nach Sybille Krämer auf einer Fehlinterpretation der Leibnizschen *„cogitatio symbolica"*, in der die Rechenprozedur zum erkenntnistheoretischen Ideal erhoben worden war. Mit der Computermetapher des Geistes werde aus dieser Kulturtechnik des verschriftlichten Rechnens ein eingeborener hirnphysiologisch realisierter Mechanismus gemacht. Das normative Konzept von Leibniz werde dabei in ein deskriptives Instrumentarium umgewandelt. Was ursprünglich als eine Erkenntnistechnik gemeint gewesen sei, mit der man eine Norm aufstellen wollte, wie man sich beim wahrheitsfähigen Denken verhalten sollte, werde so zur Beschreibung dessen, was wir faktisch tun, wenn wir denken. Ein an Konventionen geknüpftes, erkenntnistheoretisches Verfahren werde transformiert in ein mentales Geschehen innerhalb eines Individuums. (Krämer 1991) Dabei können die KI-Wissenschaftler nach der Auffassung des Philosophen Klaus Mainzer von der *Natur des Geistes* oder dem *Geist der Natur* immer nur soviel erkennen, wie sie bereits in ihren technisch-wissenschaftlichen Modellen und Erklärungsprinzipien bewusst oder unbewusst hineingesteckt haben. (Mainzer 1993) Es sind also formale, mechanistische Funktionsweisen, die hier vornehmlich erkannt werden können.

Wie sehr tatsächlich technische Funktionsprinzipien und die Möglichkeiten der Technik die Erkenntnis in der Kognitionsforschung leiten, wird in folgender Aussage von Christian Freksa, Professor am Fachbereich für Informatik und Mitglied des Graduiertenkollegs Kognitionsforschung an der Universität Hamburg, deutlich. Für ihn liegt der besondere Reiz der KI darin, „*daß komplexe, kognitive Zusammenhänge, die bisher nur an lebenden Wesen – und zwar vorwiegend mit invasiven Methoden – untersucht werden konnten, nun ohne Menschen- oder Tierversuche studiert werden können. Der Phantasie sind keine Grenzen gesetzt bei der Konzeption von Repräsentations- und Verarbeitungsstrukturen, die synthetisiert und auf ihr Verhalten hin untersucht werden können. Der Neurobiologe Braitenberg demonstriert dieses Verfahren, das er Analyse durch Synthese nennt, eindrucksvoll an primitiven künstlichen Wesen, die er mit Unterstützung von Erkenntnissen über die Biologie konzipiert hat.*“[101] (Freksa 1992:97f.) Das wissenschaftliche Modell, das in Gestalt von technischen Wesen daher kommt, wird hier ganz direkt zum Gegenstand der Erkenntnis gemacht. Die Erkenntnis über Lebewesen wird exemplarisch durch das Zusammenfügen bzw. die Konstruktion eines Modells vollzogen.[102] Eine solche Generierung von Wissen kann aber immer nur dem technisch Machbaren folgen, d.h. nur was technisch funkti-

[101] Ein Eindruck der wissenschaftlichen Arbeit von Valentin Braitenberg, auf den sich Freksa hier bezieht, wird vermittelt in einem Portrait von Peter Haffner und Otmar Schmid (Haffner / Schmid 1990).

[102] Dass die Analyse durch Synthese mehr und mehr Schule macht, zeigt übrigens die oben bereits eingeführte Forschungsrichtung *Artificial Life*, die diese Vorgehensweise übernommen hat.

onsfähig ist, kann auch wissenschaftlich erkannt werden. Die Grenzen zwischen dem natürlichen Gegenstand der Erkenntnis, dem Urbild, das man wissenschaftlich beschreiben will, und dem wissenschaftlichen Modell, dem Abbild, an dem die Erkenntnis nachvollzogen wird, verschwimmen. Weil die Beziehung zwischen Urbild und Abbild als konstruiert gelten kann, gerät das wissenschaftliche Modell in Verdacht, ein Simulacrum, d.h. ein vorgetäuschtes Original, ein Abbild ohne Urbild, zu sein. Deutlich wird hier, wie eine technomorphe Sicht die Erkenntnis über die Intelligenz leitet und dass die naturwissenschaftlichen Erkenntnisse über den Mensch (techno-) kulturelle Konstrukte sind.

Angesichts des technologischen Vorbildcharakters in der kognitionswissenschaftlichen Wissensgenerierung wundert es nicht, dass neue Methoden in der technischen KI, wie beispielsweise die der künstlichen neuronalen Netze, immer wieder zum Auslöser für Wissenszuwachs in kognitionswissenschaftlichen Forschungsgebieten werden. So stellen in einer kritischen Übersicht über den Stand der Forschung im Bereich der künstlichen neuronalen Netze mehrere Wissenschaftler fest, dass dieser Ansatz für die Erkenntnis in der neurobiologischen Forschung wesentlich mehr erbracht habe als für die technikwissenschaftliche Umsetzung in Systeme. (Möller / Paaß 1994) Im Hinblick auf kulturelle Selbstbilder scheint somit die Frage berechtigt: Was kann eine solche Erforschung des *Erkenntnisapparates* anderes erbringen als ein mechanistisch reduziertes, technomorphes Bild von der Intelligenz und damit vom Menschen?

Die technikgeleitete Erkenntnissuche am menschlichen Geist geht nach der Einschätzung von Stephen Levinson, Leiter der Gruppe Sprache und Kognition und geschäftsführender Direktor am Max-Planck-Institut für Psycholinguistik in Nijmegen, einher mit einer Überbewertung von der Bedeutung der Hardware, also der neurologischen und anatomischen Gegebenheiten des Gehirns. Levinson sieht deswegen einen Bedarf für „*detailed models that simultaneously explain in what ways the mind is preadapted to expect cultural input, and in what ways cultures are constrained to meet those expectations by limitations of human learning.*“ (Levinson 1998:11) Levinson erinnert die naturwissenschaftlich-technisch orientierte Forschung über die Natur des Geistes daran, die kulturelle Vielfalt nicht zu vergessen. Als Zugang zur menschlichen Kognition wählen beide – die KI ebenso wie auch die kognitionsanthropologische Forschung – die Sprache. Die kognitive Anthropologie hat sich dabei der technomorphen Sicht der KI und der Computerwissenschaften insgesamt auf den Menschen weitgehend angeschlossen. Auch sie folgt der Computermetapher des Geistes, wenn sie vom Gehirn als Hardware und dem kulturellen Input als Software spricht. Eine kognitive Anthropologie, die einem solchen Paradigma folgt, ist in ihren wissenschaftlichen Konzepten in hohem Maße an technologischen Konzepten orientiert. Sie verweist darauf, dass dem wissenschaftlichen Konzept der Kognition, das heute im Begriff ist, Konzepte wie ‚Intelligenz' und ‚Geist' zu ersetzen, eine technikinduzierte Sicht auf den menschlichen Geist inhärent ist – zumindest solange weite Teile der Kognitionswissenschaften der Computermetapher des Geistes folgen und sich auf Erkenntnisse am technischen Modell verlassen.

Bevor *Geist* und *Intelligenz* als *Kognition* und die *Kognition* in Kategorien der Hard- und Software thematisiert werden konnten, haben vielfältige (wissenschaftliche) Bearbeitungen der Begriffe stattgefunden. Auch wenn die Begriffsgeschichte hier nicht im Detail entfaltet werden kann, so lassen sich doch eine Reihe an Referenzpunkten anführen, die aufschlussreich sind, wenn man die Redefinition des menschlichen Selbstverständnisses im Zeitalter der KI-Forschung in den Blick nimmt. ‚Geist' und ‚Intelligenz' sind Begriffe, die ähnliches bezeichnen, aber doch nicht ganz dasselbe meinen. Sie entstammen unterschiedlichen wissenschaftlichen Traditionen. ‚Geist' ist ein anthropozentrisches Konzept, dem sich insbesondere die Philosophie mit dem Bestreben gewidmet hat, es zu präzisieren. Das Konzept des menschlichen Geistes ist wesentlich von den beiden Philosophen Descartes und Leibniz geprägt worden, die beide als Vertreter des philosophischen Rationalismus des 17. Jahrhundert gelten. Nach Descartes verfügt jemand, der Geist besitzt, über *Verstand* und *Willen*. Beim Erkennen arbeiteten beide, Vermögen und Wille, in dem Sinne zusammen, dass der Verstand die Ideen liefere und der Wille beurteile, ob diese wahr oder falsch seien. Nur der Wille besitzt also Urteilskraft. Er sei auch verantwortlich für Irrtum, der dann entstehe, wenn der

Wille beim Urteilen den Bereich der klaren und deutlichen Ideen verlasse. Irrtum wird nach Descartes zu einer philosophischen Form der Schuld, die somit ein Pendant zur theologischen Sünde ist. Geist setzt in dieser philosophischen Tradition des Rationalismus zum einen den Besitz von Verstand und Willen voraus und geht zum zweiten hervor aus einem Zusammenspiel von intellektueller und moralischer Kompetenz. Nur Subjekte, nicht aber Dinge, haben einen Willen und also die Fähigkeit zu moralischem Handeln. (Krämer 1993)

Im Unterschied zum philosophischen Konzept des *Geistes* war *Intelligenz* nicht immer auf den Menschen bezogen. Heike Stach hat in ihrem oben bereits erwähnten historischen Überblick über die Begriffsgeschichte gezeigt, dass im Altertum die *intelligentia* anders als heute nicht als genuin menschliche Eigenschaft galt, sondern in eine fiktive, rein geistige Welt gehörte. Geistige und materielle Welt galten dabei als zwei verschiedene Seinsweisen. Entsprechend dieser Spaltung war auch der Mensch unterteilt in ein Verstandeswesen, das seine Individualität verwirklichte, und in ein Körperwesen, das es zu kontrollieren galt. Erst im Mittelalter wurden diese verbindungslosen Gegenwelten von Körper und Geist als zusammenhängende gedacht, wobei die körperliche Welt als Abbild der geistigen galt. Allerdings war auch hier das Geistige ein Konzept, das Gott, dem alles bestimmenden Subjekt des Mittelalters, zugeordnet wurde, und nur in geringem Maße auch von dem letztlich doch im Materiellen verhafteten Menschen erreicht werden konnte. Nur mit Hilfe der Sinnesorgane konnte der Mensch – vermittelt über die materielle Darstellung eines Dinges – zu den geistigen Ideen, zu dem Wesen seiner Natur und der Grundlage seiner Existenz vordringen. Diese geistige „*Wesenheit ‚intelligentia' verlagert sich vom mittelalterlichen Gott in das Subjekt der Neuzeit, den Menschen.*" (Stach 1992:49)

Das Konzept der *Intelligenz* jedoch, das zu dem Zeitpunkt anerkannt war, als die KI ihre Arbeit aufnahm, ist insbesondere von der Psychologie hervorgebracht worden, die sich lange Zeit mehr oder minder erfolglos um die wissenschaftliche Präzisierung all dessen bemüht, was unter den geistigen Fähigkeiten des Menschen zu verstehen sei. Im psychologischen Konzept der Intelligenz ist das Zusammenwirken von Verstand und Wille, das im philosophischen Verständnisses des menschlichen Geistes noch als untrennbar galt, bereits dissoziiert. Das intellektuelle Denken wird damit vom moralischen Tun abgelöst. Intelligenz wird als Eigenschaft konstituiert, die im Menschen liegt, angeboren ist und entlang einer ansteigenden Skala messbar ist. Die Psychologie orientiert sich dabei aber weiterhin sehr stark an alltagskulturellen Vorstellungen des menschlichen Geistes, die nicht zuletzt aus sozialen Zusammenhängen wie etwa den sich stetig differenzierenden Anforderungen der Arbeitswelt erwachsen. Diesen Anforderungen folgend klassifiziert die Psychologie mehr und mehr unterschiedliche Arten der Intelligenz, wie etwa mathematische, emotionale, soziale oder auch kreative Intelligenz. Das wissenschaftliche Verständnis der Psychologie und das alltagskulturelle Verständnis der Intelligenz sind voneinander durchdrungen, aber nicht deckungsgleich.

Die KI, die sich aktiv um die Erkenntnis des menschlichen Geistes bemüht, entwickelt ihre Problemstellungen an den Phänomenen der menschlichen Intelligenz, so wie sie in der Psychologie verstanden wird. Sie knüpft damit an ein Konstrukt an, das nicht nur aus wissenschaftlichen definierten Begriffen beschriebenen Gedankenwelt stammt, sondern zudem von alltagskulturellen Auffassungen, Wahrnehmungen, Bezügen, Erfahrungen und Vieldeutigkeiten geprägt ist.[103] Das Formulieren von wissenschaftlichen Fragestellungen auf der Grundlage des wissenschaftlich nicht eindeutig definierbaren Begriffes der *Intelligenz* hat sich für die KI als überaus problematisch erwiesen. Sie hat damit seine inhärente Vieldeutigkeit und den weit reichenden Spielraum für Interpretationen, Übertragungen, Erweiterungen oder Beschränkungen in ihre wissenschaftliche Arbeit importiert. Für diesen *„sehr unbefangenen Umgang mit herkömmlichen*

---

103 Auf ideelle Traditionen in anderen wissenschaftlichen Disziplinen, an die die KI anknüpfen konnte, haben bereits Petra Ahrweiler (Ahrweiler 1995) und Barbara Becker (Becker 1992) hingewiesen. Entsprechend dem anfänglich dargelegten Verständnis von Kultur und den konzeptionellen Überlegungen von Krohn/Küppers zur Selbstorganisation der Wissenschaft wird hier von einem rekursiven Prozess ausgegangen, in dem die Perspektivierung des menschlichen Geistes als Kognition als permanenter, wechselseitiger Austauschprozessen zwischen gesellschaftlichem Umfeld und den Wissenschaftlern des Forschungsgebietes verstanden wird.

*Begriffen*" (Becker 1992:25) wird die KI-Community immer wieder kritisiert. Otto Ullrich beispielsweise verurteilte die „*Begriffsinflation*" in der KI und die „*Rosstäuscherei in der Informatik*" insgesamt, wobei beide durch ihren Etikettenschwindel mit Begriffen wie *Information, Wissen, Intelligenz* usw. Forschungsgelder einheimsten, um Nichtigkeiten ein pseudowissenschaftliches Gebäude errichteten und ein schiefes Bild von dem Verhältnis zwischen natürlichem Vorbild und künstlichem Untersuchungsobjekt erweckten. (Klotz 1988) In einem Workshop „*Zur Terminologie in der Kognitionsforschung*" werden 1988 mit Unterstützung der GMD und der GI die terminologischen Unterschiede der an der KI beteiligten Wissenschaftsdisziplinen Psychologie, Linguistik, Philosophie und Neurowissenschaften problematisiert. Dem Beobachter Andreas Kemmerling fällt über die Verschiedenheit der wissenschaftlichen Traditionen hinaus auch eine „*tief liegende begriffliche Diskontinuität zwischen Alltagspsychologie und kognitiven Wissenschaften*" auf. (Hilty 1989:26) Andere, wie beispielsweise der Direktor der Abteilung Kognitionswissenschaft am Institut für Informatik und Gesellschaft der Universität Freiburg, Prof. Dr. Gerhard Strube, wendet die „*suggestiven Benennungen*" positiv für die Community. Er führt an, dass der Gebrauch von Wörtern, die jeder zu kennen glaube, für die Beschreibung von wissenschaftlichen Sachverhalten ziemlichen Schaden stiften könne. Dies gelte insbesondere für die öffentliche Diskussion über Künstliche Intelligenz, in der man gern die alltägliche, konnotativ reichhaltige Bedeutung eines Begriffs unterstelle, obwohl dies eigentlich nicht angehe. Dadurch erscheine das als unverschämter und ungerechtfertigter Anspruch, was bei näherer Betrachtung nur eine Frage der eingeschränkten fachsprachlichen Bedeutung von Begriffen sei. (Strube 1992:23)

Dass die KI an diesen *konnotativ reichhaltigen* Begriffen festhält, wird in der Community wissenschaftspolitisch begründet.

> Wenn man den Wissenschaftsbetrieb ein bisschen kennt, ist es halt klar, dass solche Sprüche auch nicht immer dem entsprechen, was die Leute unbedingt wirklich denken, sondern dass natürlich Wissenschaft auch immer in so was wie Geldbeschaffung für, für Projekte und so eingebunden ist. Und dass es natürlich auch gilt, dass Wissenschaftler gefordert sind, ihre Produkte zu verkaufen. Also so wie, so wie eben gerade ... in diesen technischen Bereichen und dann eben gerade im amerikanischen Raum, wo so was schon viel weiter fortgeschritten ist.

> Da muss es eben auch was hermachen, wenn man Forschungsgelder für irgendwas haben möchte. Dann muss das eben auch ein Produkt sein, was irgendwie Interesse weckt. Und je besser man ... Interesse weckt ... auch bei den Leuten, die solche Gelder bewilligen, eben je eindrucksvoller man ist. (Interview Lehnert, S.11)

Diese Selbsteinschätzung aus Kreisen der KI-Community, die hier prototypisch für andere mit ähnlichem Wortlaut steht, hat eine gewisse Plausibilität. Denn gerade durch den Gebrauch von alltagskulturellen Begriffen konnte die KI wie kaum ein anderes Wissenschaftsgebiet enorme Öffentlichkeitswirkung und vielfältige Anschlussfähigkeiten erzeugen. (VDI / VDE / Technologiezentrum 1994) Gleichzeitig spiegelt sich in der jahrelangen Resistenz der KI-Community gegenüber der Kritik an ihrer eigenmächtigen Definitionspraxis, die gegen alle wissenschaftlichen Gewohnheiten aufrecht erhalten wurde, auch eine gewisse Resistenz gegenüber substanzieller Kritik aus dem gesellschaftlichen Umfeld. Erst als die Werbewirksamkeit des Titels *KI* abgeflaut ist, werden die Klagen über die diffuse Terminologie[104], die die Verständigung innerhalb der Community erschwere (Voß 1990) schließlich ernst genommen. Der Begriff der Intelligenz wird durch die wissenschaftliche Bezeichnung *Kognition* ersetzt, der zwar wie der

---

[104] Ein Beispiel für eine suggestive Benennung ist das so genannte KL-One-System, bei dem es darum geht, das Wissen und die Erfahrung von einem oder mehreren Experten in einem Expertensystem zu modellieren. Diese Bezeichnung KL-One animiert einen so genannten Dr. phil. Terres Ralph zu einem satirischen Beitrag in der Rubrik *Leserbriefe / E-Mail* der Zeitschrift *KI*. Ralph zitiert einen Bericht über pseudowissenschaftliche, sektenartige Gruppenbildungen und geht dabei u.a. auf den Sektentyp LONELY- ONE näher ein. Seine Beschreibung lautet wie folgt: „*Es wird ein zu seiner Zeit berühmtes, aber inzwischen längst als unzulänglich und umständlich abgelegtes Konzept wieder ausgegraben. Man errichtet um seine Berühmtheit ein Tabu, nach dem, was einmal gut war, auch in Zukunft gut sein muß. Man verkleidet das ursprünglich klar überschaubare Konzept so lange terminologisch mit zusätzlichen Namen für Spezialfälle, Erweiterungen und Varianten, bis ein absolutes Wirrwarr entsteht. (...) Besonders wirksam sind verschleiernde Terminologien, die mit der Common-Sense-Semantik der Wörter nichts zu tun haben, sondern verborgene Geheimnisse und magische Kräfte und so weiter assoziieren (zum Beispiel T-Kästchen, Ko-Pfeil, x-Tor). (...) Sektologische Einstufung: Harmlos, tendiert bei wachsender Mitgliederzahl zur Abkapselung oder Spaltung. Bezieht Nachwuchs meist ausschließlich über eigene Studien- oder Diplomarbeiter. Einmal abgekapselte Gruppen beschäftigen sich bald nur noch mit sich selbst.*“ (Ralph 1991:80).

Begriff der *Intelligenz* auch auf die Erkenntnis des menschlichen Geistes zielt, dabei jedoch die kulturelle Verfasstheit und Vieldeutigkeit dieses Phänomens möglichst weitgehend zurück zu drängen versucht, es darüber hinaus vom Menschen ablöst und als speziesunabhängiges Phänomen definiert. (Krämer 1993) Es erscheint vielen Wissenschaftlern der Community inzwischen angemessener, *„über kognitive Systeme, kognitive Prozesse und kognitive Fähigkeiten zu sprechen als über intelligente Systeme oder intelligentes Verhalten“*, wenn es um Leistungen geht, *„auf die in der KI allgemein Bezug genommen“* wird. (Freksa 1992:95) Das Konzept der Kognition umfasst neben den menschlichen auch schon die tierischen und maschinellen Informationsverarbeitungsprozesse, die zum Zwecke des Erkennens in der Wechselwirkung zwischen Mensch, Tier und Computer mit der jeweiligen Umgebung stattfinden. Die kognitionswissenschaftlich forschenden Disziplinen versuchen nun die Prinzipien solcher Erkenntnisprozesse zu erforschen, die sie mit dem Begriff *„abstrakte Kognition“* bezeichnen. Auf *„die Existenz realer zur Kognition befähigten Entitäten“* fühlt man sich dabei nicht angewiesen, *„wenngleich deren Vorhandensein die Vorstellung enorm beflügelt.“* (Freksa 1995:6) Auch wenn sich *Kognition* in der wissenschaftlichen Terminologie erst allmählich durchsetzt und in alltagskulturellen Kontexten noch lange nicht etabliert ist, so spricht vieles dafür, dass dieses wissenschaftlich definierte Konzept in Zukunft in unserem kulturellen Verständnis von Intelligenz eine bedeutende Rolle spielen wird. Das kulturell konstruierte Phänomen der Intelligenz erfährt in seiner Konzeptualisierung als *Kognition* eine Naturalisierung und Universalisierung. Es wird als kulturunabhängiges Phänomen perspektiviert, das für jeden Menschen unabhängig von seiner Herkunft, seinen kulturellen Tradition usw. Gültigkeit beansprucht. Lediglich die Sprache, die sozusagen die Software für den kognitiven Apparat bereitstellt, gilt als kulturell hervorgebracht. Mit dieser naturalisierenden Perspektive auf den menschlichen Geist werden Bilder einer universalen Kognition produziert.

### 7.2.5 Zum Beitrag der KI zu individuellen und kollektiven Identitätskonstruktionen

Die Einwirkung der KI auf unsere Kultur ist auf unterschiedlichen Ebenen feststellbar. Im wissenschaftlichen Diskurs der KI lässt sich rekonstruieren, wie die Topoi *Körper* und *Geist* neu gedeutet werden. Beide besetzen eine Schlüsselfunktion für das menschliche Selbstverständnis und damit für kollektive und individuelle Identitätskonstruktionen.

Der Körper ist eine der zentralen Metaphern im KI-Diskurs, über die das Verhältnis von Mensch und Technik bestimmt wird. Bis hin zur Auflösung der Grenzen werden beide aneinander angenähert. Die KI argumentiert dabei in der Tradition eines kybernetischen Körperbildes und kann an medizinisch-naturwissenschaftlich produzierte Bilder eines segmentierbaren, funktionalisierten, technologisch verfügbaren Körper anknüpfen. Nach einer langen Phase, in der man versuchte, den Körper so weit wie möglich auf die Funktionsweise des Gehirns zu reduzieren, steht inzwischen die technische Rekonstruktion des Körpers in der KI auf der Forschungsagenda, weil der Körper als unverzichtbarer Bestandteil der Intelligenz wahrgenommen wird. Wie die Intelligenz wird der Körper in Kategorien der Informationsverarbeitung thematisiert, wobei es vorrangig um die technische Reproduktion der körpergebundenen Fähigkeiten geht, die für intelligente Artefakte unverzichtbar erscheinen. Traditionelle Körper- und Geist-Dichotomien werden hier zwar überwunden, es bleibt jedoch eine wertende Hierarchisierung bestehen, in der der Körper lediglich als Voraussetzung für das höhere Projekt einer maschinellen Intelligenz angesehen wird. Die technologische Anschlussfähigkeit des organischen Körpers und seine ökonomische Verwertbarkeit werden durch diese Perspektivierung weiter bestärkt.

Den Charakter des menschlichen Geistes will die KI auf empirische Art und Weise untersuchen. Sie reiht sich damit in die naturwissenschaftlich-technische Erforschung des menschlichen ‚Kognitionsapparats' ein. Die Erforschung des Geistes erfolgt dabei am Modell des Computers, der damit auch die Grenzen der Erkenntnis determiniert. Lediglich formalisierbare, in Computermodelle umsetzbare Dimensionen des menschlichen Denkens können so erfasst werden. Der Wissenszuwachs über die menschliche Kognition orientiert sich hier am technisch Machbaren. Nur das, was an technisch-naturwissenschaftlichen Vorstellungen bereits in die Computertechnologie eingeflossen ist, kann am Menschen erkannt werden. So ist es vorgezeichnet, dass diese Form der Erkenntnissuche ein technomorphes Bild vom Menschen hervorbringt. Bereits der Begriff der Kognition repräsentiert diese an technisch-wissenschaftlichen Möglichkeiten orientierte Form des Erkenntnisgewinns. *Kognition* ist das wissenschaftliche Pendant zu dem Begriff der *Intelligenz*, der im Unterschied zur Kognition allerdings ein erlebtes, vieldeutiges, variables Phänomen aus dem alltagskulturellen Erfahrungsbereich beschreibt. Intelligenz ist damit ein Begriff der kulturellen Übereinkunft und als solcher wissenschaftlich kaum handhabbar, weil sich seine Vieldeutigkeit und Wandlungsfähigkeit wissenschaftlichen Definitionsversuchen entziehen. Gemeinsam mit den Begriffen *Geist* und *Intelligenz*, die in den Diskursen der KI und der Kognitionsforschung insgesamt nach und nach durch das Konzept der Kognition ersetzt werden, verschwindet auch die kulturelle Vieldeutigkeit des Gegenstands. Es scheint eine Frage der Zeit zu sein, bis Menschen ihr Denken so begreifen, wie es die wissenschaftlichen Perspektiven auf die Kognition nahelegen. Wie das Erleben unseres Körpers wird dann auch das Verständnis des menschlichen Geistes – in unserer Kultur ein wesentlicher Topos für die Konstituierung unseres Selbst – zutiefst von den technisch-naturwissenschaftlich produzierten, naturalisierenden Bildern durchdrungen sein.

## 7.3 Anthropomorphe Technikdeutungen – Zur ‚Humanisierung' von Technik

Im vorangegangenen Abschnitt ist deutlich geworden, dass die KI-Wissenschaftler in ihren Diskursen allgemein verwendete Begriffe wie die Intelligenz neu definieren. Diese Deutungen, die an kulturelle Topoi der individuellen und kollektiven Identitätskonstruktion anknüpfen, werden auch in Diskursen der allgemeinen Öffentlichkeit verbreitet und stellen so einen Beitrag im gesellschaftlichen „*process of social self creation*" (Pfaffenberger 1992a) dar. Deutungen der KI-

Protagonisten werden dabei nicht nur sprachlich erzeugt, sondern werden auch im Prozess des Konstruierens in Technikkonzepte umgesetzt. Das ist bereits daran deutlich geworden, dass sich die unterschiedlichen Deutungen der KI in entsprechenden technischen Konzepten niedergeschlagen haben. Alle Konzepte sind aus einer intensiven Beschäftigung mit der menschlichen Intelligenz und der Frage hervorgegangen, ob sich diese auf dem Computer nachbilden lasse. Menschliche Fähigkeiten sind dabei Orientierungs- und Zielpunkt zugleich. Diese enge Orientierung am menschlichen Vorbild verändert nicht nur das Bild vom Menschen, sondern auch die Technikbilder der KI-Protagonisten, die der KI-Technologie mehr Qualitäten zuschreiben, die bis dahin dem Menschen vorbehalten waren. Die Deutungen, die im Prozess des Konstruierens und Konzipierens von konkreten technologischen Artefakten realisiert werden, sind insofern komplementär zu den Deutungen, die die KI-Protagonisten in der Wahrnehmung des Menschen produzieren. Während menschlicher Körper und Geist aus einer technischen Perspektive wahrgenommen werden und folglich wie eine Maschine erscheinen, werden die KI-Systeme durchdrungen von Anthropomorphismen.

### 7.3.1 Prinzipien der ‚Evolution' als Vorbild der Technikentwicklung

Zu Beginn dieser Arbeit wurden die paradigmatischen Auseinandersetzungen der KI-Community rekonstruiert. Die dort beschriebene Kontroverse zwischen Symbolisten und Konnektionisten wurde auf eine Konkurrenz von sich gegenseitig ausschließenden erkenntnistheoretischen Positionen zurückgeführt. Neben diesen ideellen Argumenten wurden auch zahlreiche Einwände ins Feld geführt, die sich auf Aspekte der technischen Gestaltung bezogen. Diese Auseinandersetzung um die Gestaltung der Artefakte zeigt, dass sich die unterschiedlichen wissenschaftstheoretischen Positionen des Symbolismus und des Konnektionismus auch in den technischen Artefakten selbst niederschlagen – in durchkonstruierten, symbolmanipulierenden klassischen KI-Systemen einerseits und selbstorganisierenden, lernenden Neuronalen Netzen andererseits.[105] Gerade die aus dem Konnektionismus hervorgegangenen Methoden geben der KI-Forschung neue Impulse, indem sie evolutive Prinzipien in die Technikentwicklung hineintragen. Die Integration von Prinzipien der Evolution in die Technikentwicklung und damit auch deren Hineinverlagerung in die technischen Artefakte selbst drückt ein neues Technikverständnis aus. Diese neuen Formen der Technikdeutung sind innerhalb der KI-Community vielfach präsent, aber nicht allgemein geteilt, sie stehen den bisher dominierenden Technikauffassungen entgegen.

Die Vorbehalte, die KI-Wissenschaftler und -Entwickler gegen die neuen Konzepte der konnektionistischen KI vorbringen, beziehen sich immer wieder auf die Sorge, dass in den künstlichen neuronalen Netzen die Kontrolle über die Prozessvorgänge verloren gehen könnte. Denn künstliche neuronale Netze werden nicht mehr herkömmlichen Sinne programmiert, sondern müssen ihr ‚Wissen' selbstständig anhand von gut ausgewählten Lehrbeispielen ‚erlernen'. Da sich die Strukturen der künstlichen neuronalen Netze dabei nach dem Prinzip der Selbstorganisation herausbilden, sind die genauen, internen Vorgänge im System weder bekannt noch nachvollziehbar. Dass Prinzipien wie Chaos und Selbstorganisation *„mittlerweile auch bei der Entwicklung von Computersystemen zugrunde gelegt"* werden, um dadurch *„den Vorgängen in der Evolution und der Arbeitsweise des menschlichen Gehirns computertechnisch möglichst nahe zu kommen"* (Mainzer 1993:123), bereitete einer Reihe von KI-Protagonisten extremes Unbehagen. Sie hielten ein solches Technikkonzept der Selbstorganisation mit der Tätigkeit des Programmierens im herkömmlichen Sinn nicht mehr für vereinbar: *„Der Programmierer, der seine Intention in einer Programmiersprache ausdrückt, sich dann das Ergebnis ansieht, Fehlerursachen erkennt und daraufhin sein Programm ändert, paßt in die extreme konnektionistische Vorstellung nicht mehr*

[105] Auch konnektionistische Systeme arbeiten natürlich auf der Basis von Symbolen, weil ihnen ebenfalls das Null-Eins-System der elektronischen Datenverarbeitung zugrunde liegt. Wem die dennoch bestehenden Unterschiede zwischen Artefakten, die nach Methoden der symbolischen KI und solchen, die nach konnektionistischen Prinzipien entwickelt wurden, nicht mehr präsent sind, den möchte ich auf das vorhergehende Kapitel verweisen.

*hinein, es handelt sich vielmehr um Experimentatoren, die vom System berechnete Ergebnisse akzeptieren oder zurückweisen. Wie das System sich dann intern ändert, um ein hoffentlich akzeptableres Ergebnis zu produzieren, ist vom Experimentator nicht beeinflußbar, geschweige denn nachvollziehbar.*" (Hoeppner 1988:28) Diejenigen, die konnektionistische Ansätze in der KI ablehnen, argumentieren mit der prinzipiell unmöglichen Erklärbarkeit von Systemergebnissen. Sie äußern außerdem Zweifel am erkenntnistheoretischen Wert des konnektionistischen Ansatzes. Denn was nütze es, Systeme nach Prinzipien zu entwickeln, die zwar funktionierten, deren Funktionsweise dann aber nicht ersichtlich sei. Auch die Behauptung, diese Systeme seien kognitiv adäquat, wurde deswegen als nicht haltbar kritisiert. Es wurden außerdem Parallelen zwischen konnektionistischen Systemen und *Black Box*-Systemen gezogen, die dem wissenschaftlichen Ansatz des Behaviourismus entstammten. Diese Form der Beschreibung sei in der Psychologie und Linguistik schon hinlänglich bekannt und wegen ihrer wissenschaftstheoretischen Schwachstellen auch kritisiert worden. (Hoeppner 1988:29)

An dieser Kritik wird deutlich, dass es gerade die veränderte Auffassung von Technikgestaltung war, die zahlreiche KI-Entwickler provozierte und ihre Opposition zum Konnektionismus auslöste. Dass die Kontrolle über die Vorgänge, die in der Maschine ablaufen, aufgegeben wurde, erschien als unverantwortbarer Schritt mit für den Entwickler unkalkulierbaren Folgen. Der Entwickler von künstlichen neuronalen Netzen verlor in den Augen der Kritiker seinen Status als Ingenieur und wurde zum Experimentator. „*Konnektionistische Systeme sind selbstorganisierende Systeme, d.h. sie passen sich ihrer Umwelt in einer Weise an, die von außen nicht vorhersehbar und auch nicht absichtsvoll beeinflußbar ist. Den Programmierer muß man sich, wie weiter oben bereits erwähnt, durch den Experimentator ersetzt vorstellen. Nehmen wir einmal an, solche Systeme seien realisierbar und würden auch die Eigenschaft der Selbstorganisation besitzen, dann gibt es in letzter Instanz auch niemanden mehr, den man für die Aktionen der Systeme verantwortlich machen kann. Es sei denn man würde sich an denjenigen halten, der den Strom angestellt hat, eine Handlung, die jedoch ursächlich nichts mit den Konsequenzen zu tun hat.*" (Hoeppner 1988:30) Solche nach Prinzipien der Selbstorganisation entstandenen Systeme könnten dementsprechend auch kaum der (technischen) Kreativität eines Entwicklers zugeschrieben werden, meinte zumindest Wolfgang Hoeppner, der hier exemplarisch für diejenigen angeführt wird, denen diese neue Form der Technikentwicklung suspekt erschien. Das Konstruktionsprinzip der Selbstorganisation widersprach nicht nur den (Qualitäts-)Kriterien, die Ingenieure und Ingenieurwissenschafter bis dahin bei der Beurteilung von ihren Entwicklungen angelegt hatten. Sie scheint darüber hinaus auch das traditionelle, professionelle Selbstbild der Ingenieure infrage zu stellen, in dem Zuverlässigkeit, Exaktheit und Beherrschbarkeit wichtige Werte sind. Der potentielle Verlust der Einflussnahme auf die internen Prozesse der Maschine wurde offensichtlich als Entwertung der eigenen beruflichen Tätigkeit, des eigenen professionellen Selbstbildes und der eigenen Verantwortlichkeit empfunden. Der Widerstand von Ingenieurswissenschaftlern gegen den Konnektionismus ist somit auch als Verteidigung eines spezifischen Technikbildes bzw. eines Berufsethos interpretierbar.

Dieses Prinzip der selbstorganisierenden Maschine, deren Ergebnisse nicht mehr direkt steuerbar sind, sondern nur akzeptiert oder zurückgewiesen werden können, widerspricht nicht nur den Werten vieler Ingenieure, sondern auch dem Bild von Technik, das in unserer Kultur insgesamt dominiert. Die Adäquatheit dieses Technikbildes ist in der sozialwissenschaftlichen Literatur allerdings vielfach in Zweifel gezogen. Beispielsweise kritisiert Regina Becker-Schmidt, dass Technik in der traditionellen wissenschaftlichen Diskussion behandelt werde, als sei sie ein durch und durch rationales Phänomen: „*ein Ensemble von methodischen Denkweisen, zweckmäßigen Apparaten und Maschinen.*" (Becker-Schmidt 1989:17) Die Einsetzbarkeit von Technik sei nur durch die Annahme akzeptabel, sie sei vernünftig. Wenn sie dennoch außer Kontrolle gerate, so werde das in der Regel dem Menschen angelastet, indem Fehler als falsche Anwendung oder unsachgemäßen Einsatz deklariert würden. Noch bei Unfällen und Störungen würden die Unregelmäßigkeiten auf die grundsätzliche Gesetzmäßigkeit naturwissenschaftlich angeleiteter Verfahren verweisen. Dieses kulturell dominierende Technikbild sei allerdings ein Trugbild.

Doch auch Bilder, die aus wissenschaftlicher Sicht trügerisch erscheinen, können sozialen Realitätswert haben und aus individueller und kultureller Perspektive schlüssig sein.

Insofern stellte die Praxis der Technikentwicklung in der konnektionistischen KI das kulturelle Bild der Technik gleich doppelt infrage. Nicht nur das professionelle Selbstbild von vielen Ingenieuren auch das kulturell dominierende Bild von Technik und Technikentwicklung insgesamt schien mit dem Konnektionismus zur Disposition zu stehen.

Die Befürworter des konnektionistischen Ansatzes, der neben der KI-Community auch zahlreiche andere Disziplinen zu diesem Zeitpunkt bewegte[106], machten sich in der Auseinandersetzung gerade diese sozialwissenschaftliche Kritik zu eigen, dass die traditionellen Vorstellungen der Transparenz, Kontrollier- und Planbarkeit ein Trugbild der Technik sei. Die Übernahme dieser Position ermöglichte es ihnen, die Argumentation der Konnektionismus-Kontrahenten zu okkupieren und ebenso wie diese die Transparenz von technologischen Systemen in ganz entscheidender Weise zur Gewährleistungsfrage zu machen und damit als entscheidend für die soziale Akzeptanz des Konnektionismus in der KI zu deklarieren. Denn so konnten sie Transparenz und Erklärbarkeit von *klassischen KI-Systemen*, die entsprechende komplexe Problemstellungen bearbeiten, grundsätzlich in Zweifel ziehen. Damit war in dieser Hinsicht zwischen Systemen der symbolischen KI einerseits und konnektionistischen Systemen andererseits kein grundsätzlicher Unterschied mehr erkennbar. Dass auch Systeme der symbolischen KI nur bedingt transparent bzw. vollständig erklärbar seien, wurde von Christoph Lischka mit technischen Argumenten untermauert. Am Beispiel von kaum vollständig spezifizierbaren und modellierbaren Problemstellungen, die alltäglich in der Entwicklung von KI-Computersystemen sind, machte er glaubhaft, dass die Performanz, d.h. die Funktionsweise, von solchen durchkonstruierten Systemen tendenziell unüberschaubar ist. *„Es ist erstaun-*

---

[106] Neben der Künstlichen Intelligenz ist der konnektionistische Ansatz bzw. das Konzept der neuronalen Netze auch für andere wissenschaftliche Disziplinen, wie beispielsweise die Psychologie, die Physik und die Biologie interessant, die sich mit komplexen Prozessen und dem Prinzip der Selbstorganisation befassen. Zur Spezifik des jeweiligen disziplinären Interesses. (Kemke 1988; Kemke 1989).

*lich, dass die ‚Hemmschwelle' für den Einsatz derartiger Methoden immer noch so niedrig liegt, wenn es sich um ‚gemachte', technische Systeme handelt. Wer setzt angesichts der vergleichsweise enormen ‚Generalisierungsfähigkeit' von Schimpansen solche auf den Stuhl des Operators eines ‚Schnellen Brüters'?*" (Lischka 1989:40f.) Lischka erinnert hier daran, dass bei genauem Hinsehen die technischen Artefakte bereits vor dem Einsatz von konnektionistischen Methoden den ingenieurwissenschaftlichen Qualitätsstandards so genau nicht entsprochen haben und häufig Forderungen der Industrie nach Zuverlässigkeit, Stabilität etc. nicht erfüllt werden konnten. (auch Nagel 1988) Und auch der Vorwurf, technische Systeme seien wegen ihrer Komplexität häufig kaum mehr durchschau- und steuerbar, ist keinesfalls neu.

Der Mangel an Durchschaubarkeit und Kontrollierbarkeit, der dem konnektionistischen Ansatz in der KI angelastet wird, ist somit eine Qualität, die der Technikentwicklung inhärent ist.[107] Das neue Bild der Technik in der konnektionistischen KI, das anscheinend dem ingenieurswissenschaftlichen Berufsethos widerspricht, ist so neu demnach nicht, sondern knüpft an Traditionen an, in denen diese bis dahin auch schon wahrgenommenen (Un-)Qualitäten von Technik verleugnet, verdrängt und mehr oder minder stillschweigend hingenommen wurden. Es gibt eine Reihe an KI-Entwicklern, die es als sinnvoll ansehen, ein neues Bild der Technik zu etablieren. Dieses neue Technikbild ist durchdrungen mit Anthropomorphismen und spiegelt die enge Orientierung der KI-Wissenschaftler am menschlichen Dasein ebenso wieder wie die diskursive Annäherung von Mensch und Technik, die hier die Technik ‚menschlicher' machen soll.

[107] Dieses Defizit von technischen Artefakten wird mehr und mehr zum Anlass für Forderungen nach einer veränderten Technikgestaltung genommen. So meint beispielsweise D.A. Norman, emeritierter Professor für Kognitionswissenschaft an der Universität Kalifornien in San Diego, wenn die Mehrzahl der Bedienfehler dem Nutzer angelastet würden, dann sei das ein starkes Indiz dafür, dass die Geräte nicht für den Menschen gestaltet worden seien, die damit umgehen müssten. Menschliches Versagen erscheint in dieser Perspektive als ein Fehler oder ein Versagen der Technikgestaltung. (Norman 1995).

Insbesondere die Qualitäten des Menschen, die für die Technik unüberwindliche Hürden darstellen, wie die Fähigkeiten mit Unsicherheit und Unvollständigkeit zurecht zu kommen oder auch Komplexität zu reduzieren, stehen in der KI hoch im Kurs. Die technische Nachbildung dieser Fähigkeiten scheint jedoch mit den Anforderungen der Zuverlässigkeit, Exaktheit und Beherrschbarkeit, die bis dahin als wesentliche Qualitäten der Technik galten und mit denen auch die Überlegenheit der Technik gegenüber dem Menschen begründet wurde, nicht vereinbar zu sein. (Brauer 1993) Da die traditionellen Anforderungen an die Technik anscheinend nicht gleichzeitig mit den spezifischen Qualitäten des menschlichen Denkens zu realisieren sind, beginnt man in der KI-Community die Anforderungen, die an die Technik gestellt werden, diskursiv an das technologisch Machbare anzupassen. Die Argumentationen folgen dabei dem Schema: Wenn Technik so kompetent wie der Mensch im Umgang mit Unsicherheit, Unvollständigkeit usw. werde, dann könne man doch wie beim Menschen auch die Fehlerhaftigkeit der technologischen Systeme akzeptieren.

> In der KI werden dann eben eher Methoden entwickelt, die nach dem menschlichen Vorbild bestimmte andere Vorzüge bergen. (...) Menschen, um schnell und reaktionsfähig, handlungsfähig zu sein in bestimmten Situationen, arbeiten ja ungeheuer viel mit irgendwelchen Schlussfolgerungen, die nicht auf tatsächlich bewusstem Faktenwissen beruhen sondern auf Annahmen. Und in dem Moment, wenn ein handelnder Mensch merkt, ... dass bestimmte Annahmen, die er gemacht hat, falsch sind, ist er eben sehr schnell in der Lage einfach zu revidieren, und, oder seine Schlussfolgerungen rückgängig zu machen. Und ... in der KI wird dann eben versucht, Algorithmen zu entwickeln, die diese Art des Vorgehens in irgendeiner Weise ... abbilden. Also sozusagen nicht so sehr auf, auf sichere Lösungen zu bauen, sondern ... Methoden zu suchen, die eben ja, ganz gute Heuristiken haben, um ... schnell und effizient bestimmte Lösungen zu finden, die dann aber vielleicht nicht den Status haben, dass sie ganz sicher die beste Lösung sind. Also insofern ist da eine andere Form der Methodik ... Und viele der ursprünglich für KI-Systeme entwickelten Methoden haben dann eben Eingang gefunden ... in Standard-Informatik-Methodik, Weil sie eben wirklich dann schnell ... Resultate lieferten ... Und die konnten dann vielleicht zum Teil auch so modifiziert werden, dass sie eben auch vollständig und korrekt von, von ihrem Lösungsverhalten her sind. (Interview Lehnert, S.13)

Die Abstriche bezüglich der Exaktheit und Planbarkeit der Ergebnisse wurden immer wieder als eines der Merkmale genannt, die die KI wesentlich von der Informatik unterscheidet. KI-Systeme versuchten komplexe Situationen zu strukturieren und zu formalisieren allerdings um den Preis, von weniger vollständigen, weniger zuverlässigen oder suboptimalen Ergebnissen. Als brauchbar werden diese Verfahren der KI offensichtlich für die Kern-Informatik erst dann angesehen, wenn sie in vollständige und korrekte Verfahren umgewandelt werden konnten. Die KI versucht den vielfach empfundenen Mangel ihrer Systeme produktiv zu wenden, indem sie versucht, diskursiv Akzeptanz für die fehlende Exaktheit, Objektivität und Zuverlässigkeit herzustellen. Wenn beispielsweise in der Lagerverwaltung durch einen Roboter ein gewünschtes Ersatzteil nicht auffindbar sei, dann sei diese ‚Null-Lösung' unter Umständen unbefriedigender für denjenigen, der dieses Teil benötige, als wenn ein menschlicher oder auch maschineller Lagerist nochmals erfrage, für welchen Bedarf dieses Ersatzteil gedacht sei, gegebenenfalls die Modifikationsmöglichkeiten eines anderen in dem Konstruktionsplan eigentlich nicht vorgesehenen Teil oder andere suboptimale Lösungen vorschlagen könne. Schließlich seien Menschen auch mit genügend guten Lösungen zufrieden, wenn sie diese schnell genug finden. Die Eigenschaften, die den KI-Systemen hier von den Entwicklern selbst zugeschrieben werden, unterscheiden sich deutlich von dem vorherrschenden Bild der Technik, nach dem Technik noch immer überwiegend als präzise und fehlerfrei angesehen wird. Zahlreiche KI-Entwickler halten diese neuen Deutungen der Technik nicht nur für vertretbar, sondern auch für ausgesprochen sinnvoll:

> Es gibt zum Beispiel in USA so ein Expertensystem, was Augenkrankheiten erkennt. Und das System erkennt es durchschnittlich besser als der durchschnittliche Augenarzt. Das ist so. Das ... haben sie auch mit Tests rausgefunden. So – jetzt würde man ja erwarten, okay, die Trefferquote ist einfach besser, also nehmen wir das und nicht den Augenarzt für genau dieses Erkennen. Ja das ist aber einfach nicht durchsetzbar. Und da kommen natürlich sehr viele Probleme auch. Also für den Arzt erstmal: Der benutzt das System gar nicht. Das könnte man ihm vorwerfen, ... weil er hat ja ... sozusagen ein Mittel zur Verfügung, was er nicht eingesetzt hat, was ihn vielleicht vor einer Fehlentscheidung – das ist immer sehr schwierig zu beurteilen – bewahrt hätte. Und wenn er es benutzt, gibt es die zwei Alternativen: Das System sagt A, und er sagt okay, er schließt sich dieser Diagnose an, und sie war falsch. Ist das Problem, ob er haftbar ist. (...) Wenn er sich dagegen entscheidet, kann man ihm den Vorwurf machen, „ja, wa-

> rum hat er nicht das gemacht, was das System vorgeschlagen hat." Also da gibt es vielfältige Probleme sozusagen, wie kann man jetzt zu Entscheidungen kommen, und wer ist dafür haftbar. (...) Aber ich meine, ... wer würde denn heute noch ein Röntgenbild hinterfragen, jetzt wirklich hinterfragen ... Letztendlich geht jeder Arzt davon aus, dass das Röntgenbild richtig ist. Das ist gut, das ist jetzt eine Technik, sag ich mal, die dann irgendwie idiotensicher ist. Und bei ... solchen Programmen wie diesem ... Augenkrankheiten-Programm, ist es halt so, da muss man davon ausgehen, dass das Programm auch Fehler macht. So ... und die Frage, wie geht man damit um. Denk ich mal, beim Menschen ist es ganz normal. Jeder weiß, dass ein Arzt Fehler macht. Aber warum hat man so viel Skepsis gegenüber einem Programm, das Fehler macht? Also ich meine – ich persönlich kann es nachvollziehen ... also rein emotional – aber wenn man sich das eigentlich überlegt, ist es. (Interview Schubert, S.10)

Technologische Systeme, die bekanntermaßen suboptimale Ergebnisse liefern, werden hier als wünschenswerter Fortschritt auch in sensiblen Bereichen wie der Medizin dargestellt. Der Bedarf an solchen Systemen wird begründet, indem einerseits auf bekannte Technikdeutungen Bezug genommen wird, andererseits aber etablierte Technikdeutungen infrage gestellt werden. So wird versucht, das kulturell dominierende Bild einer präzisen, fehlerfreien Technik zu relativieren, indem ein anderer Topos der kollektiven Technikdeutung, als gewichtiger herausgestellt wird. Die Überlegenheit, die Technik in vielen Bereichen gegenüber dem Menschen hat, wird hier vermittelt über eine statistische Untersuchung nachgewiesen. Technik erweist sich in dieser Argumentation, selbst wenn sie fehlerhaft ist wie das hier vorgestellte System zur Diagnose von Augenkrankheiten, als besser als der Menschen. Die menschlichen Ängste gegenüber fehlerhafter bzw. nicht genügend guter Technik, die die KI-Wissenschaftler und -Entwickler nach eigener Aussage immer wieder zu hören bekommen, werden somit zwar als subjektiv nachvollziehbar aber nichtsdestotrotz als unbegründet dargestellt. Diese Ängste erscheinen dem hier zitierten Entwickler als emotional geleitete Fehlwahrnehmung.

Die neue Deutung von Technik ist geleitet von dem Interesse der Entwickler an einem raschen Technikeinsatz bzw. einem Technikeinsatz in Bereichen, die Technik bisher verschlossen blieben. Nicht das sozial Wünschenswerte, sondern das technisch Machbare dominiert in diesem Technikbild und in der daraus hervorgehenden Technikentwicklung. Soziale Situationen wie die Diagnose einer Augenkrankheit werden dabei allein nach statistischen Kriterien beurteilt, die das durchschnittliche Ergebnis des Diagnosesystems mit dem „*durchschnittlichen Augenarzt*“ vergleichen. Die Gewöhnung an Technik, wie sie hier von Schubert durch den Verweis auf die Röntgentechnik angesprochen wird, ist dabei ein Moment, mit dem man auch bei den mit Fehlern behafteten technologischen Systemen rechnet. Sind sie lange genug in der Anwendung und hat sich der Mensch damit vertraut gemacht, so wird die Qualität und die Sinnhaftigkeit ihres Einsatzes nur noch in Ausnahmefällen hinterfragt. Nur durch Modifikation des sozialen Umfeldes wird der Einsatz von Technik überhaupt denkbar. Die Auffassung, dass solche Modifikationen in jedem Fall erstrebenswert sind, ist tief verwurzelt in einem Glauben an die Überlegenheit der Technik und an die Verbesserungen, die *fortschrittliche* Technik auch für soziale Zusammenhänge erbringen kann.

Setzt sich dieses Bild der Technik durch, in dem bis dahin verleugnete Dimensionen der Technik, d.h. dem Menschen zugeschriebenen Fähigkeiten bzw. Unfähigkeiten ausdrücklich eingeschlossen werden, so würde das nach Einschätzung von KI-Protagonisten selbst auch einen neuen Umgang mit dieser Technologie erfordern.

> Aber man muss es auch sehen, ... dass man eben Aufgaben angeht, die immer wieder an ... die Grenzen des Machbaren gehen. Und damit muss man dann wieder rechnen, dass also Lösungen entstehen, oder Versuche entstehen, die einfach nicht das tun, was sie sollen. Und ich glaube, einer der wichtigsten Aspekte – wenn man sich jetzt also mit den Auswirkungen befasst – ist, dass man nicht die perfekten Systeme anguckt, sondern – ich sag immer dazu „die Imperfekten“ – also die fehlerhaften Systeme, und sich überlegt, wie muss ich damit umgehen. Das paradoxe, was aus meiner Sicht dabei entsteht ist, dass man KI-Systeme eher wie Menschen behandeln muss in dem Sinne, dass Menschen bei komplexen Aufgaben ja Fehler machen. Und wir dann Sicherheitsmechanismen haben. Wir lassen also Teams zusammenarbeiten, oder wir machen Kontrollen, lassen mehrere Leute dasselbe Problem angucken ..., wir holen mehrere Expertenmeinungen ein und so. Und wenn man also an KI-Systeme, die also in diesem Bereich eine Rolle spielen – das sind meinetwegen solche, die eine Vorhersage eines ökologischen Schadens versuchen ... – wenn man an die ähnliche herangeht wie, wie Menschen, die eben Fehler machen können und solche Kontrollinstanzen einbaut, dann wird man ihnen, glaube ich, besser gerecht, als wenn man sagt, so jetzt haben wir einen Computer, der ist ja bekanntlich hundert Prozent korrekt. Das ist eben nicht der Fall. (Interview Wegener, S.6)

Technische System werden hier als grundsätzlich fehleranfällig wahrgenommen, d.h. ein auftretender Fehler ist nicht unbedingt eine zufällige Ausnahme oder weist auf eine Fehlfunktion der Technologie hin, sondern ist potentiell immer möglich, weil die Aufgaben sehr komplex sind. Ergebnisse, die ein solches technisches System hervorbringt, müssen damit immer und grundsätzlich hinterfragt werden – ein Umgang mit Technologie, der bisher eher unüblich ist.

> Wenn wir mit solchen Systemen umgehen, wissen wir natürlich, dass sie in gewisser Weise unzulänglich sind. Wenn natürlich Leute, ich sag mal, naive Nutzer damit umgehen, die sozusagen von dieser Technologie nichts verstehen, dann passiert es wohl vermutlich relativ schnell, dass sie die Kompetenz dem System zuweisen und das selber nicht mehr durchschauen können. Und das halte ich für kritisch. (Interview Leonhard, S.8)

Zwar wird die Fehleranfälligkeit von Technologien auch heute teilweise als inhärente Qualität derselben wahrgenommen, jedoch markiert der auftretende Fehler eine Abweichung von der Norm, die das Vertrauen in ein technologisches System, das sich im Verlauf der Nutzung als Prozess der Gewöhnung eingestellt hat, u.U. empfindlich stört. Ein Technikumgang, bei dem grundsätzlich von potentiellen Fehlern ausgegangen wird, müsste auf der Seite der Nutzer erst eingeübt werden und erforderte zudem die Entwicklung von neuen Fähigkeiten der Differenzierung zwischen solchen Systemen, die größtmögliche Fehlerfreiheit anstreben, und solchen, die Fehler zugunsten der Bearbeitung von komplexen Aufgaben bewusst tolerieren. Neben einer Erhöhung der Nutzerkompetenzen würde die Verantwortung der Wissenschaftler bzw. Produzenten steigen, deutliche Hinweise auf die Reichweiten einer Technologie zu geben und zwar nicht nur in Bedienungsanleitungen. Würden andererseits alle technischen Artefakte jederzeit so kritisch hinterfragt, wie es hier vorgeschlagen wird, so würde ihre Nutzung überaus zeitintensiv und ihr Nutzen damit insgesamt fragwürdig.

### 7.3.2 Technik meets Konstruktivismus – Die Wahrnehmung von Technik bestimmt ihren Realitätswert

Diejenigen in der KI-Community, die von der technischen Reproduzierbarkeit von Intelligenz ausgehen, argumentieren implizit oder explizit mit dem Turing-Test. Dieser so genannte Turing-Test ist ein Imitationsspiel, bei dem ein Rechner mit einer Versuchsperson kommuniziert, die allerdings nicht weiß, ob sie es mit einem Rechner oder einem menschlichen Gegenüber zu tun hat. Gewinnt die Versuchsperson im Verlauf dieses Spiels den Eindruck, sie kommuniziere mit einem Menschen, so muss nach der Ansicht von Turing dem Rechner, der so täuschend ähnlich reagiert hat, dann auch Intelligenz zugebilligt werden. Das Turing-Prinzip gilt heute vielen innerhalb der KI als einziger Weg, um grundsätzlich über die Möglichkeit oder Unmöglichkeit der Nachbildung von Intelligenz zu diskutieren, da bisher niemand in der Lage war, notwendige und hinreichende Bedingungen für das Vorliegen von Intelligenz zu formulieren. (z.B. Franck 1992) Es ist somit die menschliche Wahrnehmung, die über den Realitätswert von intelligenten KI-Systemen bestimmt. Nur wenn technische Systeme als intelligent interpretiert und wahrgenommen werden, können sie diese Bedeutung erhalten. Mit dem Turing-Test wird somit ein konstruktivistisches Prinzip in die Beurteilung und – wie wir im Folgenden sehen werden – auch in die Konzeption von Technik einbezogen.[108]

Das Turing-Prinzip hat angesichts der fehlenden Definition der Intelligenz für die KI eine Schlüsselposition. Es setzt eine radikal-konstruktivistische Perspektive voraus, die Materialität vollständig außer Acht lässt. Auch dem menschlichen Geist würden seine Fähig-

---

[108] Diese Verbindung von Technik und Konstruktivismus, die vielleicht Erstaunen auslöst, weil Technik den eher positivistisch und materialistisch orientierten Naturwissenschaften zugeordnet wird, ist schon in der kybernetischen Tradition der KI angelegt. Diese Verbindung ist vermutlich durch persönliche Forschungskontakte bestärkt worden. Einer der Vordenker des Konstruktivismus, der Österreicher Heinz von Foerster, war selbst Kybernetiker und arbeitete dort eng mit den Pionieren der Informationstechnik, Norbert Wiener und Warren McCulloch, zusammen. (Müller / Müller / Stadler 1997).

keiten schließlich nur zugeschrieben, wird immer wieder von KI-Protagonisten zur Unterstützung ihrer Argumentation angeführt. (Ahrweiler 1995:39) Nur auf dieser radikal-konstruktivistischen Basis kann die KI ihr Ziel verfolgen, auch solche Fähigkeiten des menschlichen Geistes technologisch zu reproduzieren, die aus philosophischer Sicht im menschlichen Dasein als lebendige Wesen begründet liegen. (Krämer 1993) Das Turing Prinzip bleibt somit auch dann Referenzpunkt für die heutige KI-Forschung, wenn nicht mehr explizit Bezug darauf genommen wird. Wie einst wird auf dieser Basis die Technik näher an den Menschen gerückt und das Verhältnis von Mensch und Technik neu gedeutet.

So gibt es in der KI inzwischen intensive Bemühungen, Computersysteme mit „*Interessen, individuellen Zielen, Wünschen, Überzeugungen oder ähnlichen Konzepten, die unter dem Begriff Intentionalität zusammengefaßt werden*", auszustatten. (Martial 1992:8) Der Forschungsbereich, in dem dieses Ziel am intensivsten verfolgt wird, ist die Verteilte Künstliche Intelligenz (VKI), die zu einem wichtigen Teilgebiet in der KI geworden ist. Einmal mehr handelt es sich dabei um einen Ansatz, der in Deutschland um einige Jahre zeitversetzt aus den USA übernommen wurde, wo er etwa seit 1980 existiert. Die Forschungen auf dem Gebiet der Verteilten Künstliche Intelligenz konzentrieren sich auf die Parallelisierbarkeit, d.h. die Vernetzung von KI-Ansätzen.[109] Die VKI stellt dabei kein eigenständiges Paradigma

---

109 Diese Vernetzung von asynchron arbeitenden Rechnereinheiten in der VKI wurde erst möglich durch Fortschritte in der Hardware-Entwicklung, die die Bandbreite der möglichen Verbindungsstrukturen zwischen den einzelnen Rechnereinheiten wesentlich erweiterte und unterschiedliche Intensitäten der Kooperation möglich machte, die von sehr eng gekoppelten Prozessoren (mittels gemeinsamem oder verteiltem Speicher) bis hin zu geografisch verteilten, kommunizierenden Systemen reichen. Mit dem Prinzip der Distribution bewegt sich die VKI in einem Anfang der 90er Jahre in der gesamten Informatik herrschenden Trend von Dezentralisierung „*von Verteilten Betriebssystemen und Verteilter Datenbanksystemen bis hin zu superschnellen Multiprozessorsystemen.*" (Martial 1992:6) Von dem Prinzip der Vernetzung in der VKI verspricht man sich Vorteile für die Gestaltung von KI-Technologie. Ein wesentliches Ziel ist dabei, schneller zu den Lösungen von Problemen zu gelangen als bisher, indem man durch verteilte intelligente Systeme nur noch Teillösungen an Nachbarknoten anstelle von rohen Daten an einen zentralen Prozessor übermittelt. Auch eine größere Robustheit und bessere Wartbarkeit - zwei

dar. In ihr sind die Grundgedanken von konnektionistischen und symbolischen KI miteinander kombiniert. Dem symbolischen Ansatz folgend werden einzelne ,intelligente' Recheneinheiten konzipiert, die wie im Konnektionismus miteinander vernetzt werden, sich mehr oder minder selbst organisieren und arbeitsteilig miteinander interagieren können.[110] Im Unterschied zum Konnektionismus, bei dem ,intelligente' Performanz erst durch die Zusammenarbeit der vielen einfachen, also ,nicht intelligenten', Informationsverarbeitern entsteht, verfügt in der VKI jede einzelne Rechnereinheit innerhalb des Netzes über Intelligenz.

In der VKI wird der Gedanke der Distribution von Aufgaben umgesetzt. *Verteiltes Problemlösen* und *Multiagentensysteme* stellen dabei zwei idealtypische Pole dar. Bei verteilten Problemlösungssystemen bearbeiten verschiedene spezialisierte *Problemlöser*, auch *Agenten* genannt, genau definierte Teilprobleme eines speziellen Problems. In Multi-Agenten-Systemen sind die Aufgaben der einzelnen Agenten dagegen nicht festgelegt. Sie agieren *,autonom'* und können mehrere *,interagierende Ziele'* haben. *„Obwohl auch hier ein Agent Spezialaufgaben lösen kann, ist er offen für andere Aufgaben und ,erreichbar' für alle anderen Agenten im System. Agenten in einem MAS müssen und wollen nicht unbedingt kooperieren, sondern können auch konkurrieren. Vereinfacht gesagt, geht es in einem MAS um die Koordination des intelligenten Verhaltens von autonomen Agenten: wie können diese Agenten ihr Wissen, ihre Ziele, Fähigkeiten und Pläne für gemeinsame Aktionen koordinieren?"* (Martial 1992:8, Hervorhebung im Original) Die Erwartungen, die hierbei an den technologischen Agenten geknüpft sind, sind hochgesteckt und für interagierende Menschen eine anspruchsvolle Aufgabe. Der Agent soll zum einen, seine individuellen Ziele innerhalb der Gruppe so gut wie mög-

---

der immer wieder bemängelten Defizite von KI-Systemen - strebt man an. Dabei geht man davon aus, dass die Prinzipien von modularem Design und modularer Implementation zu Systemen führt, bei denen Fehler einfacher zu beseitigen sind, die außerdem einfacher aufzubauen, zu warten sind und die sich robuster gegenüber Soft- und Hardwarefehlern verhalten als ein einziges monolithisches Modul.

[110] Insofern kann der Ansatz der *Verteilten Künstlichen Intelligenz* als ein Paradebeispiel für Verbindung von symbolischer und konnektionistischer KI gelten.

lich erreichen, zum zweiten sich ständig mit den globalen Gruppenzielen auseinandersetzen und eventuelle Konflikte zwischen diesen und den eigenen Zielen zu lösen und zum dritten soll er mit den anderen Gruppenmitgliedern in kooperativer Weise im Sinne einer optimalen Gesamtlösung diskutieren. (Levi 1992) Um diese Aktivität ohne äußere Veranlassung zu realisieren – was als neue Qualität der Agenten gegenüber Expertensystemen oder Wissensbasen hervorgehoben wird – will man die Agenten in der VKI mit *Intentionalität* mit der für sie charakteristischen Gerichtetheit ausstatten. Die VKI bearbeitet damit auch eine zentrale Kritik an der KI, nach der die Realisierung einer wie auch immer gearteten künstlichen Intelligenz zum Scheitern verurteilt sei, weil den technologischen Systemen der Wille und der eigene Antrieb zum Handeln in der Welt fehle.

Über die Frage, wie man eine adäquate Formalisierung des philosophischen Begriffes *Intentionalität* erreichen kann, ist in der Community ein Streit entstanden, in dem materialistische und konstruktivistische Positionen miteinander konkurrieren. Materialistisch orientierte KI-Protagonisten beziehen sich insbesondere auf die Arbeiten des US-amerikanischen Forschers M.E. Bratmann (Bratman 1987), die auf der Vorstellung basieren, die Tätigkeit des Geistes stehe in direkter Beziehung zur organischen Tätigkeit des Gehirns. Das Gehirn wäre damit das Organ, in dem der Geist sitzt bzw. sich dort vollzieht. Ob eine solche Sichtweise dem menschlichen Geist angemessen ist, ist umstritten und als Leib-Seele-Problem vor allem außerhalb der KI vielfach diskutiert. Diese funktionalistisch-materialistische Auffassung vom menschlichen Geist ist das Leitbild für die Forscher in der VKI, die versuchen, eine möglichst adäquate Formalisierung der Intentionalität zu erreichen.

Dieser Ansatz stößt in der KI-Community jedoch auf Kritik, nicht weil man die inhärente Gleichsetzung des Gehirns als Zentrum der Intentionalität ablehnt, sondern weil man die Komplexität des natürlichen Vorbildes fürchtet. Dieses Vorhaben gleiche dem Turmbau zu Babel, wandte beispielsweise Ulrich Meyer (Meyer 1995) ein, der nicht mehr die philosophischen Fragen nach dem Wesen und nach der Substanz von Intentionalität stellen will. Er sieht es als sinnvoller an, für die Entwicklung von technologischen Systemen weitaus pragmatischer vorzugehen.[111] *„Wenn diesen Agenten nun Intentionen als Teil ihrer Architektur zugeordnet werden, so ist damit ein Teil Funktionalität des programmierten Agenten gemeint, der dafür verantwortlich ist, daß externe Beobachter des Agenten geneigt sein werden, das Verhalten des Agenten durch intentionale Zuschreibungen zu erklären und vorherzusagen. Dieser Teil Funktionalität erhebt den Anspruch, daß Änderungen an seiner Programmierung zu vorhersagbaren Änderungen der intentionalen Zuschreibungen der Beobachter führen wird. Dies ist die Rechtfertigung für die Namenswahl. Es wird nicht beabsichtigt, den Eindruck zu erwecken, daß die vorgestellten Konzepte eine adäquate Formalisierung des Begriffes der Intentionalität darstellen. Dies ist auch kein Nachteil im Formalismus, da trotzdem Intentionale Systeme ... gebildet werden können und darüber hinaus die Position bezogen wird, daß eine adäquate Formalisierung von Intentionalität im philosophischen Sinne nicht möglich ist.*“ (Meyer 1995:17) Die materiellen Dimensionen treten gegenüber den Zuschreibungen und Wahrnehmungen des Menschen als bedeutungslos in den Hintergrund. Setzt sich diese Auffassung in der KI Intelligenz und in der Gesellschaft durch, so hat die KI-Community damit die ‚Untiefen' der Philosophie umschifft und kann weiterhin an ihrem Anspruch festhalten, menschliche Intelligenz oder zumindest einige Teile von ihr technisch zu reproduzieren. Stößt die KI mit dieser Art und Weise über Technik zu reden auch gesamtgesellschaftlich einen Wandel in der Wahrnehmung von Technik an, könnte das Projekt eine künstliche Intelligenz dann – partiell oder total – doch noch in absehbarer Zeit gelingen.

Die radikal-konstruktivistische Technikwahrnehmung nach dem Turing-Prinzip ist zwar nach Einschätzung vieler KI-Protagonisten (vgl. oben angeführte Interviews) in der deutschen KI nicht sehr verbreitet. Dennoch liegt sie implizit vielen Konzepten der KI zugrunde und ist damit eine nicht zu vernachlässigende erkenntnistheoretische Grundannahme. Die erkenntnistheoretischen Verkürzungen dieser Konzepte werden nicht nur stillschweigend in Kauf genommen, son-

---

[111] Er folgt damit der Auffassung der US-amerikanischen KI-Wissenschaftlers Daniel Dennet. (Dennet 1985, Dennet 1987).

dern von KI-Akteuren wie Ulrich Meyer explizit gefordert. Setzt sich diese technologische Praxis durch, so werden diese den technologischen Konzepten zugrunde liegenden erkenntnistheoretischen Verkürzungen nicht mehr problematisiert. Die Einsatzbereiche von Technik kann auf dieser Basis weiter ausgebaut werden.

Technik, die bei der Betrachtung nach dem Turing-Prinzip anthropomorphe Qualitäten besitzt, kann nach damit neue Aufgaben in übernehmen. Die kulturellen und gesellschaftlichen Auswirkungen, die damit verbunden wären, gingen dann nach Einschätzung von KI-Protagonisten selbst weit über diejenigen hinaus, über die man sich ohnehin immer bei der Entstehung neuer Technologien Gedanken machen muss, wie etwa über neue Rationalisierungspotentiale, Verschärfung des Nord-Süd-Gefälles, neue Qualitäten der Arbeit, Beherrschbarkeit oder Durchschaubarkeit. Mit der KI-Technologie als „*Denkprothese*" oder „*Menschenersatz*" würden in langfristiger Perspektive auch Fragen der Verantwortung aufgeworfen, die bisher bekannte Dimensionen sprengten:

> [Es] wird ja immer so leicht gesagt, ja man muss ... als Mensch immer die Verantwortung bewahren. Und wenn Sie aber ... die logische Konsequenz von einem, sagen wir jetzt erst mal noch fiktiven Expertensystem, welches dem Menschen überlegen ist in einem Bereich, anschauen – sagen wir mal, ein Entscheidungen unterstützendes System für die Ansiedlung von Wirtschaft in einer Kommune ... Da ist also der Bürgermeister, der hat also dieses System zu seiner Seite und kann danach fragen, ob es vielleicht ökologisch verträglich ist, noch ein Kraftwerk zu bauen ... Der Fluss wird ein Grad wärmer, und dann wird das also irgendwie durchgerechnet, und bekommt dann den Hinweis, ‚fein, kannst du machen' oder so. Wenn wir da jetzt die Situation mal zuspitzen auf die Rolle, wer übernimmt die Verantwortung, dann kann ein Bürgermeister, der ... von der Sache nichts versteht – im Extremfall versteht er ja nichts davon – ... ja eigentlich schlecht sagen, „ich übernehme die Verantwortung" oder kann das nur in einem bestimmten begrenzten Sinne tun, sondern man wird von ihm auch von außen verlangen, dass er die bessere Entscheidung wählt. Und wenn die bessere Entscheidung von einer Maschine kommt, dann heißt das, dass die Maschine die Sache entscheidet. Und wenn er dafür seine Hand ins Feuer legt ..., dann ist das beinah wie eine Art Farce, wenn er dazu sagt, „Ja, ich trage die Verantwortung." Aber in Wirklichkeit verlangen alle davon, dass es die Maschine tut. Also in so weit sehe ich es nicht als so einfach an, immer die Verantwortung zu übernehmen, wenn wir das Phänomen von Maschinenintelligenz haben. Und da müssen wir, glaube ich, wirklich eine Rollenverteilung durchdenken, wo wir es beispielsweise akzeptieren, dass in Bereichen, wo ein Rechner mit aller Abwägung des Risikos überlegen ist, man ... seine Entscheidung akzeptiert. Genau wie man

> heute die Entscheidung eines Taschenrechners akzeptiert – es sei denn, es ist ein Pentium drin! (Interview Wegener, S.13)

Die Grenzziehung zwischen Mensch und Technik wird in dieser Argumentation hin zur Technik verschoben, die hier als geeigneter dargestellt wird, um Entscheidungen zu treffen. Auch hier wird an das Bild der Überlegenheit von technologischen Systemen angeknüpft, die hier (einmal mehr) exemplarisch am Taschenrechner versinnbildlicht wird. Der Hinweis auf diese schon vertraute und vergleichsweise verbreitete Technologie ist dazu angetan, die Akzeptanz, die sie erlangen konnte, suggestiv auf die neue, noch umstrittene KI-Technologie des Expertensystems zu übertragen. Die Spur Ironie, mit der diese Analogie durch den Verweis auf den technologischen Flop des Pentium-Chips versehen wird, das wegen seiner Rechnerkapazität für großes Aufsehen gesorgt hatte, jedoch in einer fehlerhaften Version massenhaft auf den Markt gekommen war, macht sie dabei noch sympathischer und bestärkt dadurch ihre Aussagekraft. Mit der Akzeptanz eines Expertensystems als Entscheidungsträger könnte der Mensch so die Aussicht gewinnen, von Verantwortung entlastet zu werden. Dass technologische Systeme dem Menschen überlegen sein werden erscheint dem hier argumentierenden KI-Protagonisten angesichts der großen Komplexität moderner Lebenswelten und der gegenüber dem Computer vergleichsweise beschränkten „*Rechenkapazität*" des Menschen völlig unbestreitbar. Die Entlastung von alltäglichen Schwernissen wird hier als Argument und als Motivation kenntlich, die unsere Kultur zum Einsatz von Technik veranlasst.[112] Die Übertragung von Verantwortung stellt jedoch eine neue Qualität der Erwartungen und

---

[112] Zumindest was den Einsatz von Technik im Haushalt anbetrifft, ist dieser Frage schon nachgegangen worden. Die Studie ist zu dem Ergebnis gekommen, dass Technikeinsatz tatsächlich Erleichterungen in der Hausarbeit erbracht hat. Die Erleichterungen, die die Technik erbracht hat, jedoch ‚ausgeglichen' wurden durch neue Anforderungen an die Hausfrau wie beispielsweise erhöhte Sauberkeit, neue Hygieneanforderungen usw. (Silberzahn-Jandt 1991) Dass eine solche Entlastung durch Technikeinsatz aber nicht zwangsläufig ist, hat in eine Studie von Michael Faust über die Einführung von EDV in der Deutschen Bundesanstalt für Arbeit gezeigt. Danach hat die EDV keine Arbeitserleichterung und auch keine gesteigerte Effektivität erbracht, sondern lediglich eine neue Palette an Anforderung für die Mitarbeiter.

Anforderungen an Technik dar, denn das Übernehmen von Verantwortung wurde bis dahin auch von Technikwissenschaftlern immer explizit dem Menschen zugeschrieben, da Werte und Moral hierfür wesentlich sind.

Ein Teil der KI-Protagonisten hat sich bis heute nicht aus dieser traditionellen Wahrnehmung des Mensch-Technik-Verhältnisses gelöst. Für sie gilt nach wie vor, dass Verantwortung dem Menschen vorbehalten werden soll. (Interviews mit Lehnert, Riemer, Leonhard) Diejenigen, die Verantwortung für übertragbar auf Maschinen ansehen, lassen auch den Einwand nicht gelten, dass dabei die Dimensionen Moral und Ethik verloren gingen und das eingeflossene Wissen bzw. die zugrunde liegenden Werte nicht mehr transparent gemacht werden könnten. Ganz im Gegenteil sei es möglich, die Grundlagen von Entscheidungen transparent zu machen und dies sogar besser als beim Menschen. Die Gestaltung von technologischen Systemen nach dem Turing-Prinzip mit Entscheidungs- und Verantwortungsfähigkeit, könnten insofern sogar neue Vorzüge gegenüber dem Menschen verheißen:

> Jetzt noch mal zu dieser Situation..., wie schätzen wir ... die Rolle eines Systems ein? Ich stelle mir bei ... solchen Fragen dann immer die Gegenfrage: „Wie schätze ich eigentlich Menschen ein?" Also wenn ich zum Beispiel jemanden eine Entscheidung treffen lasse, und ich vertraue sie ihm gewissermaßen an, inwieweit weiß ich bei ihm eigentlich, worauf er sich stützt? Häufig sind es eigentlich sehr, sehr unsichere Schlüsse. Wir wissen ... meinetwegen von den bisherigen Entscheidungen dieses Menschen, dass er verantwortungsbewusst entscheidet. Also ich habe ein gewisses Vertrauen zu ihm. Dann weiß ich, dass er eine bestimmte Ausbildung hat. Dann weiß ich, dass er meinetwegen die Zeitungen liest und mit vielen Kontakt hat, und ich weiß, dass er bestimmte Experten gefragt hat. Aber in dem Umfang kann man bei typischen Maschinen in Zukunft durchaus ähnliche Aussagen machen. Das heißt, da ... kann man sogar häufig viel präziser sagen, welche Datenbasen ausgewertet werden, also welches medizinisches Wissen meinetwegen, wann der letzte Update war, wie, wie, welche Bereiche überhaupt berücksichtigt wurden, welche nicht, also wo unsichere Wertmaßstäbe sind. Also in vieler Weise sind Expertensysteme geeignet, Vorgänge noch transparenter zu machen, als sie beim menschlichen Experten sind ... (Interview Wegener, S.14)

Entscheidung und damit Verantwortung wird hier als Abwägen von objektiven Faktoren angesehen, aus denen man dann die beste Lösung gewinnt. Dass solche Entscheidungen als Resultat von sozialen Aushandlungsprozessen hervorgehen, gilt dabei als marginale Qualität, die nicht unbedingt notwendig erscheint. Sie wird von den KI-Protagonisten nicht wahrgenommen und ist im technischen Entscheidungsprozess auch potentiell unmöglich, da das Verfahren in Technik ‚verhärtet' ist. Die richtige Entscheidung ist nach dieser Sichtweise ein technisches Problem, das definitiv bestimmbar ist. Die Aushandlung von Kompromissen oder das Einlenken zugunsten von fremden Interessenlagen kann bei solchen Techno-Entscheidungen nicht mehr stattfinden. Durch die Verlagerung von Entscheidungen in ein technologisches System, wie sie hier beschrieben werden, wird der ihnen zugrunde liegende soziale Prozess technologisch institutionalisiert und damit sozialem und kulturellem Wandel erst einmal entzogen. Solche Entscheidungsprozesse haben häufig auch noch andere Bedeutungen als die Frage, ob und welche Industrien sich ansiedeln dürfen. Daran sind unter Umständen kulturelle Praxen, regionale Besonderheiten usw. angelagert, beispielsweise können solchen Entscheidungsprozesse als Ritual inszeniert werden, in dem sich ein soziales Gefüge immer wieder stabilisiert. Aus einer an Objektivität und funktionalen Abläufen orientierten Perspektive können solche Qualitäten allerdings gar nicht oder aber als ungerecht, unnötig wahrgenommen werden. Technischer Fortschritt wird hier mit dem Bestreben nach sozialem Fortschritt begründet. Die Realisierung von mehr Gerechtigkeit wäre zweifellos ein solcher. Ob sie tatsächlich durch die Verlagerung von Entscheidungen in Computersysteme herzustellen ist, ist aus kulturwissenschaftlicher Perspektive mehr als zweifelhaft.

### 7.3.3 Gegenläufige Tendenzen

Dass die Diskussion um die Übernahme von Verantwortung durch Technik ein überaus heikles Thema ist, war allen Gesprächspartnern wohl bewusst. Um sich nicht auf argumentatives Glatteis zu begeben, wählte man in der Regel Beispiele, die unmittelbar aus dem naturwissenschaftlich-technischen Erfahrungsbereich stammten.

> Das kann ich mir gut vorstellen, dass ... letztendlich die Menschen wirklich nur noch so ganz zentrale Entscheidungen treffen – also auch in der Regierung oder so ... – die Ziele, die sie erreichen wollen. Aber wie sie sie erreichen wollen, das vom ... Rechner sozusagen vorgeschlagen wird. Also gerade den ganzen natur-

> wissenschaftlichen Bereich ..., warum nicht? Ich möchte ... irgendwas herstellen als Chemiefirma, und jetzt frage ich einen Rechner, wie soll ich das machen. Ich gebe die Vorgaben, möglichst umweltfreundlich usw., möglichst billig natürlich – oder so. Und ich habe das und das zur Verfügung an Anlagen. Kann ich das damit machen? Wie kann ich die geringfügig umbauen? Pop, kommt das Ergebnis schon – kann ich mir gut vorstellen. (Interview Schuber, S.7)

Die Bemühungen, eine differenzierte Position darzustellen, drückten sich häufig in einer abwägenden Wahl der Worte aus. Der Verweis, dass Grundsatzentscheidungen nach wie vor von politischen Instanzen wie der Regierung getroffen werden, beugt dem Eindruck vor, man habe technologische Allmachtsphantasien im Kopf. Auch wenn technologische Systeme entscheiden, scheint somit die Rückbindung an soziale Werte gewährleistet, die zudem demokratisch legitimiert sind. Es wird ein Beispiel aus dem naturwissenschaftlichen Bereich gewählt, in dem man sich auf der Basis von Naturgesetzen objektive Werte als Grundlage der Entscheidung beziehen kann. Debatten um die sozialen Qualitäten eines solchen Entscheidungsprozesses können so von vornherein ausgeschlossen werden. Eher gesellschaftlich motivierten zusätzlichen Argumentationsbedarf versuchen viele KI-Akteure zu vermeiden.

Nur diejenigen unter ihnen, die sich auch im sozialen Bereich kompetent fühlen, wagen sich an solche gesellschaftliche Themenfelder heran. Insbesondere für hochrangige Vertreter der KI, wie die Leiter von Instituten ist es von außerordentlicher Wichtigkeit nachzuweisen, dass sie gesellschaftliche Themen auf hohem Niveau beherrschen. Es geht ihnen zum einen darum, gegen Bilder von sozial kompetenzlosen Technokraten zu argumentieren, und zum zweiten auch darum, neue Einsatzgebiete für die KI zu erschließen und plausibel zu begründen. Um auch in soziale Bereich vorzudringen, in denen der Widerstand gegen Technologie traditionell höher als in der Wirtschaft ist, müssen Bilder von der KI-Technologie etabliert werden, die denen vom Menschen nahe kommen. Rationalität und numerische Prioritätsskalen werden ergänzt durch kulturelle Wertesysteme, Empathie und Erfahrungsfähigkeit.

> Also wenn ich zum Beispiel, nehmen wir mal an, ich habe ein Expertensystem, welches über die Vergabe von Sozialhilfe bestimmen sollte. Wo es irgendwie sehr nahe liegend ist, dass eine Entscheidung für oder wider unter bestimmten

> Umständen ganz gravierende Auswirkungen auf ein Lebensschicksal haben kann. Und wo, glaube ich, ein Mensch in seiner Bewertung einer persönlichen Situation des Antragstellers ... sehr sehr gut verstehen kann, oder häufig sehr gut verstehen kann: „Gut, also wenn ich dem noch mal eine Chance gebe, dann rappelt er sich wieder auf." oder: „Der, an ihm hängen so viele andere Menschen, und das ist unbedingt wichtig." – oder so. Dieses Verstehen von Auswirkungen in unserem Lebensgefüge ist wieder dieser typische Teil von Alltagswissen, der jetzt zugegebenermaßen fast gar nicht beherrscht wird, wo Erfahrungen einfach nicht in den Rechnern drin sind, und wo auch die alltäglichen Vorgänge überhaupt gar nicht verstanden und modelliert sind. Aber da könnte ich mir gut vorstellen, dass in dem Moment, wo solche Modelle unseres Alltagslebens ... in dem Sinne also, dass man einem Rechner vermittelt, so etwas zu repräsentieren, zu speichern können, formulierbar sind, hat er gleichgezogen, oder hat er bis zu einem gewissen Grade gleichgezogen mit Menschen, die mit ihrer Erfahrung auch ja nur meist einen Ausschnitt des Lebens haben ... Wenn also irgendein Technokrat meinetwegen irgendeine Entscheidung trifft, dann wissen wir ja manchmal auch, hat er nur einen Teil der Welt im Blick, und genauso beschränkt ist dann seine Entscheidung. (Interview Wegener, S.15)

Dieser Ausschnitt aus dem Interview mit einem hochrangigen KI-Vertreter der Gründergeneration weist mehrere Charakteristika auf. Die hochrangigen Mitglieder der KI-Community sind mehrheitlich in vielfältiger Weise zur Auseinandersetzung mit den sozialen und kulturellen Folgen ihrer Forschung und Technologieentwicklung bereit, in denen sie in differenzierter Art und Weise ihr eigenes wissenschaftliches Tun reflektieren. Die Protagonisten in der KI sind dabei – wer mag es ihnen verübeln – geprägt von ihrer naturwissenschaftlich-technischen Berufssozialisation und insofern bleiben sie in technikorientierten Sinnsystemen verhaftet. Sie stecken darüber hinaus auch in öffentlichen Begründungszwängen für ihre technikwissenschaftliche Forschung, die nicht zuletzt in Erwartung eines wirtschaftlichen Erfolgs gefördert wird. Die Erweiterung der Einsatzbereiche der Technologie, wie sie oben betrieben wird, ist eine der Möglichkeiten das aktiv voran zu treiben.

Die Anthropomorphisierung der Technik ist dabei nicht als bloße argumentative Strategie in diesem Sinne anzusehen, sondern ist Teil eines Sinnsystems, das aus der Verbindung von naturwissenschaftlich-technischer Sozialisation und der engen Orientierung am Menschen hervorgeht. Es wurzelt in einem naturwissenschaftlich-technisch orientierten Weltbild einerseits, in dem Objektivität, Rationalität und

Planbarkeit hohe Bedeutung haben, und der Bestrebung, menschliche Fähigkeiten erfolgreich technisch zu reproduzieren andererseits. An Technik wird dabei die Erwartung geknüpft, menschliche Fähigkeiten zu erweitern und Unzulänglichkeiten auszugleichen. Hat sich das bisher auf eher ‚instrumentelle' Bereiche erstreckt, wie etwa Informationsverwaltung in Datenbanken, so sollte sie mit den zukünftigen Potentialen der KI-Technologie auch in ideelle Bereiche ausgedehnt werden. Die menschliche Unfähigkeit, das Ideal der Gerechtigkeit (z.B. in der Sozialhilfe-Vergabe) zu realisieren, könnte in dieser Sichtweise dann durch technologische Systeme kompensiert werden. Der sachbearbeitende Mensch wäre damit gleichzeitig von der Mühe befreit, selbst immer wieder nach dieser Tugend zu streben. Die anthropomorphe Technologie wäre in diesem naturwissenschaftlich-technisch geprägten Sinnsystem somit auch in bisher allein dem Menschen vorbehaltenen Entscheidungsbereichen und Tätigkeitsfeldern überlegen. Plausibel ist die hier formulierte Überlegenheit der Technik allerdings nur in dem naturwissenschaftlich-technisch hervorgebrachten Sinnsystem, in dem die von subjektiven Perspektiven und Interessen durchdrungenen sozialen Aushandlungsprozesse, in denen es nicht nur um eindeutige Entscheidungen sondern vielfach auch um Beratung, Hilfsangebote usw. geht, durch gerechte, eindeutige Entscheidungen, die nach objektiven Kriterien rational abgewogen und dann ‚richtig' entschieden werden könnten.

Setzt man weitere Entwicklungen in der KI und der Informatik voraus, die nach der Maßgabe des Turingprinzips immer besser menschliche Kognitionsleistungen nachahmen können, dann wäre die logische Konsequenz dieser konstruktivistischen Technikwahrnehmung eine Position, die von dem Neurophilosophen Paul Churchland aus San Diego formuliert wurde. Churchland meint, es wäre ein neuer Rassismus, wenn wir Maschinen, die alle unsere inneren kognitiven Tätigkeiten bis ins letzte Detail simulierten, den Status einer echten Person vorenthalten würden. (Schnabel 1997) Der Glaube an eine posthumanen Vernunft, der sich in solchen Visionen von technischen Entscheidungssystemen ausdrückt, kann eine gewisse Nähe zu Positionen von exponierten US-amerikanischen Vertretern wie Minsky und Moravec nicht verleugnen, die eine dem Menschen gleichwertige oder sogar überlegene technologische Intelligenz durch die KI propagieren.[113] (Marz 1993) Diesen Begriff der *posthumanen Vernunft* fanden die KI-Wissenschaftler, die ‚entscheidungsfähige' Expertensysteme für wünschenswert halten, durchaus plausibel und treffend als Bezeichnung für derartige KI-Technologien. Bei den KI-Protagonisten mit einer geisteswissenschaftlichen Berufssozialisation innerhalb der Germanistik, die also über die Linguistik den Weg zur KI gefunden haben, löste der Begriff der *posthumanen Vernunft* einige Empörung aus. Sie sahen auch in der Wahrnehmung von Technik nach dem Turing-Prinzip keinen Sinn. Vielmehr ließen sie an ihrer Haltung, die eher einem traditionellen Technikbild und einer stärkeren Orientierung an humanzentrierten Sinnsystemen entspricht, nicht rütteln, dass auch bei immer bessere Technik, die Entscheidung stets beim Menschen bleiben müsse. (Interview Binder und Müller) Sie wiesen im Gespräch über dieses Thema zum Teil explizit auf ihr humanzentriertes Weltbild hin (Interview Lehnert, S.18) und wollten die Funktion von KI-Computer-Systeme auf die Entscheidungsunterstützung beschränkt sehen. Aber auch bei den technikorientierten KI-Protagonisten vornehmlich niedrigerer Qualifikationsstufen, die sich eher als Informatiker begreifen, gab es Skeptiker gegenüber einer technologisch realisierten posthumanen Vernunft. Sie hielten das für eine ungerechtfertigte Evokation von Erwartungen, die letztlich auch zu unangenehmen Technikfolgen führen könnten.

> Die einzige Angst, die man vielleicht haben muss, ist, dass ... nach wie vor vielleicht Leute da sein werden, die ... falsche Erwartungen – schüren und auch mit ihren eigenen Produkten meinetwegen verbinden falsche Vorstellungen und die die Systeme irgendwo anpreisen als was weiß ich wie wissensbasiert und intelligent und ... toll, und man diesen Leuten Glauben schenkt, und diese Systeme dann zum Einsatz kommen ... Also beispielsweise – ich meine gut, mit dem Bereich habe ich mich nicht ... stark auseinandergesetzt. Aber wenn man hört, dass also Kreditwürdigkeit bei Banken mit Hilfe neuronaler Netze irgendwie beurteilt wird, das finde ich schon eine ziemlich schauerliche Vorstellung. Und wenn man dann da so ... einen Fuzzi sieht bei irgendeinem Vortrag, der das da als *das* Anwendungsbeispiel neuronaler Geschichten verkauft, dann finde ich das schon

[113] Ob diese Analogie so stringent ist, wie das der Begriff der posthumanen Vernunft suggeriert, ist allerdings noch offen, dazu wäre eine vergleichende Perspektive auf die individuellen Begründungsmuster und Sinnsysteme von deutschen und US-amerikanischen KI-Wissenschaftler und -Entwickler notwendig.

> ziemlich übel. Da liegen also sicherlich Gefahren ohne jetzt also ... diesen konkreten Punkt da nun genau zu kennen oder beurteilen zu können, ob das nun eine gute oder schlechte Anwendung ist. Aber erst mal wenn ich das so höre, dann ... wird mir da schon bange. Und ... da sehe ich halt Gefahren, ... dass nach wie vor damit falsche Erwartungen ... und Wünsche und Vorstellungen verquickt werden und auch bewusst vielleicht geschürt werden oder als Marktstrategie oder wie auch immer, dass da also nicht viel hinter steckt. (Interview mit Riemer, S.14)

Ausgehend vom Turing-Prinzip und der konstruktivistischen Epistemologie wird gegenwärtig über eine neue Wahrnehmung von Technik verhandelt, die Beziehung von Mensch und Technik zutiefst berührt. Diese Aushandlungsprozesse vollziehen sich neben der KI auch in vielen anderen Forschungsfeldern. Auch in der Techniksoziologie werden solche Positionen artikuliert. Hier wird von einigen Protagonisten die Position vertreten, dass Technik schon längst wie ein autonomes Subjekt agiere, indem „*die sozial erzeugte Technik die Kommunikationszusammenhänge, in die sie eingebunden ist, zu irritieren, zu stören, durcheinander zubringen vermag und insofern als ein quasi selbstreferenziell operierendes ‚Subjekt' in sozialen Kommunikationszusammenhängen in Erscheinung*" treten könne. Sie argumentieren dabei mit der Eigenkomplexität von Technik, die immer wieder zu Irritationen führe und als „*Irritatorin*" soziale Kommunikation selegiere, transformiere, inspiriere und reduziere. (Bardmann / Dollhausen / Kleinwellfonder 1992:207) Die Durchsetzungsfähigkeit eines solchen Technikbildes hängt letztlich von den Nutzern ab.

# 8 Zur kulturellen Produktion der Künstlichen Intelligenz – ein Ausblick

Diese Studie ist von dem Gedanken motiviert, die Entstehung von neuen Technologien als Prozess zu beschreiben, der sich einerseits auf der Basis von kulturellen Traditionen vollzieht und andererseits selbst Kultur hervorbringt. Dieses wechselseitige Verhältnis von Kultur und Technik wurde exemplarisch an der Entstehung der Künstlichen Intelligenz in Deutschland analysiert. Die Ergebnisse dieser Studie resümierend kann festgestellt werden, dass sich die Kulturalität der Technikgenese in den Praxen und den Policies der Wissenskultur(en) entfaltet, die diese neue Technologie entwickeln und auch in der Gesellschaft etablieren. Mit der Technikgenese wird ein dynamischer Prozess perspektiviert, wie er in spätmodernen Gesellschaften häufig vorkommt, die von hoch komplexen Technologien, der Notwendigkeit zur permanenten Innovation und von sozialer und kultureller Vielfalt geprägt sind.

Wandel und Diversität sind zentrale Merkmale dieser Gesellschaften, so dass zur Beschreibung ihrer Kulturalität nur bedingt mit Konzepten gearbeitet werden kann, die sich auf Kultur in traditionalen, relativ homogenen Gesellschaften beziehen. Ein Kulturkonzept, das den veränderten Bedingungen in spätmodernen Gesellschaften Rechnung trägt, wurde von Ulf Hannerz entwickelt. Er konzeptualisiert Kultur als Externalisierung von Bedeutung, wobei kulturell bedeutsame Sinnkonstrukte und ihre Externalisierungsformen vielfältig sind, unterschiedlich große Wirkungsmacht entfalten und heterogen in der Gesellschaft verteilt sind. Dabei versteht Hannerz Kultur und Gesellschaft als interdependente Bereiche, so dass Kultur nie isoliert betrachtet werden kann, sondern stets in Relation zu institutionellen Prozessen zu analysieren ist, die den Rahmen für die Produktion und Reproduktion von kulturell hervorgebrachten Sinnsystemen bieten.

Nicht ganz unproblematisch ist jedoch, dass Hannerz Kulturbegriff in der symbolischen Anthropologie fundiert ist und damit kulturelles Wissen als sprachanalog konzeptualisiert. Körpergebundene Wissensformen, die ihren Ausdruck in kulturellen Praxen finden, bleiben so gänzlich unberücksichtigt. Für die Beschreibung von Entwicklungsprozessen einer Technologie wie der Künstlichen Intelligenz ist diese symbolanthropologische Perspektive dennoch von hoher Aussagekraft. Die wissenschaftlich geleitete Technikentwicklung in der KI gründet - wie die wissenschaftliche Produktion von Erkenntnissen insgesamt - insbesondere in Praxen des Denkens und des Explizierens, also sprachgebundenen Prozessen. Zudem besteht die Entwicklungsarbeit in der KI zu einem hohen Anteil in der Konzeption von neuen Software-Technologien, also in der Erarbeitung von Entwürfen für die Verarbeitung der Symbole null und eins. Die Reproduktion der in der KI (und in den Wissenschaft generell) wirksamen Marginalisierung von praktischem Handeln zugunsten von theoretischen Konzepten, die Hannerz in seiner kulturtheoretischen Position nachvollzieht, ist insofern für die Analyse des Technikgeneseprozesses der KI durchaus ergiebig.

Dieser an Wandel, Diversität und Machtrelationen orientierte Kulturbegriff wird ergänzt durch das ethnologische Konzept der Community (Cohen), das die Gebrauchsweisen von symbolischen Konstrukten durch Subjekten und Gemeinschaften thematisiert. Nach Cohen werden symbolischen Konstrukte von Individuen und Gruppen im Kontext von individuellen und kollektiven Identitätsbildungsprozessen produziert und genutzt, um sich gegenüber dritten abzugrenzen. Diese Einführung eines Konzeptes, das nach Prinzipien der Konstitution von Gemeinschaften, ihrer Struktur und ihrem Zusammenhalt fragt, ist zudem auch deswegen notwendig, weil die Entstehung einer neuen Technologie heute nur noch als kollektiver Prozess in Forschungs- und Entwicklungslaboren denkbar ist. Die Bildung einer Scientific Community kann somit als Praxen und Policies der Wissenskulturen verstanden werden, die die Künstliche Intelligenz entwickeln und etablieren. Gesellschaftliche Institutionalisierungsprozesse und kulturelle Sinn- und Deutungsproduktion können mit dem Community-Konzept – ganz im Sinne von Hannerz – als relational gedacht und beschrieben werden.

Ergänzungsbedürftig ist der symbolische Kulturbegriff von Hannerz noch in anderer Hinsicht, will man ihn als Ausgangspunkt für eine umfassende Kulturanalyse von Prozessen der Technikentwicklung verwenden. Im Zuge der Technikentwicklung entstehen Dinge, deren materialen Qualitäten weitaus umfassender sind als ihr symbolischer Gebrauch. Hannerz verweist zwar in seinen Ausführungen selbst auf die materiellen Bedingungen, die für das menschliche Dasein relevant sind und in dieser grundlegenden Funktion auch von Hannerz als wesentlich für Prozesse der Sinngebung also auch der Kulturanalyse anerkannt werden. Er hat dabei jedoch weniger die Relationen von Dingen und ihren Deutung im Sinn, als vielmehr die Existenzbedingungen verschiedener Bevölkerungsgruppen. Insofern gilt es, Hannerz Konzept um eine kulturanalytische Perspektive auf technische Artefakte zu ergänzen.

Da Dinge und damit auch technologische Artefakte zwar vielfältig aber nicht in jeder beliebigen Weise deutbar sind, verspricht gerade die Problematisierung dieses Zusammenhangs Einblick in die Kulturalität der Konstrukte, die mit der neuen Technologie verknüpft werden. Nach Beck findet die interpretative Flexibilität von Technik ihre Grenzen in den kulturell als legitim empfundenen Nutzungsweisen, wobei *manifeste Objektpotentiale* und *latente Objektpotentiale* unterschieden werden können. Manifeste Objektpotentiale sind die Nutzungsweisen, die sich in der Gebrauchsanweisung nachlesen lassen, also vom Hersteller intendiert sind. Unter latenten Objektpotentialen werden hingegen jene Gebrauchsmöglichkeiten verstanden, die in der Entwicklung nicht vorgesehen waren vom Nutzer aber dennoch wahrgenommen und realisiert wurden. Technikentstehung lässt sich insofern als Versuch interpretieren, manifeste Objektpotentiale zu schaffen. Die Entstehung der KI zeigt, dass diese manifesten Objektpotentiale nicht von Ingenieuren und Wissenschaftlern allein festgelegt werden, sondern Ergebnis eines Aushandlungsprozesses, eines *Technological Dramas* (Pfaffenberger), sind. Dabei wird verhandelt, welche Bedeutung eine neue Technologie in der Gesellschaft haben soll. Dieser Aushandlungsprozess ließ sich am schriftlichen Expertendiskurs nachvollziehen, der die Entstehung der KI begleitete. Er war eines der zentralen Medien, in dem insbesondere KI-Wissenschaftler und -Entwickler die Bedeutungen externalisierten, die der KI zugeschrieben werden sollten. Diese Definitionsversuche durch die KI-Protagonisten wurden in einem rekursiven mit dem gesellschaftlichen

Umfeld diskutiert, wobei industrielle Anwender, politische Akteure und Vertreter von Ministerialbehörden ebenso partizipierten wie gesellschaftlichen Interessengruppen.

In diesem *Technological Drama* der KI verhandelt die wissenschaftliche Community darüber, welche Praxen der Technikentwicklung als sinnvoll angesehen werden, und welche Policies für die Etablierung des Forschungsfeldes in der Wissenschaftslandschaft und in der Gesellschaft erfolgreich sein könnten. Dabei konkurrieren vier verschiedene Definitionen der *Künstlichen Intelligenz*, die in ihrer transdisziplinären Positionierung zwischen Informatik und Kognitionsforschung (unter Beteiligung der Linguistik, der Neurowissenschaften und der Psychologie) wurzeln, wobei die beteiligten Disziplinen jeweils in ihrer Fachtradition begründete Erkenntnisinteressen verfolgen.

(a) Eine Fraktion, die insbesondere in den Gründungsjahren der KI in Deutschland großes Gewicht hatte, leitete aus dieser transdisziplinären Position eine doppelte Erkenntnisfähigkeit der KI ab. Danach ist die KI in der Lage, Erkenntnisse über menschliche Intelligenzleistungen zu gewinnen und diese auch in technologischen Artefakten zu reproduzieren. Menschliche Intelligenz und maschinelle Informationsverarbeitung werden dabei als gleichartig angesehen. Grenzen in der Nachbildbarkeit von Intelligenz sind aus dieser Position nicht erkennbar.

(b) Eine zweite Fraktion zielte in den Anfangsjahren ebenfalls auf diese Kombination von kognitionswissenschaftlichen und informatischen Erkenntnissen, sah jedoch prinzipielle Unterschiede zwischen menschlicher und maschineller Informationsverarbeitung gegeben, so dass die Erkenntnisfähigkeit der KI nur auf automatisierbare Dimensionen der menschlichen Intelligenz bezogen wurde. Dieser ohnehin nur partielle Erkenntnisanspruch an der menschlichen Kognition wurde im Laufe der Jahre weiter relativiert.

(c) Eine dritte Partei, die sich allerdings zunächst kaum artikulierte, hatte von vorneherein ganz auf kognitionswissenschaftliche Ambitionen verzichtet und die KI ganz im Lager der Informatik verortet. Sie versteht die KI als eine Methode neben anderen, die gut für die softwaretechnische Lösung von komplexeren Problemen geeignet ist.

(d) Die Gegenposition dazu, die sich erst formierte, als die KI bereits auf einige Jahre Forschung zurückblicken konnte, definierte das kognitionswissenschaftliche Erkenntnisinteresse als vorrangig für die KI. Sie sahen die Computermetapher als erschöpft für die Erkenntnis des Geistes an und forderten einen paradigmatischen Wandel - allerdings mit wenig Resonanz.

Diese vier Definitionen der KI werden auch 1999 noch im deutschen KI-Diskurs vertreten – etwa 20 Jahre nach dem Zusammenschluss der KI-Forschenden, der durch die Erscheinung des KI-Rundbriefs dokumentiert ist. Die Deutungen der KI, die im Fachorgan, der Zeitschrift *KI*, öffentlich verhandelt werden, auch um innerhalb der Scientific-Community ein kollektives Verständnis des Forschungsfeldes zu entwickeln, haben ihre Basis in der Deutungsarbeit von Individuen, die damit ihrem professionelles Tun Sinn geben. Dieser Prozess der individuellen Sinnkonstruktion lässt sich aus dem schriftlichen KI-Diskurs nicht rekonstruieren, so dass anhand von qualitativen Interviews die persönlichen Sichtweisen von neun KI-Akteuren erhoben wurden. Eine solche Kontrastierung von institutionell geführten Fachdiskursen mit persönlichen Sichtweisen von Wissenschaftlern ist Teil einer akteurszentrierte Perspektive und zielt darauf, Zusammenhänge und Vermittlungsformen zwischen individuellem Handeln und bestehenden institutionellen Strukturen in den Blick zu bekommen. Da die *Künstliche Intelligenz* bestehende kulturelle Zuschreibungen zu Mensch und Technik infrage stellt, ermöglicht sie Einsichten in die Entstehung von neuen Deutungen, ihrer Einarbeitung in bestehende kulturelle Sinnsysteme und auch die Modifizierung derselben – also die kulturelle Produktion der Technikentwicklung.

In ihrer individuellen Deutungsarbeit versuchen die KI-Protagonisten die Diskrepanz zwischen den kulturellen Traditionen in ihrem sozialen Umfeld einerseits und den neu generierten Deutungen ihrer wissenschaftlichen Konzepte zu überbrücken. Durch den Dialog mit Freunden, Familie oder auch mit Kollegen aus anderen Wissenschaften kann und muss das eigene professionelle Tun legitimiert und Abweichungen von kulturell gebräuchlichen Symbolsystemen begründet werden. Auffallend häufig wird auf der Mikroebene eine Distanzierung von solchen KI-Deutungen vorgenommen, die menschliche und maschinelle Intelligenz gleichsetzen und es nur als eine Frage der Zeit ansehen, bis die Forschung weit genug sei, um intelligente Maschinen zu realisieren. Diese Deutung der KI, die lange ihr öffentliches Bild prägte und für die Etablierung der KI in der deutschen Forschungslandschaft außerordentlich wichtig war, weil sie mit dem doppelten Erkenntnisanspruch die Besonderheit der KI gegenüber Informatik und Kognitionswissenschaft begründete, wird im persönlichen Gespräch zurückgewiesen. Damit möchte man nichts zu tun haben. Denjenigen, die die KI dann bescheiden als Methode innerhalb der Informatik definieren und sich selbst als Informatiker begreifen, mag man noch Glauben schenken, dass Argumentation und Einstellung zusammenfallen. Doch bei den KI-Protagonisten, die gegenwärtig keine Grenzen des Machbaren in der KI sehen und die prinzipiell alle menschliche Intelligenzleistungen bis hin zu den Emotionen für maschinell reproduzierbar halten, klingen die Argumentationen gegen die visionäre KI wenig glaubwürdig. Die Widersprüchlichkeit ihrer Argumentation ist den KI-Akteuren, die logisch denkende und ihre Erkenntnisse reflektierende Wissenschaftler sind, wohl bewusst. In öffentlichen Zusammenhängen wird sie marginalisiert und individuell verarbeitet mit dem Ziel, gesellschaftlichen Kontroversen um die KI zu befrieden und ein ruhiges, konfliktfreies Forschen zu ermöglichen. Unterschiedslos tabuisieren alle, die sich gegen die visionären Deutungen abgrenzen, dass dabei die kulturell definierten Grenzen zwischen Mensch und Technik verschoben werden, dass Technik zum Modell menschlichen ‚Funktionierens' wird. Die verschiedenen Deutungen der KI gehen einher mit unterschiedlichen Nutzungskonzepten für die KI-Technologie und manifestieren sich schließlich auch materiell in der Technologie der KI-Systeme.

(a) Diejenigen, die die KI-Deutung vertreten, in der es keinen prinzipiellen Unterschied zwischen menschlicher und maschineller Informationsverarbeitung gibt, erwarten gemäß dieser weit reichenden Erkenntnisfähigkeit der KI auch sehr weitgehende Nutzungsmöglichkeiten für KI-Systeme, die den Menschen, etwa als elektronischen Richter oder als automatischen Psychologen, auch in Bereichen ersetzen könnten, in denen bisher ein Technikeinsatz undenkbar erschien. Der KI werden ein *welt(bilder)gestaltender* Nutzen und nahezu unbegrenzte (positive) Auswirkungen auf die gesellschaftliche Entwicklung zugeschrieben.

(b) Dagegen sehen diejenigen, die bescheidener argumentiert und in ihrer Deutung der KI einen prinzipiellen Unterschied zwischen menschlicher und maschineller Intelligenz und eine eingeschränkte Erkenntnisfähigkeit der KI für die menschliche Kognition formuliert hatten, entsprechend gemäßigtere Nutzungsmöglichkeiten für die KI-Technologie. Sie soll den Menschen bei seinen Tätigkeiten unterstützen und seine Möglichkeiten erweitern - nicht aber ersetzten. Die KI soll deswegen als *humanzentrierte Technologie* gestaltet werden.

(c) Solchen alltagspraktischen Nutzen ist für diejenigen, die die KI vor allem als kognitionswissenschaftliches Forschungsgebiet definieren, eher Abfallprodukt als intendiertes Ziel der Forschung. Sie sehen den Nutzen der KI-Artefakte vor allem in ihrer Funktion als wissenschaftliches Modell, an dem *Erkenntnis* überprüft werden kann. Die Qualität der technischen Artefakte ist nach dieser Auffassung direkt abhängig von der Validität der kognitionswissenschaftlichen Modelle.

(d) Ohne spezielle Nutzungserwartungen werden die Deutungen der KI präsentiert, die sie als Methode innerhalb der Informatik ansehen. Sie bleiben in ihren Vorstellungen von der Nutzungserwartung *indifferent*, weil sie keine spezifische Bedeutung der KI annehmen, die über die der Informatik hinausgeht.

Deutungen der KI-Technologie sind insofern verknüpft mit konkreten Nutzungsperspektiven, die von Forschern und Entwicklern in technologische Konzeptionen und die Gestaltung der Artefakte eingearbeitet wurden, d.h. dort materialisiert sind. Relevanz für die Gestaltung der KI-Technologie gewinnen dabei insbesondere die *welt(bilder)gestaltende* und die *humanzentrierte* Deutung. Die *welt(bilder)gestaltende Deutung* der Technologie findet ihre Umsetzung in mächtigen technologischen KI-Systemen, die in höchst komplexen Situationen eingesetzt werden sollen (z.B. der Steuerung von hochkomplexen technischen Anlagen), möglichst unabhängig von menschlichen Eingriffen operieren und den Menschen weitgehend ersetzen sollen. Demgegenüber sind die KI-Entwicklerinnen und Entwickler, die *humanzentrierten Deutungen* folgen, bestrebt, sogenannte *kleine Systeme* (Siefkes) zu realisieren. Diese sollen verschiedene Eingriffsmöglichkeiten in den maschinellen Ablauf bieten, eine an der menschlichen Wahrnehmungsfähigkeit orientierte Komplexität nicht übersteigen und an die spezifischen Bedürfnissen der jeweiligen Nutzungskontexte angepasst werden.

Gesellschaftlichen Kontroversen über die Gestaltung von Technologie, wie sie im Zuge der KI-Entstehung geführt werden, wurzeln in der Konkurrenz von unterschiedlichen Technikkonzepten, die Wahrnehmung und Handeln der Individuen orientieren, jedoch kollektiven Deutungen von Technik folgen. Ohne diese Technikkonzepte, ihre Herkunft, ihren Zusammenhang mit persönlichen und professionellen Biographien u.a.m. hier im Detail untersuchen und beschreiben zu können – das muss als Auftrag an weitere kulturwissenschaftliche Forschung offen bleiben – lassen sie sich in dem hier thematisierten Zusammenhang holzschnittartig zwischen *humanzentrierten* und *technikzentrierten* Deutungssystemen unterscheiden. Die Orientierung am *sozial Wünschenswerten* einerseits und die Orientierung am *technologisch Machbaren* andererseits sind in dem wissenschaftlichen Diskurs der KI idealtypische Positionen, die nicht KI-spezifisch sind, sondern immer wieder in Technikdiskursen verhandelt werden. Sie sind als divergierende Positionen mit Konfliktpotential in der KI-Community ebenso wie in der Gesellschaft insgesamt präsent - selbst Individuen vereinen in personam diese in sich widersprüchlichen Positionen, wenn sie als Mitglieder der Scientific Community die technologische Dynamik selbst voran treiben und andererseits versuchen, technische Logiken zugunsten von humanzentrierten Perspektiven zurückzudrängen.

Anders als gesellschaftliche Diskurse zur sozialverträglichen Technikgestaltung glaubhaft machen wollen, sind die Gedanken von technologischen Dynamik einerseits und von sozialverträglicher Technikgestaltung andererseits nur bedingt miteinander kompatibel. Gerade die potentielle Wirkmächtigkeit von Technologie, die die KI-Community zumindest in ihrer Gründungsphase glaubhaft vermitteln konnte, hat wesentlich dazu beigetragen, dass öffentliche Gelder für die Entwicklung der Technologie und ihre institutionelle Etablierung in erheblichem Umfang geflossen sind. Durch die so erreichte Einrichtung von KI-Forschungszentren konnte ihr Fortbestand gesichert werden, obwohl die prognostizierten Erfolge bei weitem nicht realisiert werden konnten. Gerade die Avisierung von ‚mächtigen' technologischen Systemen im Sinne von hoher Komplexität und großer Gestaltungsmacht ist offensichtlich dazu angetan, öffentliche Fördergelder zu mobilisieren. Gerade der hohe Grad an Komplexität der KI-Systeme ließ die Argumente glaubhaft erscheinen, man könne damit auch lebensweltliche Komplexität besser beherrschbar machen (*Technik löst Menschheitsprobleme*), die wirtschaftliche Konkurrenzfähigkeit stärken (*Fortschritt durch Technik*) und sozialen und kulturellen Fortschritt garantieren, in dem die KI-Systeme Menschen von unliebsamen Arbeiten freistellen könnten und damit seine Lebensqualität erhöhen würden (*Technik verbessert die Lebensqualität*).

Falls die KI als exemplarisch für die Entstehung von so genannten Hochtechnologie in unserer Gesellschaft angesehen werden kann, so haben neue Technologien insbesondere dann gute Chancen sich zu etablieren, wenn sie eine großes weltgestaltendes Potential versprechen und wenn in der Anfangsphase der Entwicklung wegen der Neuheit des Forschungsgebietes weder die erkenntnistheoretischen Paradigmen noch der ökonomische Erfolg ihrer Produkte klar eingeschätzt werden können. Die Künstliche Intelligenz zeigt: Unbekanntes reizt zur Erforschung, verspricht für die Wirtschaft notwendige Innovationen und ist in vielfältiger Weise offen für Visionen und Investitionen. Gerade in ihrer Etablierungsphase der KI in den 80er Jahren, als es in Deutschland hauptsächlich Grundlagenforschung und noch keine marktreifen Systeme gab, flossen die Fördergelder für die KI besonders reichlich, obwohl ein genauerer Blick auf die US-amerikanische AI schnell deutlich gemacht hätte, dass dort die Artificial Intelligence Forschung insbesondere im militärischen Interesse betrieben wurde und auch nach zwei Jahrzehnten intensiver Förderung von marktfähigen Produkten oder wirtschaftlichen Erfolgen weit entfernt war. So mag die Einschätzung von manchem KI-Kritiker gerechtfertigt erscheinen, dass erst die japanische Herausforderung der Fünften-Computer-Generation und das amerikanische Weltraumprogramm (SDI) zur Abschirmung von russischen Angriffen erklärbar machten, weshalb die KI-Technologie trotz mangelnder Erfolge im Ausland den hohen Aufmerksamkeitsgrad erlangen konnte. In irrationaler Weise sei die KI zu einer entscheidenden Waffe in der ökonomischen und militärischen Hochrüstung stilisiert worden.

Die besondere wirtschaftliche Bedeutung, die als Argument für die Förderung von neuen Technologien oft als handlungsleitendes Motiv angeführt wird, kann für die Initialförderung der KI jedenfalls nicht glaubhaft gemacht werden. Auch die Wirtschaftsunternehmen, die sich finanziell und personell an den anwendungsorientierten KI-Instituten auf Länder- und auf Bundesebene beteiligt hatten, können angesichts der Erfahrungen in Amerika diese Entscheidungen nur auf der Basis von Hoffnungen getroffen haben. Die Wirtschaftlichkeit einer neuen Technologie wird offensichtlich erst nach einer gewissen Phase relevant, kann dann aber bei nicht erwartungsgemäßer Entwicklung zur existenziellen Bedrohung von ganzen Forschungsgebieten werden, wie die „*Einbruchphase*" (Ahrweiler) der KI gezeigt hat. Aufforderungen die Entwicklung der KI-Technologie an den sozialen Kontexten zu orientieren, in denen die Technologie eingesetzt werden soll, wurde als ernsthafte Gestaltungsoptionen erst verfolgt, als die großen Visionen ausgereizt schienen. Nur aufgrund von massiven Widerstände in diversen Bereichen (Forschungsförderung, technische Realisierbarkeit usw.) war genug Anlass vorhanden, technologische Großmachtträume zurück zu schrauben und den praxisnahen aber mühevolleren Weg zu beschreiten, technologische Systeme für konkrete Aufgabenstellungen in Arbeitsprozessen zu entwickeln. Aus Expertensystemen, die menschliche Arbeit ersetzen sollten, sind heute wissensbasierte Assistenzsysteme geworden, mit denen menschliche Entscheidungen unterstützt werden können.

Mit den *Widerständigkeiten* in der KI-Genese ist ein wesentlicher Prozess im *Technological Drama* der KI angesprochen. Denn die Widerständigkeiten der gesellschaftlichen Kontexte und der technologischen Artefakte, mit denen die KI-Protagonisten im Laufe der Technologieentwicklung konfrontiert wurden, zeigen, dass Technologie zwar vielfältig aber nicht beliebig deutbar ist. Ihre Definitionen der KI müssen sich an den kulturell legitimen Deutungen und den etablierten Nutzungsweisen von Technologie messen lassen. Kulturell etablierte

Technikdeutungen und auch bestehende Modi der Techniknutzung erweisen sich dabei gegen kurzfristige Beeinflussungen als ausgesprochen resistent.

In dem hier beschriebenen *Technological Drama* der KI ist Geschlecht keine signifikante Kategorie, die Unterschiede in der Identifikation mit der Scientific Community oder spezifische Zugänge zur Technikentwicklung begründen könnte. Die vielfältigen geschlechtsspezifischen Dimensionen, die in der Forschung quer zum eigentlichen Erkenntnisinteresse sichtbar wurden, sind deswegen in einem Exkurs zusammengefasst sind. Die Ausschlussmomente, denen Frauen in der KI ausgesetzt sind, sind dieselben die in anderen gesellschaftlichen Bereichen insgesamt wirksam. Doch die KI-Akteurinnen haben Strategien entwickelt, um sich in der Community Achtung zu verschaffen und auch eigene Bedürfnisse und Fähigkeiten zu realisieren. Offen muss allerdings die Frage bleiben, ob es geschlechtsspezifische Formen der Wissensproduktion gibt. Die wenigen Hinweise, die es hierfür gab, rechtfertigen das Aufstellen einer solchen These jedenfalls nicht.

Eine wesentliche Voraussetzung dafür, dass sich die KI in der deutschen Forschungslandschaft etablieren und als Technologie entstehen konnte, war die Herausbildung einer Scientific Community, die sich aufgrund von gemeinsamen kognitiven, sozialen und historischen Bezugspunkten konstituiert. Die kognitive Identität der KI-Community ist dabei eher von Heterogenität als von Gemeinsamkeiten gekennzeichnet und kann wenig Identifikationsangebote machen, weil sie wegen ihrer transdisziplinären Stellung zwischen Informatik und Kognitionswissenschaft sehr unterschiedliche kognitive Bestände aufweist. Allerdings lässt sich innerhalb dieses transdisziplinären Feldes eine deutliche Affinität der KI zur Informatik feststellen, die sich sowohl in der institutionellen Etablierung innerhalb der Gesellschaft für Informatik (GI) als auch in der erkenntnisleitenden Computermetapher des Geistes ausdrückt. Identitätsbildend in diesem Sinne hat auch die erkenntnistheoretische Kontroverse zwischen den ‚Konnektionisten' und den ‚Symbolisten' gewirkt. In ihrem Verlauf ist es gelungen, das konnektionistische Paradigma, das in letzter Konsequenz die Computermetapher des Geistes und damit auch insgesamt das

Projekt einer maschinellen Intelligenz infrage stellt, diskursiv anschlussfähig an die symbolische KI zu machen. Es ist der KI-Community mit dem Konnektionismus gelungen, einen so genannten *Bottom-up Ansatz* – also einen Ansatz der aus kognitionswissenschaftlicher Perspektive die materiellen Voraussetzungen der Intelligenz in den Vordergrund stellt – in ihr ideelles Gebäude zu integrieren. Die Dominanz der Informatik in diesem transdisziplinären Gefüge der KI konnte dabei weiter gestärkt werden. Allerdings gibt es inzwischen (leise) Stimmen, die für eine stärkere Orientierung der KI an den Bottom-up Methoden und jenseits der Computermetapher des Geistes plädieren. Dieses Aufflackern von alt bekannten Positionen zeigt, dass die transdisziplinäre Stellung der KI immer wieder für paradigmatische Debatten sorgt und von den KI-Protagonisten Orientierungsleistungen fordert, um die vielfältigen Entwicklungen in den unterschiedlichen Fachgebieten zu verfolgen. Die kognitiven Bestände der verschiedenen Teildisziplinen der KI bieten insofern immer wieder Anlass zu Identitätsdiskursen in der Scientific Community, die die verschiedenen Positionen durch intensive Identitätsarbeit integrieren kann. Mit vielfältigen Veranstaltungen und Events sind zahlreiche Anlässe vorhanden, bei denen persönliche Kontakte und soziale Zugehörigkeit aktualisiert werden können. Weitaus effizienter für die Bindung einzelner an die Community wirkt wohl die Schaffung KI-Institutionen und damit auch von Arbeitsplätzen. Gleichzeitig konnte die KI sich erfolgreich in die Tradition der rationalistischen Philosophen stellen und damit eine Grundlage für eine historische Identität der KI-Community legen, die hohes Ansehen genießt. Welche Momente den Einzelnen an die KI binden, ist individuell hochgradig variabel.

Forschungsstrategisch hat das kulturanthropologische Konzept der *Community* für die Perspektivierung der Wissenskultur(-en), die die Künstliche Intelligenz entwickelt, als ergiebig erwiesen, zumal mit Lepenies Beschreibung der kognitiven, historischen und sozialen Identität der Soziologie ein Entwurf vorliegt, der für die Übertragung dieses kulturanthropologischen Konzepts auf die Untersuchung von Wissenschaften anschlussfähig ist. Letztlich offen bleibt dabei dennoch eine Frage, die reichlich Stoff für weitere empirische Studien und auch für die kulturanthropologische Theoriebildung in der Wissenschafts- und Technikforschung bietet. Es ist die Ungewissheit, inwieweit es sich bei den Scientific Communities, auf die das Konzept hier exemplarisch an der Künstlichen Intelligenz angewendet wurde, tatsächlich um eine Community im ethnologischen Sinne handelt oder ob eine soziale Gemeinschaft deren Zusammenhalt vor allem durch die bestehenden Institutionen garantiert wird. - Es gibt einiges, was für letztere These spricht.

Die KI-Community ist, auch wenn sie einige Energie für die Stabilisierung ihrer wissenschaftlichen Gemeinschaft aufbringen muss, erfolgreich in ihrer Interaktion mit dem gesellschaftlichen Umfeld in dem Sinne, dass dieses der KI große Aufmerksamkeit und trotz aller Kontroversen um die Technologie auch erhebliche finanzielle Mittel für ihre Forschung und die Gründung von Institutionen bereitstellt. Dieser Erfolg wird möglich, weil es den KI-Akteuren gelingt, ihre innovativen Konzepte mit bestehenden, kulturell akzeptierten Deutungsmustern von Technik zu verknüpfen und so zu begründen, warum die entstehende KI-Technologie wünschenswert und notwendig sei. Durch diese Verknüpfung von etablierten Technikdeutungen mit neuen Optionen kann es gelingen, auch Definition der KI-Technologie zu etablieren, die mit traditionellen Technikdeutungen nicht vereinbar sind. Technik wird hier - vermittelt über seine Akteure - als kultureller (Be-)Deutungsproduzent sichtbar, der durch seine Diskurse und seine technologischen Praxen aktiv die Veränderung von Werten, Einstellungen und Handlungsweisen betreibt und damit in einem Aushandlungsprozess mit anderen gesellschaftlichen Akteuren neue kulturelle Formen hervorbringt.

Dass solche technikbezogenen Deutungen sich nicht alleine auf die Reorganisation des kulturellen Verständnisses von Artefakten beschränken, sondern immer auch Kultur als Ganzes betreffen, wird an den zahlreichen Körpermetaphern deutlich, die sich im KI-Diskurs finden. Am Gebrauch dieser Metaphern lässt sich eindrücklich nachvollziehen, wie Mensch und Technik diskursiv aneinander angenähert werden - bis hin zur Auflösung ihrer Unterschiede. Die KI argumentiert in der Tradition eines kybernetischen Körperbildes, nach dem der Körper segmentierbar, funktionalisiert und technologisch reproduzierbar ist. In der Zeit, in der ausschließlich die *Physical Symbol System Hypothesis* die KI-Forschung leitete, versuchte man den Körper und die Schwierigkeiten seiner technologischen Reproduktion so weit wie möglich zu minimalisieren, indem man ausschließlich die Funktion des menschlichen Gehirns als Black Box perspektivierte. Auch in dieser körperminimalistischen Phase der KI blieb der organische Körper und seine Leistungsfähigkeit stets Referenz- und Zielpunkt der Künstlichen Intelligenz Forschung. Mit dem Aufkommen des konnektionistischen Paradigmas rückte der Körper dann wieder stärker in den Blickpunkt der KI. Ursache hierfür ist eine gewisse Stagnation des wissenschaftlichen Erkenntnisgewinns, die schließlich zu größerer Offenheit gegenüber Ergebnissen der Hirnforschung führte. Heute sieht die KI mehrheitlich Körperlichkeit als unabdingbare Vorraussetzung für Intelligenz an. Teilweise wird deswegen versucht, den Körper auch technologisch zu rekonstruieren. Wie die Intelligenz wird der Körper in Kategorien der Informationsverarbeitung thematisiert. Traditionelle Körper und Geist-Dichotomien werden dabei zwar tendenziell überwunden, perpetuiert werden jedoch die wertenden Hierarchisierungen. Der Körper wird offensichtlich nur deswegen wahrgenommen, weil es für die Realisierung des „höheren" Projektes der maschinellen Intelligenz unumgänglich erscheint.

Der Geist ist die zweite Metapher, über die die KI das menschliche Selbstverständnis „bearbeitet". Ihn versucht die KI nicht nur technologisch zu reproduzieren, sondern auch selbst zu erforschen. Die KI erhebt dabei zumindest in einigen Teilen ihrer Community den Anspruch, das empirische Pendant zur Philosophie zu sein und Erkenntnisse über den menschlichen Geist nicht nur auf der Basis von abstrakten Überlegungen zu gewinnen. Die Erforschung des Geistes erfolgt am Modell des Computers, der damit auch die Grenzen der Erkenntnis determiniert. Der Wissenszuwachs orientiert sich so am technologisch Machbaren. Nur was an technisch-wissenschaftlichen Konzepten in die Computertechnologie eingeflossen ist, kann umgekehrt auch an der menschlichen Kognition erkannt werden. Es ist unausweichlich, dass diese technologisch geleitete Erkenntnissuche ein technomorphes Bild des Menschen hervorbringt. Der Begriff der *Kognition* repräsentiert diese an den technologischen Möglichkeiten orientierte Erkenntnissuche. Er löst in den Diskursen der KI zunehmend den Begriff der *Intelligenz* ab, der als Begriff der kulturellen Übereinkunft in seiner Vieldeutigkeit und Wandlungsfähigkeit wissenschaftlich nicht handhabbar ist. In dem Maße wie das wissenschaftliche Konzept der *Kognition* den Begriff der Intelligenz auch in Alltagsdiskursen ablöst, wird er die Wahrnehmung des Menschen von seinem Geist und damit seiner Selbst leiten. Wie heute schon das Erleben unseres Körpers wäre dann auch die Wahrnehmung unseres Geistes zutiefst von technisch-naturwissenschaftlichen Bildern durchdrungen. Der menschliche Geist wird damit zum Teil einer universalen menschlichen Natur, die sich naturwissenschaftlich-technisch erforschen lässt. Traditionelle Konzepte, in denen der menschliche Geist als Kulturleistung angesehen wird, werden abgelöst durch wissenschaftliche Perspektiven, die den Geist vor allem in seiner „Naturhaftigkeit“ darstellen. Diese naturalisierenden Bilder, die in der KI und den Kognitionswissenschaften produziert werden, sind wie auch die gegenwärtigen Bilder des menschlichen Geistes selbst zutiefst von kulturell hervorgebrachten Deutungen durchdrungen – allerdings sind diese nun naturwissenschaftlich-technisch geprägt. Die Deutungsproduktion, die die KI an *Körper* und *Geist*, zwei Topoi der individuellen und kollektiven Identitätskonstruktion, vornimmt, vollzieht sich hier implizit in den technologischen Konzepten und in den erkenntnistheoretischen Grundannahmen. Diese Reorganisation des kulturellen Verständnisses von Körper und Geist, die die KI hier veranlasst, geschieht nicht bewusst und intendiert, sondern ungeplant und zufällig. Sie ist der naturwissenschaftlich-technischen Perspektive inhärent. In dem Maße wie sich die auf dieser Basis hervorgebrachten Technologien in der Gesellschaft verbreiten, diffundieren auch die Deutungen, die in diese Technologien eingeschrieben sind, hinein in das kollektive Selbstverständnis einer Kultur. Die Implizitheit dieser Deutungen ist dabei kein Hindernis, sondern erhöht im Gegenteil im Diffusionsprozess noch deren kulturelle Wirkmächtigkeit, weil diese unbewusst und damit nicht reflektierbar mit den neuen Technologien in Handeln und Denken übernommen werden.

Die KI-Community bringt neben den impliziten Deutungen auch explizit und bewusst neue Auffassungen von Technik in den gesellschaftlichen Diskurs ein. Einige KI-Protagonisten versuchen eine Lesart von KI-Artefakte in einer Art zu verbreiten, die jenseits der etablierten Technik- bzw. Menschenbilder liegen, indem sie ihnen neuen Kompetenzen wie Adaptivität, Lernfähigkeit, Fehlertoleranz usw. zuschreiben, die bisher dem Menschen vorbehalten waren. Dabei stoßen sie auf enorme Schwierigkeiten, weil traditionelle Anforderungen an Technik, wie etwa Zuverlässigkeit, Exaktheit und Beherrschbarkeit, nicht gleichzeitig umgesetzt werden können. Da diese technologischen Qualitäten offensichtlich preisgegeben werden müssen, um in den KI-Systemen zunehmend „menschliche" Qualitäten zu realisieren, wird für ein neues Technikbild argumentiert. Die Fehlerhaftigkeit der Systeme soll danach bewusst toleriert werden, wenn rasch genug Lösungen gefunden werden, die zwar suboptimal aber brauchbar sind. Zur zentralen Argumentationshilfe für das neue Technikbild wird das Turing-Prinzip. Als wesentlich wird dabei angesehen, was Menschen dem technologischen System zuschreiben. Wenn Ergebnisse eines technologischen Systems als gleichartig mit solchen wahrgenommen werden, die ein Mensch hervorbringt, etwa bei der Vergabe von Sozialhilfe, dann könne das System wohl ebenso gut die Entscheidungen treffen, auch wenn sie hin und wieder fehlerhaft seien; schließlich sei auch der Mensch nicht frei von Fehlern. Man müsse die Systeme dann eben auch wie Menschen in dem Sinne behandeln, dass man die Ergebnisse hinterfrage und Kontrollinstanzen einbaue. Ziel dieser Etablierungsversuche eines neuen anthropomorphisierenden Technikbildes ist es, zuvor unübliche Einsatzmöglichkeiten für die KI-Technologie zu erschließen und damit auch solche gesellschaftliche Bereiche zu automatisieren, die sich dem bisher weitgehend entzogen haben. Eine Modifizierung des Technikbildes in dieser Art, wie die KI-Wissenschaftler sie intendieren, würde vom Nutzer verlangen, sich neue Technikkompetenzen aneignen, die ihn dazu befähigen, zu unterscheiden, ob es sich um ein technologisches Systeme traditioneller Art oder eines mit eingebauter ‚Fehlerhaftigkeit' handelt.

Die Wissenskulturen, die die Künstliche Intelligenz hervorbringen, sind in hohem Maße in die kulturelle Produktion von Sinn und Bedeutung involviert. Dass die so entstandenen Sinngebungen mehrheitlich in technisch-naturwissenschaftlichen Denkweisen und Sinnsystemen wurzeln, liegt in der ‚Natur' der Sache. Diese finden gemeinsam mit der zunehmenden Verbreitung von technischen Artefakten in modernen Lebenswelten und durch die Rasanz der technologischen Entwicklung enorme Streuung und Vervielfältigung, so dass die Wahrscheinlichkeit hoch ist, dass Deutungen der Technikproduzenten große Wirkungsmacht erreichen und das Verständnis vieler Menschen von sich und der Welt prägen. Die Policies der technischen Wissenskulturen, die diese zur Etablierung ihrer Forschung und deren Produkte in der Gesellschaft einsetzen, sind dabei nur die Spitze des Eisbergs, da gerade die eher impliziten Grundannahmen im Denken und Handeln der Wissenschaftler, nachhaltige kulturelle Veränderungen anstoßen, weil sie unbewusst sind und damit individuell und gesellschaftlich nicht reflektiert werden können. Die Richtung und die Reichweite dieses technisch induzierten kulturellen Wandels entziehen sich der gesellschaftlichen Gestaltung schon deswegen, weil sie nicht erst mittels einer detaillierten Kulturanalyse sichtbar gemacht werden können. Kurzfristigen Versuchen der Technikgestaltung oder der Technikfolgenabschätzung können hier nicht greifen.

Will man diese Studie als Beispiel dafür lesen, was kulturanthropologische Forschung zum Verständnis von spätmodernen Gesellschaften beitragen kann, so haben sich ihre Methoden und Theorien als gute Instrumente erwiesen, um zentrale Phänomen zu analysieren und in seinen Grundzügen zu beschreiben, wie der rasche technologischen Wandel eines ist. Durch akteurszentrierte Perspektiven, die stets in Relation zu ihren gesellschaftlichen Kontexten eingenommen werden, werden zum einen die Traditionen sichtbar, aus denen der kulturelle Wandel hervorgeht. Zum zweiten lässt sich nachvollziehen, wie Individuen diese Veränderungen durch ihr Handeln selbst herstellen und zu einem Phänomen machen, das breite kulturelle Wirkung entfaltet. Für solche Beschreibungen des Wandels sind zunehmend Traditionen bedeutsam, die vordergründig nicht mit Kultur in Verbindung gebracht werden. Zwar liegen auch ideengeschichtliche Bezüge der Künstlichen Intelligenz zu Figuren aus Kunst, Literatur und Religion nahe wie dem Golem oder anderen von Menschenhand geschaffenen humanoiden Wesen. Doch eine kulturanthropologische Perspektive erweitert den Blick hin zur Produktion und

Reproduktion von Kultur, die sich in solchen Bereichen des Lebens vollzieht, die alltäglich in diesen Gesellschaften sind. Auch wenn diese Bereiche und ihre ideellen Hintergründe zunächst scheinbar wenig mit Kultur zu tun haben, wie etwa die in spätmodernen Industrienationen bedeutsamen gesellschaftlichen Bereiche *Wissenschaft* und *Technik*, so konnte auf der Basis von Konzepten aus der Kulturanthropologie gezeigt werden, dass es gerade diese scheinbar kulturfernen Bereiche sind, die eine aktive Rolle in der kulturellen Produktion ausüben. Indem die dort gelebten Werte, Normen und Sinnsysteme in technischen Artefakten vergegenständlicht und von Wissenschaftlern mit mehr oder weniger Macht in gesellschaftliche Diskurse eingebrachten werden, wirken sie verändernd auf bestehende kulturelle Sinnsysteme und Praxen ein.

In dem Umfang, in dem sich kulturanthropologische Forschung Gegenstandsbereichen zuwendet, in denen kulturellen Wandel initiiert oder verhindert, sich unbemerkt vollzieht oder praktiziert wird, kann sie ihre Expertise in gesellschaftspolitische Debatten einbringen, die heute in vielfältiger Form und in großer Regelmäßigkeit geführt werden – nicht nur bei der Entstehung von neuen Technologien. Dabei könnte eine ihrer Aufgaben sein, Traditionen und Deutungsproduktion der naturwissenschaftlich-technische Wissenskulturen zu analysieren und zu diskursivieren. Insbesondere wenn sich diese auf anthropologische Kategorien wie *Leben*, *Körper* und *Geist* beziehen, wäre es wünschenswert, dass die Kulturanthropologie in Zukunft ihre Kompetenzen in wissenschaftliche und gesellschaftspolitische Debatten einbringt. Einzige Voraussetzung dazu ist, dass Naturwissenschaft und Technik von Anthropologen als reichhaltige Forschungsfelder wahrgenommen und bearbeitet werden.

# 9 Abkürzungsverzeichnis

AI............ Artificial Intelligence
AFAS........ Abteilung für Angewandte Systemanalyse des Kernforschungszentrums Karlsruhe
AKI.......... Arbeitsgemeinschaft der deutschen KI-Institute
ALife......... Artificial Life
BMBF....... Bundesministerium für Bildung und Forschung
BMFT....... Bundesministerium für Forschung und Technologie
CPU......... Central Processing Unit, die Recheneinheit eines Computers
DFKI......... Deutsches Forschungszentrum für Künstliche Intelligenz
FAW......... Forschungsinstitut für anwendungsorientierte Wissensverarbeitung Ulm
FORWISS... Bayerisches Forschungszentrum für wissensbasierte Systeme
GI............ Gesellschaft für Informatik
GMD......... Gesellschaft für Mathematik und Datenverarbeitung
GMDS....... Deutsche Gesellschaft für Medizinische Informatik
GWAI....... German Workshop of Artificial Intelligence
KI............ Künstliche Intelligenz
KIFS......... KI-Frühjahrsschule
PSSH........ Physical Symbol System Hypothesis
SHRDLU... SHRDLU ist ein Spracherkennungsprogramm, das von Terry Winograd 1968-70 am Massachusets Institute for Technology (M.I.T.) im Labor für Künstliche Intelligenz entwickelt wurde.
UMIST...... Institute for Science and Technology der University of Manchester
VDI.......... Verein deutscher Ingenieure
VDE......... Verband der Elektrotechnik, Elektronik und Informationstechnik, ihrer Wissenschaften und der darauf

aufbauenden Technologien und Anwendungen
VKI………. Verteilte Künstliche Intelligenz; Teilgebiet der KI
WBS…….... Wissensbasierte Systeme

# 10 Literatur

Adam, Alison (1993): Gendered Knowledge - Epistemology and Artificial Intelligence. In: AI & Society 7: 311-322.

Adam, Alison (1994): Who knows how? Who knows what? Feminist epistemology and artificial intelligence. Proceedings of the IFIP (International Federation of Information Processing) Fifth International Conference on Women, Work and Computerization: Breaking Old Boundaries - Building New Forms, Manchester U.K., 2-5 July 1994. North Holland: Elsevier.

Adam, Alison (1995): Embodying Knowledge. A Feminist Critique of Artificial Intelligence. In: The European Journal of Women´s Studies 2: 355-377.

Ahrweiler, Petra (1994): KarrIere (sic!) - Entstehung und Entwicklung eine High-Tech-Fachs. In: Künstliche Intelligenz: KI; Forschung, Entwicklung und Erfahrung. Organ des Fachbereichs 1 Künstliche Intelligenz der Gesellschaft für Informatik e.V. 8 (4): 62-65.

Ahrweiler, Petra (1995): Künstliche Intelligenz-Forschung in Deutschland. Die Etablierung eines Hochtechnologie-Fachs. Münster, New York, Waxmann.

Alcoff, Linda / Potter, Elizabeth Eds. (1993): Feminist Epistemologies. New York, London, Routledge.

Anonym (1987): Pressemitteilung des Bundesministers für Forschung und Technologie vom 13.03.1987. In: KI-Rundbrief (45).

Anonym (1988): Antrag auf Einrichtung eines Fachbereichs Künstliche Intelligenz in der GI. In: KI (4): 84.

Anonym (1990): Umfrage: Nutzen der KI-Technologie im praktischen Einsatz. In: KI (3): 37-41.

Anonym (1994): Mitteilungen des Fachbereichs 1: Aus der Fachgruppe des Konnektionismus. In: KI (2): 97.

Anonym (1995): „Artificial Life“ Ankündigung desWorkshops. In: KI (1): 88.

Anonym (1995): Verbmobil, BMBF-Forschungsprojekt. Hilfestellung bei Verständnisschwierigkeiten im Business Bereich. In: KI (6): 69, abgedruckt unter der Rubrik KI-Markt.

Anonym (1996): Mitteilungen aus dem Fachbereich Künstliche Intelligenz. In: KI (2): 85.

Anonym (1996): Vortrags- und Workshop-Programm der *20. Jahrestagung für Künstliche Intelligenz*. In: KI (2): 59-79.

Anonym (1996): Wettbewerb-Ausschreibung. In: KI (2): 75.

Asdonk, Jupp / Bredeweg, Udo / Kowol, Uli (1991): Innovation als rekursiver Prozess. Ein theoretisches Modell zur Technikgenese im Bereich der Produktionstechnik. In: Technik, Organisation und gesellschaftlicher Wandel. Hg. v. Projektgruppe sozialwissenschaftliche Forschung.

Assmann, Aleida (1993): Kulturelles Gedächtnis und technische Speicherung. In: Kultur und Technik. Zu ihrer Theorie und Praxis in der modernen Lebenswelt. Hg. v. Wolfgang König / Marlene Landsch. Frankfurt a.M., Peter Lang: 113-136.

Atkinson, Paul Ed. (2002): Handbook of Ethnography. London, Sage.

Bakhtin, Mikhail (1981): Discourse in the Novel. In: Diologic Imagination. Ed. by Michael Holquist. Austin, University of Texas Press.

Bammé, Arno et.al. (1983): Maschinen-Menschen, Mensch-Maschinen: Grundrisse e. sozialen Beziehung. Reinbek bei Hamburg, Rowohlt.

Bammé, Arno / Baumgartner, Peter / Berger, Wilhelm / Kotzmann, Ernst (Hg.) (1988): Technologische Zivilisation und die Transformation des Wissens. München, Profil Verlag.

Bardmann, Theodor M. / Dollhausen, Karin / Kleinwellfonder, Birgit (1992): Technik als Parasit sozialer Kommunikation. Zu einem konstruktivistischen Ansatz sozialwissenschaftlicher Technikforschung. In: Soziale Welt. Zeitschrift für sozialwissenschaftliche Forschung und Praxis. 43: 201-216.

Barth, Fredrik, (Hg.) (1969): Ethnic Groups and Boundaries. London, Allen and Unwin.

Barth, Fredrik (2000): Boundaries and connections. In: Signifying Identities. Hg. v. Anthony P. Cohen. London, New York, Routledge: 17-36.

Barth, G., et al. (1991): Künstliche Intelligenz. Perspektive einer wissenschaftlichen Disziplin und Realisierungsmöglichkeiten. In: Informatik Spektrum 14: 201-206.

Bartsch-Spörl, Brigitte (1990): Die Veränderung von (Experten-)Wissen durch den Prozeß der Wissensaquisition. In: KI (2): 34-36.

Bauer, Friedrich L. (1991): Rezension von Raymond Kurzweils: The Age of Intelligent Machines. Cambridge, MA: MIT Press. In: KI (2): 104.

Baumgartner, Peter (1988): Der Computer als Metapher. In: Technologische Zivilisation und die Transformation des Wissens. Hg. v. Arno Bammé / Peter Baumgartner / Wilhelm Berger / Ernst Kotzmann. München, Profil Verlag: 257-290.

Beck, Stefan (1996): Der Körper als hybride Verlaufsform. Technologisches „body building“, Grenzregimes und Autotopographien. In: Tübinger Korrespondenzblatt. Nr. 47/1996, S.41-57.

Beck, Stefan (1997): Umgang mit Technik. Kulturelle Praktiken und kulturwissenschaftliche Forschungskonzepte. Berlin, Akademie Verlag.

Becker, Barbara (1990a): Interdisziplinarität und KI: Anspruch ohne Wirklichkeit. In: KI (1): 33-37.

Becker, Barbara (1990b): Die Veränderung von (Experten-)Wissen durch den Prozeß der Wissensaquisition. In: KI (2): 31-34.

Becker, Barbara (1992): Künstliche Intelligenz : Konzepte, Systeme, Verheißungen. Frankfurt a.M., Campus-Verlag.

Becker, Dietmar et al. (Hg.) (1989): Zeitbilder der Technik. Essays zur Geschichte von Arbeit und Technologie. Bonn, Verlag J. H. W. Dietz Nachf..

Becker-Schmidt, Regina (1989): Technik und Sozialisation. Sozialpsychologische und kulturanthropologische Notizen zur Technikentwicklung. In: Zeitbilder der Technik. Essays zur Geschichte von Arbeit und Technologie. Hg. v. Dietmar Becker et al.. Bonn, Verlag J. H. W. Dietz Nachf.: 17-74.

Beer, Bettina (Hg.) (2003): Methoden und Techniken der Feldforschung. Berlin, Dietrich Reimer.

Berg, Eberhard / Fuchs, Martin (Hg.) (1993): Kultur, soziale Praxis, Text. Die Krise der ethnographischen Repräsentation. Frankfurt a.M., Suhrkamp.

Berger Gluck, Sherna / Patai, Daphne Eds. (1991): Women´s words: the feminist practice of oral history. London, Routledge.

Benedict, Ruth (1934): Patterns of Culture. Boston, Houghton-Mifflin.
Benedikt, Michael Ed. (1991): Cyberspace. First steps. Cambridge, MA: MIT Press.
Berr, Marie-Anne (1990): Technik und Körper. (Reihe historische Anthropologie, Bd. 11). Berlin, D. Reimer Verlag.
Bibel, Wolfgang (1980): „Intellektik" statt „KI". Ein ernstgemeinter Vorschlag. In: KI-Rundbrief (22): 15-16.
Bibel, Wolfgang et al. (Hg.) (1987): Studienführer Künstliche Intelligenz. Berlin, Springer Verlag.
Bibel, Wolfgang (1991): Die Wissenschaft vom Wissen. In: Saarbrücker Hefte (65): 10-18.
Bibel, Wolfgang / Furbach, Ulbrich (1992): Logik, KI und Intellektik. In: KI (3): 91-94.
Bijker, Wiebe E. / Hughes, Thomas P. / Pinch, Trevor J., Eds. (1987): The Social Construction of Technological Systems. New directions in the Sociology and History of Technology Cambridge, M.A. London, MIT Press.
Böhme, Gernot (1992): Am Leitfaden des Leibes - das andere der Vernunft. In: Feministische Vernunftkritik. Ansätze und Traditionen. Hg. v. Ilona Ostner / Klaus Lichtblau. Frankfurt a.M. New York, Campus: 53-65.
Bonsiepen, Lena (1990): Datenbanken-Spezialist oder Psychoanalytiker? Erfahrungsaustausch von KI-Praktikern auf der GWAI ´90. In: KI (4): 38.
Bonsiepen, Lena / Coy, Wolfgang (1990): Szenen einer Krise - Ist Knowledge Engineering eine Antwort auf die Dauerkrise des Software Engineering? In: KI (2): 5-11.
Bratman, M. E. (1987): Intention, Plans and Practical Reasons. Harvard University, Cambridge, Masachusetts.
Brauer, Wilfried (1993): KI auf dem Weg in die Normalität. In: KI-93 Sonderheft (August): 85-91.
Brunt, Lodewijk (2002): Into the Community. In: Handbook of Ethnography. Ed. by Paul Atkinson. London, Sage: 80-91.
Burns, Tom R. / Dietz, Thomas (1992): Technology, Sociotechnical Systems, Technological Development. An Evolutionary Perspective. In: New Technology at the Outset. Social Forces in the Shaping of Technological Innovations. Hg. v. Meinolf Dierkes / Ute Hoffmann. Frankfurt a.M., New York, Campus, Westview: 206-238.
Callon, Michel (1983): Die Kreation einer Technik. Der Kampf um das Elektroauto. In: Technik und Gesellschaft, Jahrbuch 2. Hg. Frankfurt a.M..
Christaller, Thomas (1989): Editorial. In: KI (1): 3.
Christaller, Thomas (1992): Gasteditorial. In: KI (2): 6.
Christaller, Thomas (1996): Von Artificial Intelligence zu Artificial Life und wieder zurück. In: KI (4): 41-44.
Cixous, Helen / Clement, Catherine (1986): The Newly Born Woman. Minneapolis, University of Minnesota Press.
Clifford, James (1988): The Predicament of Culture. Cambridge, Harvard University Press.
Clifford, James (1993): Über ethnographische Autorität. In: Kultur, soziale Praxis, Text. Die Krise der ethnographischen Repräsentation. Hg. v. Eberhard Berg / Martin Fuchs. Frankfurt a.M., Suhrkamp: 109-157.

Clifford, James / Marcus, George E., Eds. (1986): Writing Culture. The Poetics and Politics of Ethnography. Berkeley, Calif., University of California Press.
Code, Lorraine (1993): Taking Subjectivity into Account. In: Feminist Epistemologies. Hg. v. Linda Alcoff / Elizabeth Potter: 15-48.
Cohen, Anthony P. (2000a): The Symbolic Construction of Community. London, New York, Routledge.
Cohen, Anthony P., Ed. (2000b): Signifying Identities. London, New York, Routledge.
Cooper, Christine / van Dam, Karin (1994): To be (certain) or not to be (certain): A Feminist Perspective on Artificial Intelligence. In: Women Work and Computerization. Ed. by Alison Adam et al.: 157-169.
Coy, Wolfgang et al. (Hg.) (1992): Sichtweisen der Informatik. Hg. v. Wolfgang Coy et al.. Wiesbaden, Vieweg.
Cremers, Armin B. / Buhmann, Joachim / Thrun, Sebastian (1995): Komplexe lernende Systeme: der mobile Roboter RHINO. In: KI (2): 48-49.
D'Avis, Winfried (1988): Stand, Perspektiven und Probleme der KI-Forschung. Teil II: Entwicklung seit 1985. In: Technologische Zivilisation und die Transformation des Wissens. Hg. v. Arno Bammé / Peter Baumgartner / Wilhelm Berger / Ernst Kotzmann. München, Profil: 255-270.
D'Avis, Winfried (1994): Können Computer denken? Eine bedeutungs- und zeittheoretische Analyse von KI-Maschinen. Frankfurt a.M., Campus.
Daele, Wolfgang van der (1989): Kulturelle Bedingungen der Technikkontrolle durch regulative Politik. In: Technik als sozialer Prozess Hg. v. Peter Weingart. Frankfurt a.M., Suhrkamp: 197-230.
Daele, Wolfgang van der (1993): Sozialverträglichkeit und Umweltverträglichkeit. Inhaltliche Mindeststandards und Verfahren bei der Beurteilung neuer Technik. Berlin, wzb-paper.
Daniel, Manfred (1990): Ansätze zur menschengerechten Gestaltung von Expertensystemanwendungen. In: KI (4): 18-25.
Dautenhahn, Kerstin (1995): Artificial Life = Künstliches Leben. In: KI (2): 34.
Dengel, Andreas (1994): Künstliche Intelligenz. Allgemeine Prinzipien und Modelle. Mannheim u.a., BI-Taschenbuchverlag.
Dennet, D.C. (1985): Brainstorms, Philosophical Essays on Mind and Psychology. Cambridge, Massachusetts: MIT Press.
Dennet, D.C. (1987): The Intentional Stance, Cambridge, Massachusetts: MIT Press.
Diederich, Joachim (1988): Trends im Konnektionismus. In: KI (1): 28-32.
Diederich, Joachim (1991): Neue Trends im Konnektionismus. In: KI (2): 6-11.
Dienel, Hans-Liudger (1995): Sociological and Economic Technology Research: A Guideline for the History of Technology? In: ICON. Journal of the International Committee for the History of Technology (1): 71-84.
Dierkes, Meinolf (1988): Technische Entwicklungen als sozialer Prozeß. Chancen und Grenzen einer sozialwissenschaftlichen Erklärung der Technikgenese. Naturwissenschaft. 77: 214-220.
Dierkes, Meinolf / Hoffmann, Ute (Hg.) (1992a): New technology at the outset : social forces in the shaping of technological innovations. Frankfurt a.M., New York, Campus-Verlag.

Dierkes, Meinolf / Hoffmann, Ute / Marz, Lutz (1992b): Leitbild und Technik. Zur Entstehung und Steuerung technischer Innovation. Berlin, sigma.
Dorffner, Georg (1991): Konnektionismus. Von neuronalen Netzwerken zu einer „natürlichen KI". Stuttgart, Teubner.
Dotzler, Bernhard / Kittler, Friedrich (Hg.) (1987): Intelligence Service. Schriften Berlin, Brinkmann & Bose.
Dracklé, Dorle (1991): Im Dschungel der Diskurse. In: Politische Psychologie Aktuell 10 (4): 206-224.
Dreyfus, Hubert L. (1985): Die Grenzen Künstlicher Intelligenz. Was Computer nicht können. Königstein, Athenäum Verlag.
Dreyfus, Hubert L. (1991): Interview mit Karlhorst Klotz. In: KI (3): 75-76.
Dreyfus, Hubert L. / Dreyfus, Stuart E. (1987): Künstliche Intelligenz - Von den Grenzen der Denkmaschine und dem Wert der Intuition. Reinbek bei Hamburg, Rowohlt.
Duden, Barbara (1991a): Der Frauenleib als öffentlicher Ort. Vom Mißbrauch des Begriffs Leben. Hamburg, Zürich, Luchterhand.
Duden, Barbara (1991b): Geschichte unter der Haut. Ein Eisenacher Arzt und seine Patientinnen um 1730. Stuttgart, Klett Cotta.
Erb, Ulrike (1994): Technikmythos als Zugangsbarrieren für Frauen in der Informatik. Zeitschrift für Frauenforschung. Hg. v. Forschungsinstitut Frau und Gesellschaft: 28-40.
Erb, Ulrike (1995): Frauenperspektiven auf die Informatik. Informatikerinnen im Spannungsfeld zwischen Distanz und Nähe zur Technik. Bremen, Dissertation.
Erikson, Inger V. / Kitchenham, Barabra A. / Tijdens, Kea G. Ed. (1991): Women, Work and Computerization. Amsterdam, North Holland/Elsevier.
Escobar, Arturo (1995): Welcome to Cyberia. Notes on the Anthropology of Cyberculture. In: Current Anthropology 35 (3): 211-232.
Feller, Hardy (1988): FAW Ulm-Organisation und Forschungsschwerpunkte. In: KI (3): 30-33.
Foucault, Michel (1976): Mikrophysik der Macht. Berlin, Merve Verlag.
Foucault, Michel (1977): Die Ordnung des Diskurses. Inaugural-Vorlesung am Collège de France - 2. Dez. 1970. Frankfurt a.M., Berlin, Wien, Ullstein.
Foucault, Michel (1993): Technologien des Selbst. In: Technologien des Selbst. Hg. v. Martin H. Luther / Huck Gutman / Patrick Hutton. Frankfurt a.M., S. Fischer: 24-62.
Foucault, Michel (1995) [1981]: Archäologie des Wissens. Frankfurt, Suhrkamp.
Franck, Egon (1992): Zu den Möglichkeiten und Grenzen einer künstlichen Intelligenz. Intelligenz und die beiden Beschreibungsebenen des kognitiven Systems. In: KI (1): 84-89.
Franklin, Sarah (1995): Science as Culture, Cultures of Science. In: Annual Review of Anthropology (24): 163-184.
Frederichs, Günther (1990): KI in Wissenschaft, Politik und Praxis. In: KI (4): 13-17.
Freksa, Christian (1992): Über den Unterschied zwischen logikbasierten und logischen Ansätzen zur Wissensrepräsentation. In: KI (2): 95-98.
Freksa, Christian (1995): Gasteditorial. In: KI (6): 6-7.
Frühjahrsschule, Intelligenz (1987): Proceedings. Intelligenz Frühjahrsschule 1987, Springer Verlag.

Furbach, Ulbrich (1996): Aus der Sitzung der FBL des FB 1 am 04.03.1996 in Frankfurt. Protokoll. In: KI (2): 89.

Geertz, Clifford (1973): The Interpretation of Cultures. New York, Basic Books.

Glagow-Schicha, Lisa (Hg.) (1992): Frauen und Technik. Ein Reader. Referate - Kritik - Diskussionspapiere. Bonn, Institut für Informations- und Kommunikationsökologie.

Görz, Günther (Hg.) (1993): Einführung in die Künstliche Intelligenz. Bonn u.a., Addison-Wesley.

Habel, Christopher (1992): Perspektiven einer logischen Fundierung der KI. In: KI (3): 7-13.

Habel, Christopher / Reddig-Siekmann, Carola / Rollinger, Claus-Rainer (1982): Editorial. In: KI-Rundbrief (32): 1-2.

Haffner, Peter / Schmid, Otmar. Gehirngespinste. Portrait: Valentin Braitenberg. In: Zeitmagazin Nr.26/1990, S.44-46.

Hagemann-White, Carol / Rerrich, Maria S. (Hg.) (1988a): FrauenMännerBilder. Männer und Männlichkeit in der feministischen Diskussion. Bielefeld, AJZ-Verlag.

Hagemann-White, Carol (1988b): Wir werden nicht zweigeschlechtlich geboren... In: FrauenMännerBilder. Männer und Männlichkeit in der feministischen Diskussion. Hg. v. Carol Hagemann-White / Maria S. Rerrich. Bielefeld, AJZ-Verlag: 224-235.

Halfmann, Jost (1996): Kausale Simplifikationen. Grundlagenprobleme einer Soziologie der Technik. Jahrbuch Technik und Gesellschaft. 8: 211-226.

Hannerz, Ulf (1992): Cultural Complexity. Studies in the social organization of meaning. New York, Chichester.

Hanning, Rüdiger (1989): „Neuronale Netze“, Bericht über den Workshop. In: KI (1): 12.

Hapnes, Tove / Rasmussen, Bente (1991): The Production of Male Power in Computer Science. In: Understanding and Overcoming Bias in Work and Education. Proceedings of IFIP-Conference on Women, Work and Computerization 1991. Hg. v. Inger V. Eriksson / Barbara A. Kitchenham / Kea G. Tijdens. Amsterdam, North Holland/Elsevier: 395-406.

Haraway, Donna J. (Hg.) (1995a): Die Neuerfindung der Natur: Primaten, Cyborgs, Frauen. Frankfurt a.M., New York, Campus.

Haraway, Donna J. (1995b): Ein Manifest für Cyborgs. Feminismus im Streit mit den Technowissenschaften. In: Die Neuerfindung der Natur: Primaten, Cyborgs, Frauen. Hg. v. Donna J. Haraway. Frankfurt a.M., New York, Campus: 33-72.

Haraway, Donna J. (1995c): Im Streit um die Natur der Primaten. Auftritt der Töchter im Feld des Jägers. In: Die Neuerfindung der Natur. Primaten, Cyborgs und Frauen. Hg. v. Donna J. Haraway. Frankfurt a.M, New York: Campus:123-159.

Harding, Sandra (1991): Whose Science? Whose Knowledge?: Thinking from Women´s Life. Milton Keynes, Open University Press.

Hartmann, Andreas (1991): Über die Kulturanalyse des Diskurses - eine Erkundung. In: Zeitschrift für Volkskunde 87 (1): 19-28.

Hauser-Schäublin, Brigitta (2003): Teilnehmende Beobachtung. In: Methoden und Techniken der Feldforschung. Hg. v. Bettina Beer. Berlin, Dietrich Reimer: 33-54.

Heintz, Bettina (1993): Die Herrschaft der Regel. Zur Grundlagengeschichte des Computers. Frankfurt a.M., New York, Campus.

Heintz, Bettina (2000): Die Innenwelt der Mathematik: zur Kultur und Praxis einer beweisenden Disziplin. Wien, Springer.

Hekman, Susan J. (1990): Gender and Knowledge Elements of a Postmodern Feminism. Cambridge, Polity Press.

Helmers, Sabine (1991): Perspectives on Links Between Professional Culture and Technology Development: Evidence From the Field of Medical-Technology. Berlin, wzb-papers.

Herzfeld, Michael (2001): Anthropology. Theoretical Practice in Culture and Society. Malden, MA, Blackwell Publishers Inc.

Heyer, Gerhard (1988): Geist, Verstehen und Verantwortung. Philosophische Grundlagen der Künstlichen Intelligenz. Teil I. In: KI (1): 36-40.

Hilty, Lorenz M. (1989): Zur Terminologie in der Kognitionsforschung - Bericht zum GMD/GI-Workshop in St. Augustin v. 16.-18.11.1988. In: KI (2): 25-26.

Hoeppner, Wolfgang (1988): Konnektionismus, Künstliche Intelligenz und Informatik-Beziehungen und Bedenken. In: KI (4): 27-31.

Hoeppner, Wolfgang (1995): Verdauungsprobleme beim ÄI-Ei in Deutschland. In: KI-Rundbrief (22): 17-19.

Hoffman, Achim (1995): Auf der Suche nach den Prinzipien Künstlicher Intelligenz. In: KI (6): 35-41.

Hörning, Karl H. (1988): Technik im Alltag und die Widersprüche des Alltäglichen. In: Technik im Alltag. Hg. v. Bernward Joerges. Frankfurt a.M., Suhrkamp: 51-94.

Hörning, Karl H. (1989): Vom Umgang mit den Dingen - Eine techniksoziologische Zuspitzung. In: Technik als sozialer Prozeß. Hg. v. Peter Weingart. Frankfurt a.M, Suhrkamp: 90-127.

Huber, Josef (1989): Technikbilder. Weltanschauliche Weichenstellungen der Technologie- und Umweltpolitik. Opladen, Westdeutscher Verlag.

Huisinga, Richard (1985): Technikfolgen-Bewertung: Bestandsaufnahme, Kritik, Perspektiven. Frankfurt a.M. Verlag?

Hutter, Dieter (1992): Die Geschichte der Mechanisierung der Logik in der KI. Ein Gespräch mit Professor Alan Bundy (University of Edinburgh), das während eines Aufenthalts in Saarbrücken im April 1992 geführt wurde. In: KI (3): 99-101.

Isensee, Steffen, et al. (1988): Das Deutsche Forschungszentrum für Künstliche Intelligenz (DFKI) - Ein forschungspolitisches Novum. In: KI (3): 25-29.

Jäger, Siegfried (1993): Kritische Diskursanalyse. Eine Einführung. Duisburg, DISS (Duisburger Institut für Sprach- und Sozialforschung).

Jahn, Thomas / Stiess, Immanuel (1997): Nachhaltigkeit - eine Herausforderung an die Sozialwissenschaften. In: WechselWirkung. Naturwissenschaft, Technik, Gesellschaft und Philosophie. Jg. 19, Nr. 87, Okt./Nov. 1997, S.30-35.

Jansen, Sue Curry (1988): The Ghost in The Machine: Artificial Intelligence and Genders Thought Patterns. Ressources for Feminist Research. 17: 4-7.

Jeggle, Utz (Hg.) (1984): Feldforschung. Qualitativen Methoden in der Kulturanalyse. Tübingen, TVV - Tübinger Vereinigung für Volkskunde.

Joerges, Bernward (Hg.) (1988a): Technik im Alltag. Frankfurt a.M., Suhrkamp.

Joerges, Bernward (1988b): Technik im Alltag. Annäherung an ein schwieriges Thema. In: Technik im Alltag. Hg. v. Bernward Joerges. Frankfurt a.M., Suhrkamp: 8-19.

Joerges, Bernward (1996): Technik als Körper der Gesellschaft. Frankfurt a.M., Suhrkamp.

Jokisch, Rodrigo (Hg.) (1982): Techniksoziologie. Frankfurt a.M., Suhrkamp

Kaiser, Gert et al. (Hg.) (1993): Kultur und Technik im 21. Jahrhundert. Frankfurt a.M, New York, Campus.

Kemke, Christel (1988a): Ankündigung des elektronischen „Konnektionismus-Rundbriefs". In: KI (2): 38.

Kemke, Christel (1988b): Der neuere Konnektionismus. Ein Überblick. Informatik Spektrum: 143-162.

Kemke, Christel. Bericht über die nEuro´88. In: KI (1): S.13-15.

Klotz, Karlhorst (1988): Problemfeld „Künstliche Intelligenz" - Eindrücke von einer Tagung der Evangelischen Akademie in Tutzing. In: KI (3): 13-14.

Knapp, Gudrun-Axeli (1989): Männliche Technik - weibliche Frau? Zur Analyse einer problematischen Beziehung. In: Zeitbilder. Hg. v. Dietmar Becker et al.: 193-243.

Knecht, Michi (1993): Reduktionismus und Kontinuität im öffentlichen Umgang mit „Ungeborenem". Diskursanalytische und symbolethnologische Zugänge. In: Rheinisches Jahrbuch für Volkskunde (29): 189-204.

Knie, Andreas (1989a): Das Konservative des technischen Fortschritts - Zur Bedeutung von Konstruktionstraditionen, Forschungs- und Konstruktionsstilen in der Technikgenese. Berlin, wzb-paper.

Knie, Andreas (1989b): Von der Technikfolgenabschätzung zur Technikgeneseforschung. In: WechselWirkung. Zeitschrift für Naturwissenschaft und Gesellschaft (42): 38-42.

Knie, Andreas (1990): Generierung und Härtung technischen Wissens. Die Entstehung der mechanischen Schreibmaschine. Berlin, wzb-paper.

Knie, Andreas (1991): Diesel - Karriere einer Technik. Genese und Formierungsprozesse im Motorenbau. Berlin, edition sigma.

Knorr Cetina, Karin (1988): Das naturwissenschaftliche Labor als Ort der „Verdichtung" von Gesellschaft. In: Zeitschrift für Soziologie 17 (2): 85-101.

König, Wolfgang / Landsch, Marlene (Hg.)(1993): Kultur und Technik. Zu ihrer Theorie und Praxis in der modernen Lebenswelt. Frankfurt a.M., Peter Lang Verlag.

Kowol, Uli / Krohn, Wolfgang (1996): Innovationsnetzwerke. Ein Modell der Technikgenese. In: Technik und Gesellschaft, Jahrbuch 8. Hg. Frankfurt a.M., New York, Campus: 77-105.

Krämer, Sybille (1991): Denken als Rechenprozedur. Zur Genese eines kognitionswissenschaftlichen Paradigmas. In: Kognitionswissenschaft (2): 1-10.

Krämer, Sybille (1993): Rationalismus und Künstliche Intelligenz: Zur Korrektur eines Mißverständnisses. In: KI (1): 31-35.

Krämer, Sybille (Hg.) (1994):Geist - Gehirn - Künstliche Intelligenz. Zeitgenössische Modelle des Denkens. Ringvorlesung an der Freien Universität Berlin. Berlin, New York, De Gruyter.

Krätzschmar, Jens: Das Ei des Kolumbus. Eiweiß als Nachfolger von Silizium. In: c´t 10/1996, S.106-108.

Kreienbaum, Maria Anna / Metz-Göckel, Sigrid (1992): Koedukation und Technikkompetenz von Mädchen. Der heimliche Lehrplan der

Geschlechtererziehung und wie man ihn ändert. (Unter Mitarbeit von Lisa Glagow-Schicha und Jaqueline Kauermann-Walter). Weinheim, Juventa Verlag.

Krohn, Wolfgang / Küppers, Günter (1989): Die Selbstorganisation der Wissenschaft. Frankfurt a.M, Suhrkamp.

Kutschmann, Werner (1986): Der Naturwissenschaftler und sein Körper. Die Rolle der „inneren Natur" in der experimentellen Naturwissenschaft der frühen Neuzeit. Frankfurt a.M., Suhrkamp.

Latour, Bruno (1987): Science in action : how to follow scientists and engineers through society. Milton Keynes, Open Univ. Pr..

Latour, Bruno (1996): Der Berliner Schlüssel: Erkundungen eines Liebhabers der Wissenschaften. Berlin, Akad.-Verlag.

Latour, Bruno / Woolgar Steve (1986): Laboratory life : the construction on scientific facts ; with a new postscript and index by the authors. Princeton, N.J., Princeton Univ. Pr.

Lave, Jean / Wenger, Etienne (2002): Situated Learning. Legitimate Peripheral Participation. Cambridge, University Press.

Lenat, D. B.R. V. Guha (1990): Building Large Knowledge-Based Systems: Representation and Inference in the Cyc Project. Reading, MA, Addison Wesley.

Lepenies, Wolf (Hg.) (1981a): Geschichte der Soziologie. Studien zur kognitiven, sozialen und kulturellen Identität einer Disziplin. Frankfurt a.M, Suhrkamp.

Lepenies, Wolf (1981b): Einleitung. Studien zur kognitiven, sozialen und historischen Identität der Soziologie. In: Geschichte der Soziologie. Studien zur kognitiven, sozialen und kulturellen Identität einer Disziplin. Hg. v. Wolf Lepenies. Frankfurt a.M, Suhrkamp. 1: I-XXV.

Lepeniens, Wolf (1988): Benimm und Erkenntnis, Frankfurt a.M., Suhrkamp.

Levinson, Stephen C. (1998): Studying spation conzeptualization across cultures: Anthropology and cognitive science. In: Spatial Language and Spatial Thinking Across Cultures. Hg. vom Forschungskolloquium des Sonderforschungsbereichs 511: *Literatur und Anthropologie* an der Universität Konstanz. Arbeitspapier 18 vom 11. Februar 1998. Hg. v. Penelope Brown: 1-13.

Levy, Stephen (1992): The quest for a new creation. New York u.a., Penguin Books.

Lindner, Rolf (1981): Die Angst des Forschers vor dem Feld. In: Zeitschrift für Volkskunde 77 (1): 51-66.

Lindner, Rolf (1987): Zur kognitiven Identität der Volkskunde. In: Österreichische Zeitschrift für Volkskunde Neue Serie Bd. XLI (1): 1-19.

Link, Jürgen / Wülfing, Wulf (Hg.) (1984a): Fallstudien zum Verhältnis von elementarem Wissen und Literatur im 19. Jahrhundert. Stuttgart, Klett Cotta.

Link, Jürgen (1984b): Über ein Modell synchroner Systeme von Kollektivsymbolen sowie seine Rolle bei der Diskurs-Konstitution. Bewegung und Stillstand in Metaphern und Mythen. In: Fallstudien zum Verhältnis von elementarem Wissen und Literatur im 19. Jahrhundert. Hg. v. Jürgen Link / Wulf Wülfing. Stuttgart, S.63-92.

Lischka, Georg (1989): Konnektionismus, KI und Informatik - Einige Anmerkungen. In: KI (3): 38-41.

List, Elisabeth (1995): Das Phantasma der Einheit. Zur Rolle des Körperimaginären in der Konstruktion von kollektiven Identitäten. In: Nationalismus und Subjektivität.

Mitteilungen. Beiheft 2. Hg. von der Johann Wolfgang Goethe Universität, Frankfurt.

Löchel, Elfriede (1997): Inszenierungen einer Technik. Psychodynamik und Geschlechterdifferenz in der Beziehung zum Computer. Frankfurt a.M., New York, Campus.

Lüdtke, Alf (Hg.) (1989): Alltagsgeschichte. Zur Rekonstruktion historischer Erfahrungen und Lebensweisen. Frankfurt a.M., Campus Verlag

Luther, Martin H. / Gutman, Huck / Hutton, Patrick (Hg.) (1993): Technologien des Selbst. Frankfurt a.M., S. Fischer.

Lyotard, Jean- Francoise (1993): Das postmoderne Wissen. Ein Bericht. Wien, Passagen Verlag.

MacCorduck, Pamela (1987): Denkmaschinen : die Geschichte der künstlichen Intelligenz. Haar bei München, Markt-u.-Technik-Verlag.

Mai, Manfred (1990): Die Rolle professioneller Leitbilder von Juristen und Ingenieuren in der Technikgestaltung und Politik. In: Soziale Welt. 41: 498-515.

Mainzer, Klaus (1993): Künstliche Intelligenz, Neuroinformatik und die Aufgabe der Philosophie. In: Kultur und Technik im 21. Jahrhundert. Hg. v. Gert Kaiser et al.. Frankfurt a.M, New York, Campus.

Malsch, Thomas (1991): Expertensysteme in der Krise. Kinderkrankheiten oder frühzeitige Vergreisung. In: Künstliche Intelligenz: KI; Forschung, Entwicklung und Erfahrung. Organ des Fachbereichs 1 Künstliche Intelligenz der Gesellschaft für Informatik e.V. 5 (3): 70-74.

Malsch, Thomas et al. (1996): Sozionik: Expeditionen ins Grenzland zwischen Soziologie und Künstliche Intelligenz. In: Künstliche Intelligenz: KI; Forschung, Entwicklung und Erfahrung. Organ des Fachbereichs 1 Künstliche Intelligenz der Gesellschaft für Informatik e.V. 10 (2): 6-12.

Manhart, Klaus (1991): KI-Modellierung in den Sozialwissenschaften. In: Künstliche Intelligenz: KI; Forschung, Entwicklung und Erfahrung. Organ des Fachbereichs 1 Künstliche Intelligenz der Gesellschaft für Informatik e.V. 5 (2): 32-40.

Marchand, H. Dr. (1979): Leserbrief von Dr. H. Marchand, Batelle Institut. In: Rundbrief (19): 47-48.

Martial, Frank von (1992): Einführung in die Verteilte Künstliche Intelligenz. In: KI (1): 6-11.

Marz, Lutz (1993a): Leitbild und Diskurs. Eine Fallstudie zur diskursiven Technikfolgenabschätzung von Informationstechniken. Berlin, wzb-paper.

Marz, Lutz (1993b): Mensch, Maschine, Moderne. Zur diskursiven Karriere der „posthumanen Vernunft“. Berlin, wzb-paper.

Maturana, Humberto / Varela, Francesco (1987): Der Baum der Erkenntnis. Die biologischen Wurzeln des menschlichen Erkennens. München, Bern, Wien, Scherz.

McCarthy, John (1996): Defending AI research: a collection of essays and reviews. Stanford, Calif., Csli.

Meier, Bernd (1988): Sozialverträglichkeit. Deutung und Kritik einer neuen Leitidee. Köln, Deutscher Institutsverlag.

Metselaar, Carolien (1991): Gender Issues in the Design of Knowledge Based Systems. In: Women, Work and Computerization. Hg. v. Inger V. Eriksson / Barbara A. Kitchenham / Kea G. Tijdens. Amsterdam, North Holland/Elsevier: 233-246.

Metz-Göckel, Sigrid (1992): Technik- und Naturwissenschaftspotentiale von Frauen - mehr als nur eine Ergänzung? In: Frauen und Technik. Ein Reader. Referate - Kritik - Diskussionspapiere. Hg. v. Lisa Glagow-Schicha. Bonn, Institut für Informations- und Kommunikationsökologie: 15-20.
Meyer, Ulrich (1995): Philosophische Grundlagen des Intentionalitätsbegriffs in der VKI und Möglichkeiten seiner Modellierung. In: KI (2): 14-19.
Minsky, Marvin (1988): Society of Mind. New York, Simon and Schuster, 2. Aufl.
Möller, Knut / Paaß, Gerhard (1994): Künstliche Neuronale Netze: eine Bestandsaufnahme. In: KI (4): 37-61.
Moravec, Hans P. (1988): Mind children : the future of robot and human intelligence. Cambridge, Mass., Harvard Univ. Pr..
Morik, Katharina / Ziffonun, Gisela (1980): Willkommen Mr. Chance in der AI-Community. In: KI-Rundbrief (22): 56-58.
Mühlenbein, Hans (1995): Grenzen der Künstlichen Intelligenz. Plädoyer für Bescheidenheit. In: KI (1): 46-51.
Müller, Albert / Müller, Karl H. / Stadler, Friedrich (Hg.) (1997): Konstruktivismus und Kognitionswissenschaft. Kulturelle Wurzeln und Ergebnisse. Wien, New York, Springer.
Nagel, Hans-Hellmut (1976): Editorial. KI-Rundbrief. Hamburg, Institut für Informatik.
Nagel, Hans-Hellmut (1988): Zur weiteren Entwicklung des Fachgebiets „Künstliche Intelligenz". In: KI (4): 31-32.
Neumann, Bernd (1987): Editorial. In: KI (4): 3.
Neumann, Bernd (1994): Künstliche Intelligenz - Status und Zukunftsperspektiven eines Forschungsgebietes. In: KI (1): 23-25. New York, Campus: 140-160.
Newell, Allan / Simon, Herbert (1976): Computer Science as Empirical Inquiry. Communication of the ACM. In: Communication of the ACM (19): 113-126.
Norman, Donald A.: Die Zukunft entwerfen. Designer müssen verstärkt die Psychologie des Anwenders miteinbeziehen. In: Spektrum der Wissenschaft. Spezial 4: Schlüsseltechnologien im 21. Jahrhundert. Heidelberg. Oktober 1995. S.136-137.
Nowotny, Helga (1987): Innovation und Verschleiß. Zur gesellschaftlichen Kontrolle von Technik. In: Technik und Gesellschaft, Jahrbuch 4. Hg. Frankfurt a.M., New York, Campus: 13-25.
Ostner, Ilona / Lichtblau, Klaus (Hg.) (1992): Feministische Vernunftkritik. Ansätze und Traditionen. Frankfurt a.M. New York, Campus
Paetau, Michael (1990): Mensch-Maschine-Kommunikation. Software, Gestaltungspotentiale, Sozialverträglichkeit. Frankfurt a.M., New York, Campus.
Pfaffenberger, Brian (1992a): Social Anthropology of Technology. In: Annual Review of Anthropology 21: 491-516.
Pfaffenberger, Bryan (1992b): Technological Dramas. In: Science, Technology & Human Values (3): 282-312.
Pinch, Trevor J. / Bijker, Wiebe E. (1987): The Social Construction of Facts and Artifacts: Or how Sociology of Science and the Sociology of Technology Might benefit Each Other. In: Social. Hg. v. W. E. Bijker / Th. P. Hughes / T.J. Pinch: 17-50.
Plumpe, Gerhard / Kammler, Clemens (1980): Wissen ist Macht. Über die theoretische Arbeit Michel Foucaults. In: Philosophische Rundschau 27: 185-218.

Rammert, Werner (1988): Technisierung des Alltags. Theoriestücke für eine soziologische Perspektive. In: Technik. Hg. v. Bernward Joerges: 165-197.

Rammert, Werner (1990a): Technikgenese und der Einsatz von Expertensystemen aus sozialwissenschaftlicher Sicht. In: Künstliche Intelligenz: KI; Forschung, Entwicklung und Erfahrung. Organ des Fachbereichs 1 Künstliche Intelligenz der Gesellschaft für Informatik e.V. 4 (4): 26-30.

Rammert, Werner (1990b): Telefon und Kommunikationskultur. Akzeptanz und Diffusion einer Technik im Vier-Länder-Vergleich. Kölner Zeitschrift für Soziologie und Sozialpsychologie. 42: 20-40.

Rammert, Werner (1993): Wie TA und KI einander näherkommen - Probleme und Ergebnisse einer integrierten Technikfolgenabschätzung. In: Künstliche Intelligenz: KI; Forschung, Entwicklung und Erfahrung. Organ des Fachbereichs 1 Künstliche Intelligenz der Gesellschaft für Informatik e.V. 7 (3): 11-16.

Rammert, Werner (1997): New Rules or Sociological Method: Rethinking Technology Studies. In: British Journal of Sociology 48 (2): 171-191.

Rammert, Werner, et al. (1998): Wissensmaschinen. Soziale Konstruktion eines technischen Mediums. Das Beispiel Expertensysteme. Frankfurt, New York, Campus.

Reddig-Siekmann, Carola (1984): Mitgegangen, mitgefangen, ... In: KI-Rundbrief (34): 72-74.

Renz, W.-P. (1981): Einige Maßstäbe der Industrie für die Forschung in der Künstlichen Intelligenz. Rundbrief: 1-6.

Rich, Elaine (1988): Künstliche Intelligenz. KI-Einführung und Anwendungen. Hamburg, New York u.a., McGraw Hill.

Rink, Jürgen (1998): Leuchtendes Plastik. Erstes hoch auflösendes Polymer-Display. In: c't 5/1998, S.38-39.

Rollinger, Claus (1993): Editorial. In: Künstliche Intelligenz: KI; Forschung, Entwicklung und Erfahrung. Organ des Fachbereichs 1 Künstliche Intelligenz der Gesellschaft für Informatik e.V. (Sonderheft 7).

Rollinger, Claus (1994): Zur Situation der KI in Deutschland - Stellungnahmen, Fragen und Antworten. In: KI (1): 6-9.

Ropohl, Günter (1988): Zum gesellschaftstheoretischen Verständnis soziotechnischen Handelns im privaten Bereich. In: Technik. Hg. v. B. Joerges: 120-144.

Ropohl, Günter (1991): Technologische Aufklärung. Frankfurt a.M, Suhrkamp.

Rosenblatt, Frank (1962): Principles of neurodynamics. Perceptrons and the principles of brain mechanisms. Washington, Spartan Books.

Rosenblueth, Arturo / Wiener, Norbert / Biegelow, Julian (1943): Behaviour, Purpose, Teleologie. In: Philosophy of Science. Hg. Baltimore, Maryland. X: 18-24.

Rügge, Ingrid (1993): Hoch lebe die Statistik!? In: Frauenarbeit und Informatik (8): 36-40.

Sackstetter, Susanne (1984): „Wir sind doch alles Weiber". Gespräche unter Frauen und weibliche Lebensbedingungen. In: Feldforschung. Qualitativen Methoden in der Kulturanalyse. Hg. v. Utz Jeggle. Tübingen, TVV - Tübinger Vereinigung für Volkskunde: 159-176.

Schachtner, Christel (1993): Geistmaschine. Faszination und Provokation am Computer. Frankfurt a.M., Suhrkamp.

Schank, Roger (1987): What is AI. Anyway. In: AI-Magazine (4): 59-65.
Schefe, Peter (1979): Bemerkungen eines Informatikers zu einem KI-Mann. In: KI-Rundbrief (18): 15-16, 16.
Schefe, Peter (1980): Mächtig ergreifend. Bemerkungen zu einer STERN-Serie. In: KI-Rundbrief (20): 10-12.
Schefe, Peter (1981): Denk es, o Seele! Brauchen wir eine künstliche Intelligenz? - eine Entgegnung auf J. Weizenbaum. In: KI-Rundbrief (23): 7-11.
Schefe, Peter (1982): Auswirkungen der „künstlichen Intelligenz“ - nicht nur ein Problem der künstlichen Intelligenz. In: KI-Rundbrief (26): 19-22.
Schefe, Peter (1986): Künstliche Intelligenz - Überblick und Grundlagen. Mannheim, Wien, Zürich, BI-Wissenschaftsverlag.
Schefe, Peter (1990): Gibt es eine sozialorientierte KI? In: KI (4): 5-12.
Schefe, Peter (1991): Künstliche Intelligenz - Überblick und Grundlagen. Mannheim, Wien, Zürich, BI-Wissenschaftsverlag.
Schelhowe, Heidi (1997): Das Medium aus der Maschine: zur Metamorphose des Computers. Frankfurt a.M. u.a., Campus-Verlag.
Schinzel, Britta (1991): Informatik und weibliche Kultur, Mathematik und Technik. In: Informatik Spektrum (14): 1-14.
Schinzel, Britta (1992): Informatik und weibliche Kultur. In: Sichtweisen der Informatik. Hg. v. Wolfgang Coy et al.. Wiesbaden, Vieweg: 249-275.
Schlese, Michael, (Hg.) (1995): Technikgeneseforschung als Technikfolgenabschätzung. Nutzen und Grenzen. Forschungszentrum Karlsruhe - Technik und Umwelt. Wissenschaftliche Berichte FZKA 5556, Mai 1995.
Schmidt, Ralph (1996): Aktuelle Forschungsschwerpunkte auf den Gebieten Neuroinformatik, Künstliche Intelligenz und Intelligente Systeme - ein Überblick. In: KI (3): 67-69.
Schmitt, Bettina (1992): Neue Wege - alte Barrieren. Beteiligungschancen von Frauen in der Informatik. Berlin, edition sigma.
Schmoch, Ulrich (1996): Die Rolle der akademischen Forschung in der Technikgenese. Soziale Welt. 47: 250-265.
Schnabel, Ulrich (1997): Haben Maschinen ein Bewußtsein? Philosophen und Neurowissenschaftler suchen eine höchst menschliche Eigenart zu verstehen. In: Die Zeit (22/23): 30.
Schöne, Armin (1981): Die künstliche Intelligenz im Widerstreit der Meinungen - Welche Art von Fortschritt bewirken informationsverarbeitende Maschinen? In: KI-Rundbrief (24-25): 3-7.
Schöttler, Peter (1989): Mentalitäten, Ideologien, Diskurse. Zur sozialgeschichtlichen Thematisierung der „dritten Ebene“. In: Alltagsgeschichte. Zur Rekonstruktion historischer Erfahrungen und Lebensweisen. Hg. v. Alf Lüdtke. Frankfurt a.M.: 85-136.
Sherzer, Joel (1987): A Discourse-Entered Approach to Language and Culture. In: American Anthropologist 89: 295-308.
Sieferle, Rolf (1984): Technikfeinde? Opposition gegen Technik und Industrie von der Romantik bis zur Gegenwart. München, Beck.
Siefkes, Dirk (1992): Formale Methoden und kleine Systeme. Lernen, leben und arbeiten in formalen Umgebungen. Braunschweig, Wiesbaden, Vieweg.

Siekmann, Jörg H. (1979): Beitrag zum SPIEGEL-Gespräch „Computer als Richter und Arzt? Hoimar von Ditfurth, Elektronik-Experten und Schachmeister über künstliche Intelligenz“ (Nr. 17, 23.04.1979). In: KI-Rundbrief (17): 10-18.

Siekmann, Jörg H. (1992): KI und Logik. Gasteditorial. In: KI (3): 5-6.

Siekmann, Jörg H. (1994): Künstliche Intelligenz. In: Geist - Gehirn - Künstliche Intelligenz. Zeitgenössische Modelle des Denkens. Ringvorlesung an der Freien Universität Berlin. Hg. v. Sybille Krämer. Berlin, New York, De Gruyter: 203-222.

Silberzahn-Jandt, Gudrun (1991): Wasch-Maschine. Zum Wandel von Frauenarbeit im Haushalt. Marburg, Jonas Verlag.

Snow, Charles P (1967): Die zwei Kulturen. Stuttgart, Klett.

Spieker, Peter (1989): Künstliche Intelligenz zwischen Anwendungserwartung und Selbsterkenntnis - Bericht über die 7. KI-Frühjahrsschule in Günne. In: KI (3): 15-17.

Staab, Richard (1990): Wissenserhebung - Ein Blick in die Praxis. In: KI (2): 58-60.

Stacey, Judy (1991): Can There Be a Feminist Ethnography? In: Women´s words: the feminist practice of oral history. Ed. by Sherna Berger Gluck / Daphne Patai. London, Routledge: 111-119.

Stach, Heike (1991): Ideengeschichtliche Aspekte der Künstlichen Intelligenz. Technische Universität Berlin. Fachbereich 20. Berlin.

Stach, Heike (1992): 2000 Jahre Künstliche Intelligenz? In: KI (4): 47-51.

Stach, Heike (1992): Künstliche Intelligenz - schon wieder? In: WechselWirkung (55): 35-39.

Stender, Joachim (1988): Eine andere Sicht von Knowledge Engineering. In: KI (1): 41-42.

Stone, Rosanne Allucquere (1991): Will the Real Body Please Stand Up? Boundary Stories about Virtual Culture. In: Cyberspace. First steps. Ed. by Michael Benedikt. Cambridge, MA: MIT Press 1991, S.81-119.

Strube, Gerhard (1992): Die Rolle psychologischer Konzepte in der Künstlichen Intelligenz. In: KI (4): 22-25.

Strube, Gerhard / Schlieder, Christoph (1995): Kognition und KI. In: KI (6): 8-11.

Strübing, Jörg (1992): Arbeitstil und Habitus: Zur Bedeutung kulturelle Phänomene in der Programmierarbeit. Kassel, Wissenschaftliches Zentrum für Berufs- und Hochschulforschung der Gesamthochschule.

Titzmann, Michael (1989): Kulturelles Wissen - Diskurs - Denksystem. Zu einigen Grundlagenbegriffen der Literaturgeschichtsschreibung. In: Zeitschrift für französische Sprache und Literatur 1989 (99): 47-61.

Todesco, Rolf (1994): Welche Maschinen sind intelligent? In: KI (2): 86-88.

Turing, Alan (1987): Intelligente Maschinen. In: Intelligence Service. Schriften. Hg. v. Bernhard Dotzler / Friedrich Kittler. Berlin, Brinkmann & Bose: 82-114.

Turkle, Sherry (1984): Die Wunschmaschine. Der Computer als zweites Ich. Reinbek bei Hamburg, Rowohlt.

Unseld, Godela (1992): Maschinenintelligenz oder Menschenphantasie. Ein Plädoyer für den Ausstieg aus unserer technisch-wissenschaftlichen Kultur. Frankfurt a.M., Suhrkamp.

VDI/VDE / Technologiezentrum, Eds. (1994): Diskurse zur Technikfolgenabschätzung. Ergebnisse und Bewertung. Teltow, Informationstechnik GmbH.

Visweswaran, Kamala (1997): Histories of Feminist Ethnography. Annual Review of Anthropology. 26: 591-621.

Volpert, Walter (1988): Zauberlehrlinge. Die gefährliche Liebe zum Computer. München, Deutscher Taschenbuch Verlag.

Voß, Angi (1990): Gasteditorial. In: KI (2): 3-4.

Wagner, Ina (1991): Weibliches Denken - Polyvalente Wissenschaft? Beiträge der Frauenforschung zu einer konstruktiven Technikbewertung. Forschungsfolgen und Technikfolgen. Eine Dokumentation. Senatskommission für die Förderung von Wissenschaftlerinnen und Studentinnen der Universität Tübingen Senatskommission Forschungsfolgen und Technikfolgen. Tübingen: 120-128.

Wajcman, Judy (1994): Technik und Geschlecht. Die feministische Technikdebatte. Frankfurt a.M., New York, Campus.

Warneken, Bernd-Jürgen / Wittel, Andreas (1997): Die neue Angst vor dem Feld. Ethnographisches research up am Beispiel der Unternehmensforschung. In: Zeitschrift für Volkskunde 93 (1): 1-16.

Weingart, Peter (1982): Strukturen technologischen Wandels. Zu einer soziologischen Analyse der Technik. In: Techniksoziologie. Hg. v. Rodrigo Jokisch. Frankfurt a.M., Suhrkamp: 112-141.

Weizenbaum, Joseph (1977): Die Macht der Computer und die Ohnmacht der Vernunft. Frankfurt a.M., Suhrkamp.

Wiener, Norbert (1963): Kybernetik. Regelung und Nachrichtenübertragung im Lebewesen und in der Maschine. Zweite revidierte Auflage. Düsseldorf, Wien, Econ Verlag.

Wiener, Norbert (1966): Mensch und Menschmaschine: Kybernetik und Gesellschaft. Frankfurt a.M., Bonn, Athenäum.

Wingert, Bernd / Riehm, Ulrich (1985): Computer als Werkzeug. Anmerkungen zu einem verbreiteten Mißverständnis. In: Technik und Gesellschaft, Jahrbuch 3. Hg. Frankfurt a.M., New York, Campus: 107-131.

Winograd, Terry / Flores, Fernando (1989): Erkenntnis Maschinen Verstehen. Zur Neugestaltung von Computersystemen. Berlin, Rotbuch.

Wittig, Thomas (1984): Einige Gedanken zum Verhältnis der AI-Forschung zur Industrie anläßlich der EXPERT SYSTEMS 1983. In: KI-Rundbrief (33): 13-12.

Wurr, Peter R. (1988): Trendwende am Markt der Wissenstechnik - Atempause für den Anwender? In: KI (1): 44-47.